高等学校创新性数智化应用型经济管理规划教材（智能会计系列）

总主编 / 李雪　　主审 / 徐国君

财务数据可视化
——基于 Power BI

蔡素兰◎主编

杨阳　张灿灿◎副主编

图书在版编目(CIP)数据

财务数据可视化：基于 Power BI / 蔡素兰主编. ——
上海：立信会计出版社，2024.1(2025.1 重印)
ISBN 978-7-5429-7529-4

Ⅰ.①财… Ⅱ.①蔡… Ⅲ.①会计分析－可视化软件
Ⅳ.①F231.2-39

中国国家版本馆 CIP 数据核字(2024)第 017805 号

策划编辑　　方士华
责任编辑　　孙　勇
美术编辑　　吴博闻

财务数据可视化——基于 Power BI

CAIWU SHUJU KESHIHUA JIYU Power BI

出版发行	立信会计出版社		
地　　址	上海市中山西路 2230 号	邮政编码	200235
电　　话	(021)64411389	传　真	(021)64411325
网　　址	www.lixinaph.com	电子邮箱	lixinaph2019@126.com
网上书店	http://lixin.jd.com		http://lxkjcbs.tmall.com
经　　销	各地新华书店		
印　　刷	上海万卷印刷股份有限公司		
开　　本	787 毫米×1092 毫米　　1/16		
印　　张	19.25		
字　　数	493 千字		
版　　次	2024 年 1 月第 1 版		
印　　次	2025 年 1 月第 2 次		
书　　号	ISBN 978-7-5429-7529-4/F		
定　　价	56.00 元		

如有印订差错,请与本社联系调换

总　序

　　教材是高校实现人才培养目标的重要载体,教材及教材建设对高校发展具有举足轻重的作用。与培养模式相对应的教材是培养合格人才的基本保证,是实现培养目标的重要工具。由于历史原因,在财经类教材的出版方面,相关出版社出版研究型本科或者高职高专、中等职业等层次的教材较多,而应用型本科教材较少。虽然近年来一些应用型本科教材也陆续出版,但总体而言,这些教材还是缺乏权威性、普适性、实用性、创新性。造成这种状况的原因主要在于:出版社对财经类应用型本科教材的出版还不够重视,没有进行有效组织;财经类应用型本科院校多为新建院校,教材建设相对滞后,主观上也较愿意使用研究型本科教材;在教材使用中存在比较严重的混用现象,教材目标读者群不明确,如不少教材声称既适用于研究型本科院校又适用于应用型本科院校,或者既适用于本科院校又适用于高职高专院校。

　　由于目前财经类应用型本科教材种类和数量匮乏或质量欠佳,财经类应用型本科院校不得不沿用传统研究型教材。这些教材本身的质量很好、级别很高,但是并不适用于应用型本科院校的教学,教师和学生普遍反映不好用。即使在全国范围看,也还没有相对成套、成熟的、适合财经类应用型本科院校的教材。现有财经类教材存在的主要问题包括:①教材的定位和要求较高;②教材的内容偏多、难度大;③教材着重于理论解释,相关案例、实训等内容较少,缺乏普适性、实用性。

　　与此同时,信息技术的快速发展使学生的学习习惯和阅读习惯发生了改变,不断朝个性化、自主学习式的方向发展,传统的单一纸质版教材已经无法适应这种变化。翻转课堂、慕课、微课等网络课程的兴起,混合式教学的不断推进,也对立体化教材建设提出了新的要求。教材作为一种课堂上的教学工具,一种传播媒介,理应顺势而为,随课堂形式、学生学习方式的改变而改变,朝着数字化、立体化、可视化的方向发展。因此,编写一套适应学生水平、便于学生接受的立体化财经类应用型本科教材迫在眉睫。

　　我们组织具有多年应用型人才培养经验的优秀教师和实务界专家编写了这套高等学校创新性数智化应用型经济管理规划教材。本系列教材有《会计基本技能》《出纳实务》《基础会计》《中级财务会计》《成本会计》《管理会计》《会计信息系统》《财务管理》《审计学》《高级财务会计》《商业分析》《税法》《经济法》《金融学》《Excel在会计和财务管理中的应用》等品种。为了保证教材的质量,我们为本系列教材聘请了知名高校的专家教授进行专门指导和审核。每本教材至少有一名本学科的知名专家或学科带头人提出审核指导意见、至少有一名高等院校教学一线的高级职称教师参与组织编写、至少有一名行业协会、实务界专家或教学研究机构人员提出编写建议。

　　本系列教材的特色如下。

1. 应用性

　　应用型本科的教材建设应坚持培养应用型本科人才的定位,充分吸收和借鉴传统的普通本科教材与高职高专类教材建设的优点和经验,以就业为导向,做到理论上高于高职高专类教材、动手能力的培养上高于传统的本科院校教材。本系列教材体现了应用型本科的定位,体现了素质教育和"以学生发展为本"的教育理念,遵循了高等教育教学基本规律,重视知识、能力和素质的协调发展,根据应用型人才培养模式对学生的创新精神、实践能力和适应能力的要求,在内容选材、教学方法、学习方法、实验和实训配套等方面突出了应用性特征。

2. 针对性

本系列教材的编写符合会计学、财务管理和审计学等专业的培养目标、培养需求、业务规格和教学大纲的基本要求,与各专业的课程结构和课程设置相对应,与课程平台和课程模块相对应。本系列教材在结构纵横的布局、内容重点的选取、示例习题的设计等方面符合教改目标和教学大纲的要求,把教师的备课、试讲、授课、辅导答疑等教学环节有机地结合起来。

3. 立体化

本系列教材为立体化教材,实现了由传统纸质教材向"纸质教材+数字资源"的转变,通过技术手段将晦涩难懂的理论知识转变为直观的具体知识,以立体化、数字化的方式呈现,包括图文、动画、音频、视频等多种形式,生动、有趣且易懂,不仅可以激发学生的学习兴趣,还有利于教学效果的提升。

4. 趣味性

本系列教材注重趣味性,使用了大量的例题和案例,每章都加入了"思政育人""相关思考""延伸阅读"等内容,使读者能够加深理解,便于掌握相关内容。在案例、例题等的设计选用上重点突出趣味性,易于引发读者的共鸣。

5. 先进性

本系列教材反映了应用型会计人才教育教学改革的内容,能够反映学科领域的新发展。教材的整体规划、内容构建等均体现了创新性。教材还强调了系列配套,包括教材、学习参考书、教学课件等。立体化教材在内容修订上更具有明显优势,线上资源可以随时根据政策法规、理论知识或工作实务等的变化进行调整,更有利于保持教材内容的先进性。

6. 基础性

本系列教材打破传统教材自身知识框架的封闭性,尝试多方面知识的融会贯通,注重知识层次的递进,体现每一门科目的基本内容,同时在具体内容上突出实际运用知识能力,做到"教师易教,学生乐学,技能实用"。

7. 易于自学性

自学能力是大学生的一项基本能力。学生只有具备了自主学习的能力,才能最终建立起终身学习的保障体系,这也是应用型本科人才培养的客观要求。应用技术型高校的生源素质与普通高校相比存在一定的差距,除一部分是高考发挥失误的学生外,还有一部分学生在学习习惯、基础知识等方面存在一定的欠缺,这就要求教材能够调动这部分学生的学习积极性,在理论方面尽量通俗易懂,在实践方面尽量采用案例式教学。为了有利于学生课后自主学习,本系列教材配套了学习指导书和教学课件。

因此,本系列教材的定位准确,特色明显,适用于应用型本科院校教学,便于学生的自学和教师的教学。

本系列教材凝聚了众多教授和专家多年来的经验和心血。当然，由于我们的经验和人力有限，教材中难免存在不足，我们期待着各位同行、专家和读者的批评指正。我们将根据经济发展和会计环境的变迁不断修订教材，以便及时反映学科的最新发展和人才培养的最新变化。

本系列教材自2014年出版后，得到市场的认可，深受广大高校师生的欢迎。为了更好地回馈读者，我们从2017年起启动本系列教材第二版的修订工作，2019年启动第三版的修订工作，2021年启动第四版的修订工作。各种教材的修订版已陆续出版。我们会一如既往地做好教材修订和相关服务工作，希望广大读者对本系列教材继续给予支持。

李 雪

2024年1月

前 言

《会计行业人才发展规划(2021—2025年)》指出:"会计实务工作者需要深入应用新技术,推动会计审计工作数字化转型;会计管理工作者需要加强会计数据相关标准建设,推动会计数据资源开发利用。"《会计改革与发展"十四五"规划纲要》指出:"以数字化技术为支撑,将会计工作与单位经营管理活动深度融合,切实加快会计审计数字化转型步伐。"从国家一系列文件可以看出,会计及相关行业数字化已上升到国家战略层面高度。这也对高校会计人才培养提出了新的要求,要求培养兼具扎实财务专业知识和对新一代信息技术具有认知、应用能力,能够利用智能技术工具进行高效商业数据分析并支持决策的跨界复合型人才,以实现会计及相关行业数字化转型。

一、本书的写作思路及内容安排

本书以微软商业智能数据分析软件 Power BI 为平台,依托企业的财务数据,以数据获取、数据整理、数据建模、数据可视化及其发布与共享为主线,详细讲解 Power BI 实现财务数据分析与可视化的全过程。每章都结合大量财务相关案例,通过详细操作步骤对重点内容进行讲解,并加入"内容提要""重点难点""学习目标""知识框架""引例""思政育人""操作提示""操作视频""延伸阅读""相关思考""本章小结""本章重要概念""本章练习"等内容,以培养学生的动手能力和创新能力。本书案例丰富,针对性强,并与实务工作紧密结合,以增强学生理论与实务相结合的能力。本书共分为七章,主要内容包括财务数据可视化概述、Power BI 基础知识、Power BI 数据获取与整理、Power BI 数据建模、Power BI 数据可视化、Power BI 服务、Power BI 财务数据可视化实战。通过本书的学习,学生可以掌握 Power BI 财务数据分析与可视化的操作方法和技巧,逐步形成利用 Power BI 软件进行财务数据分析的能力。

二、本书的编写特点

本书从应用型本科院校人才培养的角度,用通俗易懂的语言深入浅出地介绍 Power BI 财务数据分析与可视化的方法,本书的特色如下:

(1)逻辑性强。本书首先对财务数据可视化进行概述,其次总体介绍 Power BI 数据可视化的一般流程,再次分章节介绍 Power BI 数据获取、数据整理、数据建模、数据可视化及其发布与共享,最后以上市公司财务报表数据进行综合实战。各部分既是相互独立的知识单元,又是相互联系的有机整体。

(2)实践性强。在内容安排上,本书注重教、学、训、练、用的结合,以培养动手操作能力为原则,既注重介绍实务工作中 Power BI 的应用,又兼顾知识技能的拓展,力争帮助学生实现知识、能力和素质的协调发展。具体地,本书穿插丰富案例,模拟实务工作,力争缩短课堂和实际工作的距离。

（3）配套资料丰富，具有立体化特色。本书提供配套的 PPT、案例数据及课后习题答案。同时专门针对教学内容配备了丰富的立体化资料，包括操作视频和知识扩展等。

（4）融入思政元素。本书在遵循教学目标的前提下，挖掘财务数据可视化课程中蕴含的思政元素，通过"思政育人""思政寄语"板块，实现知识传授与价值引领有机结合，重在培养数智化时代德才兼备的人才。

（5）内容遵循"二八定律"。本书精心挑选 Power BI 中 20% 最常用的数据分析与可视化技巧进行讲解，达到帮助读者解决工作中 80% 的常见数据分析与可视化问题的目的。

本书由蔡素兰担任主编，杨阳、张灿灿担任副主编。本书的具体编写分工如下：蔡素兰编写第一章财务数据可视化概述，张灿灿编写第二章 Power BI 基础知识，杨阳编写第三章 Power BI 数据获取与整理，蔡素兰编写第四章 Power BI 数据建模，杨阳编写第五章 Power BI 数据可视化，张灿灿编写第六章 Power BI 服务，蔡素兰编写第七章 Power BI 财务数据可视化实战。

在本书编写的过程中，我们参考了大量相关教材和论著，在此向有关作者致以深深的谢意！

本书编者进行过多次讨论研究，力求内容编排合理、避免错误，书中若有疏漏不足之处，敬请读者批评指正。

编　者

2024 年 1 月

目 录

第一章　财务数据可视化概述 ·· 1
　第一节　商业智能基础 ·· 3
　第二节　财务大数据分析基础 ·· 8
　第三节　数据可视化基础 ·· 16
　本章练习 ··· 20

第二章　Power BI 基础知识 ··· 22
　第一节　Power BI 概述 ··· 24
　第二节　Power BI Desktop 概述 ······································ 27
　第三节　Power BI 数据可视化流程 ··································· 32
　本章练习 ··· 52

第三章　Power BI 数据获取与整理 ···································· 55
　第一节　数据表概述 ··· 57
　第二节　数据获取 ··· 59
　第三节　数据整理 ··· 67
　第四节　综合案例 ··· 102
　本章练习 ··· 113

第四章　Power BI 数据建模 ··· 115
　第一节　建立表关联 ··· 117
　第二节　DAX 公式 ··· 126
　第三节　新建列和新建度量值 ·· 133
　第四节　新建计算表 ··· 148
　第五节　综合案例 ··· 153
　本章练习 ··· 168

第五章　Power BI 数据可视化 ·· 170
　第一节　图表类型选择与标准 ·· 172
　第二节　常用的可视化图表 ··· 173
　第三节　自定义可视化图表 ··· 194
　第四节　图表美化 ··· 199
　第五节　图表的交互式分析 ··· 202

第六节　综合案例 ·· 216
　　本章练习 ··· 229

第六章　Power BI 服务 ·· 232
　　第一节　Power BI 服务概述 ·· 234
　　第二节　报表发布 ·· 235
　　第三节　仪表板 ··· 237
　　第四节　分享与协作 ··· 242
　　第五节　移动应用 ·· 245
　　本章练习 ··· 250

第七章　Power BI 财务数据可视化实战 ·· 252
　　第一节　资产负债表分析与可视化 ·· 256
　　第二节　利润表分析与可视化 ·· 272
　　第三节　现金流量表分析与可视化 ·· 280
　　第四节　主要财务指标分析与可视化 ··· 283
　　第五节　杜邦分析与可视化 ··· 287
　　本章练习 ··· 294

参考文献 ··· 297

第一章　财务数据可视化概述

- 内容提要
- 重点难点
- 学习目标
- 知识框架
- 引例
- 第一节 商业智能基础
- 第二节 财务大数据分析基础
- 第三节 数据可视化基础
- 本章小结
- 本章重要概念
- 本章练习

内容提要

本章主要介绍了商业智能的定义、商业智能产业的演进及自助式商业智能分析工具;大数据的概念、特征及数据类型,财务大数据的数据范围及数据来源,商业数据分析的概念及步骤;数据可视化的定义及可视化图表的选择。

重点难点

本章重点为大数据的特征、财务大数据的数据范围、商业数据分析的步骤及可视化图表的选择;难点为商业数据分析的步骤及可视化图表的选择。

学习目标

通过本章的学习,学生应了解商业智能的定义、商业智能产业的演进及自助式商业智能分析工具;理解大数据的概念、特征及数据类型,财务大数据的数据范围及数据来源,商业数据分析的概念及数据可视化的定义;掌握商业数据分析的步骤及可视化图表的选择。

知识框架

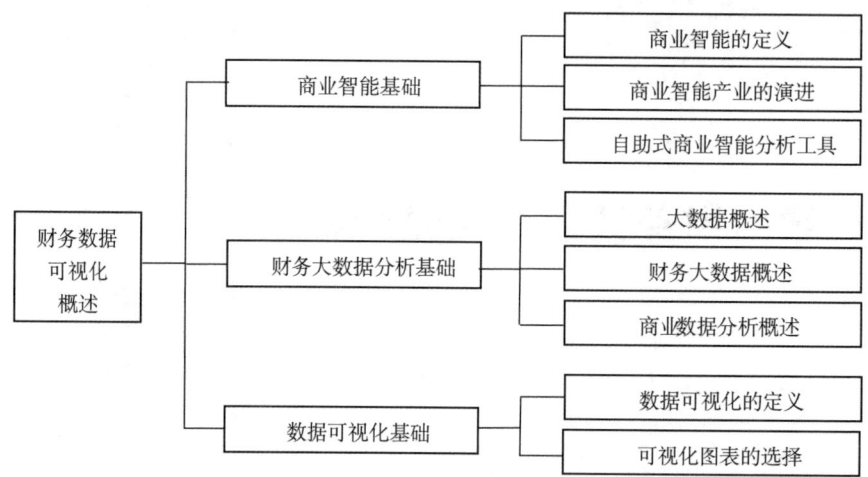

 引例　南丁格尔玫瑰图

19世纪50年代,英国、法国、奥斯曼帝国和俄国之间发生了"克里米亚战争",英国的战地士兵死亡率高达42%。南丁格尔主动请缨,自愿担任战地护士。她率领几十名护士抵达前线,在战地医院对伤病员进行护理。每个夜晚,她都手执风灯巡视,伤病员们都称她为"提灯女神"。

南丁格尔认为,统计资料有助于改进医疗护理的方法和措施,考虑到资料统计的结果可能不会被人重视,她创造了一种色彩缤纷的图表形式,使人们能够对数据产生更加深刻的印象,这就是著名的极区图,也被称为南丁格尔玫瑰图,如图1-1所示。

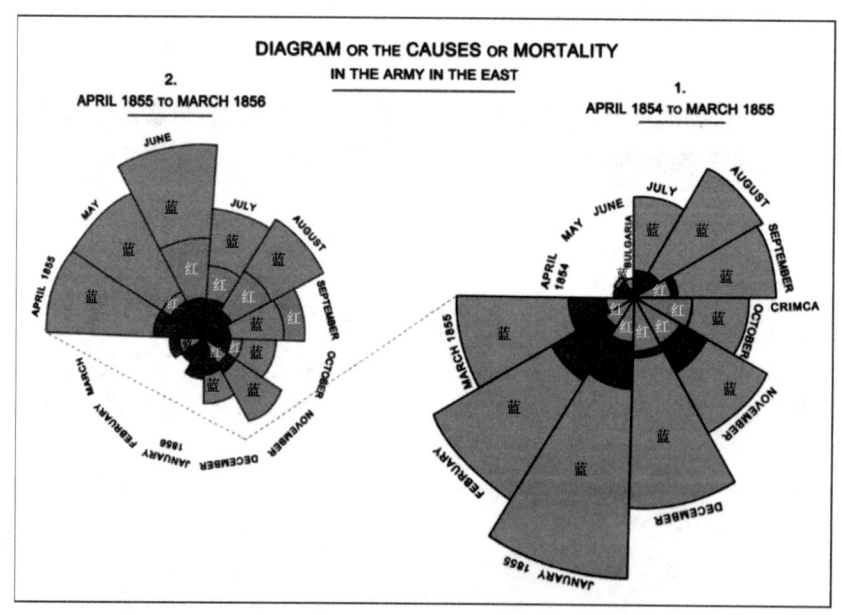

图1-1　南丁格尔玫瑰图

图1-1描述了1854年4月至1856年3月英国战地士兵的死亡情况。其中,左图是1855年4月至1856年3月士兵的死亡情况,右图是1854年4月至1855年3月士兵的死亡情况;图中用红、蓝、黑三种颜色代表三种不同死亡原因,红色代表战场阵亡,蓝色代表可预防和可缓解的疾病因治疗不及时造成死亡,黑色代表其他死亡。图中各个扇区的角度相同,半径及扇区面积表示死亡人数,从图中可以非常清楚地看出每个月因三种原因死亡的人数。显然,1854年至1855年,因治疗不及时而造成的死亡人数远远大于战场阵亡的人数。

南丁格尔玫瑰图打动了当时的高层,医疗改良的提案得到支持,英国增加了战地医院,改善了军队医院的条件。这张图为挽救士兵生命作出了巨大贡献。

南丁格尔玫瑰图充分说明了数据可视化的价值。这些数据可视化图表功能强大而美观,从很大程度上改变了人类思考的方式。

资料来源:牛永芹,喻竹,钭志斌.智能数据分析基础与应用[M].北京:高等教育出版社,2020.

第一节 商业智能基础

现代管理学之父彼得·德鲁克(Peter Drucker)认为,知识已经取代了传统的生产要素成为经济发展和企业成功的关键。在信息化飞速发展的今天,企业内外部的各类信息系统都能积累大量的数据,如何将数据转化为知识,从而为企业提供有力的决策支持呢?这就需要商业智能(Business Intelligence,BI)。商业智能被认为是继企业资源计划(ERP)之后企业信息化的又一个热潮。商业智能把各种数据及时转换为支持决策的信息和知识,帮助企业优化业务流程、提高效率、发现机会和威胁,并支持持续的创新和竞争优势。

一、商业智能的定义

商业智能(BI)最早可追溯到1865年,理查德·米勒·德文斯(Richard Millar Devens)在《商业趣闻百科全书》中提出了"商业智能"一词。1985年,被誉为"商业智能之父"的IBM计算机科学家汉斯·彼得·卢恩(Hans Peter Luhn)首次将商业智能定义为"从大规模数据中提取知识的方法和工具",他强调了数据分析和智能提取的重要性,以帮助组织作出更明智的决策。1989年,Gartner分析师霍华德·德雷斯纳(Howard Dresner)再次将"商业智能"带入人们的视野,他将商业智能描述为"一个概念和方法论,利用技术、工具和应用程序来收集、集成、分析和展示组织内部和外部的商业信息,从而支持决策制定过程"。这一定义对商业智能的发展产生了重要影响,将其提升为一个全面的概念,涵盖了数据收集、整合、分析和报告等方面,并将其视为决策制定和执行的支持系统。这一概念成为商业智能领域的基石,并在随后的几十年中得到了广泛的应用和发展。

企业界对商业智能存在着不同的理解,主要如下:

Microsoft将商业智能定义为一种能力,即从各种数据源中提取、转换和加载数据,并将其转化为有意义的信息和见解,为企业决策者提供支持。

Oracle将商业智能定义为一种综合的解决方案,包括数据仓库、分析工具、报表和仪表盘等,用于帮助企业从各种数据源中获取、分析和理解数据,并将其转化为有用的信息。

SAP将商业智能定义为以数据为基础的决策支持解决方案,通过从各种数据源中提取、转换、加载和分析数据,并将其转化为有意义的见解和洞察,以帮助企业优化业务流程、加强业务决策,并实现持续的创新和竞争优势。

IBM将商业智能定义为一种通过集成、分析和解释来自多个数据源的数据,并将其转化为有意义的见解和行动洞察的方法和技术。

从以上观点可以看出,商业智能是一种以数据为基础的决策支持解决方案,它利用数据收集、整合、分析和可视化的技术、工具和应用程序,从多个数据源中提取和分析数据,将其转化为有意义的见解和洞察。商业智能旨在帮助企业优化业务流程、加强决策过程,并支持持续的创新和竞争优势。它结合了数据分析、数据挖掘、报表和可视化工具等技术,为决策者提供准确、及时且可靠的信息,以支持明智的决策和有效的业务优化。

二、商业智能产业的演进

商业智能产业是指与商业智能解决方案相关的产品和服务所组成的业态的总称。商业智能产业的演进经历了三个阶段:传统的商业智能阶段,大数据时代的商业智能阶段和现代的商业智能阶段(图1-2)。第一个阶段到第二个阶段的转变,主要体现为分析数据的多元化。大数据时代的商业智能系统,不仅涉及传统阶段的结构化数据,还涵盖半结构化数据、非结构化数据和流数据,从而提供了更全面的分析结果。第二个阶段到第三个阶段的转变则主要体现在开发思路上对客户真实需求的回归。现代的商业智能阶段更加强调敏捷分析,以及探索式分析和实时分析技术,它通过提供高度弹性的交互操作界面和自服务数据准备,将分析和洞察的权力从传统的IT部门移交给一线的业务人员。

二维码1-1
中国商业智能化行业的发展前景

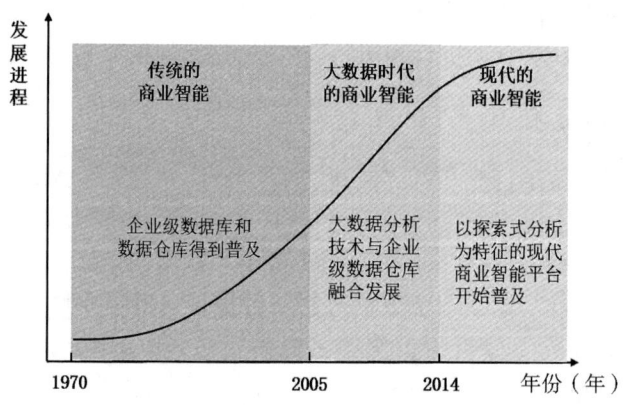

图1-2 商业智能产业演进路线

(一)传统的商业智能

传统的商业智能应用数据抽取、转换和加载(extract-transform-load,ETL)、数据仓库(data warehouse,DW)和联机分析处理(online analysis processing,OLAP)等技术,在搜集、整理并存储企业内部各业务单元数据(通常为结构化数据)的基础上,进行分析和可视化展现(通常为各类定制化的报表)。

ETL技术为收集和整理各业务单元数据,并将数据存入数据仓库提供了良好的解决方案。通过数据抽取、数据清洗、数据转换和数据加载四个过程,ETL可以将零散分布于组织各业务单元的数据汇聚在数据仓库中。

数据仓库技术是数据库技术的延伸。20世纪70年代,关系型数据库技术得到推广,用户可以通过 SQL 查询语言灵活方便地访问数据。20 世纪 80 年代中后期，随着数据收集、存储和计算机设备的发展，数据库技术逐渐演化出联机事务处理（online transaction processing, OLTP）和联机分析处理（OLAP）两大应用。OLTP 系统用于分析细节性的当前数据，支持日常事务运作，其数据可更新，实时性高，普通用户数量大。而 OLAP 系统多用于分析综合性的、面向主题的历史数据，以支持决策分析，其数据不可修改，对实时性要求不高，但处理量较大。数据仓库就是 OLAP 应用的主要场景，可以为企业高层和决策分析人员提供全面的、多维度的数据存储、查询和分析方案。

综上所述，通过搭建数据仓库，利用 ETL 和 OLAP 工具进行整合分析，并以报表和企业驾驶舱等形式进行展示，一个传统的商业智能分析框架就被构建起来。这种框架可以为管理层和决策制定者提供定量化的数据支撑。当前，多数大型的数据库企业（如 Oracle，SAP，IBM 等）通常都提供了各具特色的数据仓库产品和商业智能产品。

（二）大数据时代的商业智能

大数据时代的商业智能与传统商业智能的区别主要体现在"数据类型的多样化"和"分析技术的多样化"两个方面。通过应用先进的分析技术，大数据时代的商业智能解决方案可以涵盖更广阔的信息源，提供更多元化分析结论，分析的质和量都有显著提升。

从所涉及的数据类型来看，这一时期的商业智能系统不仅分析结构化数据，还分析非结构化数据、半结构化数据和流数据。结构化数据被组织成二维表形式，通常受到较严格限制（如数据类型、字符数和可选项等）并被用于关系型数据库系统。非结构化数据是缺乏预定义数据模型或没有被组织成预定义形式的数据类型，通常无法被程序快速识别和应用，涉及文本和多媒体等资源（如图像、视频、网页和电子邮件等）。半结构化数据介于结构化数据和非结构化数据之间，它是非结构化数据经过一定程度的加工和组织，形成的可以在一定程度上被程序分析和处理的数据，如应用标签进行信息组织的 XML 文件等。流数据是指一组顺序、大量、快速、连续到达的数据序列，一般情况下可被视为随时间延续而无限增长的动态数据集合，如传感器数据、监控数据和金融交易数据等。

从分析技术来看，传统商业智能中的数据库和数据仓库技术主要用于结构化数据的分析，而在大数据时代的商业智能情景下，以 Hadoop 生态系统为代表的大数据技术可用于处理非结构化和半结构化数据，而以 Storm 和 Spark 平台为代表的实时分析技术可用于处理流数据。大数据时代的商业智能通过将这三大类数据分析技术相结合，形成了大数据时代的商业智能分析体系和整体解决方案。

但大数据时代的商业智能与传统的商业智能相同，都是纯粹的 IT 驱动，服务的响应周期都比较长，报表的制作少则一周多则一个月。这就导致了业务一线的数据查询和分析需求无法得到即时满足，间接制约了企业业务的拓展。

（三）现代的商业智能

现代的商业智能是对大数据时代商业智能的延伸，两者的差异主要体现在提供服务的思路上。传统的商业智能和大数据时代的商业智能解决方案通常都很依赖 IT 部门，由 IT 部门通过集中管控来构建项目框架、设计模式并实施。这个相对集中而僵化的体系，导致了业务部门在提出新的分析需求时，IT 部门很难给出及时的反馈，缺乏敏捷性和灵活性。人们在实践中发现，如果把 IT 部门从数据分析的具体事务中分离出来，构建现代的商业智能，将数据分析的权力交给一线的业务人员，整个流程就会变得更加敏捷，企业也更容易通过持续的反馈,来满足自身对商业智能项目的需求。

目前,越来越多的企业希望借助业务主导型、高性能、具备大数据处理分析能力的现代商业智能平台来解决它们的问题。这种商业智能平台通过倡导探索式分析方法,将灵活分析的权力交给业务人员,放弃了事前对分析模式的设定,直面需求,充分释放数据的价值。相应地,IT 部门则可以将更多的精力用于构建完善的、高度友好的一站式商业智能分析平台,如负责基础数据架构的整理,以及数据接口的开放和维护。通过将平台建模层与业务层分离,现代的商业智能平台可以让用户通过简单拖曳和勾选等操作方式,实现诸如预测和统计建模等功能,从而达到深度数据分析的效果。同时,在实际部署上,这类商业智能既可以应用于本地硬件,也可以运行于云端。国内外的典型产品有:Microsoft 的 Power BI;Tableau Software 的 Tableau, Server 和 Online;Qlik 的 QlikView, Qlik Sense;以及国内帆软软件有限公司的 FineBI;思迈特软件公司的 SmartBI;永洪科技的 Yonghong Z-Suite;国云大数据的大数据魔镜等。

三、自助式商业智能分析工具

自助式商业智能分析工具不再只面向 IT 部门的技术人员,而是面向更多不具备 IT 背景的业务、财务分析人员。下面介绍几款自助式商业智能分析工具。

(一) Power BI

Power BI 是微软公司推出的一款让非数据分析人员也能做到有效地整合企业数据,并快速准确地提供商业智能分析的数据可视化神器和自助式 BI 分析工具。Power BI 包括 Windows 桌面应用程序(Power BI Desktop)、联机 SaaS 服务(Power BI Server)和移动版 Power BI 应用(Power BI Mobile)三大应用体系,其中 Power BI Desktop 为免费版。

Power BI 的主要优势如下。

(1) 简单易用:Power BI 具有直观的用户界面和友好的操作方式,使用户可以快速上手并轻松创建仪表板和报表。

(2) 数据连接广泛:Power BI 支持与多种数据源的连接,包括关系型数据库、云服务、在线服务等,使用户能够从多个数据源中提取和整合数据。

(3) 强大的可视化能力:Power BI 提供丰富多样的图表和可视化选项,可以将数据以直观和易理解的方式呈现,帮助用户发现数据中的趋势和关联性。

(4) 数据分析和洞察力:Power BI 提供强大的数据分析和建模功能,包括数据切割、过滤、计算字段等,使用户能够深入分析和挖掘数据,提取有价值的洞察。

(5) 实时数据更新和共享:Power BI 支持实时数据更新和共享,使用户可以随时获取最新的数据,并将仪表板和报表与团队成员共享,实现实时协作和决策。

(6) 与其他工具的集成:Power BI 具有良好的集成能力,可以与其他 Microsoft 产品(如 Excel、Azure 等)以及第三方工具和平台进行无缝集成,扩展了数据分析和展现的能力。

(7) 移动端支持:Power BI 提供移动端应用程序,使用户可以在手机和平板电脑上随时访问和查看仪表板和报表,实现数据的移动化分析和决策。

(二) Tableau

Tableau 是由 Tableau Software 公司开发的商业智能和数据可视化产品。Tableau Software 成立于 2003 年,是一家专注于商业智能和数据可视化的领先企业,旨在帮助用户更好地理解和利用数据。2019年,Tableau Software被Salesforce收购。这使Tableau Software成为Salesforce的子公司,Tableau加入了Salesforce的产品组合,为用户提供更广泛的数据分析和商业智能解决方案。

Tableau提供了多个家庭产品,以满足不同用户的需求和使用场景。下面介绍Tableau几个主要家庭产品。

(1) Tableau Desktop:Tableau Desktop是Tableau的核心产品,为个人用户提供强大的数据分析和可视化功能。用户可以使用Tableau Desktop连接和整合多个数据源,创建交互式和动态的仪表板、报表和故事板,并进行自助式的数据探索和分析。

(2) Tableau Server:Tableau Server是用于团队和企业环境的产品,它提供一种安全且可扩展的方式来共享、发布和管理Tableau工作簿和仪表板。用户可以通过Tableau Server在组织内部共享数据视图,并进行协作和讨论,同时维护数据的安全性和权限控制。

(3) Tableau Online:Tableau Online是一种基于云的服务,提供与Tableau Server类似的功能,但用户无需自行管理服务器和基础架构。用户可以在Tableau Online中发布、共享和查看Tableau工作簿和仪表板,实现跨团队和跨组织的协作和共享。

(4) Tableau Public:Tableau Public是一种免费的产品,允许用户将可视化项目公开共享于Web。用户可以使用Tableau Desktop实现丰富多样的可视化,然后将其发布到Tableau Public平台上,使任何人都可以在线访问和交互。

Tableau以其简单易用、极速高效、美观交互视图、轻松实现数据融合等优势,帮助人们使用数据推动变革。

(三) FineBI

FineBI是帆软软件有限公司推出的一款商业智能产品,被国内多家专业媒体和机构评为国内最佳BI解决方案。它可以通过最终业务用户自主分析企业已有的信息化数据,帮助企业发现并解决存在的问题,协助企业及时调整策略以作出更好的决策,增强企业的可持续竞争力。FineBI定位于自助大数据分析的BI工具,能够帮助企业的业务人员和数据分析师开展以问题导向的探索式分析。

FineBI的产品优势是:让业务人员或数据分析师自主制作仪表板,进行探索分析。数据取于业务,用于业务,需要分析数据的人可以自己处理分析数据。

FineBI的系统构架包括以下四部分。

(1) 数据处理,即数据处理服务,用于对源数据进行抽取、转换、加载,为分析服务生成数据仓库FineCube。

(2) 即时分析,业务人员和数据分析师可以选择数据,快速创建图表以使数据可视化,添加过滤条件筛选数据并即时排序,使数据分析更快捷。

(3) 多维度分析,FineBI可以提供各种分析挖掘功能和预警功能,如任意维度切换、添加、多层钻取、排序、自定义分组、智能关联等。

(4) 仪表盘(dashboard),FineBI可以提供各种样式的图表服务,配合各种业务需求展示数据。

(四) SmartBI

SmartBI是思迈特软件公司旗下的产品,可以满足客户对企业级报表进行数据可视化分析、自助分析、数据挖掘建模、AI智能分析等方面的需求。SmartBI已在金融、制造、零售、地产、教育、政府等领域获得超4 000家头部客户认可。

SmartBI产品系列主要包括以下四大平台。

(1) 大数据分析平台。大数据分析平台可以对接各种业务数据库、数据仓库和其他大数据分析平台,对数据进行加工处理、分析挖掘和可视化展现,满足用户的各种数据分析应用需求,如可视化分析、探索式分析、复杂报表、应用分享等。

(2) 数据化运营平台。数据化运营平台可以为业务人员提供企业级数据分析工具和服务,满足不同类型的业务用户需求,还可以在Excel或浏览器中实现全自助的数据提取、数据处理、数据分析和数据共享,具有很强的适用性。

(3) 大数据挖掘平台。大数据挖掘平台可以通过深度数据建模,为企业提供预测能力支持、文本分析、五大类算法和数据预处理,并为用户提供流程式建模、拖曳式操作和可视化配置体验的一站式服务。

(4) SaaS分析云平台。SaaS(software as a service,软件即服务)分析云平台是全新一代云端数据分析平台,可以提供快速搭建数据分析应用的自助式服务,还可以分享深刻见解,提升团队的决策能力。

第二节 财务大数据分析基础

一、大数据概述

(一) 大数据的概念

大数据一词最早公开出现在1998年,美国高性能计算机公司SGI的首席科学家约翰·马西(John Mashey)在一个国际会议报告中指出,随着数据量的快速增长,必将出现数据难理解、难获取、难处理和难组织四个难题,并用大数据(big data)来描述这一挑战。

目前,对于大数据还没一个权威的定义,不同组织从不同角度给出不同的定义。

麦肯锡基于数据特征的视角将大数据定义为:大数据是指无法在一定时间内用传统数据库软件工具对其内容进行采集、存储、管理和分析的数据集合,该数据集合容量巨大,以至于无法通过目前的流行软件工具在合理时间内进行获取、管理、处理并整理成能帮助企业实现经营决策目的的数据。

Gartner则从描述数据的系统过程出发,将大数据定义为:大数据是指那些需要新处理方法才能通过数据体现出更强的决策力、洞察力和流程优化能力的海量、高增长率和多样化的信息资产。

(二) 大数据的特征

目前,普遍认为大数据具有"4V"特征,即数据量大(volume)、数据多样(variety)、价值密度低(value)、实时性强(velocity)。

1. 数据量大

大数据的一个显著特征就是数据量大,其量级从TB量级跃升到PB量级甚至是ZB量级。在移动互联网时代,视频、语音等非结构化数据快速增长,人们获取的数据量越来越大,对数据的存储、处理、运算等要求也越来越高。不过,企业进行数据挖掘和分析时,不一定需

二维码1-2
大数据的特征

要这么大的数据量,有时对 GB 量级的数据进行挖掘分析,就可以发现数据内在的价值和规律。

2. 数据多样

随着人工智能技术的不断发展,智能终端设备(如摄像头、温度传感器、速度传感器、压力传感器等)从全球各个角落实时采集各种各样的数据,并利用无线通信技术非常便捷地将这些数据上传到云端的大数据中心,便于人们后续分析挖掘。管理信息系统在企业中的应用越来越广泛,这些系统通过企业内部的业务协作、企业之间的交易产生了大量的数据。此外,每天有数十亿网民利用搜索引擎、社交软件等移动设备,随时随地产生海量的数据。这些数据都以结构化数据、半结构化或者非结构化数据的形式存在。因此,数据来源多、数据类型多、数据之间的关联性强是大数据的第二个特征。

3. 价值密度低

虽然当前我们可以获取的数据量非常大,但这些海量的数据很多都是重复度极高或者与分析研究无关的数据,价值密度比较低。因此,我们需要利用各种算法,针对不同的场景和不同的需求进行深入挖掘,发现数据背后隐藏的价值和规律,让大数据真正发挥作用。

4. 实时性强

实时处理是大数据区别于传统数据的显著特征,在大数据时代,我们想要快速从海量数据中挖掘出用户所需的信息需要强大的信息技术作支撑。例如,淘宝"双 11"促销时,销量、销售金额、订单量等信息的实时动态展示,智慧搜索引擎能将几分钟前发生的事情通过新闻推送给用户,电子商务个性化推荐算法要求实时根据用户搜索或购买结果完成商品推荐等。

(三) 大数据的数据类型

大数据是一个数据集合,按照数据组织方式的不同,一般可分为结构化数据、非结构化数据和半结构化数据三类。

1. 结构化数据

结构化数据一般是指传统的关系数据库中的数据,是通过二维表结构进行逻辑表达和实现的数据。结构化数据具有统一的数据结构和规范的数据访问和处理方法,主要通过关系型数据库进行存储和管理,如企业的人事系统、财务系统和 ERP 系统等。

2. 非结构化数据

与结构化数据相比,非结构化数据是指不能采用预先定义好的数据模型或者不能以一个预先定义的方式来组织的数据。常见的非结构化数据有声音、图像、视频等。

非结构化数据库是针对非结构化数据的存储和处理而产生的新型数据库,与传统的关系数据库不同的是,它突破了数据固定长度的限制,支持采用重复字段、子字段和变长字段,从而实现了对变长数据和重复字段进行存储和管理。

3. 半结构化数据

半结构化数据介于结构化数据和非结构化数据之间。与结构化数据相比,半结构化数据具有基本的固定结构,但它并不符合结构化数据的数据模型结构。半结构化数据可以包含数据标记,这些标记用来分隔语义元素及对记录和字段进行分层,因此,半结构化数据也被称为自描述结构的数据。常见的半结构化数据有电子邮件、用 Word 处理的文字、日志文件、XML 文档、XBRL 文档及网站上的新闻等。

延伸阅读1-1

国家数据局成立的意义

2023年10月25日,国家数据局挂牌成立。为什么要成立国家数据局?成立国家数据局对我国数字经济的发展有何重要意义?

数字经济具有高创新性、强渗透性、广覆盖性,不仅是新的经济增长点,而且是国家改造提升传统产业的支点,可以成为构建现代化经济体系的重要引擎。党的十八大以来,党中央高度重视发展数字经济,将其上升为国家战略。

根据国家网信办发布的数据,2022年我国数据产量达8.1ZB,位居全球第二位。

怎样让海量数据要素更好发挥生产力作用?国家数据局应时而生,具有重要意义。

中国电子信息产业发展研究院院长张立表示,国家数据局的成立,将有利于强化数据要素制度供给,构建数据流通体系,激活数据生产力,对于构建新发展格局、建设现代化经济体系、构筑国家竞争新优势具有重大意义。

从制度体系角度来说,国家数据局成立,将从国家层面统筹协调数字中国、数字经济、数字社会的规划和建设。2022年年底,《中共中央 国务院关于构建数据基础制度更好发挥数据要素作用的意见》发布,提出20条政策举措,初步搭建了我国数据基础制度体系。国家数据局的履职,有利于更好增强"建"的能力,加快构建数据基础制度。

从产业发展角度来说,国家数据局的成立,能够更好地统筹数据资源的整合、共享、开发和利用,推动互联网、大数据、云计算、人工智能、区块链等数字技术加速创新融合,实现数字技术与实体经济的深度整合,是抓住数字经济发展先机、打造经济发展新动能的重要举措。

重庆市大数据应用发展管理局局长小红说,党中央高瞻远瞩、审时度势作出设立国家数据局的重大战略决策,必将形成从中央到地方运行顺畅、充满活力的数据工作格局,对于统筹推动数字中国建设、数字经济发展、数字社会建设、数字基础设施建设、数据管理利用具有里程碑意义。

资料来源:新华视点.聚焦国家数据局正式挂牌[EB/OL].(2023-10-26)[2023-10-26].新华社,强国号发布内容.

 思政育人

数据向善

大数据在给我们的生活带来种种便利的同时,也很容易被人掌握甚至利用:一些电商平台利用大数据"杀熟"、个人隐私数据被廉价打包贱卖、我们的眼界被困在越来越狭窄的推荐算法中……

数据的滥用,严重损害了大数据的公信力,随之也产生了一些违法犯罪活动。2021年6月10日,第十三届全国人民代表大会常务委员会第二十九次会议通过了《中华人民共和国数据安全法》,自2021年9月1日起施行。2021年7月2日,国家市场监督管理总局公布《价格违法行为行政处罚规定(修订征求意见稿)》,电商平台利用大数据"杀熟"等行为,将受到严厉惩罚。2021年8月20日,第十三届全国人民代表大会常务委员会第三十次会议通过了《中华人民共和国个人信息保护法》,自2021年11月1日起施行。党的二十大报告指出:完善国家安全法治体系,完善重点领域安全保障体系和重要专项协调指挥体系,强化经济、重大基础设施、金融、网络、数据、生物、资源、核、太空、海洋等安全保障体系建设。

这些法律法规为保障数据安全、保护个人和组织的合法权益提供了法律依据。

思政寄语

法律不是数据向善的全部保证,数据向善还需要来自社会伦理与道德的监督。大数据产业的发展除了不能越过法律界限,还需要符合平等、公正、诚信等社会主义核心价值观,方能行稳致远。从数据采集、处理、挖掘分析到最后以直观明了的方式可视化呈现,道德问题贯穿整个过程。目前,大数据技术的应用场景主要是解决气候变化、医疗卫生、社会公平公正等问题。在我国,数字技术变革应该是最接近平民化、平等化、平权化的一次技术变革,如电商、外卖、直播、快递物流行业让很多不同身份、不同学历的人有了更多选择,得到更平等的工作机会。

技术只是工具,而我们应把握利用技术的尺度。把技术规则体系纳入由法律、伦理所构建的社会规则体系中,就是技术向善的过程。数据科学肩负造福人类的伟大使命,而这需要我们不断前行,推动数据向善、分析向善、决策向善。

资料来源:聂瑞芳,胡玉姣.财务大数据分析[M].北京:人民邮电出版社,2022.

二、财务大数据概述

(一) 财务大数据的数据范围

1. 财务数据

财务数据来源于业务数据。财务人员将从企业各个业务部门汇集来的、描述企业当前财务状况和经营成果的原始数据,如采购数据、生产数据、销售数据等,通过汇总、整理、加工变成财务数据,然后输出成品,如进行纳税申报,向业务部门和管理层提供财务分析、财务预算与预测、财务报告等。

财务数据虽是业务活动结果的综合反映,但并不反映业务活动的过程,这使财务分析结果缺乏立体感,不能有力支持企业的经营管理决策。因此,财务人员应当充分利用财务数据,挖掘其潜在价值。一方面,通过对财务数据进行分析,评价企业财务指标所反映的问题,预测企业发生财务困境的可能性,为企业健康运营保驾护航。另一方面,企业的经营状况直接影响企业经济效益,财务人员可以通过计算分析企业偿债能力、营运能力和盈利能力等具体运营状况,便于管理层直接了解企业目前的经营效率。

2. 业务数据

业务数据是由企业各个部门的业务人员通过自身的业务系统直接产生的数据,是未经过深加工的初始数据。不同的业务部门根据其业务性质能够产生显性数据、隐性数据和相关的深度数据。例如,采购部门生成的显性数据有采购合同、采购订单、运费单等,对应的隐性数据有价格高低、质量好坏、运输成本等,进一步挖掘到的深度数据则有应付账款周期、采购周期、供应商管理数据等;又如,生产部门生成的显性数据有领料单、BOM单、生产工时、维修工时等,对应的隐性数据有产能利用率、人工效率、废品率等,进一步挖掘到的深度数据可能有产品市场情况、产品生命周期、产品链分析数据等;同理,销售部门能够生成销售小票、客户统计单、销售合同、产品清单、产品价格表等显性数据,销售政策、产品品质、品牌价值等隐性数据,品类管理、市场占有率、产品生命周期、客户管理数据、竞争对手数据等深度数据。

3. 关联数据与信息

在大数据驱动的环境下,企业能够在大量、复杂的关联数据信息中选择出精准、有效的数据,并通过数学方法和统计方法对其进行处理和分析,挖掘出数据背后的内容,从而作出更具有前瞻性、科学性的财务决策。这类关联数据及信息包括管理当局的影响力、政策的变化、利率水平及行业发展趋势等。

管理当局的行动常常会带来行业惯例和战略方面的重大变化。大数据可以为企业制定财务政策提供有力的数据信息支持。在制定财务政策时,通过数据挖掘获取制定财务政策所需的信息,成为企业制定有效财务政策、实现价值可持续增长的重要手段。企业通过对国家金融政策、金融市场信息、国家财税和价格政策、经济环境、通货膨胀、各行业投资信息、国家关于股利分配的政策、债务契约约束、行业股利分配特征等关联数据信息的分析,来预测利率、股价、市场系统风险、经济周期等因素的变化,可以帮助企业选择可行的筹资、投资、应收账款信用和股利分配方案。

行业的发展过程不是一成不变的,在不同阶段它会呈现不同的趋势。影响行业发展的驱动因素有产品革新、技术变革、营销革新、服务创新、企业规模的扩张和缩减等。企业只有把握行业趋势,通过挖掘行业数据,及时作出调整,制定有效的财务战略,才能迎来更长远的发展。

(二)财务大数据的数据来源

依据大数据的来源,可以把财务大数据分为来自组织内的内部数据和来自组织外的外部数据。

1. 内部数据

内部数据是指来自企业在日常经营管理中收集、整理的数据,主要有生产数据、库存数据、订单数据、电子商务数据、销售数据及客户关系管理数据等。未来随着自动化设备的大量启用,企业将会产生越来越多的数据。内部数据具有较好的可控性,数据质量一般也有保证,但缺点是数据覆盖范围比较有限。

在内部数据中,财务数据是最主要的数据之一。财务数据是各类信息的综合集成,涉及人、财、物各个方面。财务人员作为数据的处理、计量、分析和报告者,在大数据分析中发挥着不可替代的关键作用。企业内部财务数据主要是由资产负债表、利润表、现金流量表及所有者权益变动表共同构成的数据集合,是对企业经营状况、财务成果及资金运动的综合概括和高度反映,与财务人员后续的核算管理、成本费用管理、财务报表分析管理息息相关。

2. 外部数据

外部数据是来源于企业外部的数据,如互联网数据、其他供应商的付费数据、网络爬虫采集的数据等。互联网是数据的海洋,是人们获取各种数据的主要途径,如国家统计数据、各地方政府公开数据、上市公司的年报、研究机构的调研报告、各种信息平台提供的零散数据等。随着数据需求的加大,市场上产生了一些产品化数据交易平台,这些平台提供多领域的付费数据资源,用户可以按需购买使用。分析者还可利用网络数据采集软件,按照设定好的规则自动抓取互联网上的信息。

大数据技术扩展了企业的财务数据范围,过去企业一般只能使用内部数据,而现在可以利用互联网对外部数据进行采集和处理。财务人员可以利用的外部数据不仅包括上市公司公告数据库、宏观经济数据库、市场交易数据库和行业数据库中的数据,还包括电子邮件、影像、博客、微信、呼叫中心对话和社交媒体互动等在内的数据,而后者占到数据总量的85%。

延伸阅读1-2

企业外部大数据获取的一般途径

企业外部大数据主要来自公开的网站,其大数据获取的一般途径如表1-1所示。

表 1-1　　　　　　　　　企业外部大数据获取的一般途径

数据类型	数据来源
结构化数据	国家统计局网站发布的宏观经济数据：http://www.stats.gov.cn/sj/
	中国人民银行发布的金融统计数据：http://www.pbc.gov.cn/
	财政部定期公布的财政数据：http://www.mof.gov.cn/gkml/caizhengshuju/
	证券市场交易信息：http://www.sse.com.cn/market（以上交所为例）
	财经网站公布的财务数据：https://finance.sina.com.cn/（以新浪财经为例）
	中国产业经济信息网提供的数据：http://www.cinic.org.cn/sj.html
	金融数据库：Wind 数据库、锐思数据库、CSMAR 数据库等（这些数据库需要购买才可使用）
非结构化数据	上市公司公告信息：http://www.cninfo.com.cn/new/index（以巨潮资讯为例）
	交易所公告：http://www.sse.com.cn/（以上交所为例）
	其他：行政法规、处罚公告、法律文书等

三、商业数据分析概述

（一）商业数据分析的概念

商业数据分析以商业理论为基础，从数据分析出发，依靠分析工具，以决策优化为目的，洞察数据背后的规律，为商业创造最大的价值。可以说，商业数据分析是为了提取有用的信息和形成结论而进行详细研究和概括总结的过程。

广义商业数据分析分为狭义商业数据分析和数据挖掘。广义商业数据分析是指根据一定的目标，通过统计分析、分类、聚类、预测等方法从大量数据中发现信息的过程。狭义商业数据分析是指根据分析目的，采用对比分析、结构分析、相关分析和描述性分析等分析方法，对收集的数据进行处理与分析，提取有价值的信息，发现数据中隐藏的关系，最终得到一个特征统计量结果的过程。数据挖掘是指对大量的、不完全的、有噪声的、模糊的、随机的实际应用数据，通过应用聚类模型、分类模型、预测模型和关联规则等技术，挖掘潜在价值的过程。商业数据分析的概念结构如图 1-3 所示。

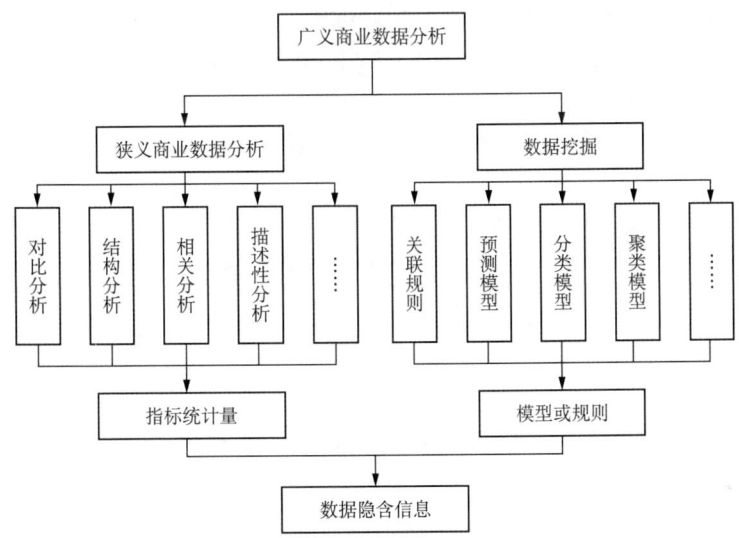

图 1-3　商业数据分析概念结构图

数据分析是商业智能的核心,有效而恰当的数据分析及可视化,能够向决策者提供有用且适当的信息和知识,帮助决策者作出及时有效的决策,是商业智能价值的重要的体现。

(二)商业数据分析的流程

商业数据分析的根本目的是洞察数据背后的规律,基于此,企业可以进行决策并采取相应的措施和行动,进而得到想要的结果,这是数据分析的最大价值。

虽然每个企业或者每个数据分析师都会根据各自的需求创建适合自己的数据分析流程,但数据分析的核心步骤几乎都是一致的,一般包括需求分析、数据获取、数据预处理、数据建模、数据呈现、数据报告六个步骤,如图1-4所示。

二维码1-3 商业数据分析的流程

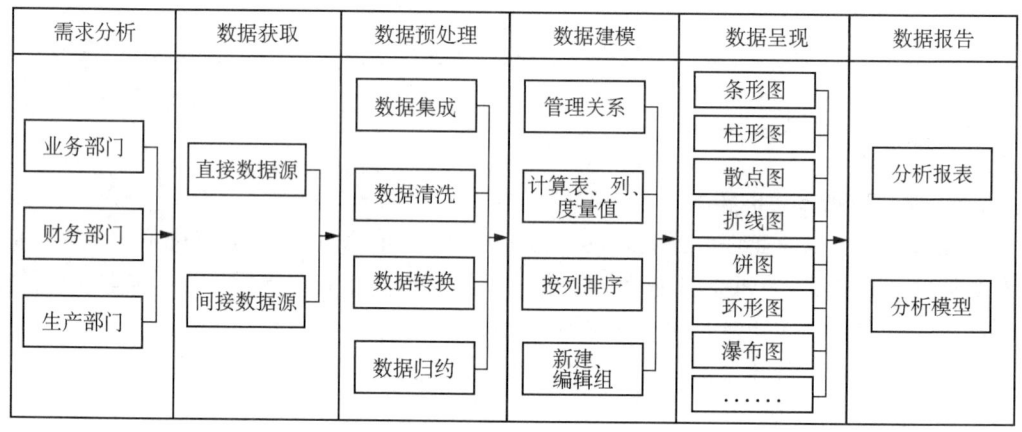

图1-4 商业数据分析的流程

1. 需求分析

需求分析是数据分析的起点,也是最关键的环节,决定了后续的分析方向和方法。需求分析需要基于分析目的确定分析的主题,明确在什么框架下进行分析、用什么模型进行分析,以及在具体分析时会使用哪些分析指标、分析维度、分析方法及具体的展现方式。需求分析是对数据分析全局的把控,要尽量考虑全面、详细。需求分析人员要与数据分析需求部门充分讨论、反复确认,明确数据分析的目的和需要解决的问题。需求分析人员只有深刻理解数据分析的需要,才能整理出完整的数据分析框架和思路。

2. 数据获取

数据获取是数据分析的基础,是人们根据数据分析的需求获取相关原始数据的过程,其工作效率的高低及数据质量的好坏将直接影响数据分析的成败。

数据获取主要有两种途径:直接数据源与间接数据源。

(1)直接数据源通常指第一手数据,包括但不限于业务记录、调查结果和实验结果等。

(2)间接数据源指第二手数据,是他人的调查或实验结果,通常由一些权威的公司或政府部门提供。数据可能由不同种类的载体承载,包括 Excel 文件、Web 数据和数据库等。

在数据分析过程中,具体使用哪种数据获取方式,需依据需求分析的目标而定。

3. 数据预处理

数据预处理是指对数据进行数据集成、数据清洗、数据转换和数据归约,并将数据用于数据建模这一过程的总称。

数据预处理是对获取的数据进行加工、整理,以便进一步开展数据分析的过程,是数据分析前必不可少的步骤。

数据预处理在整个数据分析过程中是最耗时间的,但也在一定程度上保证了数据的质量。为了确保数据分析的顺利进行和数据分析结果的准确性,对数据进行预处理是必不可少的。数据预处理主要包括四个部分的内容:数据集成、数据清洗、数据转换和数据归约。

(1) 数据集成。数据集成的本质是实现不同数据源之间的数据交换,并且在交换过程中进行数据的整理与转换,主要解决数据的分布性和异构性的问题。数据集成可以将多张互相关联的数据合并为一张。

(2) 数据清洗。人们获取的数据一般不可以直接使用,其中可能会有一部分不完整数据、含噪声数据和不一致数据,它们将会影响分析结果。因此,在分析数据前需要对数据进行清洗。

(3) 数据转换。数据转换可以通过规范化、逆透视列等技术处理数据,将数据从一种格式或结构转换为另一种格式或结构,从而构成一个适合数据分析与建模的描述形式。数据转换的目的是将数据转换为更方便分析的数据。

(4) 数据归约。数据归约通过字段规约、数据提取与数据泛化,在尽可能保持数据原貌的前提下,最大限度地精简数据量,满足后续数据可视化与建模的要求。

在数据分析的过程中,数据预处理的各个过程互相交叉,并没有明确的先后顺序。

4. 数据建模

数据建模是指建立数据间的逻辑关系和进行数据操作的过程。数据建模通过建立表间关系处理多个数据表的链接关系。建模中的数据通常存储在表、列与度量值中。其中,新产生的"计算列"与"计算表"为直接引用其他列数据或其他表数据的运算结果,而度量值则是在一定的筛选条件下对数据源进行聚合的运算结果,可以是单个或多个数据。

5. 数据呈现

一般情况下,数据分析的结果都是通过图形的方式呈现的,因此,数据呈现也被称为数据可视化。数据可视化是指通过图表直观地展示数据间的量级关系,其目的是将抽象信息化为具体的图形,将隐藏于数据中的规律直观地展现出来。通过数据可视化可进行的分析包括对比分析、结构分析、相关性分析、描述性分析等。

数据可视化工具有很多,本书主要介绍 Power BI,它自带的图表几乎能够满足日常工作中的数据可视化要求。

6. 数据报告

数据报告是对整个数据分析过程的一个总结和呈现,它把数据分析的起因、过程、结论及建议完整地呈现出来,供决策者参考。数据报告要结构清晰、图文并茂、层次分明,能够让读者一目了然。另外,数据报告需要有明确的结论和建议,结论是通过分析发现了什么问题;建议是这个问题应该怎么解决。数据报告并没有固定的结构,可以根据分析的主题和内容进行适当的调整。数据报告一般包括分析背景、分析思路、分析正文、结论与建议等内容。

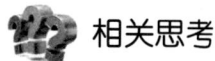 **相关思考**

商业数据分析的应用场景

客户分析与营销分析是商业数据分析常见的应用场景,那么客户分析、营销分析应分别从哪些方面进行呢?

1. 客户分析

客户分析主要是根据客户的基本数据信息进行商业行为分析,步骤如下:

首先,界定目标客户,根据客户的需求、客户的性质、所处行业的特征及客户的经济状况等基本信息,使用统计分析方法和预测验证法分析客户,提高销售效率。

其次,了解客户的采购过程,根据客户采购类型、采购性质进行分类分析,制定不同的营销策略。

最后,根据已有的客户特征进行客户特征分析、客户忠诚分析、客户注意力分析、客户营销分析和客户收益率分析。人们通过有效的客户分析能够掌握客户具体行为特征,将客户细分,使运营策略达到最优,提升企业整体效益等。

2. 营销分析

营销分析囊括产品分析、价格分析、渠道分析、广告与促销分析这四类分析。

产品分析主要是竞争产品分析,通过对竞争产品的分析,制定自身产品策略。

价格分析又可以分为成本分析和售价分析。成本分析的目的是降低不必要成本,售价分析的目的是制定符合市场的价格。

渠道分析是指对产品的销售渠道进行分析,确定最优的渠道配比。

广告与促销分析则能够结合客户分析的结果,实现销量的提升、利润的增加。

第三节 数据可视化基础

一、数据可视化的定义

数据可视化是指通过图表直观地展示数据间的量级关系,其目的是将抽象信息化为具体的图形,将隐藏于数据中的规律直观地展现出来。

一般地,人类从外界的获取信息中,83%来自视觉,11%来自听觉,6%来自其他,并且视觉的信息处理带宽在人类所有的感觉中最好,为 100 Mb/s。由此可以看出,视觉是获取信息的最重要通道,而人的大脑有超过 50% 的功能用于视觉的感知。可视化,是一种映射,即将客观世界的信息映射为易于被人类感知的视觉模式。这里的视觉模式指的是能够被感知的图形、符号、颜色、纹理等。数据可视化,就是将工作中处理的各类数据映射为视觉模式,来探索、解释隐藏在数据背后的信息,在保证信息传递的基础上寻求美感,用数据讲故事。因此,数据可视化既是一门科学,也是一门艺术。

数据可视化的作用包括数据表达、数据操作和数据分析。数据表达是数据可视化最原始的作用。数据表达常见的形式有文本、图表、图像、地图等。有时,用可视化方式比用文字方式表达更直观、更易于理解,人们借助有效的图形,可以在较小的空间中呈现大规模数据。数据操作是以计算机提供的界面、接口等为基础,完成人与数据的交互需求。当前基于可视化的人机交互技术迅猛发展,包括自然交互、自适应界面和情景感应等在内的多种新技术极大地丰富了数据操作的方式。数据分析的任务通常包括定位、识别、区分、分类、聚类、分布、排列、比较、关联等。

通过将信息以可视化的方式呈献给用户,将直接提升用户对信息认知的效率,并引导用户从可视化结果分析和推理出有效信息,挖掘数据背后隐藏的信息与客观规律,也有助于知识和信息的传播。

 延伸阅读1-3

John Snow 的霍乱地图

在1854年,伦敦爆发了一次霍乱疫情,当时人们普遍认为霍乱是通过空气传播的(以那时的主要传染病理论"空气传播"为依据),而不是通过水传播的。然而,医生 John Snow 怀疑这个理论,他通过收集并绘制发生霍乱病例的地理位置信息,将其标记在伦敦地图上。

通过标记的地图,他注意到伦敦市中心的 Soho 地区有很多霍乱病例,而这些病例与一口公共水井(Broad Street water pump)的距离很近。Snow 进一步分析发现,附近的人大量饮用这口井中的水。基于这些发现,他得出结论:霍乱是通过被污染的水源传播的。

John Snow 的霍乱地图是数据可视化的经典案例之一,它通过将数据以地理位置的形式呈现,使人们能够直观地看到霍乱病例的分布和水源的关系。这个案例在卫生与公共卫生领域产生了深远的影响,引发了人类对卫生条件和水质的关注,成为流行病学和公共卫生研究的重要突破。

这个案例强调了数据可视化在发现和解释数据中的关键作用。通过将数据呈现为可视化形式,我们可以更容易地理解数据的趋势、模式和关系,从而得出有效的结论并作出相应的决策。

二、可视化图表的选择

在进行数据可视化时,什么样的图表是最佳的,并没有统一的标准。图表的选择和使用不是一门绝对精准的科学。实际工作中,选择图表可以从以下两个方面考虑:

(1) 数据想表达什么。
(2) 各个类型的图表特性是什么。

麦肯锡著名咨询专家基恩·泽拉兹尼(Gene Zelazny)将图表划分为五类:成分对比、项类对比、时间序列对比、频率分布对比、相关性对比;国外可视化专家安德鲁·阿贝拉(Andrew Abela)将图表分成四类:比较、分布、构成和联系。国内可视化及 BI 专家明月将图表选择作出优化,总结出图形选择决策树,将数据的展示分成比较、构成、序列、描述四种。可视化图表的选择可参考表1-2所示的概况进行。

二维码1-4
可视化图表的选择

表1-2 可视化图表的概况

分类	子分类	图表①	解释
比较	实际值 VS 目标值	仪表图、马表图	实际值与目标值的比较,关注目标值的完成情况
		百分比仪表图	实际值相对于目标值的占比情况
	项目 VS 项目	柱形图	适合1~2个维度数据的比较(数据不多的情形)
		条形图	适合1~2个维度数据的比较(数据较多的情形)
		雷达图	适合4个或更多维度变量的对比

二维码1-5
大数据可视化平台

 本书在描述可视化图表时不再特意区分图和表。

(续表)

分类	子分类	图表	解释
比较	项目VS项目	词云图	过滤大量低频文本,快速提取高频文本
		树状图	用矩形大小比较同维度下不同的数据
		热力图	通过颜色深浅来表示两个维度数据的大小
	地域VS地域	地图	不同地域间的数据比较,点越大,数据值越大
构成	占比	饼图、环形图、南丁格尔玫瑰图、树状图	展示某一维度下不同数据的占比情况
	多类别部分到整体	堆积图、百分比堆积图	展示多个维度下某一维度不同数据的部分和整体情况
	各成分分布情况	瀑布图	展示最后一个数据点的数据演变过程
序列	连续、有序类别的数据波动(趋势)	折线图、面积图、柱形图	常用于显示随时间变化的数值;折线图和面积图可以展示多个维度的变化数据
	各阶段递减过程	漏斗图	将数据自上而下分成几个阶段,每个阶段的数据都是整体的一部分
描述	关键指标	卡片图	突出显示关键数据
	数据分组差异	直方图	将数据根据差异进行分类展示
	数据分散	箱线图	展示数据的分散情况(最小值、中位数、最大值等)
	数据相关性	散点图、气泡图	识别变量之间的相关关系

延伸阅读 1-4

数据可视化的常用软件

下面介绍几种常用的数据可视化软件,根据它们的特点将其分为三大类:工具型可视化软件、代码型可视化软件和在线作图工具。工具型可视化软件有丰富而简单的制图操作界面,可以快速出图。代码型可视化软件需要用户掌握专门的编程语言,入门门槛较高。在线作图工具作为轻量级作图工具的最大特点是在线免安装,操作简易却能输出精美图表。

1. 工具型可视化软件

工具型可视化软件的特点是简单易用,不需要复杂的编程过程,符合大部分职场人士的需求。工具型可视化软件基于界面操作,所见即所得。Excel是最常用的工具型可视化软件,使用Excel制图不需要技巧,它作为高效的内部沟通工具,适用于快速搜索数据,展示结果。Power BI、Tableau等商业智能可视化软件也较常用,虽然精通它们需要掌握特定的数据分析语言,但是简单的可视化需求完全可以无代码实现,所以也可以将其归类为工具型可视化软件。其他工具型可视化软件还有专业的统计软件,如SPSS,用户基于它也可以通过鼠标操作制作专业的可视化图表。

2. 代码型可视化软件

代码型可视化软件是指用户无法通过简单的用户界面作图,需要通过代码指定图表要素才能完成图表制作的可视化软件。常用的代码型可视化软件包括Python,它可以安装各种功能的模块,由此带来强大的可视化功能,并且大部分Python的可视化库是免费开源的。Python的可视化库有Matplotlib、Pyecharts、

Plotly Express、Seaborn 等。Python 数据可视化的应用十分广泛,在自然科学、工程技术、金融和通信等领域都有对应的专业工具。其他代码型可视化软件还有专业的绘图软件 Matlab 及统计分析语言 R 语言,掌握它们也需要了解特定的编程语言,它们的共同特点是作图功能强大,绘图精准、专业。

3. 在线作图工具

随着数据可视化技术不断发展,数据可视化开始搬到了"云端",各种轻量级的在线数据可视化工具应运而生。用户使用这些在线作图工具作图较为简单,只需要单击鼠标就可以完成操作。同时,使用它们时不需要复杂的安装过程,只需要使用浏览器打开网址就可以进入操作界面。

常用的在线作图工具包括开普勒(Kepler)、微软-沙舞(SandDance)、Flourish 工作台(Flourish Studio)、花火(hanabi)和 Datawrapper 网站,在线作图工具不仅简单,而且制作的图表之精美也是普通作图软件很难媲美的。

资料来源:袁佳林. Power BI 数据可视化[M]. 北京:电子工业出版社,2022.

本章小结

本章主要学习了财务数据可视化的基础知识。通过本章的学习,我们对商业智能、自助式商业智能分析工具、大数据、财务大数据、商业数据分析、财务数可视化等有了全面的了解,应当能够掌握商业数据分析的步骤及可视化图表的选择思路。

本章重要概念

商业智能　大数据　结构化数据　非结构化数据　半结构化数据　财务大数据　商业数据分析　数据获取　数据预处理　数据建模　数据可视化　数据集成　数据清洗　数据转换　数据归约　南丁格尔玫瑰图

本 章 练 习

一、单项选择题

1. 联机分析处理的英文简称是（　　）。
   A. OLTP　　　　B. OLAP　　　　C. DW　　　　D. ETL
2. 商业数据分析最关键的环节是（　　）。
   A. 需要分析　　B. 数据呈现　　C. 数据预处理　　D. 数据建模
3. 能够呈现实际值与目标值比较的图表是（　　）。
   A. 仪表图　　　B. 饼图　　　　C. 柱形图　　　　D. 卡片图
4. 能够突出显示关键数据的图表是（　　）。
   A. 气泡图　　　B. 卡片图　　　C. 词云图　　　　D. 散点图
5. ETL 中的 E 代表的含义是（　　）。
   A. 数据抽取　　B. 数据转换　　C. 数据清洗　　　D. 数据加载

二、多项选择题

1. 按照数据组织方式的不同，一般可将数据分为（　　）。
   A. 结构化数据　　　　　　　　B. 非结构化数据
   C. 半结构化数据　　　　　　　D. 流数据
2. 下列属于国产自助式商业智能工具的有（　　）。
   A. FineBI　　　B. Power BI　　C. Tableau　　　D. SmartBI
3. 大数据的"4V"特征包括（　　）。
   A. 数据量大　　B. 数据多样　　C. 价值密度低　　D. 实时性强
4. 能够呈现项目与项目对比的图有（　　）。
   A. 条形图　　　B. 环形图　　　C. 柱形图　　　　D. 雷达图
5. 以下属于可视化图表选择时应考虑的因素有（　　）。
   A. 数据想表达什么　　　　　　B. 数据的来源是什么
   C. 各个类型的图表特性是什么　D. 数据的组织形式是什么

三、判断题

1. 在界定财务大数据时，只考虑来自企业内部信息系统的业务、财务数据，不考虑来自外部的政策法规、行业数据等。　　　　　　　　　　　　　　　　　　　　　　　（　　）
2. 数据仓库的英文简称是 DM。　　　　　　　　　　　　　　　　　　　　（　　）
3. 商业数据分析一般可以分为明确需求、数据获取、数据预处理、数据建模、数据呈现、数据报告六步。　　　　　　　　　　　　　　　　　　　　　　　　　　　（　　）
4. 在数据可视化时，什么样的图表是最佳的，并没有统一的标准。　　　　　（　　）

5. OLAP 系统用于分析细节性的当前数据,支持日常事务运作,其数据可更新,实时性高,普通用户数量大。　　　　　　　　　　　　　　　　　　　　　　(　　)

四、思考题

1. 请简述商业智能产业的发展历程。
2. 请简述商业数据分析的步骤。
3. 在数据可视化时,选择什么样的图表,应考虑哪些因素?

五、实训题

请从 Power BI、FineBI、SmartBI 官方网站上查找一个商业智能应用的典型案例,仔细研究该案例,并将研究成果制作成 PPT 进行分享。

第二章　Power BI 基础知识

- 内容提要
- 重点难点
- 学习目标
- 知识框架
- 引例
- 第一节 Power BI 概述
- 第二节 Power BI Desktop 概述
- 第三节 Power BI 数据可视化流程
- 本章小结
- 本章重要概念
- 本章练习

内容提要

本章主要介绍 Power BI 的组成部分、功能组件；下载安装 Power BI Desktop 及 Power BI Desktop 界面；通过案例讲解了数据获取、数据整理、数据建模、数据可视化及报表发布的 Power BI 数据可视化一般流程。

重点难点

本章重点为 Power BI Desktop 的组成及三种视图的区别，Power BI 数据可视化流程；难点为数据获取、数据整理、数据建模、数据可视化及报表发布的 Power BI 数据可视化一般流程。

学习目标

通过本章的学习，学生应对 Power BI 和 Power BI Desktop 界面有全面的认识；熟悉 Power BI 的组成部分、功能组件；学会下载安装 Power BI Desktop；掌握 Power BI Desktop 的组成及三种视图的区别，Power BI 数据可视化一般流程。

知识框架

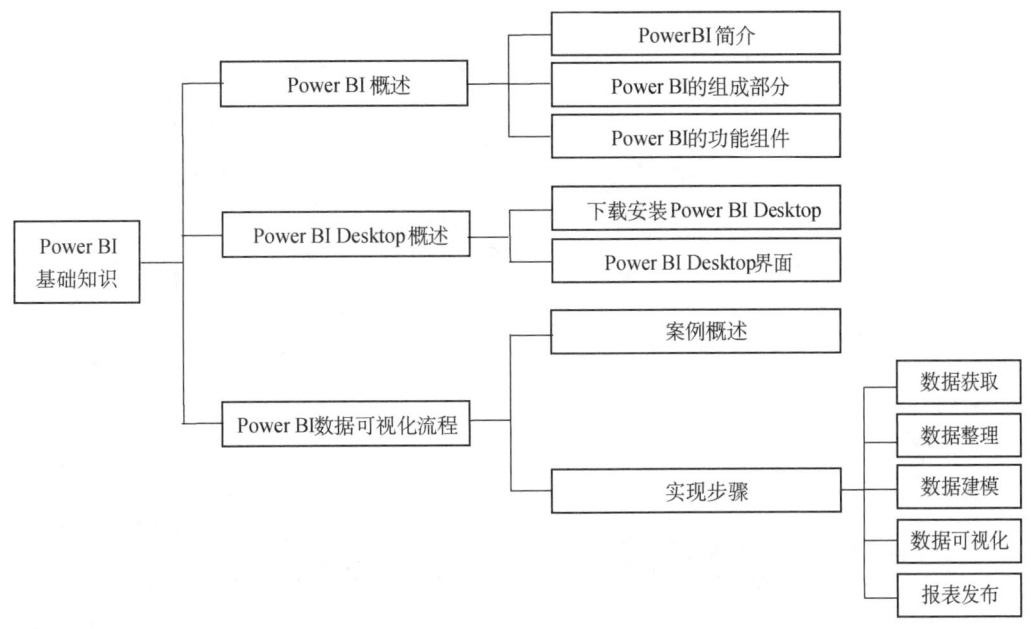

引例　Power BI 连续数年在魔力象限中遥遥领先

2023 年 4 月 5 日,国际著名咨询机构 Gartner 发布《分析和商业智能平台魔力象限》(*Magic Quadrant for Analytics and Business Intelligence Platforms*)(以下简称 ABI 平台魔力象限)年度报告,以 Power BI 为产品代表的微软连续 16 年成为领导者,并且连续 5 年位于领导者象限最高地位。

魔力象限是 Gartner 对各软件/工具市场中的供应商进行评估比较的一个工具,主要通过一套标准的方法论,基于市场中各供应商的执行力和前瞻性表现,将它们划分为 4 个不同的大类(即 4 个象限),并生成魔力象限图和相应的分析报告。

ABI 平台魔力象限年度报告即 Gartner 对 ABI 平台供应商的评估和分析报告,其方法可以用"先入选后评估"来概括。先入选指的是 Gartner 先根据入选和移除标准,确定哪些供应商能够进入魔力象限,并严格限制入选供应商的数量。后评估则是从"执行力"(ability to execute)和"前瞻性"(completeness of vision)两大维度对入选的供应商进行评估,确定其魔力象限中的位置。

ABI 平台魔力象限如图 2-1 所示,ABI 平台魔力象限的纵轴为供应商的"执行力",用于评估供应商将其愿景变成市场现实的能力,评估维度包含产品或服务的竞争力及成功度、企业整体生存能力、销售执行力与定价、市场状况、客户体验及公司的整体运营,其实质是揭示企业在市场的成功度;横轴为供应商的"前瞻性",评估维度包含企业的市场理解、市场战略、产品战略、营销战略、产品创新、行业战略及地域战略,其实质是解释企业在行业内的领先度。最终,结合企业的执行力和前瞻性评估,Gartner 将供应商划分到领导者(leaders)、挑战者(challengers)、有远见者(visionaries)和特定领域者(niche players)4 个象限。

从 Gartner 的报告中,我们可以看到商业智能市场已经到达一个转折点。传统大型数据库服务商 BI 产品的代表 Oracle、IBM、SAP 全部被移出领导者象限,这说明市场的需求越来越多地倾向于"可视化和自助式分析"这个主题。

微软凭借其 Power BI 的创新获得了 Gartner 的认可。微软 Power BI 在产品愿景和执行力方面都取得

二维码 2-1
2008 年到
2022 年商业
智能领域
演化过程

财务数据可视化

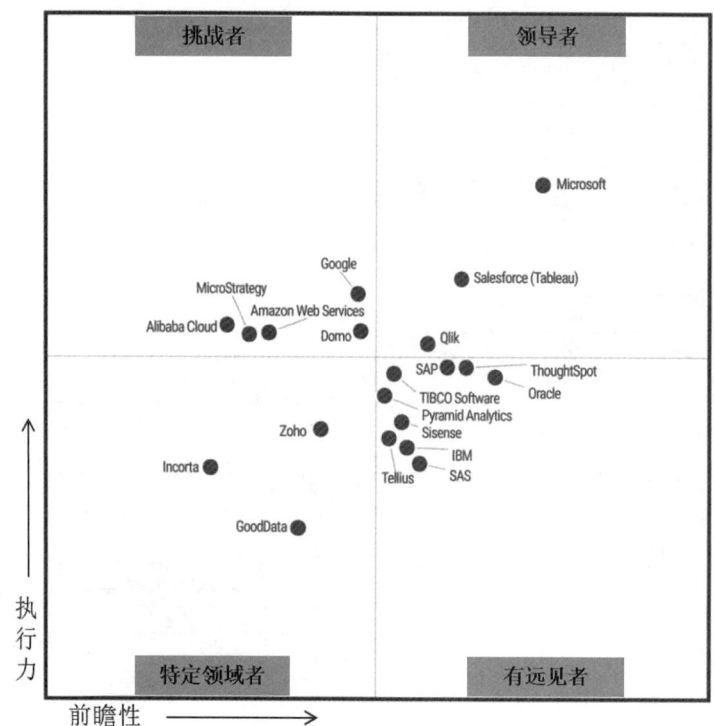

图 2-1 2023 年 Gartner 的 ABI 平台魔力象限

显著增长。更为重要的是,Power BI 实现了一项重大目标:BI 大众化,BI 人人可用。微软不仅希望 BI 成为企业的标配,而且能为每个人所用,即人人都是数据分析师。

资料来源:

1. Kim Manis. Microsoft named a Leader in the 2023 Gartner Magic Quadrant for Analytics and BI Platforms[EB/OL].(2023-04-12)[2023-07-10]. https://powerbi. microsoft. com/zh-cn/blog/microsoft-named-a-leader-in-the-2023-gartner-magic-quadrant-for-analytics-and-bi-platforms/? cdn=disable.

2. 王文信. 深入解读 Gartner2022 年《分析与 BI 平台魔力象限》报告[EB/OL].(2022-05-06)[2023-07-10]. https://research. fanruan. com/article/unscramble/magic-quadrant-bi-2022/.

第一节 Power BI 概述

一、Power BI 简介

Power BI 是微软公司推出的一款让非数据分析人员也能做到有效地整合企业数据,并快速准确地提供商业智能分析的数据可视化神器和自助式 BI 分析工具。

微软公司对 Power BI 的定义为:Power BI 是一系列的软件服务、应用和连接器,这些软件服务、应用和连接器协同工作,将不相关的数据源转化为合乎逻辑、视觉上逼真的交互式见解[1]

二维码 2-2
Power BI
介绍

---

① 见解一词为官方网站所用的词。

24

(洞察)。无论数据是简单的 Excel 工作簿,还是基于云的数据仓库和本地混合数据仓库的集合,Power BI 都可以让用户轻松连接到数据源,对数据进行清理、建模而不影响数据源,让用户直观地看到(或发现)重要信息,并与有需要的任何人共享这些信息。

Power BI 操作简单且快速,能够基于 Excel 电子表格或本地数据库创建快速见解(洞察)。同时 Power BI 也是可靠的、企业级的,可以进行丰富建模和实时分析,以及自定义开发。因此,它既是用户的个人报表和可视化工具,也可用作项目组、部门或整个企业的分析和决策引擎。

二、Power BI 的组成部分

Power BI 包括 Windows 桌面应用程序(Power BI Desktop)、联机 SaaS 服务(Power BI Service)和移动版 Power BI 应用(Power BI Mobile)三大应用体系。

Power BI 三大应用体系应用的一般流程如下:
(1) 将数据导入 Power BI Desktop,并创建报表。
(2) 发布到 Power BI Service,在该服务中用户也可创建新的可视化效果或构建仪表板。
(3) 通过网页或移动端与他人(尤其是差旅人员)共享仪表板、报表和进行交互。

(一) Power BI Desktop

Power BI Desktop 是安装在 PC 端的桌面应用程序,由微软于 2015 年将 Excel 中四大插件整合打造而成。使用 Power BI Desktop 可以进行数据获取、数据整理、数据建模、数据可视化等一系列数据分析工作。

用户可以将 Power BI Desktop 创建并保存的报告上传至 Power BI 站点中,还可以直接将它们从 Power BI Desktop 发布至 Power BI 中(桌面应用程序本身免费,但将模型分享至 Power BI 需要订阅 Power BI 服务,目前微软中国网站提供一定时长的免费试用期)。

(二) Power BI Service

Power BI Service 包括 Power BI Pro(专业版)和 Power BI Premium(增值版)两种类型。其中,Power BI Pro 适用于中小企业;Power BI Premium 适用于对数据分析报表有高度需求的大中型企业,也适用于打算基于 Power BI 进行二次产品开发的公司。

用户通过注册后,即可使用 Power BI 的所有服务,包括 Power BI Desktop、Power BI 服务订阅、Power BI Mobile 及数据网关等。

Power BI 服务属于在线云服务,不受时间、地点限制,可以在线进行数据分析工作,同时亦可将桌面端的可视化分析报告发布到在线服务上,共享给组织内外的相关人员。

(三) Power BI Mobile

Power BI 提供 Windows,iOS 和 Android 版的移动应用,用户可在任意设备上安全访问和查看实时 Power BI 仪表板及报表,真正做到直接从移动端监视业务、访问存储在本地的数据或云端的数据。同时,用户还可以通过触摸屏轻松批注报表,让团队成员关注新见解(洞察),从应用中直接共享实时报告和仪表板。

三、Power BI 的功能组件

早期以插件方式存在于 Excel 中的 Power Query,Power Pivot,Power View 和 Power Map 实际上就是 Power BI 的前身,Power BI 整合了这些插件的功能,虽然整合弱化了这些

二维码 2-3
Power BI
功能组件

插件的名称,但目前 Power BI 在功能上仍然主要由这些功能组件构成。

(一) Power Query

Power Query 负责获取和整理数据,它几乎可以获取市面上所有格式的源数据,然后按照用户需要的格式将数据整理出来。用户使用 Power Query 可以轻松地完成对数据的分组、透视与逆透视,以及多个数据的合并等整理操作,并且只需要操作一次,后续只要单击"刷新"按钮,数据就能自动完成更新,不用再次手动整理。在 Power BI Desktop 中,执行"主页"|"查询"|"转换数据"命令后,会以单独的形式打开 Power Query 编辑器。

(二) Power Pivot

Power Pivot 负责对数据进行建模分析,是 Power BI 的大脑,在 Power BI 中处于核心地位。Power Pivot 可以处理上亿行的数据,当加载多张表时,不仅可以在不同的表之间建立关联关系,还可使用 Data Analysis Expressions(DAX)语言对数据进行计算,创建各种指标(度量值)。Power Pivot 并没有单独出现在 Power BI 中,而是与 Power BI 高度融合,Power BI Desktop 功能区的"建模"选项卡、"数据视图"和"模型视图"具有 Power Pivot 的组件功能。

(三) Power View 和 Power Map

Power View 提供了丰富的图形对象,用来展示数据分析的结果,并且能快速生成惊艳的交互式图表。Power Map 是专门用来呈现地图方面的可视化工具。Power View 和 Power Map 也没有单独出现在 Power BI 中,"报表视图"具有 Power View 和 Power Map 的组件功能。

 延伸阅读2-1

从 Excel 到 Power BI 的嬗变

2010年,微软首次在 Excel2010 版中引入 Power Query 和 Power Pivot,将其作为需要手动下载安装的免费插件提供给用户。

2013年,微软在 Excel2013 版中深度集成 Power Query 和 Power Pivot,并引入 Power View 和 Power Map 功能。

2015年7月24日,微软整合了 Power Query、Power Pivot、Power View、Power Map 四大插件功能,发布 Power BI Desktop 软件,这也是 Power BI 首次作为一个独立产品面向公众。目前,Power BI Desktop 产品每月都有更新,每次更新除了解决以往版本中的漏洞,还会改进已有功能或增加新功能,让用户操作起来更顺手,工作效率更高,这也使 Power BI 成为 BI 产品领域的领跑者。

延伸阅读2-2

学习 Power BI 对个人职业发展的意义

随着"大智移云物区"等技术的快速发展,各种数据可视化应用层出不穷,随之出现了大量的商业可视化工具。在众多可视化工具中,Power BI 横空出世,后来者居上。

从引例可知,根据2023年4月 Gartner 发布的 ABI 平台魔力象限年度报告,微软连续第16年入选,稳坐商业智能分析平台头把交椅,并且已连续5年成为最具领导力和超前愿景的 BI 公司,且进一步拉开与第二名 Tableau 的综合差距。

目前,Power BI 已经被世界范围内97%的世界500强企业使用。Power BI 致力于实现"商业智能大众化,商业智能人人可用"。微软公司不仅希望商业智能分析成为企业的标配,而且希望商业智能分析能为每个人所用,即人人都是数据分析师。

对于个人职场发展来说,学习 Power BI 尤为必要。大部分人平时接触较多的是 Excel,但是当数据量较大时,Excel 就显得力不从心了。当需要处理复杂数据时,用 Excel 进行数据清洗比较复杂,而用 Power BI 的数据清洗功能就非常方便。

经过多年的发展,Excel 已经成为职场人的基本技能,但 Excel 技能再熟练,也无法成为职场核心竞争力。Power BI 有着强大的分析力。在大数据时代,熟练掌握 Power BI,无疑将大大提升自己的职场竞争力,对个人的职业发展将大有益处。

第二节 Power BI Desktop 概述

一、下载安装 Power BI Desktop

Power BI Desktop 是一款完全免费的产品,用户可登录 Power BI 官方网站下载免费安装程序,然后在本地计算机自行安装。

下载安装 Power BI Desktop 的步骤如下:

(1) 打开 Power BI 中文版官方网站,将页面下拉到最下方,在"下载"列表中单击"Power BI Desktop"链接,如图 2-2 所示。

图 2-2　Power BI Desktop 下载链接

(2) 在打开的页面中,单击"免费下载"按钮,如图 2-3 所示。

图 2-3　Power BI Desktop 下载界面

（3）选择语言"中文（简体）"，并单击"下载"按钮，如图2-4所示。

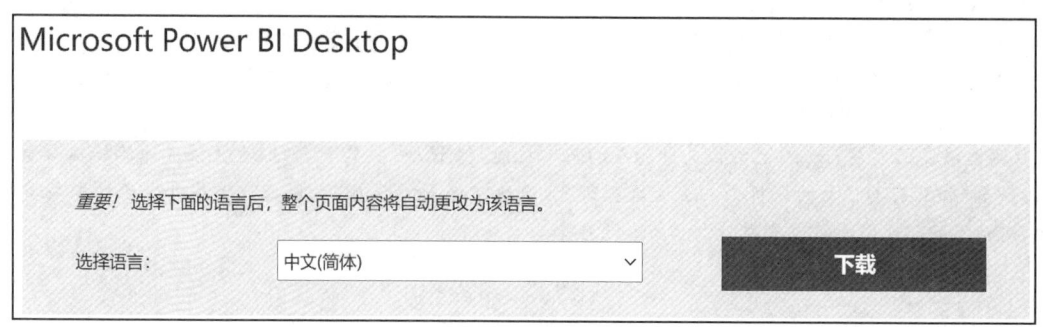

图 2-4　选择语言

（4）根据个人计算机的操作系统选择32位或64位安装包，如图2-5所示。再单击"Next"按钮，即可进行安装包的下载。

选择您要下载的程序	
文件名	大小
PBIDesktopSetup_x64.exe	658.0 MB
PBIDesktopSetup.exe	603.7 MB

图 2-5　选择要下载的程序

（5）双击安装程序，根据系统提示操作即可。

（6）安装完成后，桌面会生成 图标，双击此图标，即可启动Power BI Desktop应用程序。

操作提示 2-1

（1）用户若想将Power BI Desktop制作的可视化报表进行在线发布、查看或编辑，就需要启动Power BI服务功能。若想在手机中查看在线的可视化报表，则需要使用Power BI Mobile功能。用户若只想使用Power BI Desktop，可以不注册Power BI账号，若还想使用Power BI Service和Power BI Mobile，则必须注册Power BI账号。

（2）在启动Power BI Desktop时，系统会提示注册并登录Power BI账号。用户在Power BI官网可以注册免费使用60天的Power BI Pro专业版账号。注册时须输入工作电子邮件地址，即企业邮箱、公共邮箱和个人邮箱均不能注册。60天后，软件会提示若需要继续使用Power BI Pro专业版，则需要向软件付费，获取继续使用权限。

（3）拥有Power BI账号的桌面版用户可以下载第三方自定义图表组件，将内容发布到工作区；拥有Power BI Pro专业版账号的用户，可以启动Power BI Service在线服务功能，将制作好的可视化报表进行在线发布、分享、查看和编辑，也可以使用Power BI Mobile功能，在手机中查看可视化报表。

二、Power BI Desktop 界面

Power BI Desktop 界面由功能区、视图和报表编辑器三部分构成,如图 2-6 所示。

二维码 2-4
Power BI
Desktop
界面介绍

图 2-6　Power BI Desktop 界面

(一) 功能区

功能区主要有"文件""主页""插入""建模""视图""帮助"等选项卡,用于数据可视化的基本操作。

(二) 视图

Power BI Desktop 视图中有报表视图、数据视图和模型视图三种视图。

1. 报表视图

在报表视图中,用户可以创建任意数量的、具有可视化图表的报表页,每个报表页的初始状态就是一张空白的画布,在画布上可以插入各种可视化视觉对象。

在 Power BI Desktop 中,单击窗口左侧的"报表视图"按钮,可以看到类似图 2-7 的报表视图页面。

2. 数据视图

数据视图显示的是获取并整理后的数据,用户通过数据视图可检查、浏览和了解 Power BI Desktop 模型中的数据,并在数据视图中添加度量值、创建计算列和管理关系。

在 Power BI Desktop 中,单击窗口左侧的"数据视图"按钮,可以看到类似图 2-8 的数据视图页面。

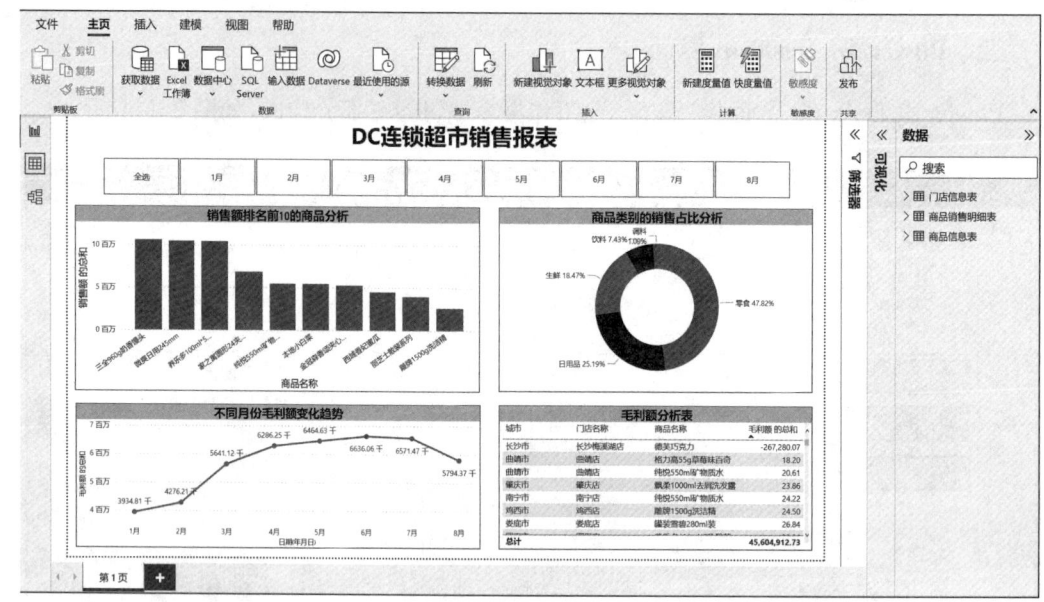

图 2-7 报表视图示例

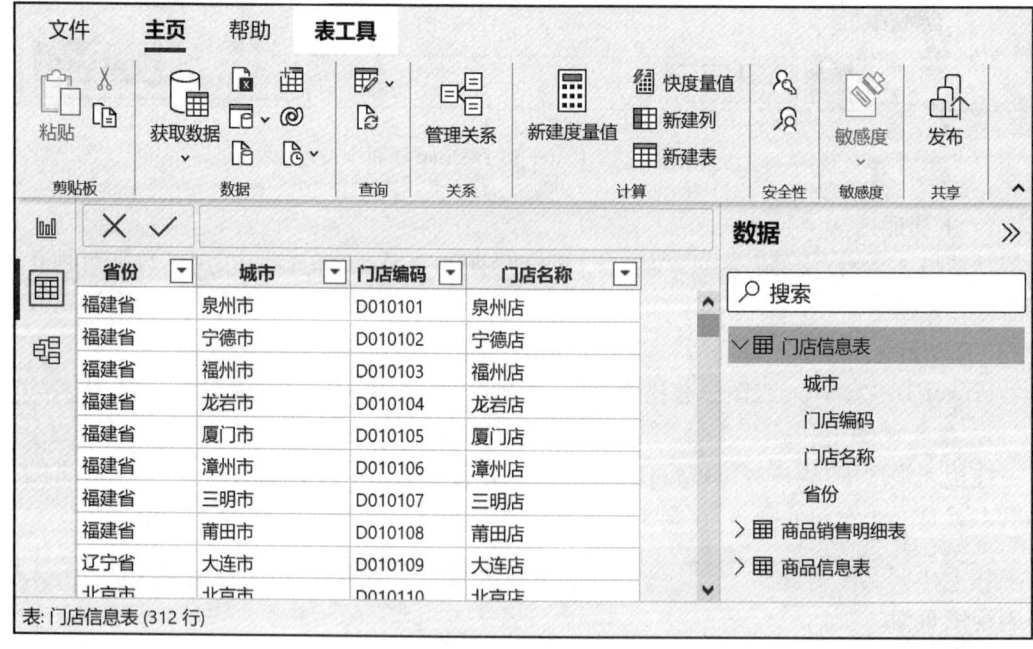

图 2-8 数据视图示例

3. 模型视图

模型视图用于显示模型中的所有表、列和关系。模型视图以图形方式显示已在数据模型中建立的关系，并可根据需要管理、修改、创建关系，即数据建模。

在 Power BI Desktop 中，单击窗口左侧的"模型视图"按钮，可以看到类似图 2-9 的模型视图页面。

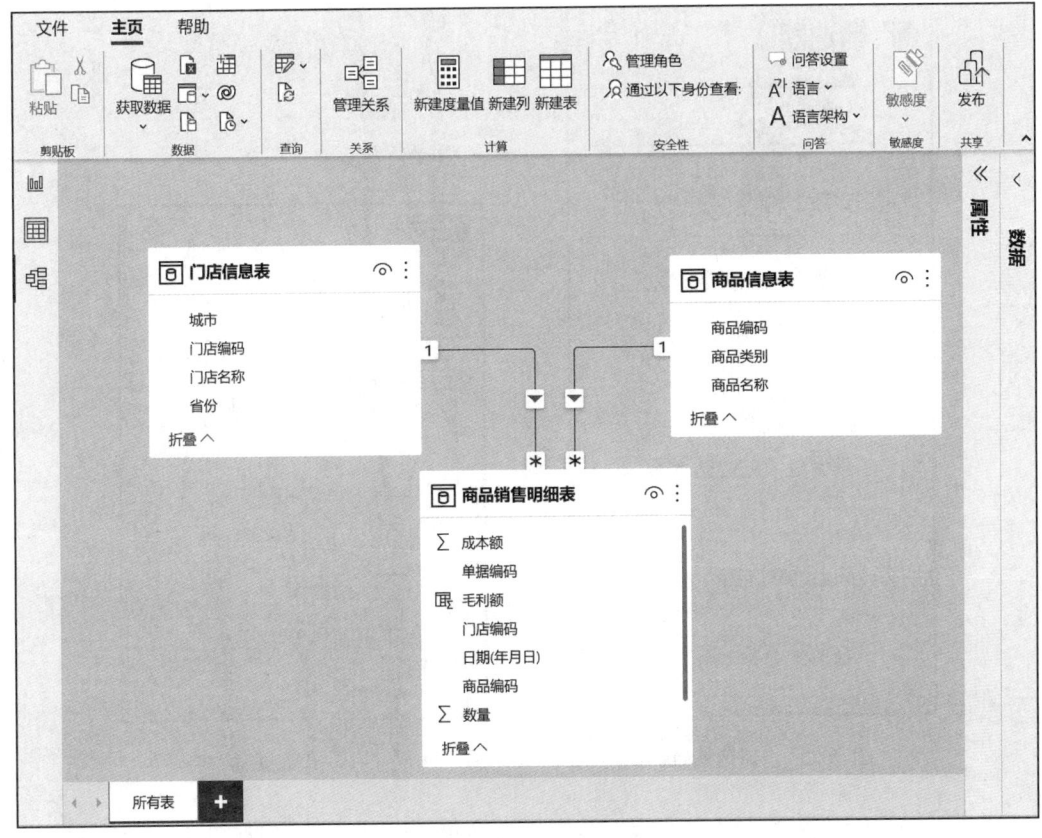

图2-9 模型视图示例

（三）报表编辑器

报表编辑器由"可视化""筛选器""数据"三个窗格组成。

"可视化"窗格提供了多种可视化图表类型，如图2-10所示。单击窗格上方的"视觉对象"按钮，可以设置可视化图表的参数；单击"格式"按钮，可以设置可视化图表的格式。

"筛选器"窗格主要用于查看和设置视觉级、页面级和报告级筛选器，对可视化对象之间的编辑交互范围进行控制，如图2-11所示。

"数据"窗格主要用于显示数据模型中的表、字段和度量值，并根据需要将相应的字段和度量值拖放到"可视化"窗格的参数设置中或"筛选器"窗格的筛选设置中，用以创建动态可视化效果，如图2-12所示。

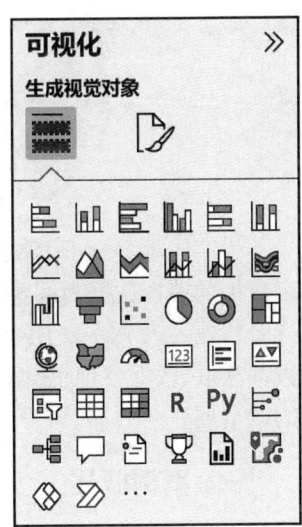

图2-10 "可视化"窗格

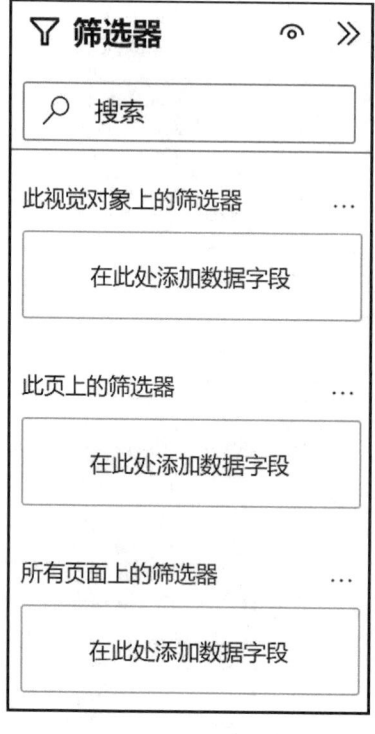

图 2-11 "筛选器"窗格

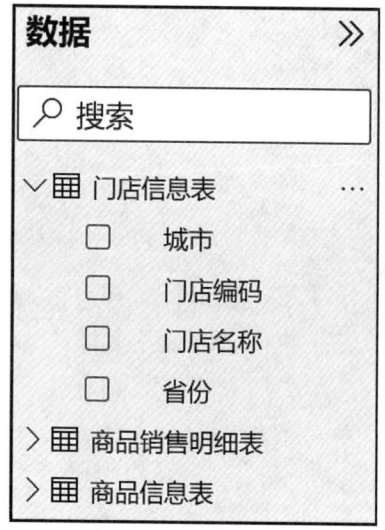

图 2-12 "数据"窗格

报表编辑器各个窗格中显示的内容会因报表画布中可视化对象的不同而发生变化。

操作提示 2-2

只有视图切换至"报表视图"时,右侧才是报表编辑器,才有"可视化""数据""筛选器"3 个窗格。若切换至"数据视图",右侧只有"数据"窗格;切换至"模型视图",右侧有"属性""数据"2 个窗格。

第三节 | Power BI 数据可视化流程

为了展示 Power BI 数据可视化流程,本节以全国某连锁超市——DC 连锁超市若干门店虚拟的销售数据为例,讲解如何从零开始使用 Power BI Desktop 制作一份销售报告,帮助读者快速入门 Power BI 操作。本节的目的是展示数据可视化的步骤,让读者体验 Power BI 数据获取、数据整理、数据建模和数据可视化的简单操作,详细和深入的内容讲解将在后面的章节展开。

一、案例概述

(一)案例背景

DC 连锁超市是一家大型全国连锁超市,在全国 23 个省、5 个自治区、4 个直辖市共拥有 308 家店铺,主要经营饮料、调料、零食、日用品、生鲜五种商品类别。DC 连锁超市从其各门店的POS信息系统中提取并整理了门店数据、商品数据和销售数据(2023年1~8月)。

门店信息表包括"城市""门店编码""门店名称""省份"共4个字段和312条数据(记录),如图2-13所示。

	A	B	C	D
1	城市	门店编码	门店名称	省份
2	泉州市	D010101	泉州店	福建省
3	宁德市	D010102	宁德店	福建省
4	福州市	D010103	福州店	福建省
5	龙岩市	D010104	龙岩店	福建省
6	厦门市	D010105	厦门店	福建省
7	漳州市	D010106	漳州店	福建省
8	三明市	D010107	三明店	福建省
9	莆田市	D010108	莆田店	福建省
10	大连市	D010109	大连店	辽宁省

图2-13　门店信息表(部分)

商品信息表包括"商品编码""商品类别""商品名称"共3个字段和23条数据,如图2-14所示。

	A	B	C
1	商品编码	商品类别	商品名称
2	47DFCF0A-87A5-42BD-BCAC-E8CD8A960110	饮料	纯悦550ml矿物质水
3	A3E1185B-5B4E-497E-B5B6-E667307780F4	饮料	罐装雪碧280ml装
4	8C56F4E3-B51B-44B7-8080-21E4507A57F0	调料	太太乐40g鸡精调味料
5	6B38CB04-702F-4F3B-9DF9-DD1CDC521C88	调料	多力葵花油500ml
6	AE451BC0-8615-4F8C-8126-05E0C01DDF24	零食	丽芝士散装系列
7	BE2DA7F0-1E24-4729-BED3-3CDC0A2E4918	零食	嘉士利115g威化饼
8	62CF9CFA-1E86-4960-B7CA-F077A8BDD5A6	零食	三全960g奶香馒头
9	CBB40A41-178E-44F7-BD5E-9ECD8B73978A	零食	格力高55g草莓味百奇
10	5B7ECC92-0FCC-4F40-98FF-82126D87E80C	零食	金冠森香颂夹心蛋糕系列

图2-14　商品信息表(部分)

商品销售明细表包括"日期""门店编码""单据编码""商品编码""数量""成本额""销售额"共7个字段和40515条数据,如图2-15所示。

	A	B	C	D	E	F	G
1	日期(年月日)	门店编码	单据编码	商品编码	数量	成本额	销售额
2	2023-01-01	D010112	SMDBJ18000010	BC639DE8-B503-437C-9B6B-F0B598052A65	30	641.03	1,076.92
3	2023-01-01	D010114	SMDBJ18000014	62CF9CFA-1E86-4960-B7CA-F077A8BDD5A6	120	998.56	2,461.54
4	2023-01-01	D010114	SMDBJ18000014	BE2DA7F0-1E24-4729-BED3-3CDC0A2E4918	100	1,033.47	3,119.66
5	2023-01-01	D010115	SMDBJ18000015	62CF9CFA-1E86-4960-B7CA-F077A8BDD5A6	200	1,664.27	4,102.56
6	2023-01-01	D010115	SMDBJ18000015	AE451BC0-8615-4F8C-8126-05E0C01DDF24	100	950.36	2,094.02
7	2023-01-01	D010115	SMDBJ18000015	77DA67A0-ED8C-4FB3-8E04-E9EA7DD96BE8	50	573.88	1,559.83
8	2023-01-01	D010115	SMDBJ18000015	BE2DA7F0-1E24-4729-BED3-3CDC0A2E4918	50	516.73	605.13
9	2023-01-01	D010116	SMDBJ18000016	12EF7049-C847-4A7F-A5B4-C0BEDDADAA81	12	240.17	2,017.09
10	2023-01-01	D010116	SMDBJ18000016	59F35931-24BA-46DC-9551-6744A16FC87B	40	542.68	

图2-15　商品销售明细表(部分)

假设你是DC连锁超市的数据分析师,现在利用Power BI的可视化分析功能,制作一份销售报告,以实现如下目标:

(1)预测未来的商品进货。

(2) 分析毛利额变化情况，发现问题并找到原因。

（二）分析思路

1. 商品的进货预测

（1）对 2023 年 1~8 月超市商品的销售额进行观察——找到热销商品，增加进货梳理，保证库存充足。

（2）对不同类别商品的销售额进行比较——找到热销的商品类别，扩充商品种类。

2. 毛利额下滑分析

（1）查看不同月份的毛利额变化情况——查看下滑的具体情况。

（2）获取商品毛利额情况明细信息，分析哪个地区、哪个门店的哪种商品存在问题。

二、实现步骤

（一）数据获取

本案例需要获取"门店信息表""商品销售明细表""商品信息表"三张表格，获取数据的操作步骤如下：

（1）打开 Power BI Desktop，从视图栏中单击"从 Excel 导入数据"链接，如图 2-16 所示，打开"第 2 章 DC 连锁超市数据.xlsx"。

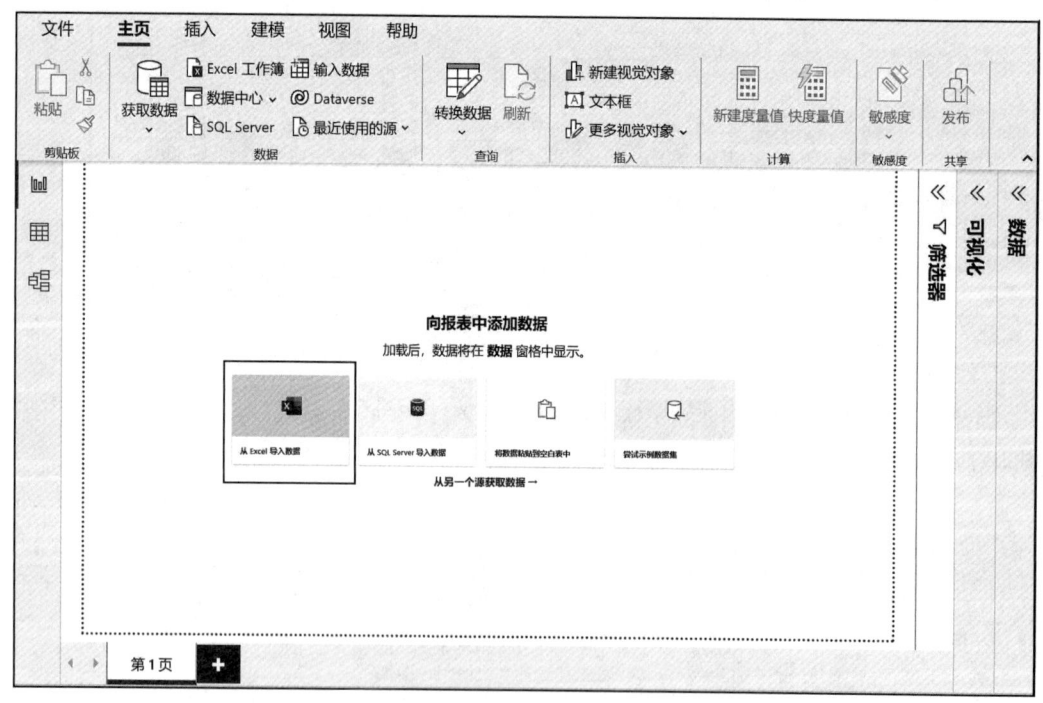

图 2-16 获取数据

 操作提示 2-3

除了上述方法，还可以执行"主页"|"数据"|"Excel 工作簿"命令或执行"主页"|"数据"|"获取数据"|"Excel 工作簿"命令等从 Excel 导入数据。

（2）选中"门店信息表""商品销售明细表""商品信息表"，如图 2-17 所示，单击"转换数据"按钮，打开"Power Query 编辑器"窗口。

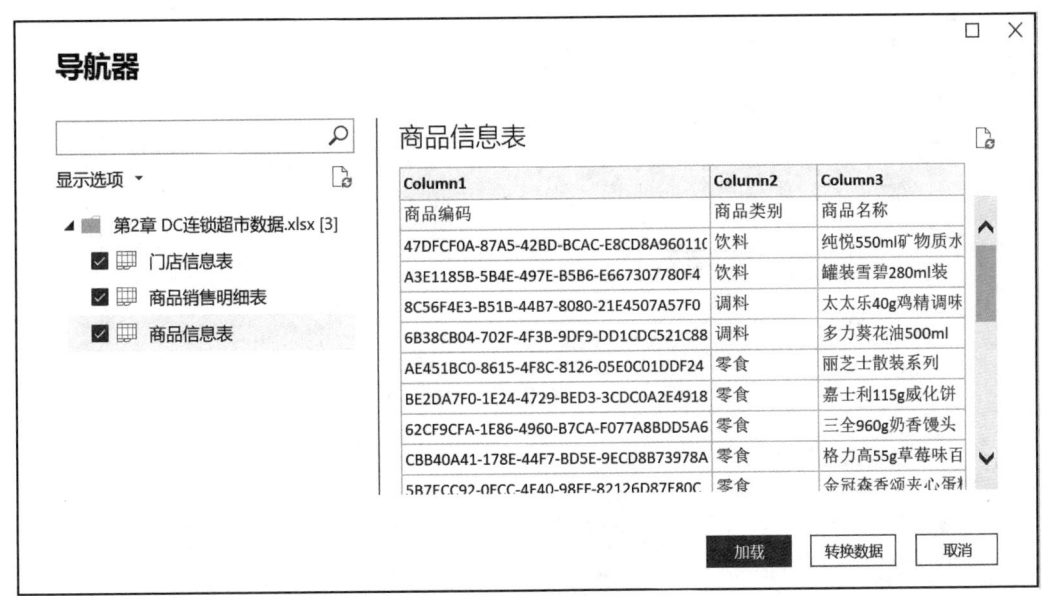

图 2-17　转换数据

 操作提示 2-4

在"导航器"窗口中，若单击"加载"按钮，数据直接加载到 Power BI Desktop 中，不打开"Power Query 编辑器"窗口。若加载到 Power BI Desktop 的数据需要整理，可以执行"主页"|"查询"|"转换数据"命令，打开"Power Query 编辑器"窗口进行数据整理，如图 2-18 所示。

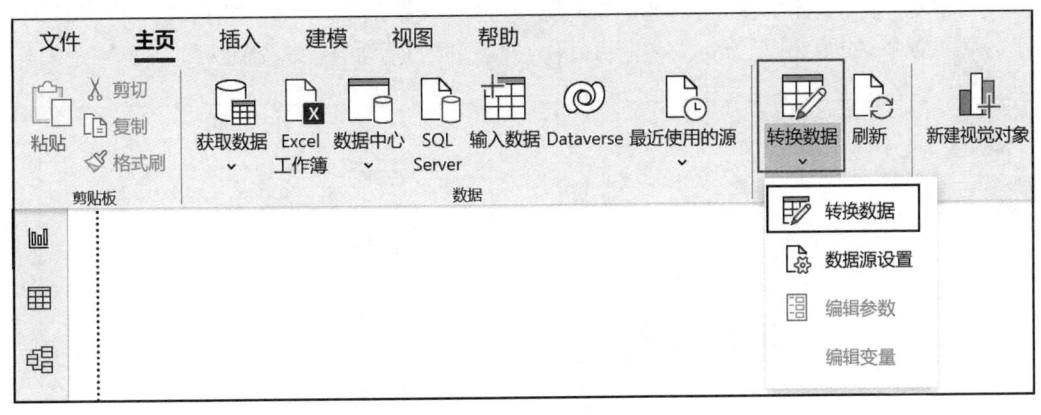

图 2-18　"转换数据"命令

（二）数据整理

数据加载到 Power BI 后，门店信息表和商品信息表的第一行并不是列名称所在行，需要对门店信息表和商品信息表进行整理。此外，后续进行可视化分析时，需要从"月份"维度展开，因此，商品销售明细表需要添加"月份"字段。操作步骤如下：

二维码 2-5
DC 连锁超市数据获取和数据整理

（1）在"Power Query 编辑器"窗口的"查询"栏，选中"门店信息表"，执行"主页"|"转换"|"将第一行用作标题"命令，如图 2-19 所示，结果如图 2-20 所示。

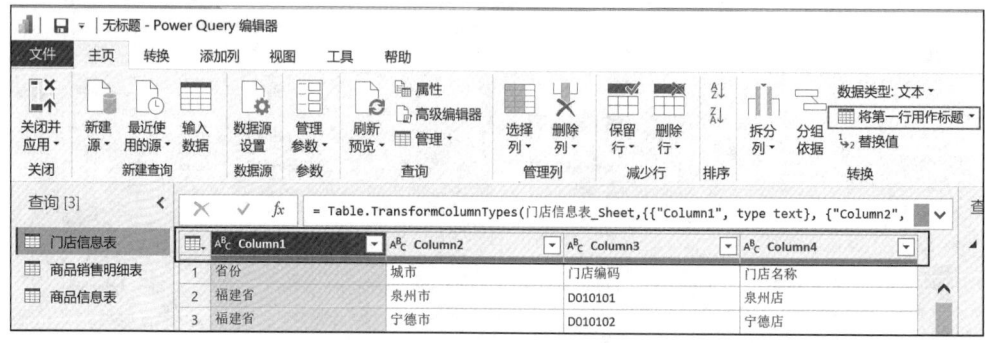

图 2-19　整理前的门店信息表

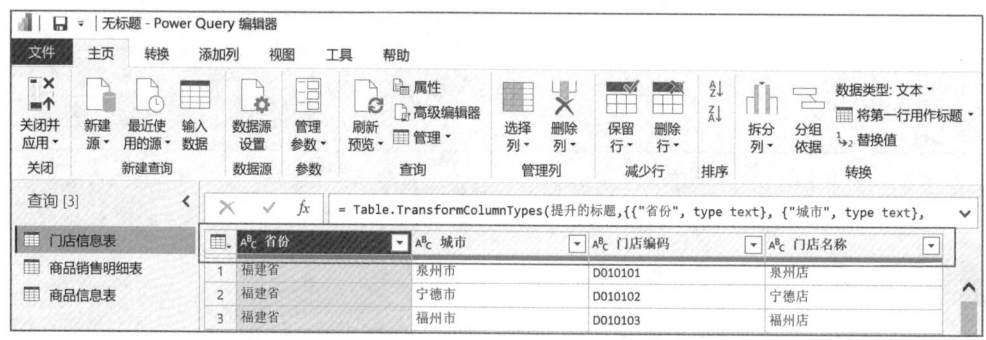

图 2-20　整理后的门店信息表

（2）选中"商品信息表"，对"商品信息表"进行同样的操作。

（3）选中"商品销售明细表"，选中"日期"列，执行"添加列"|"从日期和时间"|"日期"|"月"|"月"命令，如图 2-21 所示。插入"月份"列后的数据，如图 2-22 所示。

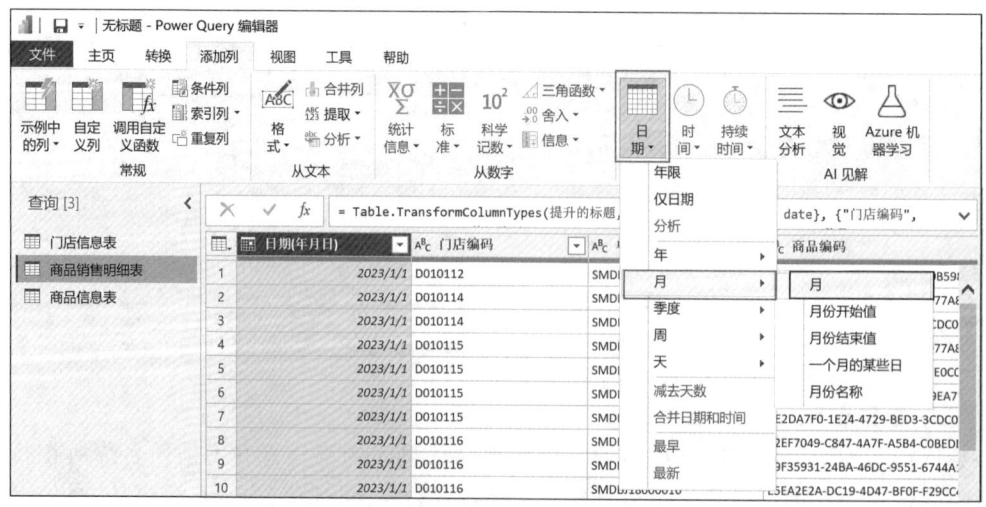

图 2-21　插入"月份"列前的商品销售明细表

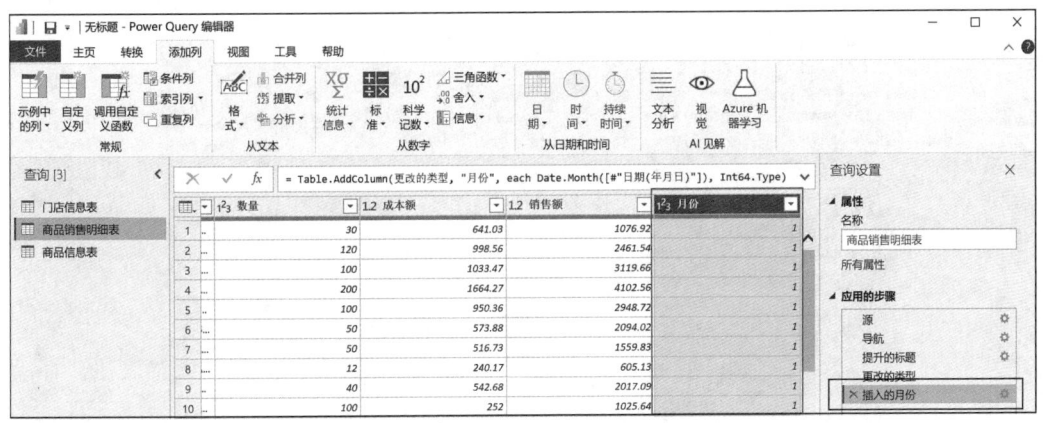

图 2-22　插入"月份"列后的商品销售明细表

（4）选中"月份"列，执行"转换"|"文本列"|"格式"|"添加后缀"命令，如图 2-23 所示。打开"后缀"对话框，在"值"文本框中输入"月"，如图 2-24 所示。添加"月"后缀后的数据如图 2-25 所示。

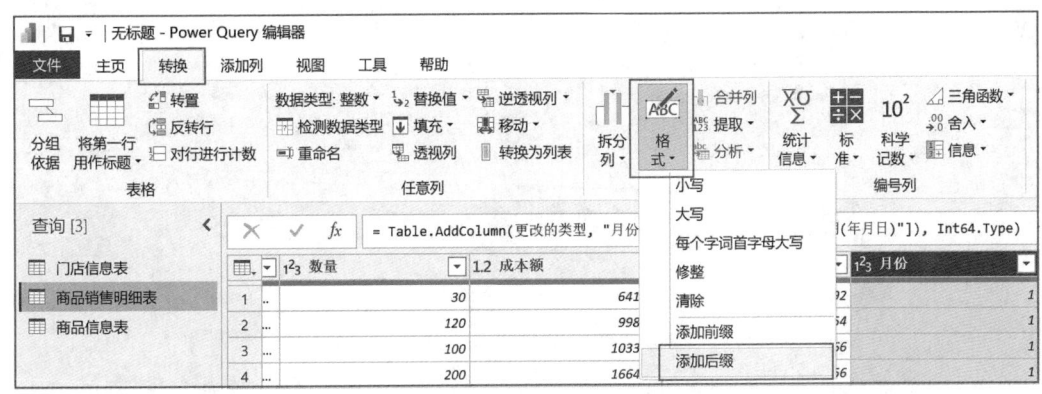

图 2-23　添加"月"后缀前的商品销售明细表

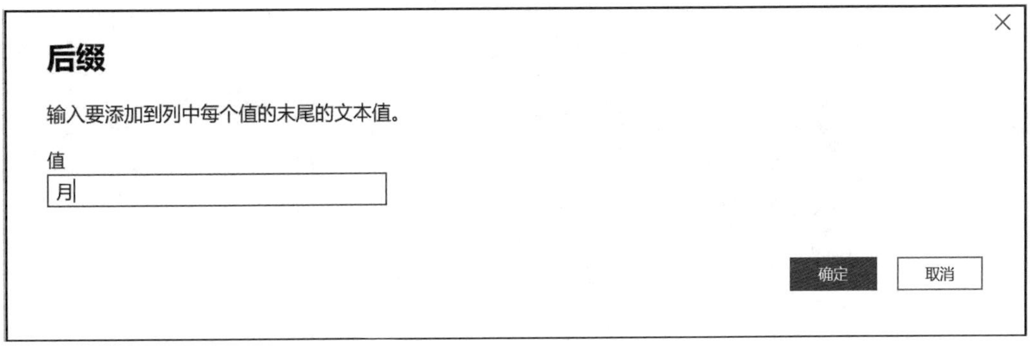

图 2-24　"后缀"对话框

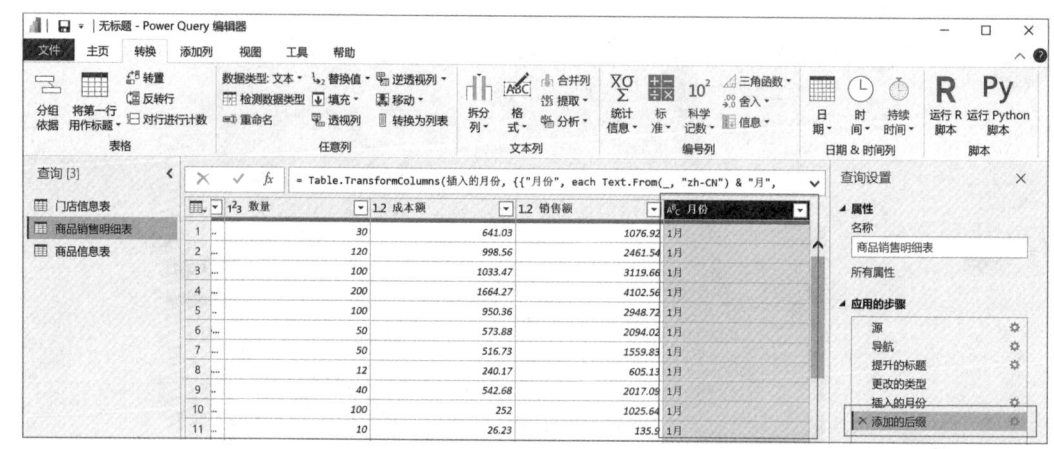

图 2-25　添加"月"后缀后的商品销售明细表

（5）选中"月份"列，长按鼠标左键，将"月份"列拖动至"日期"列右边，整理后的商品销售明细表如图 2-26 所示。

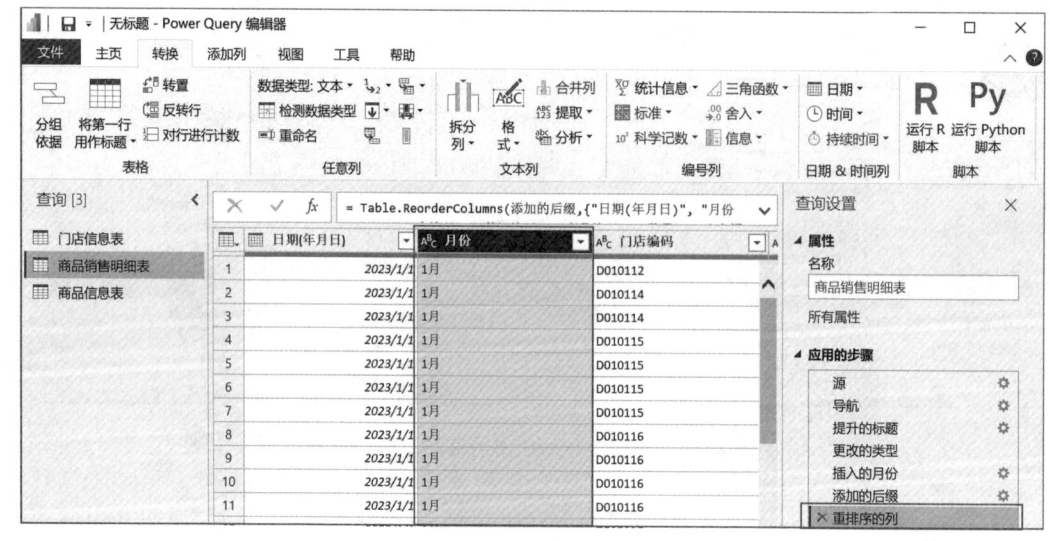

图 2-26　整理后的商品销售明细表

图 2-27　"关闭并应用"命令

（6）执行"主页"|"关闭并应用"|"关闭并应用"命令，如图 2-27 所示。关闭"Power Query 编辑器"窗口，并将数据加载至 Power BI Desktop 中。

操作提示 2-5

（1）在 Power Query 编辑器中，系统会自动记录已经操作过的步骤。若要退回某一步，可在"应用的步骤"中单击该步骤前的 按钮，或选中该步骤后单击鼠标右键，在弹出的快捷菜单中选择"删除"选项，即可删除操作过的步骤。

(2) Power Query 编辑器的"转换"选项卡和"添加列"选项卡都有"日期""格式"等命令,两者的区别是:执行"转换"选项卡中的命令后,原列不保留;而执行"添加列"选项卡中的命令后,原列保留,并生成新的列。

(三) 数据建模

Power BI 突破了单表限制,可以对多个表格、多种来源的数据,从不同的维度分析数据。当数据表有多个时,要实现这一目的就需要将这些数据表建立关系,这个建立关系的过程就是数据建模。一般来说,数据建模包括创建维度表和事实表之间关系的过程,以及通过新建列、新建度量值等方式创建各类分析数据以用于可视化分析的过程。

二维码 2-6 DC 连锁超市数据建模

1. 创建关系

本案例中导入的数据包括两张维度表(门店信息表、商品信息表)和一张事实表(商品销售明细表),单击 Power BI Desktop 窗口左侧的"模型视图"按钮,系统已自动创建维度表与事实表之间的关系,如图 2-28 所示。

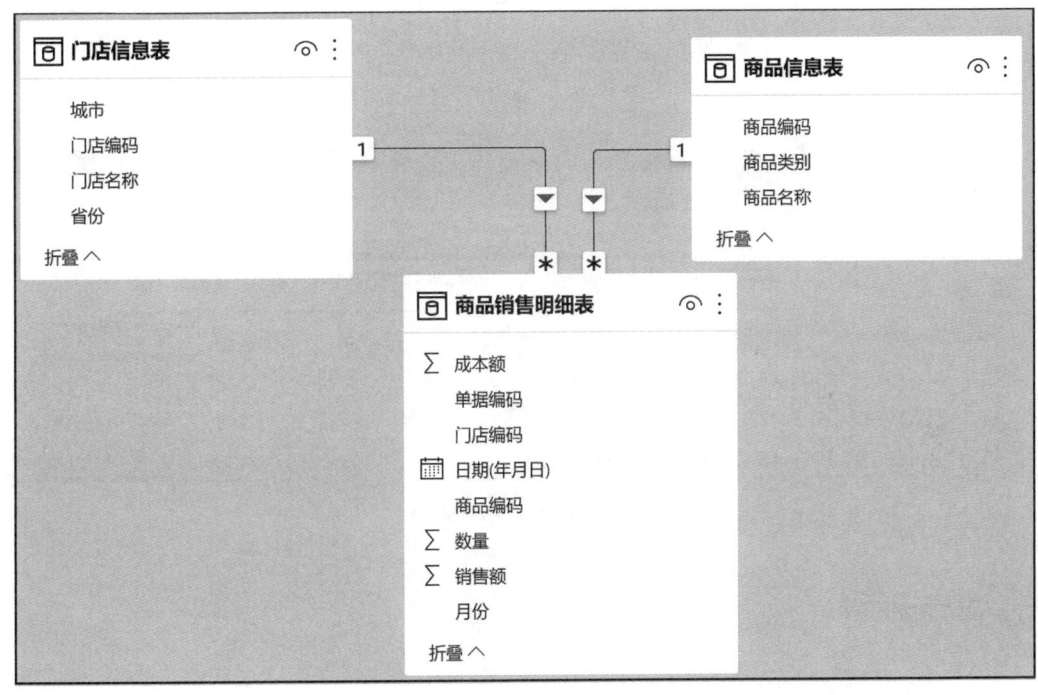

图 2-28 创建关系

操作提示 2-6

(1) Power BI 是通过关系字段创建关系的,如果两张表的关系字段相同,一般情况系统会自动创建。在本案例中,门店信息表通过"门店编码"与商品销售明细表自动创建关系;商品信息表通过"商品编码"与商品销售明细表自动创建关系。

(2) 若没有自动创建关系,则需要通过鼠标拖动或设置属性的方式创建,具体操作方式将在后面章节中详细介绍。

2. 新建列

由于本案例的商品销售明细表中只有"成本额"和"销售额"列,为了分析毛利额变化情况,需要在商品销售明细表中新建"毛利额"列。新建列需要设置数据分析表达式(Data Analysis Expression,DAX)。有关DAX公式将在后面章节中详细介绍,本案例新建列的操作步骤如下:

(1) 单击Power BI Desktop窗口左侧的"数据视图"按钮,选择窗口右侧"数据"窗格中的"商品销售明细表",执行"表工具"|"计算"|"新建列"命令,如图2-29所示。

图2-29 "新建列"命令

(2) 在编辑栏中输入公式"毛利额='商品销售明细表'[销售额]-'商品销售明细表'[成本额]",按"Enter"键,如图2-30所示。

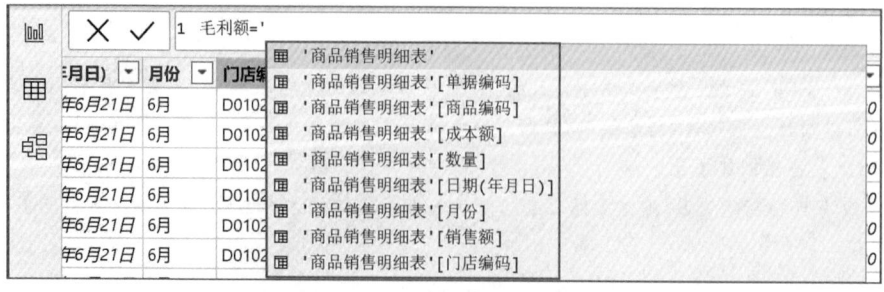

图2-30 "毛利额"公式

 操作提示2-7

(1) 设置"毛利额"公式时,英文状态下的单引号''用来引用工作表的名称,英文状态下的中括弧[]用来引用列名或度量值名。在设置公式时,输入英文状态下的"''",从展开的列表中直接选择'商品销售明细表'[销售额]或'商品销售明细表'[成本额]即可,如图2-31所示。

图2-31 新建列展开列表1

（2）在本案例中，引用的销售额、成本额与新建的列在同一张工作表中，也可以直接输入英文状态下的"["，从展开的列表中直接选择[销售额]或[成本额]，如图2-32所示。即引用同一张工作表中的列，工作表的名称可以省略。

图2-32 新建列展开列表2

（四）数据可视化

1. 商品销售额排名分析

簇状柱形图可以利用柱形的高度反映数据的差异，可用于不同系列之间的对比。本案例使用簇状柱形图显示销售额排名前10的商品，操作步骤如下：

（1）单击窗口右侧"可视化"窗格中的"簇状柱形图"  按钮，在"数据"窗格中将"商品名称"拖曳到"X轴"中，将"销售额"拖曳到"Y轴"中，如图2-33所示。

二维码2-7
商品销售额
排名分析
（簇状柱形图）

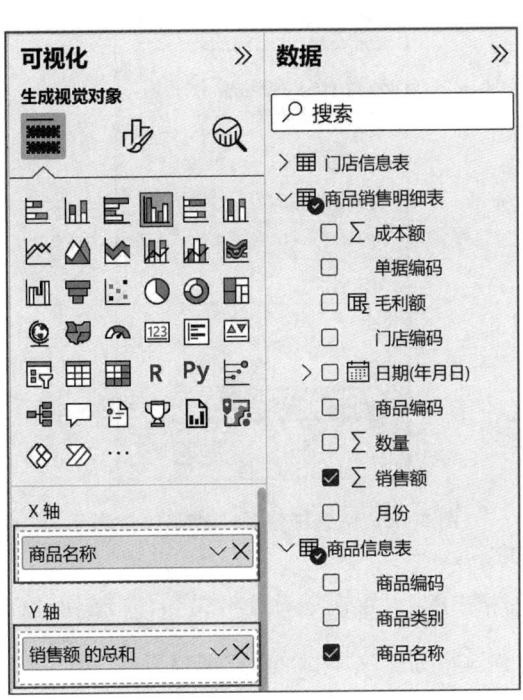

图2-33 簇状柱形图字段属性设置

(2)单击"筛选器"窗格中"此视觉对象上的筛选器"中的"商品名称"字段右侧的展开或折叠筛选器卡 ∨ 图标,在"筛选类型"下拉选项中选择"前 N 个",如图 2-34 所示。

图 2-34 按商品名称设置筛选

(3)在"显示项"文本框中输入"10",将"数据"窗格中的"销售额"字段拖曳到"按值"文本框中,单击"应用筛选器"按钮,如图 2-35 所示。

图 2-35 筛选销售额排名前 10 的商品

(4)单击"可视化"窗格中的"设置视觉对象格式" 按钮,修改可视化效果:

① 单击"常规"|"标题",将标题文本设置为"销售额排名前 10 的商品分析",标题字体设置"15"磅,设置加粗并居中,背景色设置为"白色,20%较深",如图 2-36 所示。

② 单击"常规"|"效果",打开视觉对象边框 视觉对象边框 。

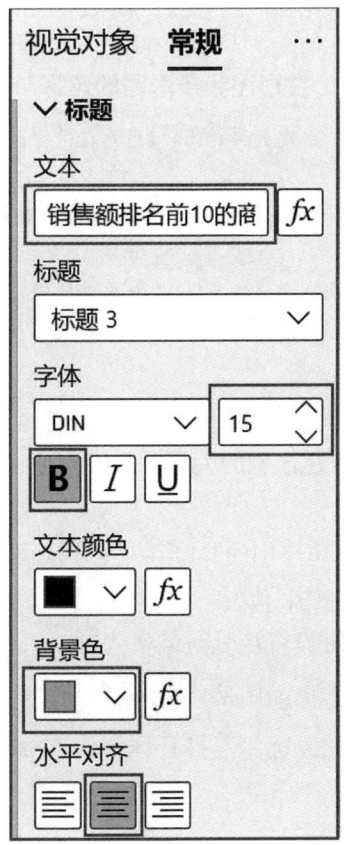

图 2-36　簇状柱形图标题格式设置

最终效果如图 2-37 所示。

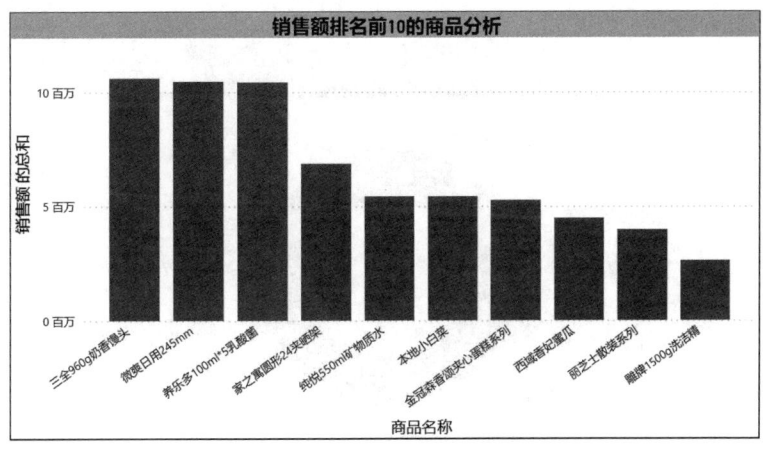

图 2-37　簇状柱形图修改后效果

相关思考

柱形图和条形图的选择

柱形图和条形图均适用于1~2个维度数据的比较,用户在进行数据可视化时,应如何选择柱形图和条形图呢?

一般情况下,当数据较多时优先选择条形图,而数据较少(如排名前5或排名前10等数据比较)时,柱形图就特别合适。

其实,柱形图和条形图的选择并没有严格的界限,用户需要根据可视化报表的整体效果进行选择,如本案例的"商品销售额排名分析"中,数据项较多,从理论上讲应优先选择条形图,但从整体布局考虑,我们选择了柱形图。

2. 商品类别的销售占比分析

环形图依靠环形的长度来表达比例的大小。本案例使用环形图显示商品类别的销售额占比情况。操作步骤如下:

(1) 单击窗口右侧"可视化"窗格中的"环形图"  按钮,在"数据"窗格中将"商品类别"拖曳到"图例"中;将"销售额"拖曳到"值"中。

(2) 单击"可视化"窗格中的"设置视觉对象格式"按钮,修改可视化效果:

① 单击"视觉对象"|"图例",关闭图例 > 图例 ⚪ 。

② 单击"视觉对象"|"详细信息标签",打开详细信息标签,并将标签内容设置为"类别,总百分比" 标签内容 类别,总百分比 ∨ 。

③ 单击"常规"|"标题",将标题文本设置为"商品类别的销售占比分析",标题字体设置"15"磅,加粗并居中,背景色设置为"白色,20%较深"。

④ 单击"常规"|"效果",打开视觉对象边框。

最终效果如图2-38所示。

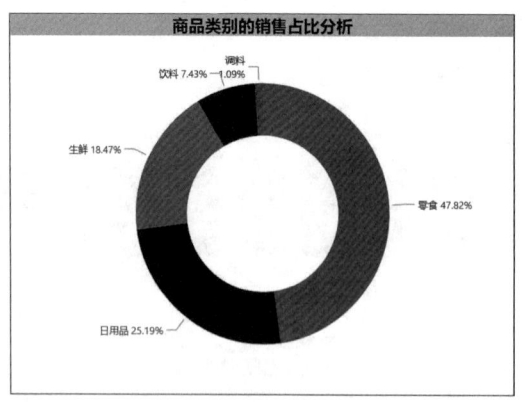

图2-38 环形图修改后效果

3. 不同月份毛利额变化趋势

折线图可以显示随时间变化的连续数据,非常适用于显示在相同时间间隔下的数据变化趋势。本案例用折线图显示不同月份毛利额变化趋势。操作步骤如下：

（1）单击窗口右侧"可视化"窗格中的"折线图"按钮，在"数据"窗格中将"月份"拖曳到"X轴"中；将"毛利额"拖曳到"Y轴"中。

（2）选中折线图，单击折线图右上角的"更多选项"…按钮，选中"排列轴"|"月份"和"以升序排序"，将"X轴"按"月份"从小到大排序，如图2-39所示。

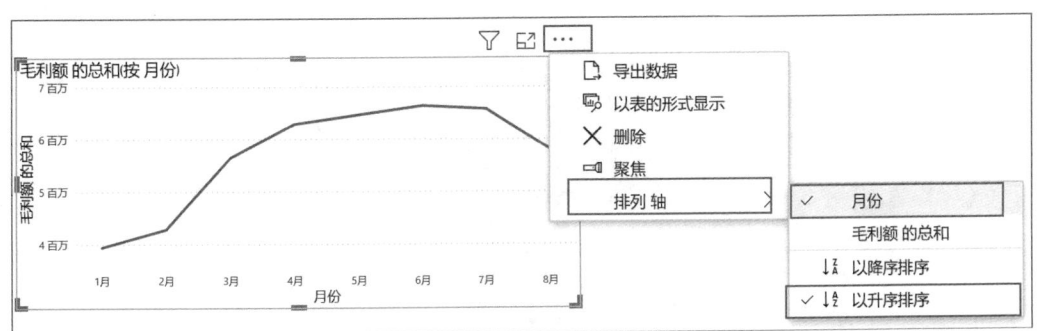

图2-39 折线图按月份升序排序

（3）单击"可视化"窗格中的"设置视觉对象格式"按钮，修改可视化效果：

① 单击"视觉对象"|"标记"，打开标记。

② 单击"视觉对象"|"数据标签"，打开数据标签，并将数据标签的值的"显示单位"设置为"千"。

③ 单击"常规"|"标题"，将标题文本设置为"不同月份毛利额变化趋势"，标题字体设置"15"磅，加粗并居中，背景色设置为"白色，20%较深"。

④ 单击"常规"|"效果"，打开视觉对象边框。

最终效果如图2-40所示。

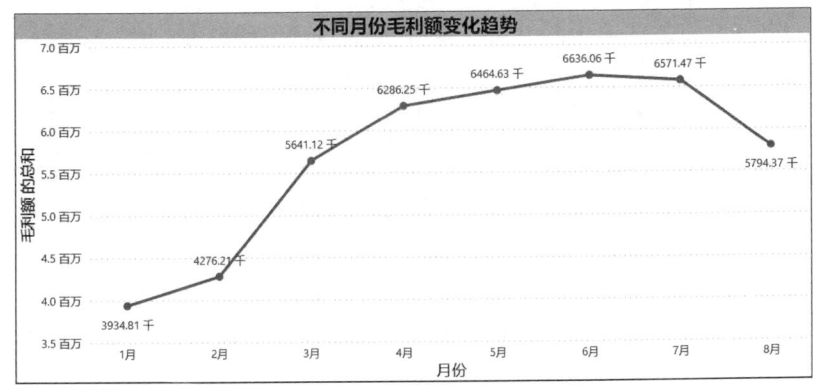

图2-40 折线图修改后效果

4. 毛利额分析表

Power BI Desktop中的表实际上是一维表的概念，用户可以将任何字段和度量值拖曳到表格中，查看它们之前的关系。本案例用表显示不同门店不同商品的毛利额详细信息。操作步骤如下：

（1）单击窗口右侧“可视化”窗格中的“表”按钮，在“数据”窗格中将“城市”“门店名称”“商品名称”“毛利额”依次拖曳到“列”中。

（2）选中表中的“毛利额的总和”列，单击“毛利额的总和”列的“排序”按钮，将毛利额按“升序”排列，如图 2-41 所示。

城市	门店名称	商品名称	毛利额 的总和 ▲
长沙市	长沙梅溪湖店	德芙巧克力	-267,280.07
曲靖市	曲靖店	格力高55g草莓味百奇	18.20
曲靖市	曲靖店	纯悦550ml矿物质水	20.61
肇庆市	肇庆店	飘柔1000ml去屑洗发露	23.86
南宁市	南宁店	纯悦550ml矿物质水	24.22
鸡西市	鸡西店	雕牌1500g洗洁精	24.50
娄底市	娄底店	罐装雪碧280ml装	26.84
四平市	四平店	养乐多100ml*5乳酸菌	28.84
安庆市	安庆店	罐装雪碧280ml装	48.54
芜湖市	芜湖店	罐装雪碧280ml装	48.54
总计			**45,604,912.73**

图 2-41　按毛利额升序排序的毛利额分析表

（3）单击“可视化”窗格中“设置视觉对象格式”按钮，修改可视化效果：

① 单击“常规”|“标题”，打开“标题” > 标题 ，将标题文本设置为“毛利额分析表”，标题字体设置“15”磅，加粗并居中，背景色设置为“白色，20%较深”。

② 单击“常规”|“效果”，打开视觉对象边框。

最终效果如图 2-42 所示。

毛利额分析表

城市	门店名称	商品名称	毛利额 的总和 ▲
长沙市	长沙梅溪湖店	德芙巧克力	-267,280.07
曲靖市	曲靖店	格力高55g草莓味百奇	18.20
曲靖市	曲靖店	纯悦550ml矿物质水	20.61
肇庆市	肇庆店	飘柔1000ml去屑洗发露	23.86
南宁市	南宁店	纯悦550ml矿物质水	24.22
鸡西市	鸡西店	雕牌1500g洗洁精	24.50
娄底市	娄底店	罐装雪碧280ml装	26.84
四平市	四平店	养乐多100ml*5乳酸菌	28.84
安庆市	安庆店	罐装雪碧280ml装	48.54
总计			**45,604,912.73**

图 2-42　修改后效果

5. 添加切片器

二维码 2-9 切片器的创建

切片器常用作画布中的视觉筛选器。本案例使用切片器实现以上四个可视化对象不同月份数据的筛选。操作步骤如下：

（1）单击窗口右侧“可视化”窗格中的“切片器”按钮，在“数据”窗格中将“月份”拖曳到“字段”中。

（2）单击“可视化”窗格中“设置视觉对象格式”按钮，修改可视化效果：

① 单击"视觉对象"|"切片器设置"|"选项",在"样式"的下拉选项中选择"磁贴",在"选择"选项中,打开"显示'全选'选项",如图 2-43 所示。

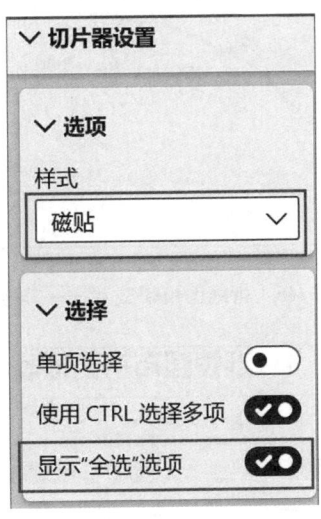

图 2-43 切片器设置界面

② 单击"视觉对象"|"切片器标头",关闭切片器标头  。

③ 单击"视觉对象"|"值",将字体设置"15"磅并加粗。

选中切片器,调整长度和宽度,使其在一行中显示,最终效果如图 2-44 所示。

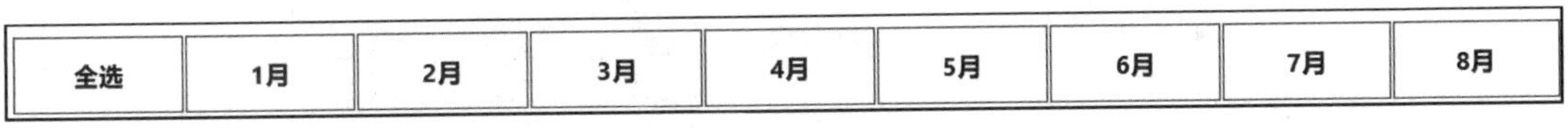

| 全选 | 1月 | 2月 | 3月 | 4月 | 5月 | 6月 | 7月 | 8月 |

图 2-44 切片器修改后效果

(3) 选中切片器,执行"格式"|"交互"|"编辑交互"命令,如图 2-45 所示。单击折线图右上角的"关闭"按钮,则折线图不受编辑交互功能的控制,如图 2-46 所示。

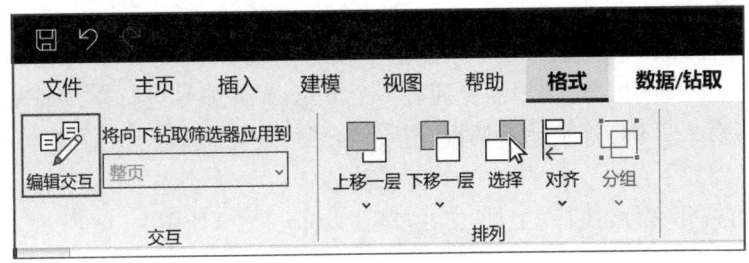

图 2-45 编辑交互界面

6. 报表美化

设置好报表中的各类可视化元素后,需调整各类可视化元素的位置,以及格式、主题风格等,使其更加美观、醒目。本案例添加报表标题,并调整可视化元素位置后的最终效果,如图 2-47 所示,将文件另存为"第 2 章 DC 连锁超市销售分析.pbix"文件。

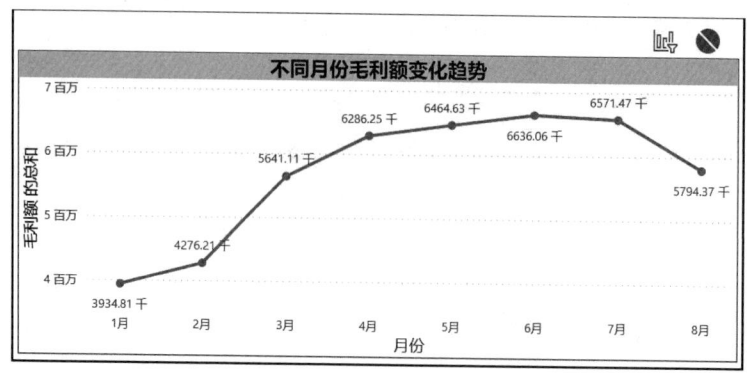

图 2-46　折线图编辑交互——非控制

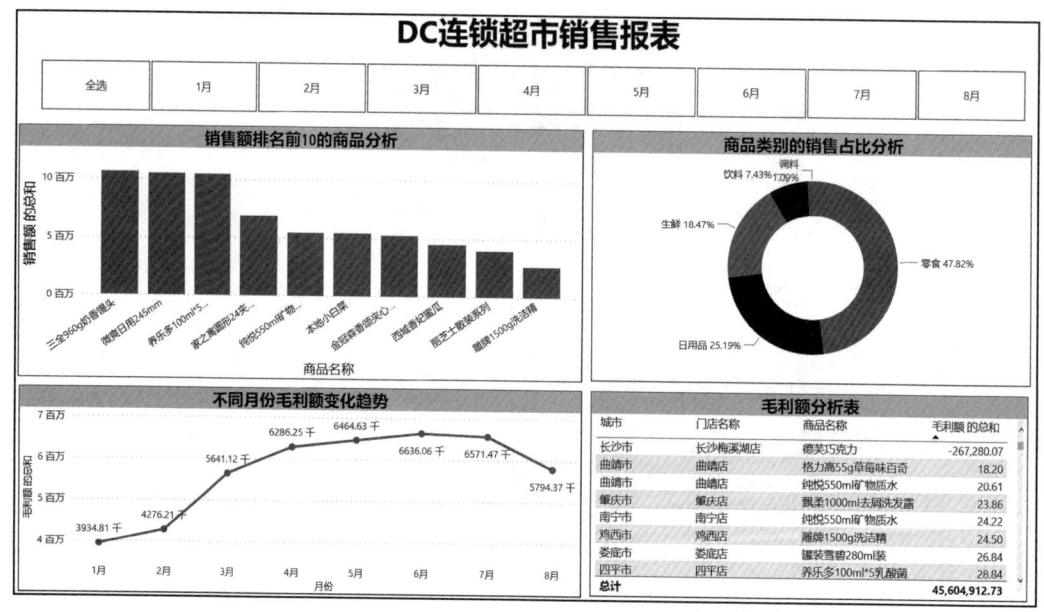

图 2-47　DC 连锁超市销售报表显示效果

（五）报表发布

如果要将制作好的可视化报表分享给他人，便于他人在移动端或平板中浏览，需要用到 Power BI 服务，即 SaaS 服务，用户需要拥有一个 Power BI 账号进行在线报表创建与分享。

本案例将"第 2 章 DC 连锁超市销售分析.pbix"可视化报表发布到 Power BI 在线服务网站中，操作步骤如下：

（1）打开可视化文件，执行"主页"｜"共享"｜"发布"命令，如图 2-48 所示。

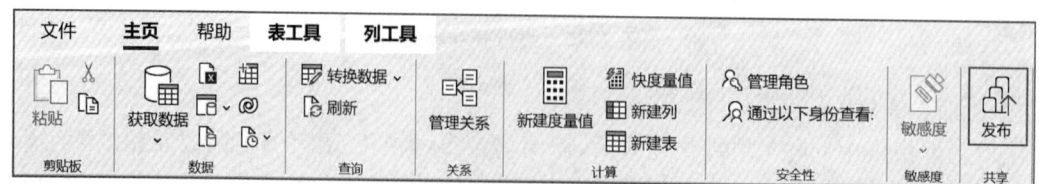

图 2-48　在线发布入口

（2）弹出"发布到 Power BI"对话框，选中"我的工作区"，单击"选择"按钮，如图 2-49 所示。

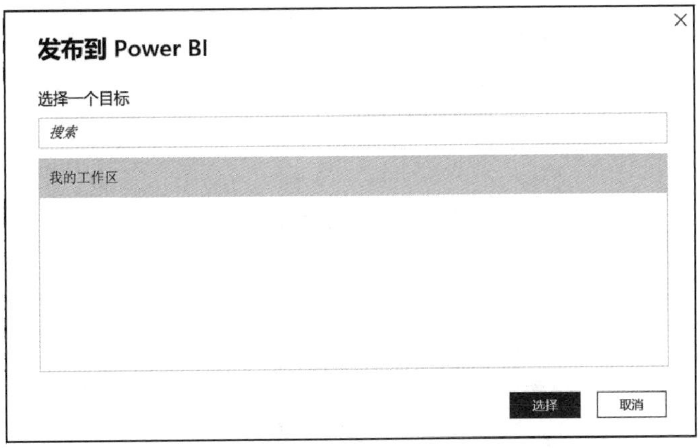

图 2-49 "发布到 Power BI"对话框

（3）弹出发布成功提示，单击"知道了"按钮，如图 2-50 所示。

图 2-50 成功发布到 Power BI

（4）单击"在 Power BI 中打开'第 2 章 DC 连锁超市销售分析.pbix'"链接，通过 Power BI 账号密码登录 https://app.powerbi.com 国际版网站，查看发布的可视化图表，如图 2-51 所示。

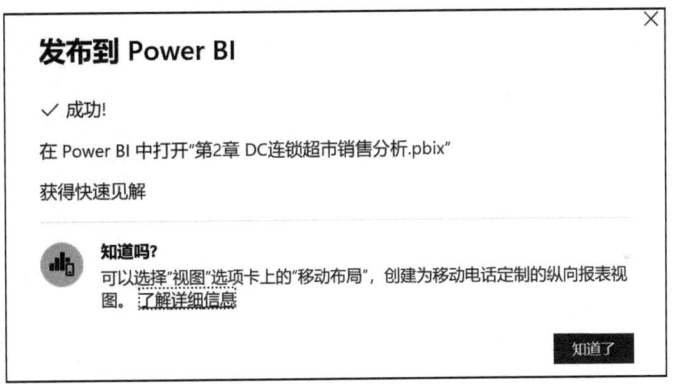

图 2-51 查看发布的报表

操作提示 2-8

（1）https://app.powerbi.com 是国际版网站，国内版网站是 https://app.powerbi.cn。

（2）由于 Power BI 更新较快，读者所看到的界面可能与图 2-51 有所不同。

全球 GDP 排名变化

世界各国的经济发展水平存在很大差异，世界银行公布了世界各国 1960—2022 年的 GDP 数据，如图 2-52 所示。

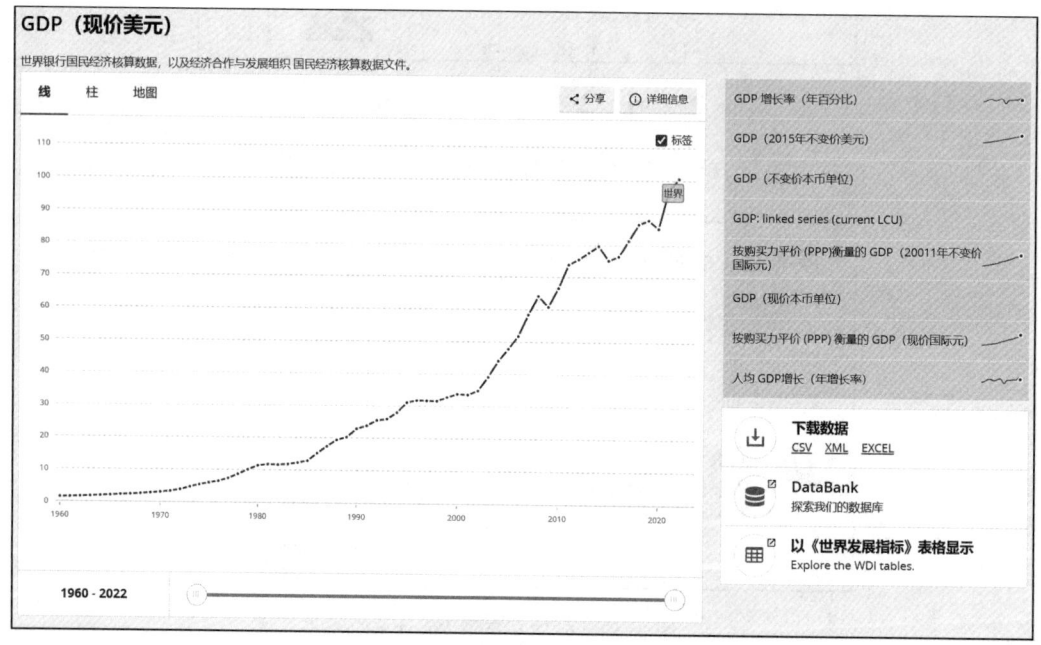

图 2-52　世界各国 1960—2022 年的 GDP 数据

二维码 2-10
全球 GDP
排名动态图

从世界银行网站下载这些数据（https://data.worldbank.org.cn/indicator/NY.GDP.MKTP.CD?end=2022&most_recent_value_desc=true&start=1960），将其导入 PowerBI，进行适当数据整理后，制作成如图 2-53 所示的数据可视化图表，这是一个按照年份（从 1990 年到 2022 年）动态展示排名变化的数据可视化图表（扫描二维码即可观看动态图）。图 2-53 可直观显示中国 GDP 自 2010 年以来一直位于全球第二，即中国是世界第二大经济体。

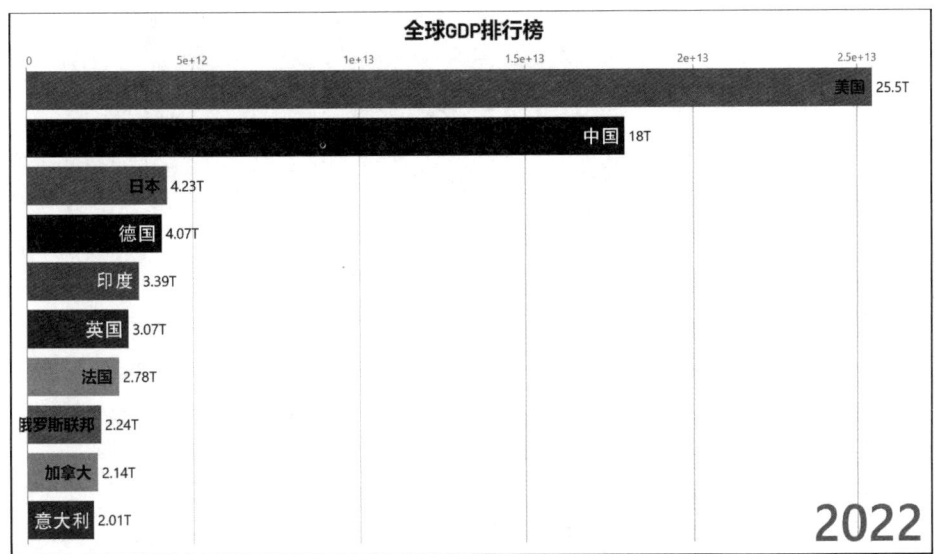

图 2-53　全球 GDP 排行榜

注：e 表示以 10 为底的指数幂，如 5e+12＝5×10^{12}；1 T＝1 万亿。

思政寄语

　　2020 年我国 GDP 突破了 100 万亿元大关，这意味着我国经济实力、科技实力、综合国力又跃上一个新的大台阶。对于全面建成小康社会，开启全面建设社会主义现代化国家新征程，都具有十分重要的标志性意义，为我国构建新发展格局奠定了坚实基础。但我们也要清醒地认识到，我国仍然是世界上最大的发展中国家，人均 GDP 仍略低于世界平均水平，与主要发达国家相比，还有较大差距。党的二十大报告指出："到二〇三五年，我国发展的总体目标是：经济实力、科技实力、综合国力大幅跃升，人均国内生产总值迈上新的大台阶，达到中等发达国家水平。"要实现经济社会发展的远景目标，把我国建设成为综合国力和国际影响力领先的社会主义现代化强国，还需要艰苦奋斗，不懈努力。

　　资料来源：人民资讯. 2020 年我国 GDP 突破百万亿有哪些重要意义？统计局解读. [EB/OL]. (2021-01-18) [2023-3-20]. https://baijiahao.baidu.com/s?id=1689192940970755500&wfr=spider&for=pc.

本 章 小 结

　　本章主要学习了 Power BI 的基础知识。通过本章的学习，我们认识了 Power BI 和 Power BI Desktop 界面，熟悉了 Power BI 的组成部分、功能组件；掌握了 Power BI Desktop 的组成及三种视图的区别。在这基础上，结合案例数据，我们能够完成 Power BI 数据可视化的一般流程。

本 章 重 要 概 念

　　Power BI　Power BI Desktop　Power BI 服务　Power BI Mobile　Power Query　Power Pivot　Power View　Power Map　报表视图　数据视图　模型视图　报表编辑器　可视化窗格　字段窗格　筛选器窗格

本章练习

一、单项选择题

1. Power BI 的 Windows 桌面端应用程序是（　　）。
   A. Power BI Desktop   B. Power BI Online-Service
   C. Power BI Mobile   D. Power BI App

2. Power BI Desktop 通过调用（　　）进行数据建模和分析。
   A. Power Query   B. Power Map   C. Power Pivot   D. Power View

3. （　　）显示的是获取并整理后的数据，可以检查、浏览和了解 Power BI Desktop 模型中的数据。
   A. 报表视图   B. 编辑视图   C. 模型视图   D. 数据视图

4. （　　）是模型视图的图标。
   A. 📊   B. ▦   C. 🗂   D. 📝

5. Power BI 整理数据是在集成的（　　）插件中完成的。
   A. Power Query   B. Power Map   C. Power Pivot   D. Power View

6. 在可视化视觉对象中，▥ 代表的是（　　）。
   A. 切片器   B. 筛选器   C. 卡片图   D. 漏斗图

7. 能够设置可视化对象格式的按钮是（　　）。
   A. ▦   B. 📝   C. ▽   D. 📊

8. 在图 2-54 的环形图中，标签内容设置为（　　）。

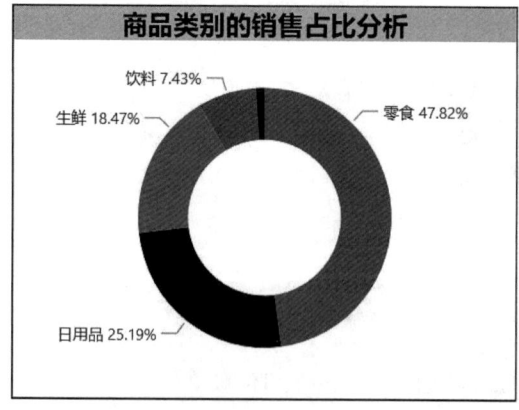

图 2-54　商品类别的销售占比分析

A. 类别,数据值 B. 类别,总百分比
C. 数据值,总百分比 D. 所有详细信息标签

9. Power BI 文件的扩展名是( )。
A. .xlsx B. .docx
C. .pbix D. .pptx

二、多项选择题

1. Power BI Desktop 的视图类型包括( )。
A. 报表视图 B. 编辑视图
C. 模型视图 D. 数据视图

2. Power BI 的功能组件包括( )。
A. Power Query B. Power Map
C. Power Pivot D. Power View

3. Power BI 的组成部分包括( )。
A. Power BI Desktop B. Power BI 服务
C. Power BI App D. Power BI Mobile

4. "报表编辑器"由( )窗格组成。
A. "可视化" B. "筛选器" C. "数据" D. "画布"

5. 在 DC 连锁超市案例中,对折线图(图 2-55)进行了(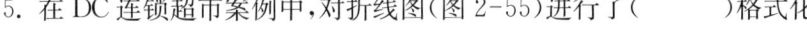)格式化操作。

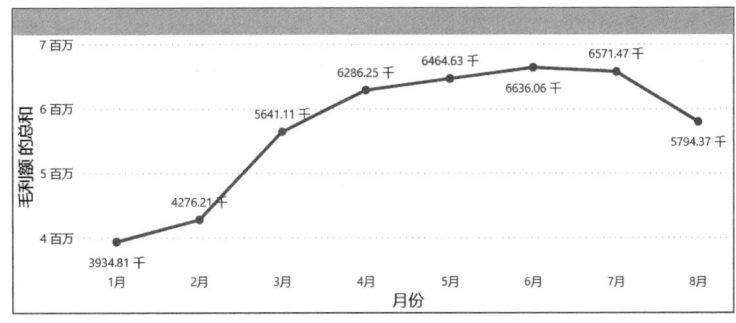

图 2-55 不同月份毛利额变化趋势

A. 添加"数据标签" B. 添加"标记"
C. 添加"序列标签" D. 添加"边框"

三、判断题

1. Power BI 是一系列软件服务、应用和连接器的集合,它们协同工作,将不相关的数据源转化为合乎逻辑、视觉上逼真的交互式见解。 ( )
2. "数据"窗格用于显示数据模型中表、字段和度量值。 ( )
3. Power Query 编辑器中返回上一步的操作是单击↶按钮。 ( )
4. Power BI 只能从 Excel 工作簿中获取数据。 ( )

5. 报表编辑器各个窗格中显示的内容会随着报表画布中可视化对象的不同而发生变化。

（　　）

四、思考题

1. Power BI 包括哪些功能组件？它们的作用分别是什么？
2. Power BI 数据可视化的一般流程是什么？
3. 在 DC 连锁超市案例中，数据分析用到了哪些可视化对象？它们的作用分别是什么？

五、实训题

请在完成 DC 连锁超市销售分析的学习后，将图 2-47 中的报表显示结果重新设计，包括选择新的可视化对象、重新排列位置、更改可视化对象的格式等。

第三章　Power BI 数据获取与整理

- ➤ 内容提要
- ➤ 重点难点
- ➤ 学习目标
- ➤ 知识框架
- ➤ 引例
- ➤ 第一节 数据表概述
- ➤ 第二节 数据获取
- ➤ 第三节 数据整理
- ➤ 第四节 综合案例
- ➤ 本章小结
- ➤ 本章重要概念
- ➤ 本章练习

内容提要

本章主要讲解了一维表和二维表的概念和区分方法；Power BI 不同数据源的数据获取方法；Power BI 数据整理的常用方法。

重点难点

本章重点为使用 Power BI 获取各种类型的数据，进行各种数据整理操作，使数据符合可视化要求；难点为结合具体案例和实际数据进行数据获取和数据整理操作。

学习目标

通过本章的学习，学生应对数据获取和数据整理工作有全面的认识，熟悉数据获取和数据整理的常用方法，掌握一维表和二维表的区分方法，掌握数据拆分、提取和合并等常用操作，掌握数据透视和逆透视的操作，掌握追加查询与合并查询操作。

知识框架

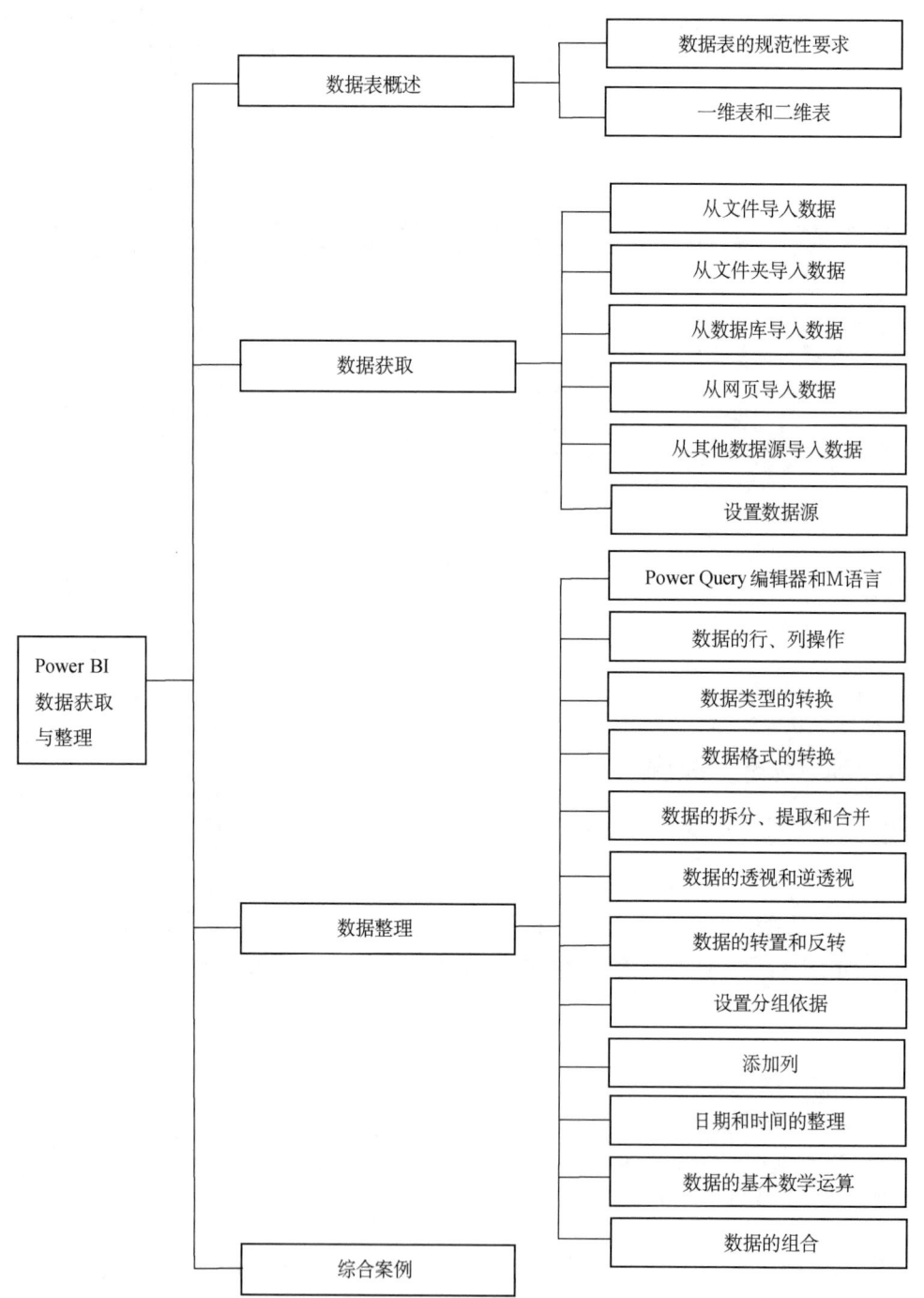

引例　东芝：数据填报及分析

东芝(Toshiba)是日本最大的半导体制造商，也是第二大综合电机制造商，隶属于三井集团。公司创立于 1875 年 7 月，原名东京芝浦电气株式会社，由东京电气株式会社和芝浦制作所于 1939 年合并而成。

东芝的业务领域包括数码产品、电子元器件、社会基础设备、家电等。20 世纪 80 年代以来，东芝从一个以家用电器、重型电机的生产为主体的企业，转变为涉猎通信、电子的综合电子电器企业。进入 90 年代，东芝在数字技术、移动通信技术和网络技术等领域取得了飞速发展，成功从家电行业的巨人转变为 IT 行业的先锋。

东芝内部生产中心非常重视一线生产部门及质检部门的生产质检工作，这决定了东芝的生产能力和生产质量。生产部门需要每天定时填写电脑产品及机板配件等的生产信息日报等，品质部门需要监管生产流水线上的产品生产情况，并形成品质报告定期输出。

随着生产规模和业务的扩大，在生产运作过程中，有些问题变得异常突出。数据采集难主要采用人工采集、手工输入等方式采集生产线信息；手工数据质量差，Excel 记录不仅准确性不足，还存在一定的错误率；报送周期长，统计延时，手工输入只能定时进行，无法实时更新系统中的生产数据，滞后情况严重，不利于生产线的顺利进行，制约了产能的进一步提高；事后监管机制，不能及时发现生产过程问题，生产效率提升缓慢；统计汇总困难，数据分散难管理。

东芝制造车间生产过程中的数据包括车间人员、物料、加工设备、工票、工装、加工过程等，涉及车间各个部分。面向东芝内部的生产部门，为一线生产人员及质检部门提供数据填报及数据分析平台，实现生产数据自动采集并上报，自动将数据库中的设备相关信息初始化到固定格式的报表中，然后根据相关业务逻辑公式，自动统计工数、时长、产出等，生产业务人员确认后直接上报，即可完成数据的采集填报工作，生产组长可以快速汇总其下属各个人员的生产数据，并将数据逐层上报；异常数据提前预警，品质部门会去现场定时定期巡检，并将异常原因、设备编号等信息在平板电脑上立即进行填报，并拍照上传相关图片留档；同时，对于异常原因进行历史数据的相关分析，形成问题检索表，方便对比分析。

东芝通过数据的采集和整理分析，极大地减少了业务人员的工作量，提高了数据的共享效率。将手工数据按照统一的标准存储到数据库，增强了数据的完整统一，也更加有利于对历史数据的对比关联分析。同时，由于有效的流程监控，在生产过程中，可及时发现异动数据，提前预警，进一步提升了生产质量，降低了事故率，为互联网时代的制造业注入了新的活力。

资料来源：佚名. 东芝：数据填报及分析［EB/OL］.（2022-12-31）［2023-10-25］. https://www.esensoft.com/cases/manufacturing/723.html.

第一节　数据表概述

一、数据表的规范性要求

目前，大部分企事业单位从信息系统中导出的数据，通常会另存为 Excel 文件，再导入 Power BI 中进行分析，也存在先手工制作 Excel 报表再导入 Power BI 中的情况。实际上，很多新手在 Power BI 软件中导入 Excel 表格时，经常出现报错提示，导致导入失败。原因在于 Power BI 能识别的文件一定要符合数据表规范，即要遵守以下原则：

（1）表格中不能出现合并单元格。

(2)字段不能有空值,避免出现空列。

(3)避免多行标题、多列标题。

(4)同一列数据的数据类型应该统一,不能出现两种数据类型。

(5)字段表头应该在第一行,前后避免出现空行。

(6)删除不必要的空格,文本中不必要空格要去掉。

(7)不能出现斜线表头。

(8)二维表格要转为一维表格。

(9)不能出现非法日期。

(10) Office 最好是 2016 及以上版本。

对于存在上述格式不规范情况的表格,应尽可能在导入 Power BI 软件前进行数据表的规范性处理,不便处理的,可以导入 Power BI 后处理。

二、一维表和二维表

Excel 表格大多为清单型表格。清单型表格是按照一定的顺序,清晰明了地保存原始数据的表格。清单型表格的表现形式分为一维表和二维表两种。清单型表格在设计时应尽量做到规范性要求,这样会减少后期数据清洗的工作。

 相关思考 3-1

一维表和二维表的选择

在数据分析过程中,请尽量使用一维表。实际工作中,如果取得的数据是二维表,可以采用一定的方法将其处理成一维表。那么我们可以使用什么方法将二维表转换成一维表呢?

常用的方法有两种:第一种方式,在 Power BI 中利用逆透视功能将二维表迅速转换为一维表;第二种方式,利用数据透视表中多重数据透视功能进行处理。

以某公司三个地区四个季度销售数据为例,介绍如何区分一维表和二维表,图 3-1 为二维表,图 3-2 为一维表。上海地区第一季度的销售额在图 3-1 所示的二维表中对应"1 季度"与"上海"两个维度;在图 3-2 所示的一维表中只对应"销售金额"一个维度,同一行的"上海"对应"地区"维度,"1 季度"对应"季度"维度。

	A	B	C	D
1	季度	上海	武汉	重庆
2	1季度	30000	38000	42000
3	2季度	28000	29000	38000
4	3季度	27500	34000	29000
5	4季度	42000	39000	34000

图 3-1 二维表

	A	B	C
1	季度	地区	销售金额
2	1季度	上海	30000
3	1季度	武汉	38000
4	1季度	重庆	42000
5	2季度	上海	28000
6	2季度	武汉	29000
7	2季度	重庆	38000
8	3季度	上海	27500
9	3季度	武汉	34000
10	3季度	重庆	29000
11	4季度	上海	42000
12	4季度	武汉	39000
13	4季度	重庆	34000

图 3-2 一维表

由此可以看出，一维表就是字段、记录的简单罗列；而二维表，则从两个维度来描述记录属性，并且两个字段的属性存在一定的关系。从数据分析的角度看，一维表是最适用于数据分析的数据结构。因此，用户在采集原始数据或录入数据时，应尽量采用一维表形式。Power BI 在建立模型时，可以使用一维表，也可以使用二维表。用户可根据不同分析场景进行选择，但最好选用一维表，这样可以降低数据的冗余；而在进行数据呈现时，可以更多地使用二维表或多维表形式。

第二节 数据获取

数据获取又称数据收集，是指根据数据分析的需求获取相关原始数据的过程。获取数据后，就可以进入数据整理阶段。原始数据的来源是多元的，利用 Power BI 中的 Power Query 组件，可以轻松联接到单个数据源或多个不同类型的数据库、数据源或服务，如文件、文件夹、数据库、Azure（微软公有云的 Azure SQL 数据库、Azure SQL 数据仓库、Azure 云端 Hadoop 的 HDinsight 等）、联机服务（Salesforce、Dynamic 365 等在线服务）、其他（Web 网页、R 脚本、Python 脚本、Hadoop 文件系统 HDFS 等）。

一、从文件导入数据

Power BI 可以获取的数据源是"文件"类型的数据，在日常工作中，公司信息技术人员需要把 ERP 系统中的业务、财务数据导出为 Excel 文件或其他文件格式，将其交给业务、财务部门的相关人员，由业务、财务部门的相关人员将文件加载到 Power BI 中。

二维码 3-1
从文件导入数据

在财务人员的实际工作中，从 Excel 文件中获取数据最为常见。除了 Excel 文件，Power BI 还会用到以下其他格式的文件，包括文本、CSV、XML、JSON、PDF 等。

【案例 3-1】 下面以"案例 3-1"数据为例，介绍获取 Excel 文件数据的方法。

【操作步骤】

（1）打开 Power BI 应用程序，执行"主页"|"数据"|"获取数据"|"Excel 工作簿"命令，如图 3-3 所示。

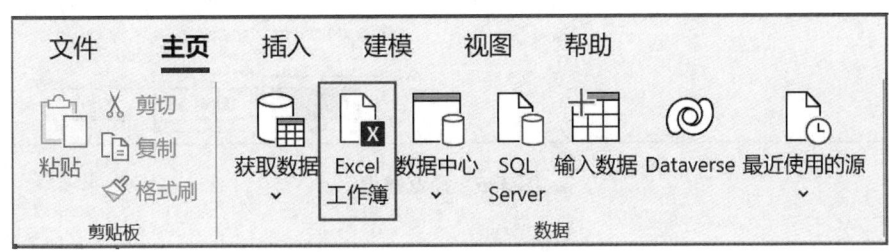

图 3-3 从 Excel 文件获取数据

（2）打开"D:\案例数据\第 3 章"文件夹，先选择"案例 3-1"Excel 文件，然后单击"打开"按钮，如图 3-4 所示。

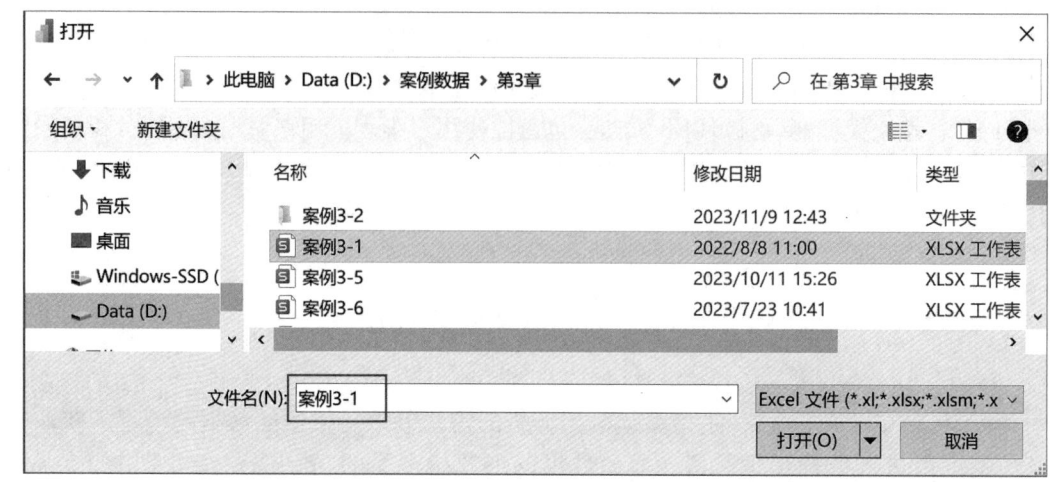

图 3-4　选择文件

（3）选中"Sheet1"表，右侧窗口中会呈现"案例 3-1"表的数据，方便用户预览表格信息，可以单击"加载"或"转换数据"将数据导入 Power BI 中，如图 3-5 所示。

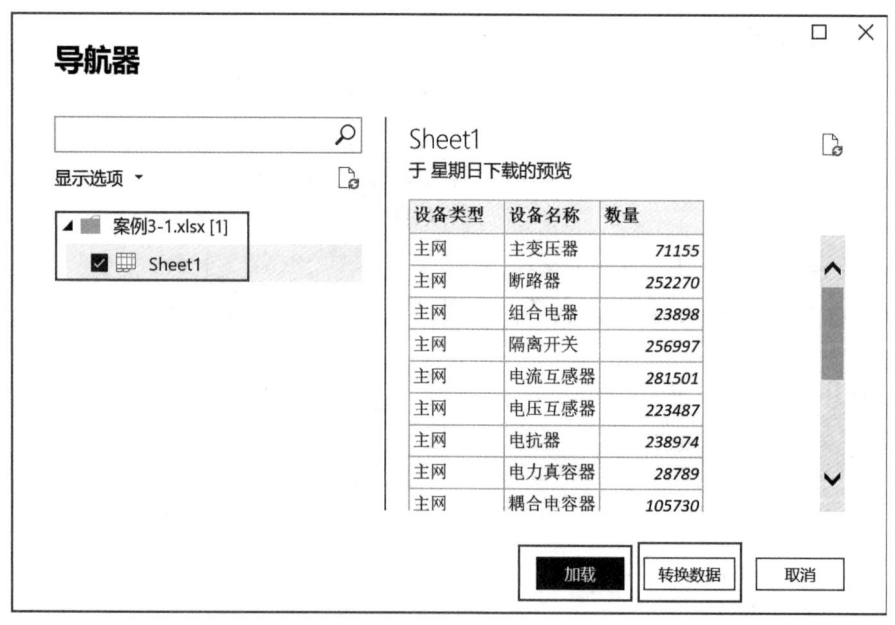

图 3-5　预览数据

二维码 3-2
从文件夹
导入数据

二、从文件夹导入数据

一些分支结构众多的企业，经常需要汇总一些业务或经营数据，通常是总部下发表单模板至各分支机构，再由各分支机构填写后返回总部，由总部进行汇总。这种情况下，如果人工汇总数据，不仅费时、费力，而且容易出现差错。这时，使用 Power BI 从文件夹导入汇总的方式，能很好地解决这一问题。

【**案例 3-2**】 下面以 100 个门店销售数据为例，介绍如何从文件夹导入数据。此文件夹下共有 100 个门店的销售数据，分别存放在 100 个 Excel 工作簿中。

【操作步骤】

（1）打开 Power BI 应用程序，执行"主页"|"数据"|"获取数据"命令，在弹出的菜单中选择"更多"选项，打开"获取数据"窗口。选择"文件夹"选项，单击"连接"按钮，如图 3-6 所示。

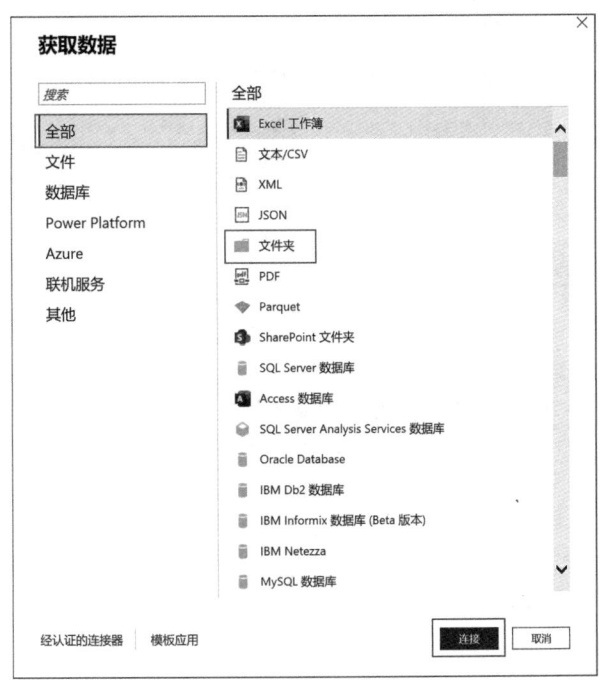

图 3-6　从文件夹获取数据

（2）在打开的"文件夹"窗口中，单击"浏览"按钮，选择"案例 3-2"文件夹，单击"确定"按钮，如图 3-7 所示。

图 3-7　选择文件

（3）此时窗口中将显示所有被连接的 Excel 文件，单击"组合"右侧的下拉按钮，如图 3-8 所示。若选择"合并并转换数据"选项，则将 100 个文件合并后，数据加载至"Power Query 编辑器"窗口，可以对数据进行整理；若选择"合并和加载"选项，则将这 100 个文件合并后直接加载到 Power BI Desktop 中。此处选择"合并和加载"选项。

图 3-8 预览数据-组合

（4）在"合并文件"界面，选择示例文件为默认的"第一个文件"，单击"确定"按钮，如图 3-9 所示。

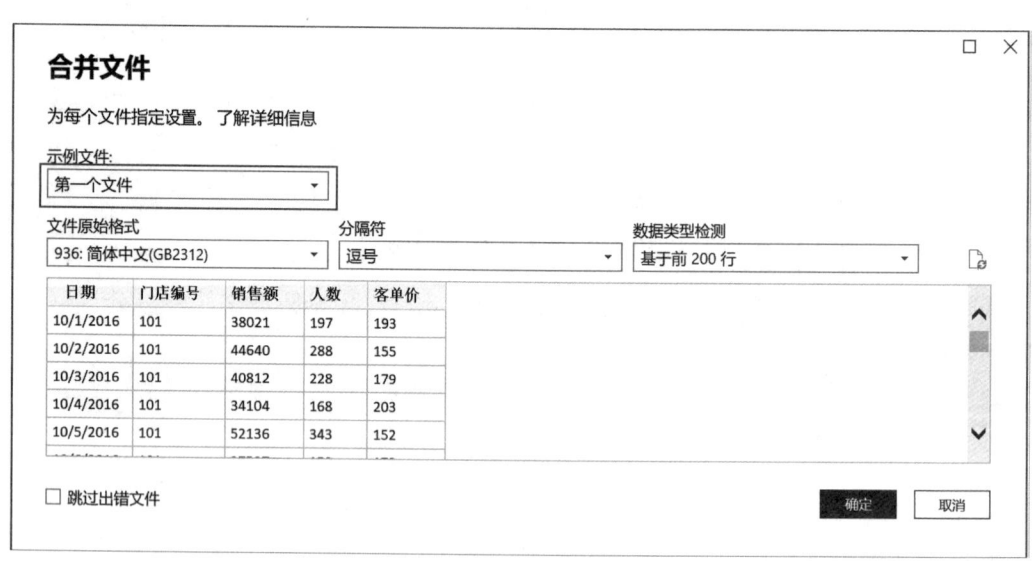

图 3-9 预览数据-示例文件

（5）合并文件夹数据并加载至 Power BI 后的结果如图 3-10 所示。

Power BI 数据获取与整理 第三章

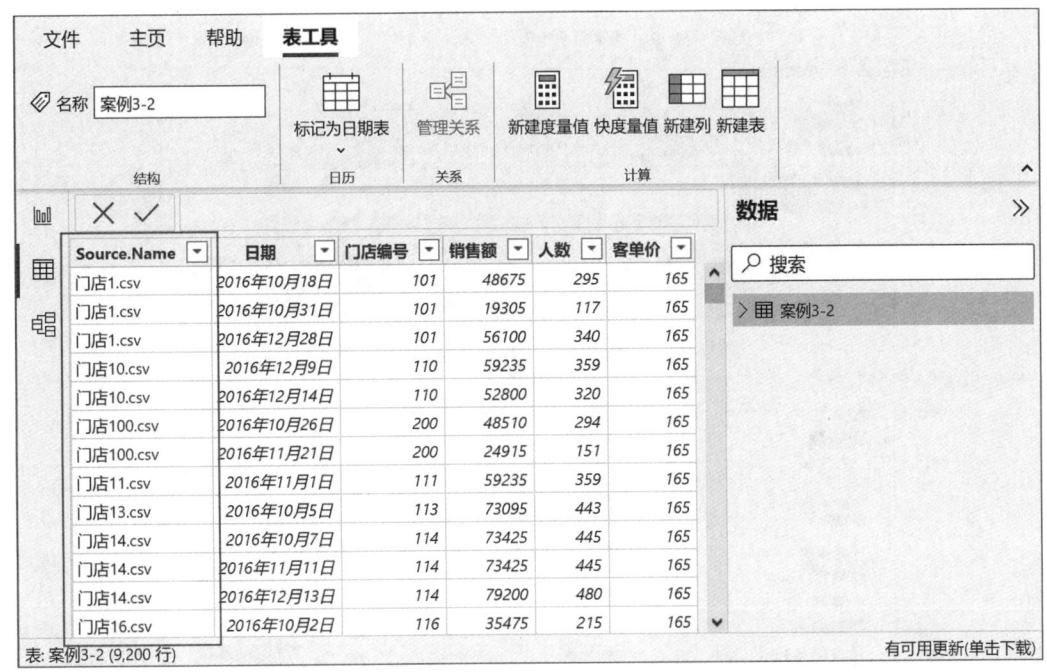

图 3-10　获取文件夹结果

操作提示 3-1

合并文件夹有个前提条件,即文件夹中的数据需要是同一结构类型的文件,文件夹中的字段名称、数据类型等必须一样,对文件个数没有限制。

三、从数据库导入数据

Power BI 对于市面上所有的关系型数据库(如 Access、SQL Server、MySQL、Oracle、SAP 等)都能够提供非常好的支持。从数据库中获取数据相对较复杂,主要原因是在连接数据库时,需要填写数据库的服务器名称、数据库名称等认证信息。

【案例 3-3】　下面以获取 Access 数据库数据为例,介绍如何从数据库中导入数据。
【操作步骤】

(1) 打开 Power BI 应用程序,执行"主页"|"数据"|"获取数据"命令,从弹出的菜单中选择"更多"选项,打开"获取数据"窗口,选择右侧的"Access 数据库"选项,然后单击"连接"按钮。

(2) 在"打开"窗口中选择"案例 3-3"文件,单击"打开"按钮,如图 3-11 所示。

(3) 在"导航器"窗口中选中左侧的表格,单击"加载"或"转换数据"按钮,如图 3-12 所示。

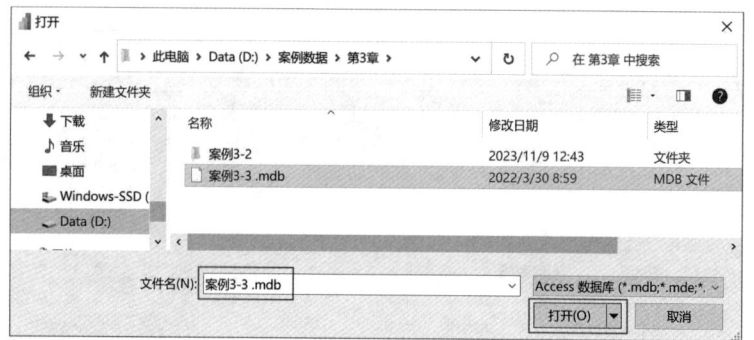

图 3-11 选择文件

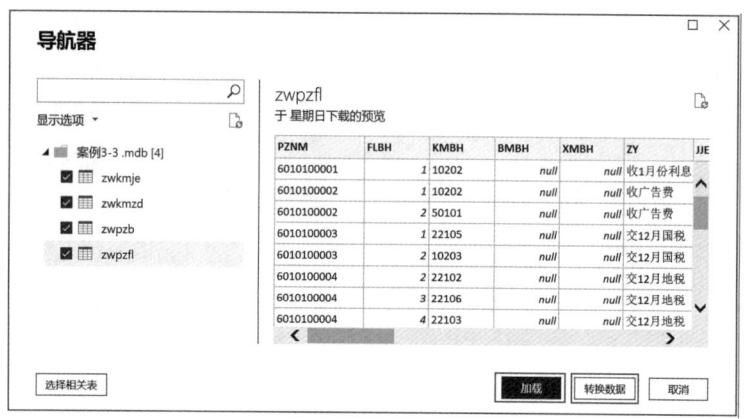

图 3-12 预览数据

 操作提示 3-2

(1) 若要导入 SQL Server 数据库文件,可执行"主页"|"数据"|"获取数据"|"SQL Server"命令,然后输入 SQL Server 服务器地址和数据库名称,数据连接模式可以选择"导入"模式或者"DirectQuery"(直接查找)模式。

(2) 若要导入 MySQL 数据库文件,应先到 MySQL 官方网站下载相应版本的 Connet/Net 驱动程序并进行安装。

(3) 若要导入 Oracle 数据库文件,必须安装 Oracle 客户端。

(4) 若要导入 SAP HANA 数据库文件,则必须在本地计算机上安装 SAP HANA ODBC 驱动程序,使 Power BI 和 SAP HANA 数据连接正常运行。用户可以从 SAP 软件下载中心下载 SAP HANA ODBC 驱动程序。

(5) 若要导入 SAP Business Warehouse(BW)数据库,必须在本地计算机上先安装 SAP NetWeaver 库。用户可以直接从 SAP 软件下载中心下载 SAP NetWeaver 库。

四、从网页导入数据

二维码 3-3
从网页导入数据

Power BI 提供了连接 Web 数据的功能,可以轻松获取网页中的数据。

【**案例 3-4**】 下面以获取 2023 福布斯中国最佳 CEO 排行榜为例,介绍如何从网页中提取数据。

【操作步骤】

(1) 打开 Power BI 应用程序，执行"主页"|"数据"|"获取数据"|"Web"命令，如图 3-13 所示。

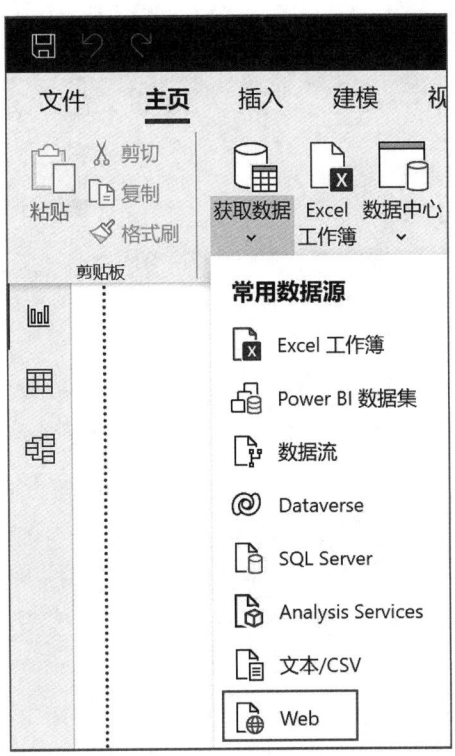

图 3-13 从 Web 获取数据

(2) 打开"从 Web"窗口，在 URL 文本框中输入网站的 Web 地址，并单击"确定"按钮，如图 3-14 所示。

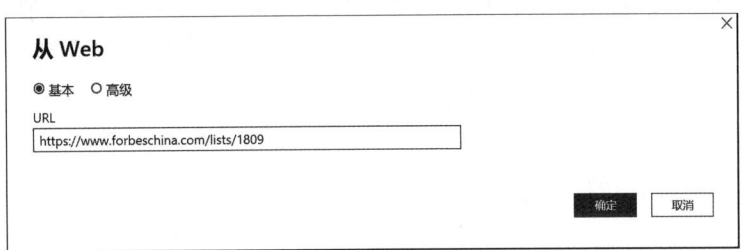

图 3-14 选择文件

(3) 在"导航器"左侧窗口中选择需要的表格，单击"加载"或"转换数据"按钮，如图 3-15 所示。

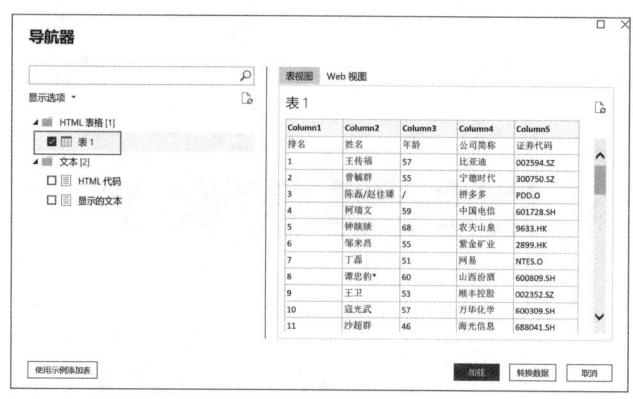

图 3-15　加载或转换 Web 数据

 操作提示 3-3

在通过 Web 网页导入数据时，通常导入的数据是当前网页所有的数据，除了需要的目标数据，还有一些其他不需要的文本数据或者代码数据，可以根据预览情况，勾选需要的数据进行加载或者转换数据。

五、从其他数据源导入数据

Power BI 几乎可以访问所有主流或非主流的数据文件及数据库，包括 Spark 文件、Hadoop 文件（HDFS）、R 脚本、Python 脚本等，具体操作方法与从文件、数据库中获取数据的方法类似，这里不再赘述。

二维码 3-4
抓取豆瓣
电影数据

六、设置数据源

当数据源文件绝对路径发生变化时（如发送给其他人员查询、编辑、购书读者打开下载的演示文件时），因文件发生移动，就需要重新设定数据源。

在 Power BI Desktop 中执行"主页"|"查询"|"转换数据"|"数据源设置"命令，或者在 Power Query 编辑器中执行"主页"|"数据源"|"数据源设置"命令，在打开的"数据源设置"对话框中单击"更改源"按钮，即可根据实际情况更改数据源，如图 3-16 所示。

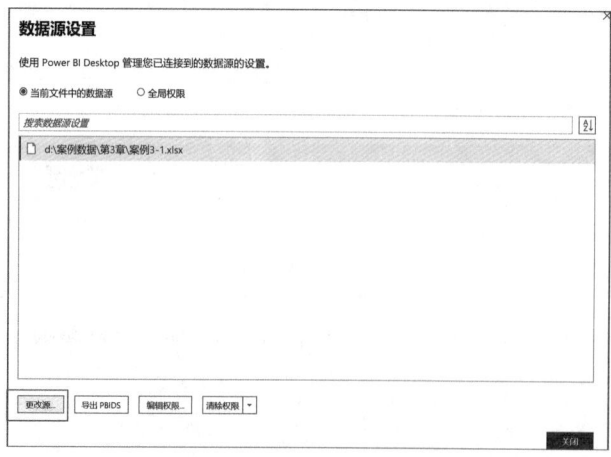

图 3-16　重新设定数据源

操作提示 3-4

如果数据源的内容发生了变化,可以通过"主页"选项卡下的"刷新"选项对数据进行刷新,在 Power Query 编辑器和 Power BI 中均可刷新。刷新数据时需要注意,如果更改了数据源中的标题,同时 Power BI 中获取的数据也使用了相同的标题,那么再刷新数据时会失败。因此,在刷新数据时,需要确保原有数据源的数据结构未发生变化,即数据源的文件名、文件位置、字段数量和字段名称未发生更改,只有行数或行记录有更新,这种情况下数据刷新才会成功。

延伸阅读

拒绝重复劳动,培养数智思维

中粮可口可乐饮料有限公司(以下简称中粮可口可乐),是中粮集团的饮料业务专业化公司,是中国区唯一中方控股的可口可乐装瓶集团,由中粮集团和可口可乐公司两家世界500强企业合资组建,是可口可乐全球排名前五的装瓶合作伙伴,全球十大装瓶集团。中粮可口可乐目前共有19家装瓶厂,经营区域覆盖全国范围内的19个省市,向消费者提供包括汽水、果汁、水、乳饮料、等共10个品类、20个品牌的产品。面对高销量、多通路、广市场带来的海量数据,中粮可口可乐在公司内部建立统一的大数据平台,帮助员工更高效地利用数据,打通内外交互,用分析的力量让数据充分发挥价值。

在搭建大数据平台之前,中粮可口可乐在进行数据整合工作时,总会遇到因为数据量过大,数据源分散,需要耗费大量的人工和时间进行基础数据梳理的情况。而现在,利用搭建的数据平台对信息系统的后台数据进行整合,整合后的数据经过系统化梳理,进入前端报表系统,然后生成逻辑统一的分析报表。分析人员只需将报表上传到服务器端,便可以分享给各个部门的业务人员。

在日常应用中,业务人员的需求是及时准确地掌握企业信息。而传统的报表缺乏数据的互动性,无法满足他们对于数据的高要求。数据分析工具的简单易用性及数据可视化功能,可以提升业务人员的数据分析能力,提高了业务人员的工作效率。业务管理人员通过大数据平台,可以查看自己权限下的报表,结合业务内容进行分析,马上作出业务判断。员工也可自助分析各部门数据,减少制作报表的时间花费,避免重复性劳动。

数据分析工具的引入,也让中粮可口可乐健全了统一的数据标准。据中粮可口可乐销售资讯经理林杰介绍:中粮可口可乐作为快消品行业的引领者,销售部门的分析是非常复杂的,并且容易受到各种因素的影响。而数据分析工具的探索性分析功能大大提升了使用者的分析能力,帮助员工观察数据背后的业务逻辑。数据分析工具方便快捷的特点,可以使灵活分析的效率提升,让员工的时间和精力集中于发展自身业务,而不是进行简单的工作处理。同时,由于建立了统一的数据标准和用数逻辑,员工基于数据的分析也可以基于同一标准进行,相互间的沟通和理解也更为顺畅。基于相同逻辑下得出的策略也更易于在公司内部推进。

中粮可口可乐相信,让数据的力量在快销行业得到更充分地发挥和释放,数字化转型的真正力量来源于信息创造价值的能力,因此只有充分利用数据分析,发挥数据力量,企业才能在数字经济时代中立于不败之地。

资料来源:佚名.拒绝重复劳动,培养数据思维[EB/OL].(2022-12-31)[2023-10-25]. https://www.tableau.com/zh-cn/solutions/customer/tableau-helps-cofco-coca-cola-unlock-data-potential.

第三节 数据整理

数据整理,即数据清洗,是对从各类数据源导入的数据,通过一定的方法进行处理,整理成符合要求的数据,然后加载到数据模型中,进行数据可视化的过程。在 Power BI 中,一般通过 Power Query(查询编辑器)对数据进行整理和清洗,如对数据进行类型转换、拆分、提取、合并等操作,以满足数据建模及可视化分析的需要。

一、Power Query 编辑器和 M 语言

(一) Power Query 编辑器

Power Query 是 Power BI 自带的四大组件之一,通过 Power Query 可以连接到一个或多个数据源,当需要对数据进行整理和清洗时,系统就会打开 Power Query 编辑器。

当 Power BI 已经导入数据表后,执行"主页"|"查询"|"转换数据"|"转换数据"命令后,即可打开"Power Query 编辑器"窗口,如图 3-17 所示。

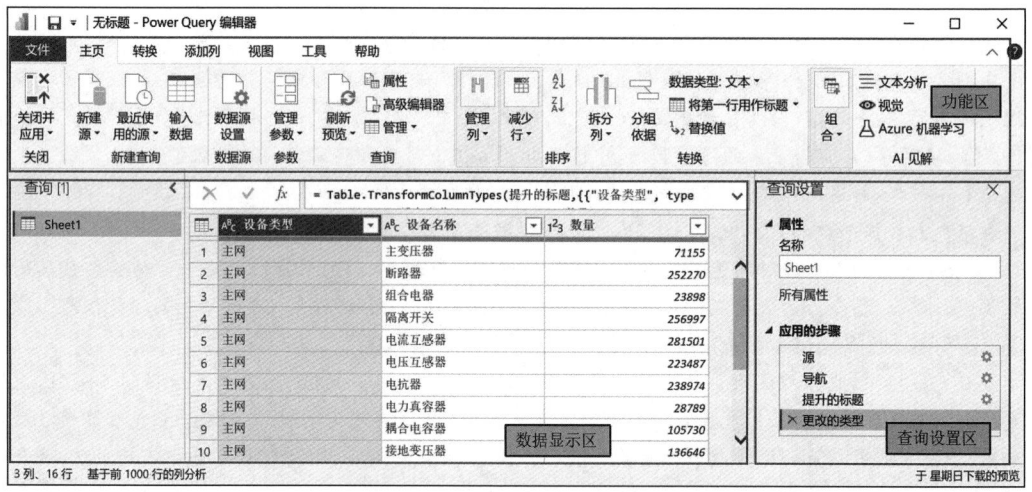

图 3-17 "Power Query 编辑器"窗口

Power Query 的主要功能包括数据连接、数据清洗、数据计算和数据加载,其中数据清洗是 Power Query 的核心功能。Power Query 编辑器窗口主要分为功能区、数据显示区和查询设置区三个区域。

功能区包括"文件""主页""转换""添加列""视图""工具""帮助"等选项卡,主要执行对数据进行清理的各种操作。

数据显示区可呈现每张表的编辑查询结果,并将编辑后的、符合要求的查询结果通过"关闭并应用"命令上传到数据模型中。

查询设置区包括"属性"和"应用的步骤"两部分。在"应用的步骤"中系统会自动记录 Power Query 编辑器的每一步操作,若想删除某一步,单击该步骤前的 ✕ 按钮即可。用户也可单击步骤名称,查看步骤的操作过程。

(二) M 语言

M 语言全称为 Power Query Formula Language,是查询编辑器的查询语言,适用 Excel 及 Power BI 中的 Power Query。

M 语言是 Power Query 专用的语言,M 语言目前所具备的几百个函数,可对数据进行导入、组合、转换、筛选等工作。同时,Power Query 中进行的每一步操作,后台都会记录下

来并生成 M 语言代码。在 Power Query 编辑器中执行"主页"|"查询"|"高级编辑器"命令，可查看自动生成的 M 语言代码，如图 3-18 所示。

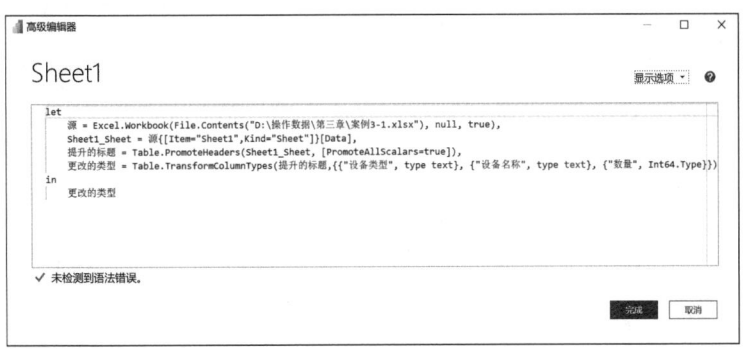

图 3-18　系统生成的 M 语言代码

M 语言的功能非常庞大且相对复杂，对于初学者来说，大部分的数据清洗任务通过鼠标操作就能实现，整个清洗、整理过程都是可视且可恢复的，因此不建议使用 M 语言代码。如果是高级用户且执行的数据清洗任务比较复杂，可以直接在高级编辑器中编写 M 代码实现数据清洗。

二、数据的行、列操作

数据的行列操作，主要是行和列的增加、删除、移动、填充和替换，保留符合要求的数据，并加载到数据模型中进行数据可视化。

（一）数据的行操作

Power Query 编辑器中的行操作主要包括"删除行"和"保留行"两种，两者的操作思路类似，操作结果相反。其中，"删除行"的操作具体包括 6 种，具体如表 3-1 所示。

表 3-1　　　　　　　　　　　　"删除行"操作的含义

操作	含义
删除最前面几行	删除表中的前 n 行
删除最后几行	删除表中的后 n 行
删除间隔行	删除表中从特定行开始固定间隔的行
删除重复项	删除当前选定列中包含重复值的行
删除空行	从表中删除所有空行
删除错误	删除当前选定列中包含错误(error)的行

1. 删除表中不需要的行

【案例 3-5】　下面以 2013—2022 年国家财政收入年度数据为例，介绍删除表中不需要的行，并将新的表格首行提升为列标题。

【操作步骤】

（1）加载数据"案例 3-5"后，进入"Power Query 编辑器"窗口，如图 3-19 所示。

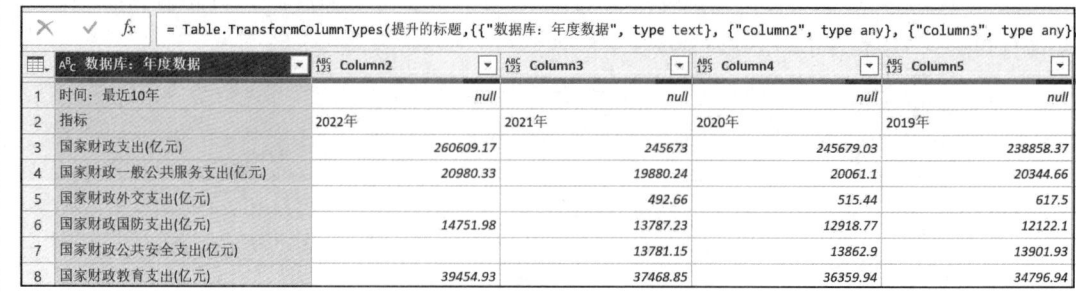

图 3-19 删除表中不需要的行

（2）在"Power Query 编辑器"窗口执行"主页"|"减少行"|"删除行"|"删除最前面几行"命令，如图 3-20 所示。

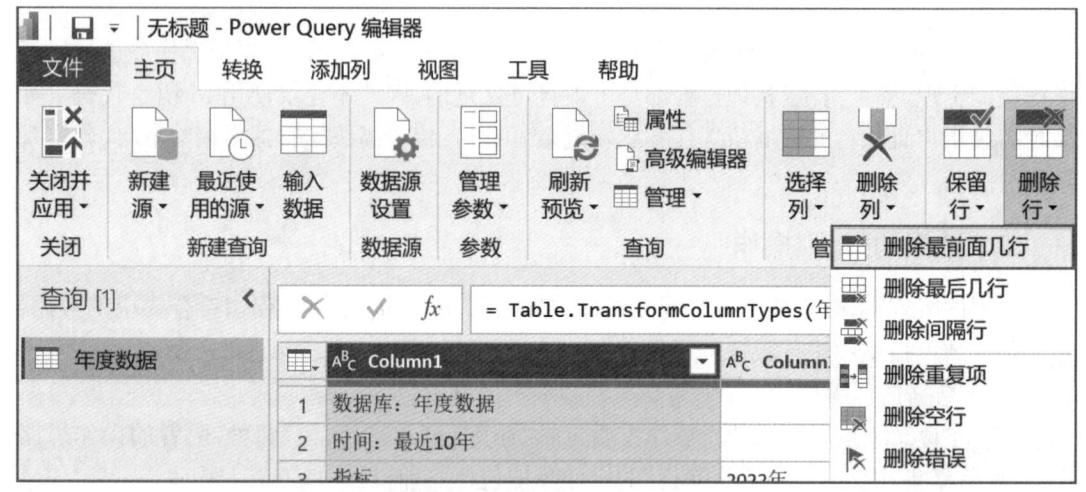

图 3-20 删除最前面几行

（3）在打开的窗口中指定要删除最前面行的数量，将行数设为"1"，单击"确定"按钮，即可删除最前面一行，如图 3-21 所示。

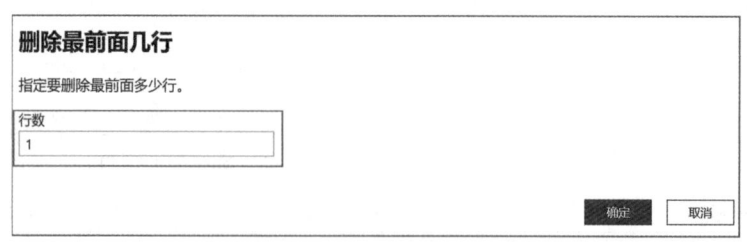

图 3-21 设置删除行数

（4）按照同样的方法，删除最后三行。
（5）观察到数据的列标题处于第一行的位置，而不是在每列列标题的位置。因此，执行"转换"|"表格"|"将第一行用作标题"命令，将首行提升为列标题，如图 3-22 所示。

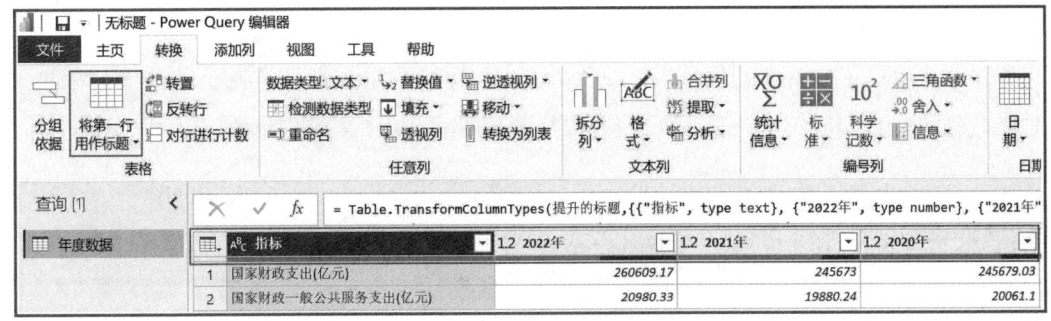

图 3-22 将第一行用作标题

 操作提示 3-5

在 Power Query 编辑器窗口，对数据进行哪些整理，需要根据导入的数据的具体情况。本案例中导入数据后，发现前两行和后三行数据和分析主题相关性不大且大多为空值，所以应删除不需要的行。

2. 删除表中重复项

【案例 3-6】 下面以销售客户明细表数据为例，介绍如何删除表中的重复项，目的是将客户的最大销售数量保留在查询表中。

【操作步骤】

（1）加载数据"案例 3-6"后，进入"Power Query 编辑器"窗口，如图 3-23 所示。

图 3-23 删除表中重复项

 操作提示 3-6

因为同一客户可以多次采购，所以客户姓名中有重复项，现在目的是查询每个客户的记录中最大销售数量的那条记录。

（2）在"Power Query 编辑器"窗口中单击"姓名"和"销售数量"字段后的 ▼ 按钮，将"姓名"字段按升序排序，将"销售数量"字段按降序排序，如图3-24所示。

	A^B_C 销售员ID	A^B_C 姓名	A^B_C 性别	A^B_C 城市
1	DF601000	艾朵	男	广州
2	DF601003	艾穹	女	广州
3	DF601003	艾穹	女	广州
4	DF601002	艾锦程	女	深圳
5	DF603268	艾锦程	女	深圳
6	DF601005	赵传化	女	佛山
7	DF601004	赵传化	女	佛山
8	DF602808	赵传化	女	佛山

图3-24　字段排序

（3）执行"转换"|"任意列"|"检测数据类型"命令，保留排序结果，清除排序状态。

（4）选中"姓名"列，执行"主页"|"减少行"|"删除行"|"删除重复项"命令，即可得到每个客户的最大销售数量数据，结果如图3-25所示。

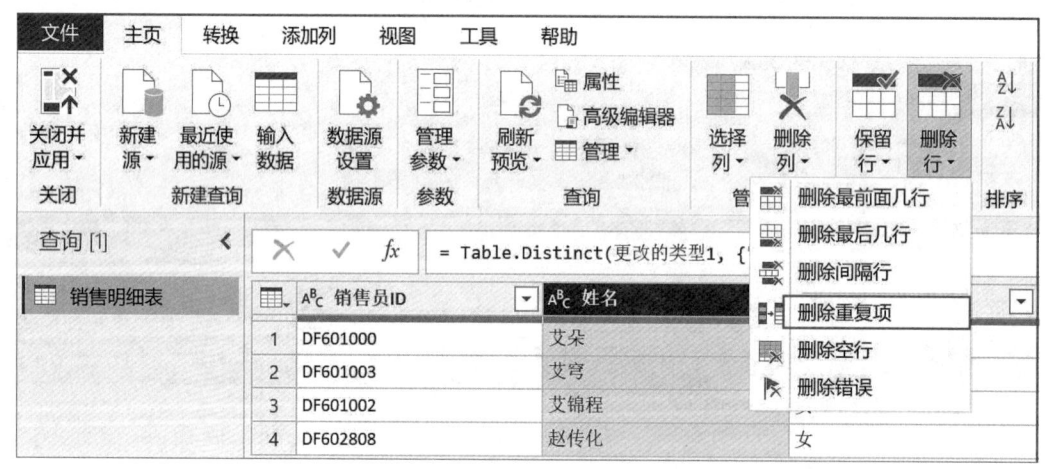

图3-25　删除表中重复项结果

（二）数据的列操作

数据的列操作，主要是选择列和删除列。选择单列可以通过鼠标直接选中；选择多列，可以按住"Ctrl"键，再用鼠标选择；选择连续多列可以按住"Shift"键，再用鼠标选择。如果要移动某列的位置，直接用鼠标选中该列，将其拖动到理想位置即可。删除列可以删除选中的列或删除选中列以外的列，如图3-26所示。

（三）数据的填充、筛选和替换

因为归类的需要，原始表格经常会有合并单元格的情况，数据导入Power Query后，会出现大量"null"的情况，不利于后续的数据建模分析，此时可以通过数据的自动向下填充功

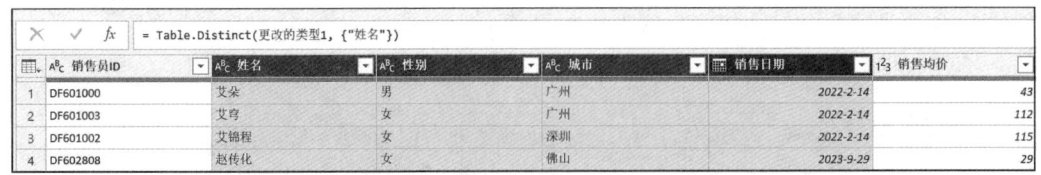

图 3-26 数据的列操作

能完美解决。

【案例 3-7】 下面以销售明细表为例，介绍如何自动向下进行填充信息，筛选出需要的信息，以及对数据中的信息进行替换。

（1）导入数据"案例 3-7"，进入 Power Query 窗口，对比原始数据和导入数据后发现有很多空值，如图 3-27、图 3-28 所示。

	A	B	C	D	E	F	G
1	店铺	销售单编号	员工工号	销售员	销量	业绩金额	吊牌额
2	武汉吴山广场店	D001F001-2017-05-01-001	PP0048	王三	1	70.3	80
3		D001F001-2017-05-01-002	PP0048	王三	2	393.1	446
4		D001F001-2017-05-01-003	PP0048	王三	1	115.4	131
5		D001F001-2017-05-01-004	PP0049	李凯	2	264.5	300
6		D001F001-2017-05-01-005	PP0048	王三	2	299.3	340
7		D001F001-2017-05-01-006	PP0048	王三	3	458.8	521
8		D001F001-2017-05-01-007	PP0048	王三	3	358	407
9		D001F001-2017-05-01-008	PP0048	王三	2	469.6	533
10		D001F001-2017-05-01-009	PP0048	王三	1	313.5	356
11		D001F001-2017-05-01-010	PP0048	王三	1	174.5	198
12		D001F001-2017-05-01-011	PP0048	王三	1	35.5	40
13		D001F001-2017-05-01-012	PP0048	王三	1	80.7	91
14		D001F001-2017-05-01-013	PP0048	王三	1	157.1	178
15		D001F001-2017-05-01-014	PP0048	王三	1	80.7	91
16		D001F001-2017-05-01-015	PP0048	王三	1	383.1	435
17		D001F001-2017-05-01-016	PP0048	王三	1	383.1	435
18		D001F001-2017-05-01-017	PP0048	王三	3	723	821
19		D001F001-2017-05-01-018	PP0049	李凯	1	254.5	289

图 3-27 数据的填充

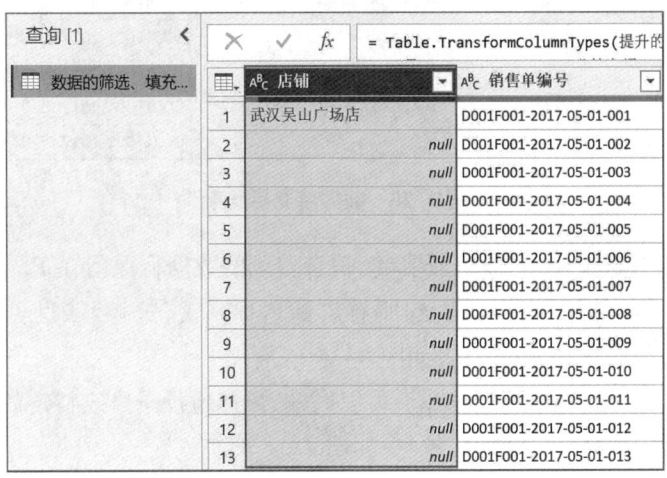

图 3-28 数据填充前

(2)现需要将"null"自动填充为上一行文本,选中字段"店铺"列,执行"转换"|"填充"|"向下"命令,即可将"null"自动填充为上一行文本,如图3-29、图3-30所示。

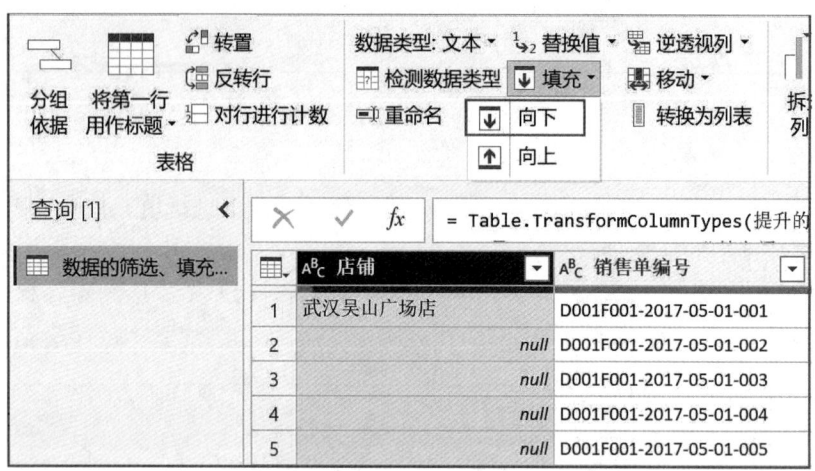

图3-29 向下填充

图3-30 数据填充后结果

(3)通过数据筛选操作,可以将需要的、符合要求的数据行保留在Power Query编辑器中,单击"店铺"右侧 按钮,可以看到所有店铺名称列表,选择"武汉吴山广场店",单击"确定"按钮,筛选出需求店铺的信息,如图3-31所示。

(4)利用Power Query的替换功能,可以高效、快速地批量修改特定的值,选中字段"销售单编号"列,执行"转换"|"替换值"命令,如图3-32所示。

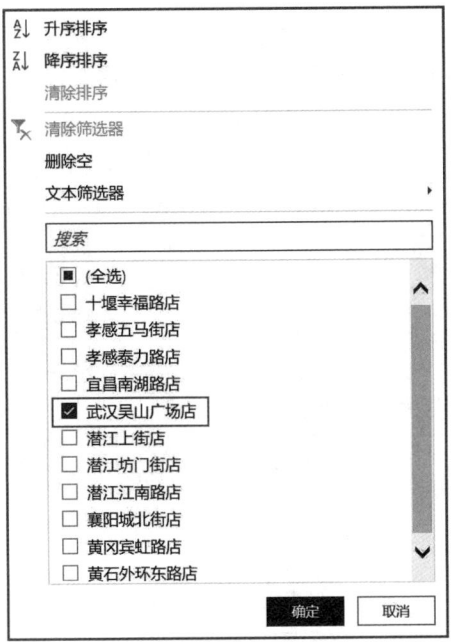

图 3-31　数据的筛选

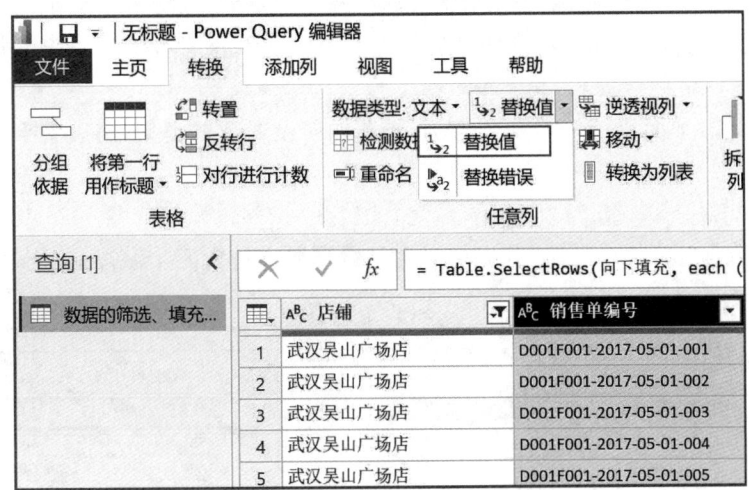

图 3-32　数据的替换

（5）打开"替换值"对话框，在"要查找的值"文本框中输入"－"，在"替换值"文本框中输入"/"，如图 3-33 所示。

（6）单击"确定"按钮，"销售单编号"列中的"－"全部替换为"/"，如图 3-34 所示。

三、数据类型的转换

Power BI 在进行数据分析时，会用函数进行度量值计算，能否进行计算与数据所属类型有关。Power BI 处理数

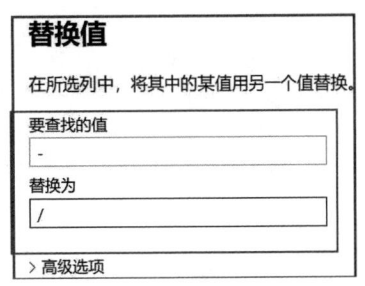

图 3-33　设置数据的替换值

图 3-34 数据的替换结果

据的逻辑是列式处理,要求每一列的数据类型都必须真实反映数据情况。Power BI 的数据类型包括数值型、日期型、文本型、其他类型等。数据导入 Power BI 后,数据类型与源表相比可能会发生变化。常见的情况有:"编码"字段在源表中属于数值型,导入 Power BI 后要将其作为文本型数据进行处理;又如,"年份"字段在源表中是文本型数据"2023 年",导入 Power BI 后会自动转换为日期型数据"2023 年 1 月 1 日",这时我们需要将其转换为原来的文本类型。

【案例 3-8】 下面以销售明细表为例,介绍如何设置数据类型,将表中字段设置成适当的数据类型。

【操作步骤】

(1) 加载数据"案例 3-8"后,我们可以看到数据源中包含三个字段,分别是"月份""销售量"和"运费",如图 3-35 所示。

图 3-35 查看数据类型

(2) 数据分析中"月份"字段的日期型不是所需要的数据类型,需要修改为文本型。选中"月份"字段,单击鼠标右键,选择"更改类型""文本"选项,如图 3-36 所示。

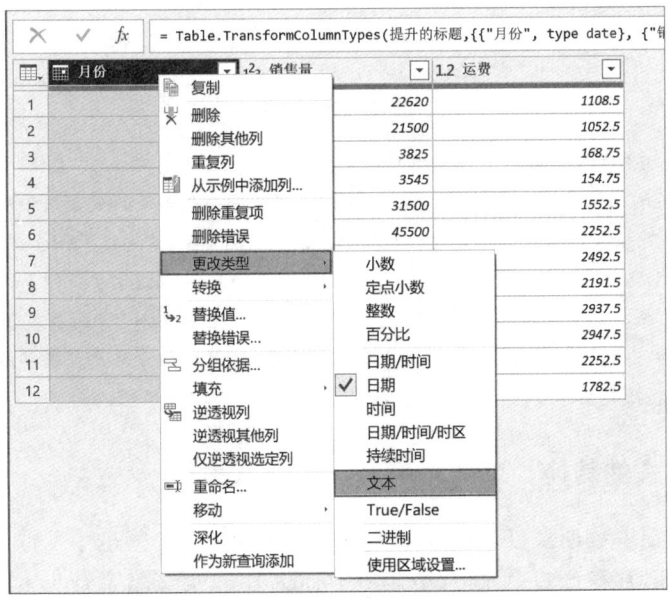

图 3-36　更改数据类型

（3）弹出"更改列类型"对话框，单击"替换当前转换"按钮更改列类型，如图 3-37、图 3-38 所示。

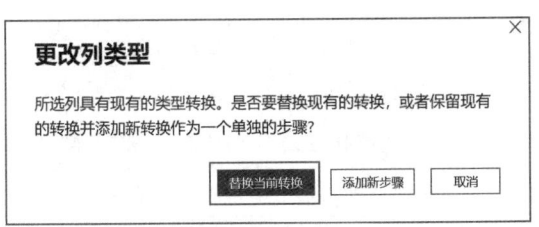

图 3-37　设置更改列类型

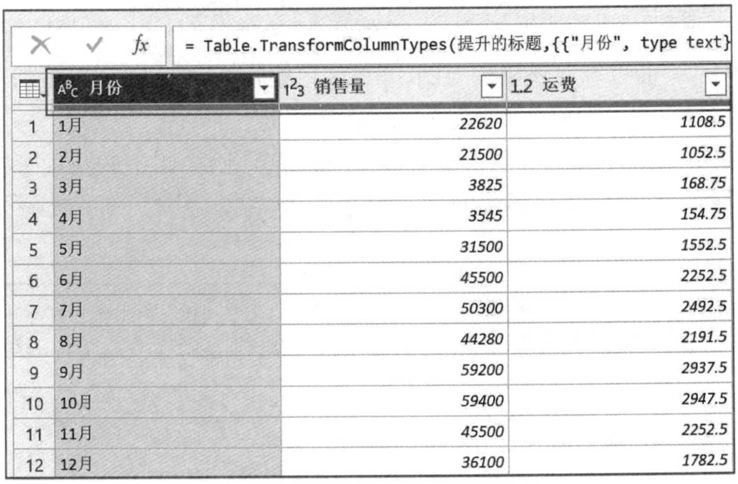

	月份	销售量	运费
1	1月	22620	1108.5
2	2月	21500	1052.5
3	3月	3825	168.75
4	4月	3545	154.75
5	5月	31500	1552.5
6	6月	45500	2252.5
7	7月	50300	2492.5
8	8月	44280	2191.5
9	9月	59200	2937.5
10	10月	59400	2947.5
11	11月	45500	2252.5
12	12月	36100	1782.5

图 3-38　更改数据类型结果

 **相关思考 3-2**

数据类型检测

Power BI 可以自动对加载的数据进行检测并设置相应的数据类型。可以在"文件"窗口的"选项和设置"下选择"数据加载"选项,通过是否选中"检测类型"选项下的"根据每个文件的设置来检测未结构化源的列类型和标题"选项,来控制 Power BI 是否在数据加载时自动设置数据类型,这也是 Power BI 智能识别功能。

智能识别功能并非 100%准确,除了自动检测匹配数据,Power Query 还提供了三种手动方法更改数据类型。

第一种方法是选择需要进行修改的列,在"主页"或"转换"导航栏中单击"数据类型"选项;第二种方法是选中要修改的列,单击鼠标右键,选择要更改的数据类型即可;第三种方法是点击字段名称左侧数据类型标识,选择要更改的数据类型即可。

四、数据格式的转换

实际工作中,很多数据来自 Excel,而 Excel 中的数据有一些是手工输入的,难免存在不规范的现象。例如,存在合并单元格、单元格中有回车符、英文名字开头大小写不统一、中文名字前后出现空格等,在导入前应对此类数据格式加以规范处理。

常见的格式操作如表 3-2 所示。

表 3-2　　　　　　　　　　常见的格式操作

操作	含义
小写	将所选列中的所有字母都转换为小写字母
大写	将所选列中的所有字母都转换为大写字母
每个字词首字母大写	将所选列中每个字词的第一个字母替换成大写字母
修整	从所选列的每个单元格中删除前导空格和尾随空格
清除	清除所选单元格中的非打印字符(如行回车符)
添加前缀	向所选列中的每个值开头添加指定的字符
添加后缀	向所选列中的每个值末尾添加指定的字符

【**案例 3-9**】　下面以客户信息表为例,介绍如何删除表中不正确的格式。

【**操作步骤**】

(1) 加载数据"案例 3-9"后,观察表中不正确的格式包括:①中文姓名前有空格;②中文姓名中有多行回车符;③英文姓名都为大写或小写;④"出生年份"字段中存在多余的"年"字,如图 3-39 所示。

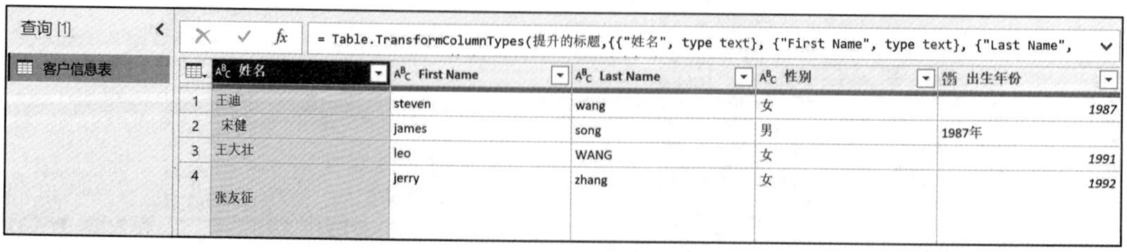

图 3-39　存在格式问题的数据

（2）在"Power Query 编辑器"窗口，选中"姓名"列，分别执行"转换"|"文本列"|"格式"|"修整"命令和"转换"|"文本列"|"格式"|"清除"命令，如图3-40所示。

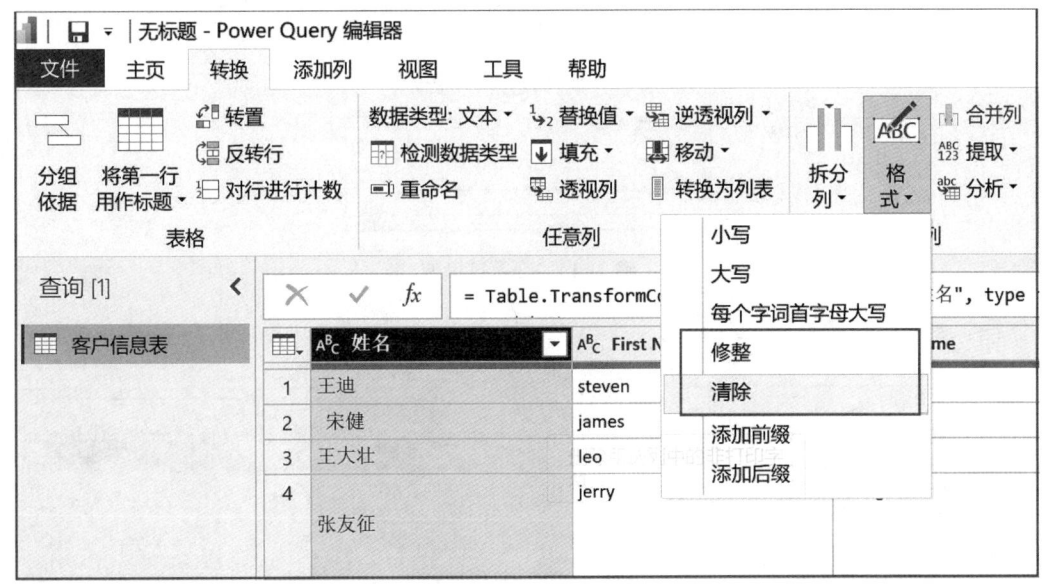

图 3-40　清除和修整

（3）系统将清除"姓名"列中的空格和回车符，结果如图3-41所示。

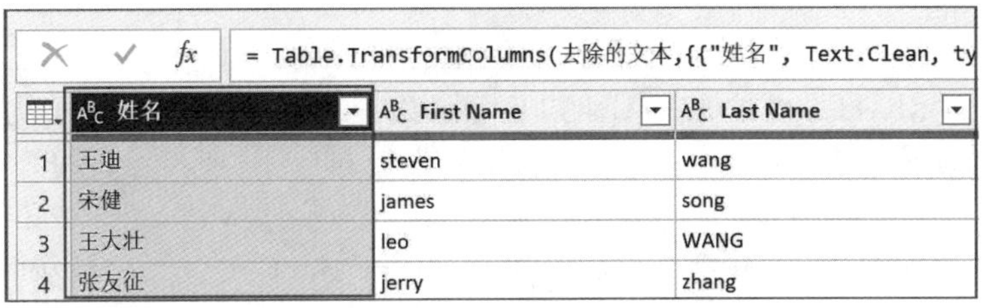

图 3-41　清除和修整后的结果

（4）选中"First Name"和"Last Name"两列，均执行"转换"|"文本列"|"格式"|"小写"命令，将英文姓名转换成小写，再执行"转换"|"文本列"|"格式"|"每个字词首字母大写"命令，将英文姓名的首字母转换为大写，结果如图3-42所示。

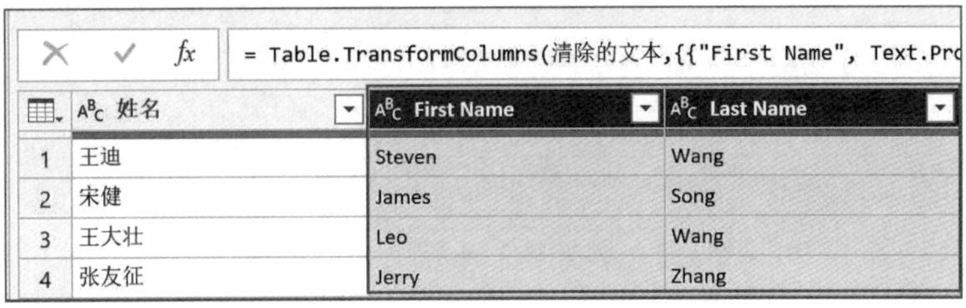

图 3-42　设置英文姓名格式

(5) 将"出生年份"字段先变成文本型,然后对该列执行"转换"|"任意列"|"替换值"|"替换值"命令,输入要查找的值"年",将其替换为空,如图3-43所示。

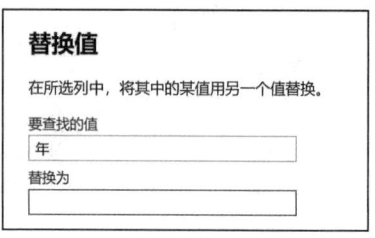

图3-43 设置替换值

(6) 单击"确定"按钮,再将"出生年份"字段变为整数型,结果如图3-44所示。

姓名	First Name	Last Name	性别	出生年份
王迪	Steven	Wang	女	1987
宋健	James	Song	男	1987
王大壮	Leo	Wang	女	1991
张友征	Jerry	Zhang	女	1992

图3-44 设置替换值结果

五、数据的拆分、提取和合并

二维码3-5
数据的拆分、
提取和合并

数据处理中经常会使用数据的拆分、提取和合并操作。在 Excel 中,通过字符串函数(如 MID/LEFT/RIGHT/CONCATENATE 等函数)及数据分列功能,可以完成一定的数据拆分、提取和合并工作,Power Query 的功能更强大,只需要通过鼠标操作即可实现这些功能。

"转换"和"添加列"菜单中都有拆分列、合并列、提取功能。两者的区别是:执行"转换"菜单中的提取和合并操作后,原列不保留;执行"添加列"菜单中的提取和合并列操作后,原列保留,生成新的列。

(一) 数据的拆分

数据的拆分,类似 Excel 中的数据分列功能,是指将一列的内容拆分至多列中。不是所有的数据都可以拆分,拆分的依据是按照特定分隔符或字符数,适用于拆分具有一定排列规律的字符串,方便用户对数据进行二次分类,以便后续的数据分析使用。拆分列的方式主要如表3-3所示。

表3-3 常用数据拆分操作

操作	维度表
按分隔符拆分	最左侧的分隔符 最后侧的分隔符 每次出现分隔符时

(续表)

操作	维度表
按字符数拆分	一次,尽可能靠左 一次,尽可能靠右 重复
其他拆分	按照大写到小写(或小写到大写)的转换 按照数字到非数字(或非数字到数字)的转换

【案例 3-10】 下面以客户订单明细表为例,介绍如何进行数据拆分。

【操作步骤】

(1) 加载数据"案例 3-10"后,在"Power Query 编辑器"窗口选中"客户地址"列,执行"添加列"|"常规"|"重复列"命令,将"客户地址"列复制,结果如图 3-45 所示。

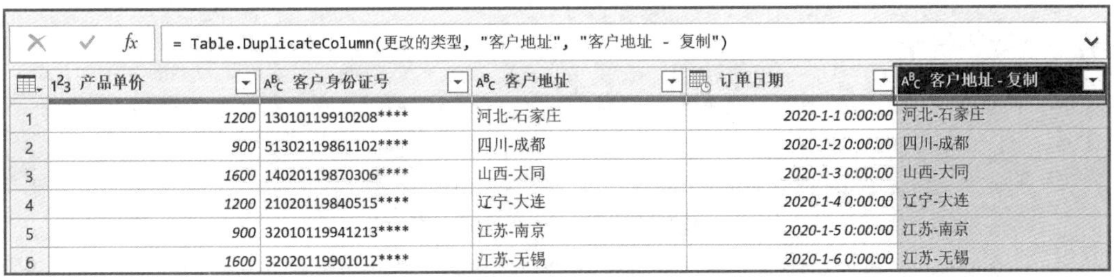

图 3-45 拆分前数据

(2) 选中"客户地址-复制"列,执行"转换"|"文本列"|"拆分列"|"按分隔符"命令,如图 3-46 所示。

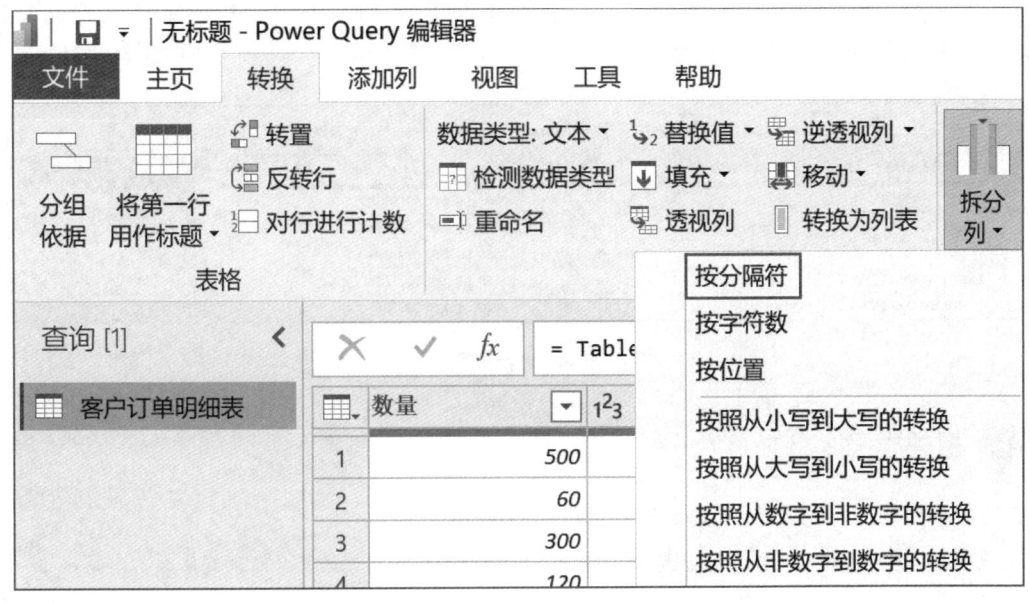

图 3-46 按分隔符进行拆分

（3）在"按分隔符拆分列"对话框中，选择拆分依据的分隔符类型，输入分隔符为"自定义"|"-"，拆分位置勾选"最左侧的分隔符"复选框，结果如图3-47所示。

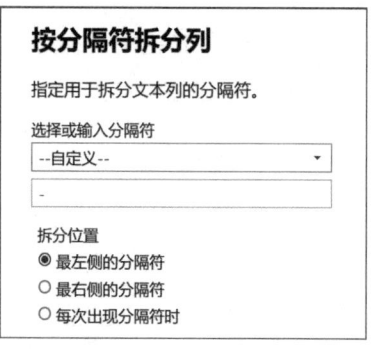

图3-47 设置按分隔符拆分列

 操作提示3-7

按分隔符拆分列中，除了设置分隔符和拆分位置，还可以进行"高级选项"设置。"高级选项"中有四个可选项：

（1）拆分为列。最常用的拆分方式，一般默认为拆分为列，拆分出来的文本数据将以列的方式进行储存。

（2）拆分为行。拆分出来的数据会作为新的行插入当前文本列中。

（3）引号字符。仅仅对CSV类型文件起作用。CSV文件是一种字符分隔符文件，对于列中数据的储存有一个规定，如果某一行数据包括空格、双引号、逗号等特殊字符，就需要在该字符串外围使用一对双引号进行包裹，CSV文件中的引号字符会被作为字符分隔符舍弃，不做保留。

（4）使用特殊字符进行拆分。如果需要按照<Tab>键、回车符、换行和不间断空格对数据进行拆分，可以选中此项。

（4）单击"确定"按钮，将"客户地址-复制"字段拆分成两列，拆分后的字段名分别改为"省份""城市"，结果如图3-48所示。

图3-48 拆分后数据

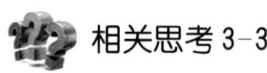 相关思考3-3

拆分的位置

拆分的位置用来指定数据提取方式，那么选择不同的拆分位置得到的拆分结果有什么不同呢？

最左侧的分隔符：从当前列最左侧字符开始，当指定的分隔符第一次出现时，就对当前文本以分隔符为界定拆分成两个数据列。

最右侧的分隔符：从当前列最右侧字符开始，当指定的分隔符第一次出现时，就对当前文本以分隔符为界定拆分成两个数据列。

每次出现分隔符时(此功能不常见)：可以将当前文本列拆分成多列，即每出现一次分隔符，其左右两边的文本就会被拆分，然后独立存储在相对应的数据列中。

(二) 数据的提取

数据的提取是指从文本数据中提取某些需要的字符，可按照长度、首字符、尾字符、范围等方式来提取字符。需要注意的是，提取字符操作之前，要检查数据类型是否是文本型，日期型数据在数据提取功能中是无法提取的，常用的数据提取方式如表 3-4 所示。

表 3-4　常用的数据提取方式

方式	含义
长度	提取字符串的长度
首字符	提取数据开始的 n 个字符(类似 Excel 中的 Left 函数)
尾字符	提取数据结尾的 n 个字符(类似 Excel 中的 Right 函数)
范围	提取数据中间的 n 个字符(类似 Excel 中的 Mid 函数)
分隔符控制的文本	提取分隔符之前(之后、之间)的文本

【案例 3-11】 下面以客户订单明细表为例，介绍如何从身份证号码数据中提取出生日期。

【操作步骤】

(1) 加载数据“案例 3-11”后，在“Power Query 编辑器”窗口中选中“客户身份证号”列，如图 3-49 所示。

	产品名称	订单数量	产品单价	客户身份证号
1	手机	500	1200	13010119910208****
2	平板	60	900	51302119861102****
3	电脑	300	1600	14020119870306****
4	手机	120	1200	21020119840515****
5	平板	150	900	32010119941213****
6	电脑	600	1600	32020119901012****
7	手机	360	1200	33028119850416****
8	平板	500	900	44010119920625****

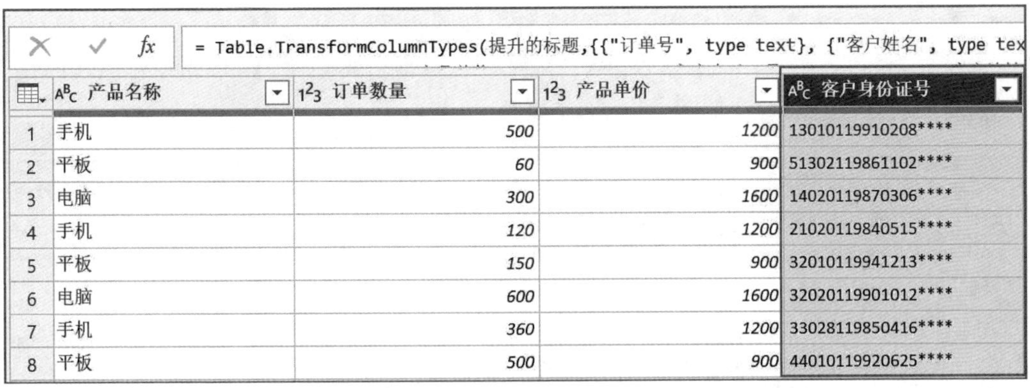

图 3-49　提取前数据

(2) 执行“添加列”|“从文本”|“提取”|“范围”命令，在“提取文本范围”对话框中将起始索引设为“6”(起始索引为要提取的字符前的字符数)，将字符数设为“8”，如图 3-50 所示。

图 3-50　设置提取文本范围

(3) 单击“确定”按钮，系统将提取出一个新的列，将该列的字段名称修改为“出生日期”，结果如图 3-51 所示。

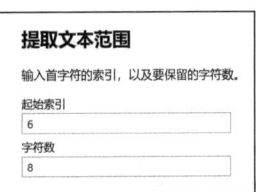

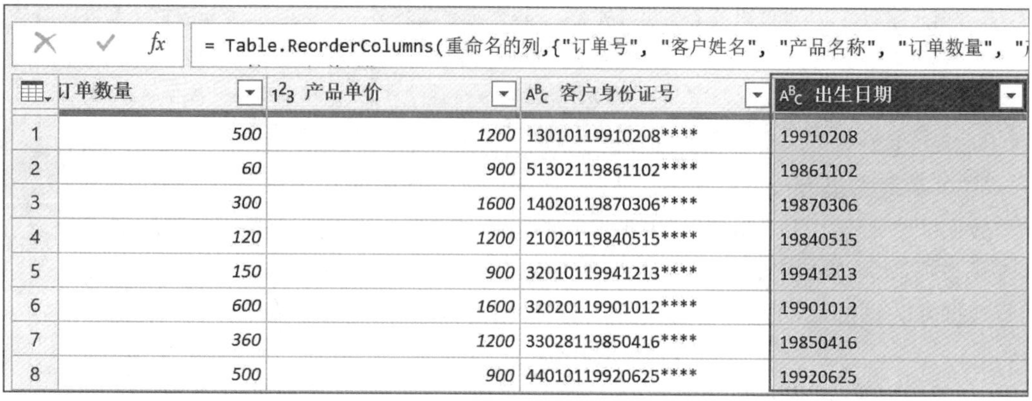

图 3-51 提取后数据

(三) 数据的合并

数据的合并是将多列数据合并到一列中，在 Power Query 中先选择需要合并的列，然后在菜单栏中单击"合并列"，弹出"合并列"对话框，可以设置合并列之间的分隔符和新列名。需要注意的是，如果选择"转换"菜单合并列，原列将被删除；如果选择"添加列"菜单合并列，原列将被保留。

【案例 3-12】 下面以客户订单明细表为例，介绍如何将订单号和产品名称列进行数据合并。

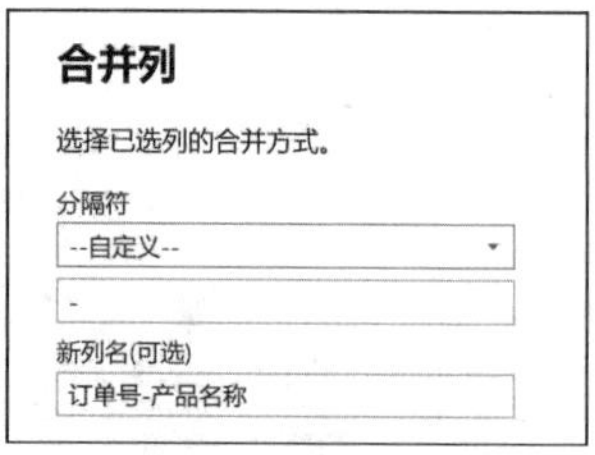

【操作步骤】

1) 加载数据"案例 3-12"后，在"Power Query 编辑器"窗口按住 **Ctrl** 键，同时选中"订单号"和"产品名称"两列，执行"转换"|"文本列"|"合并列"命令，并将分隔符设为"-"，新列名设为"订单号-产品名称"，如图 3-52 所示。

（2）单击"确定"按钮，即可将订单号和产品名称合并，结果如图 3-53 所示。

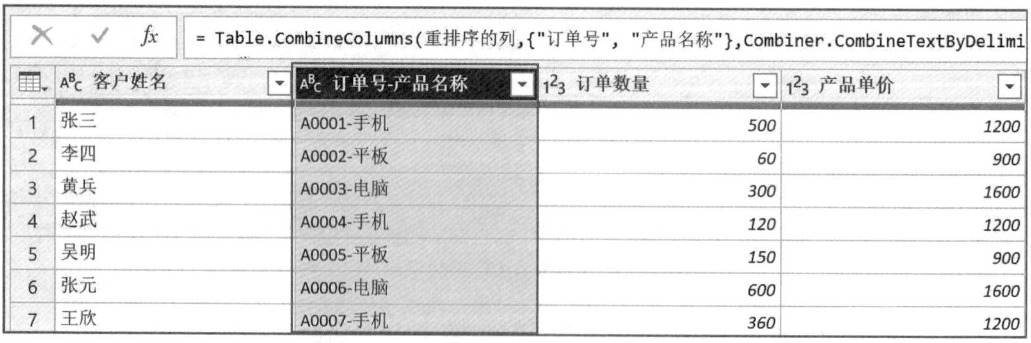

图 3-52 设置合并列

图 3-53 合并列结果

二维码 3-6
数据的透视
和逆透视

六、数据的透视和逆透视

本章第一节介绍了一维表和二维表的概念和区分，一维表适合进行数据分析，但是很多数据源是二维表。二维表虽然易于阅读，但不适合数据分析，往往需要转化为一维表。

数据的透视与逆透视是 Power Query 中非常核心的功能，主要用于二维表和一维表之间的转换。在 Power Query 中，通过鼠标简单操作就可以实现透视与逆透视，高效简便。

（一）数据的透视

透视列可以将一维表转换成二维表。在数据分析中，若没有特殊情况，一般使用一维表数据；特殊情况下，才需要将一维表数据转换为二维表数据，这时就要用到透视列操作。

【案例 3-13】 下面以产品各月销售数据为例，介绍如何将一维表转换成二维表。

【操作步骤】

（1）加载数据"案例 3-13"后，在"Power Query 编辑器"窗口，将"月份"字段的数据类型改为文本型，执行"转换"|"任意列"|"透视列"命令，并将值列选择为"销售额"，如图 3-54 所示。

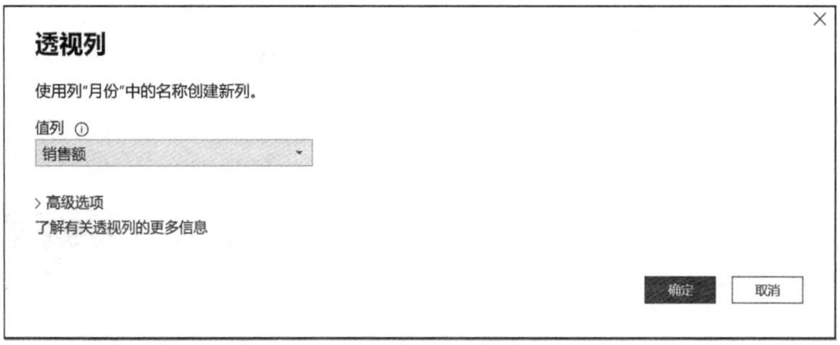

图 3-54 设置透视列

（2）单击"确定"按钮，即可将一维表数据透视成二维表数据，结果如图 3-55 所示。

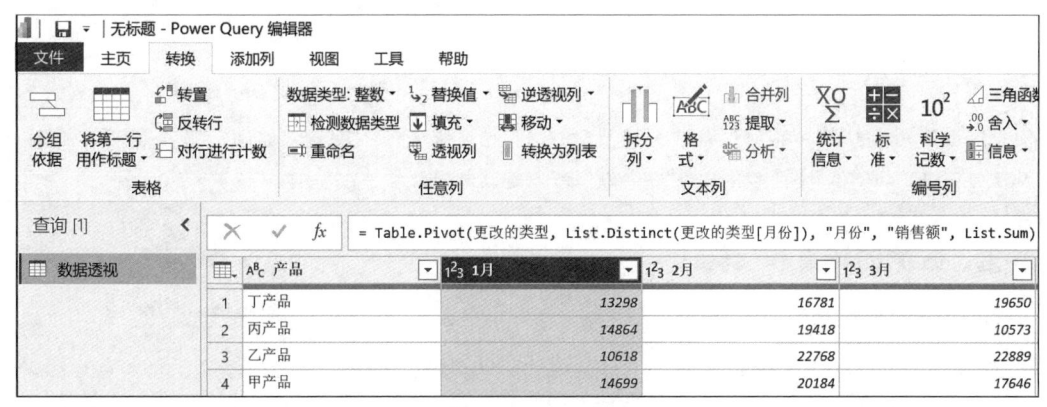

图 3-55 透视列结果

（二）数据的逆透视

将二维表转换为一维表的过程称为逆透视。实际工作中，我们拿到的报表往往是二维表，进行数据分析时，最好将二维表转换成一维表，此时就要用到数据的逆透视操作。此操作在数据分析中尤为重要。

【案例 3-14】 下面仍以产品各月销售数据为例，介绍如何将二维表逆透视成一维表。

【操作步骤】

（1）加载数据"案例3-14"后，在"Power Query 编辑器"窗口执行"转换"|"表格"|"将第一行用作标题"命令，将首行提升为标题，如图3-56所示。

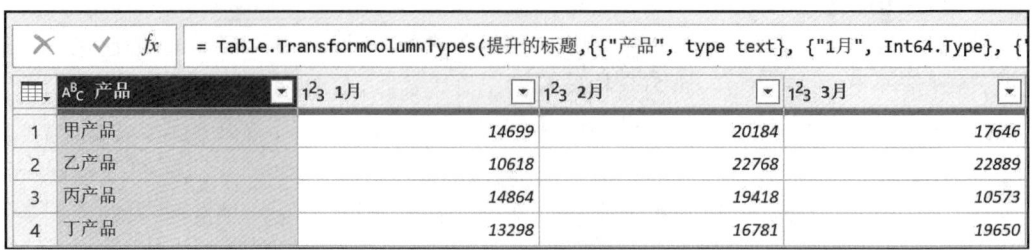

图 3-56　设置逆透视

（2）按住"Shift"键，同时选中"1月"至"12月"列，执行"转换"|"任意列"|"逆透视列"命令，将"属性"字段名称改为"月份"，将"值"字段名称改为"销售额"，如图3-57所示。

图 3-57　逆透视结果

 操作提示 3-8

上述操作也可选中"产品"列，执行"转换"|"任意列"|"逆透视列"|"逆透视其他列"命令，将"属性"字段名称改为"月份"，将"值"字段名称改为"销售额"，可以达到相同效果。

七、数据的转置和反转

（一）数据的转置

数据行列的转换，是将行变成列，列变成行，即数据的转置。

【**案例 3-15**】　下面以各月产品发货量为例，将表中的数据行列互换，如图3-58所示。

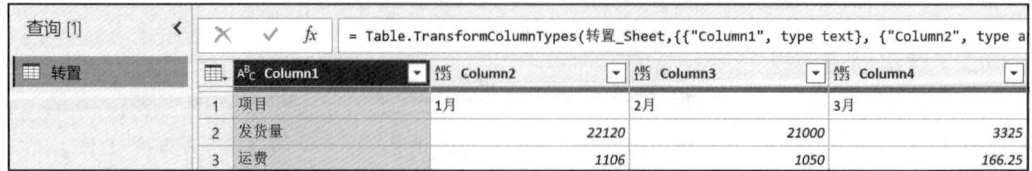

图 3-58　数据转置数据源

【操作步骤】

(1) 加载数据“案例 3-15”后，在“Power Query 编辑器”窗口执行“转换”|“表格”|“转置”命令。

(2) 执行“转换”|“表格”|“将第一行用作标题”命令，并将“项目”字段的数据类型改为文本型，如图 3-59 所示。

`= Table.TransformColumnTypes(提升的标题,{{"项目", type text}`

	项目	发货量	运费
1	1月	22120	1106
2	2月	21000	1050
3	3月	3325	166.25
4	4月	3045	152.25
5	5月	31000	1550
6	6月	45000	2250
7	7月	49800	2490
8	8月	43780	2189
9	9月	58700	2935
10	10月	58900	2945
11	11月	45000	2250
12	12月	35600	1780

图 3-59 数据的转置结果

(二) 数据的反转

反转行是将行的顺序颠倒，将最后一行变为第一行，将倒数第二行变成第二行，以此类推。

【案例 3-16】 下面仍以各月产品发货量为例，进行反转行的操作。

【操作步骤】

(1) 加载数据“案例 3-16”后，在“Power Query 编辑器”窗口，将“月份”字段的数据类型改为文本型。

(2) 执行“转换”|“表格”|“反转行”命令，反转结果如图 3-60 所示。

`= Table.ReverseRows(更改的类型)`

	月份	销售数量
1	12月	12
2	11月	15
3	10月	66
4	9月	45
5	8月	14
6	7月	35
7	6月	23
8	5月	50
9	4月	25
10	3月	11
11	2月	40
12	1月	15

图 3-60 数据的反转结果

八、设置分组依据

二维码3-7
设置分组
依据

Power BI中的分组依据类似于Excel中的分类汇总功能,可以按照某一分类对某行数据或某列数据进行去重操作和聚合运算,并在去重的过程中将其他数据列按照用户指定的方式对其进行聚合以便生成与依据列相对应的数据。分组依据也是一种数据透视分析的功能,在Power Query数据清洗中经常使用。

分组依据的属性设定界面(图3-61),主要包括分组依据、新列名、操作与柱4个选项。

(1) 分组依据:选择以哪个数据列作为分组条件。

(2) 新列名:用于承载聚合操作结果的新列名称,自定义命名即可,但不能和现有的列名重复。

(3) 操作:指定具体的聚合操作方法,主要可选有求和、平均值、中值、最大值、最小值、对行进行计数、非重复行计数及所有行等。

(4) 柱:指定用于进行聚合计算的数据列。若操作是"对行进行计数",那么柱选项无需填写。

【案例3-17】 下面以销售数据为例,介绍按产品名称统计各客户的销售总额。

【操作步骤】

(1) 加载数据"案例3-17"后,在"Power Query编辑器"窗口执行"转换"|"表格"|"分组依据"命令,在"分组依据"对话框中将分组依据设为"产品名称",将新列名设为"销售总额",将操作设为"求和",将柱设为"销售金额",如图3-61所示。

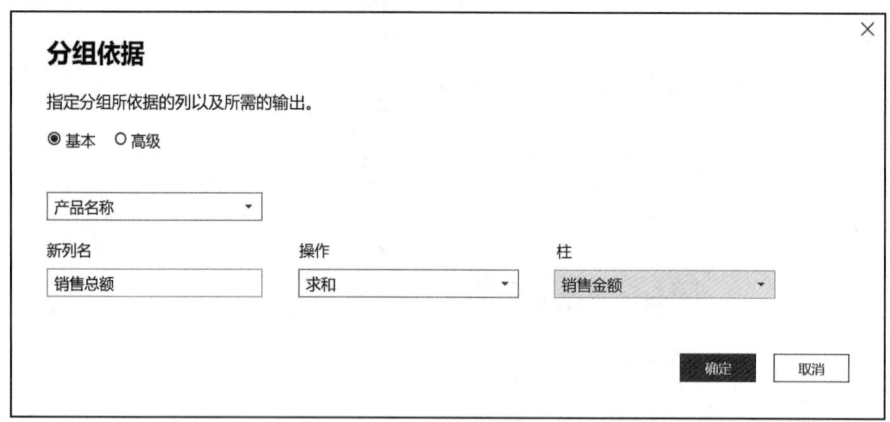

图3-61 设置分组依据

(2) 单击"确定"按钮,结果如图3-62所示。

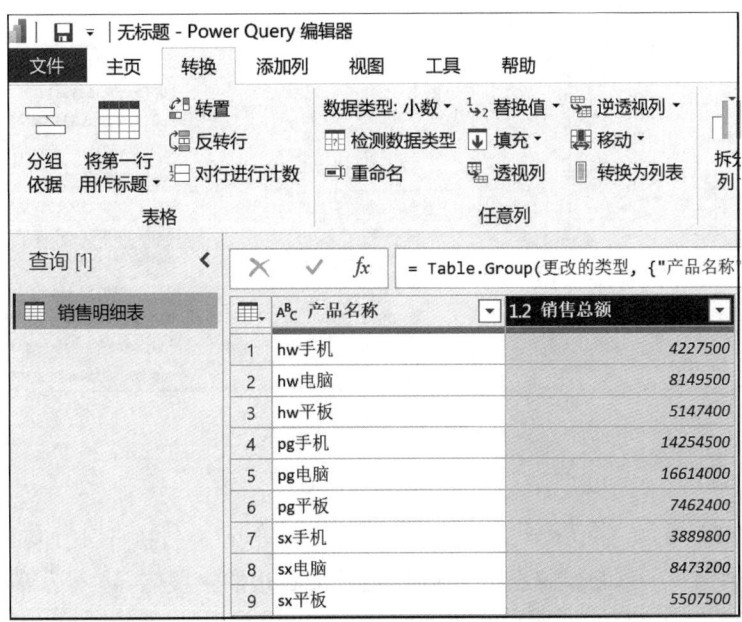

图 3-62 分组依据结果

 操作提示 3-9

如果需要使用多个分组数据列来进行数据分类,可以选择高级分组,高级分组与基本分组设置类似,可以添加多个分组条件和聚合条件。

九、添加列

在导入外部源数据后,有时会根据数据分析的需要,增加一个辅助列,便于后续数据建模的使用。常用的添加列操作如表 3-5 所示。

表 3-5　　　　　　　　　　　常用的添加列操作

形式	含义
示例中的列	使用示例在表中创建新列
自定义列	通过公式创建新列
条件列	按照某一条件创建新列,类似于 Excel 中的 If 函数
索引列	创建一个新列,其中的索引从某一个数值开始
重复列	基于某列复制一个新的列

(一) 自定义列

自定义列是通过公式创建新列,如根据单价列和数量列通过自定义列公式创建销售额新列。

【案例 3-18】 下面以客户订单数据为例,通过自定义列的方式添加列,如图 3-63 所示。

	ABC 产品名称	1²₃ 订单数量	1²₃ 产品单价	ABC 客户身份证号
1	手机	500	1200	13010119910208****
2	平板	60	900	51302119861102****
3	电脑	300	1600	14020119870306****
4	手机	120	1200	21020119840515****
5	平板	150	900	32010119941213****
6	电脑	600	1600	32020119901012****
7	手机	360	1200	33028119850416****
8	平板	500	900	44010119920625****
9	手机	400	1200	52010119800925****
10	平板	600	900	37010119880102****
11	电脑	780	1600	44030119781125****
12	平板	200	900	32100119841208****

图 3-63　添加列数据源

【操作步骤】

(1) 加载数据"案例 3-18"后,在"Power Query 编辑器"窗口执行"添加列"|"自定义列"命令,新列名为"销售额",自定义公式可以直接单击右边的字段名,输入运算符,生成:=订单数量 * 产品单价,如图 3-64 所示。

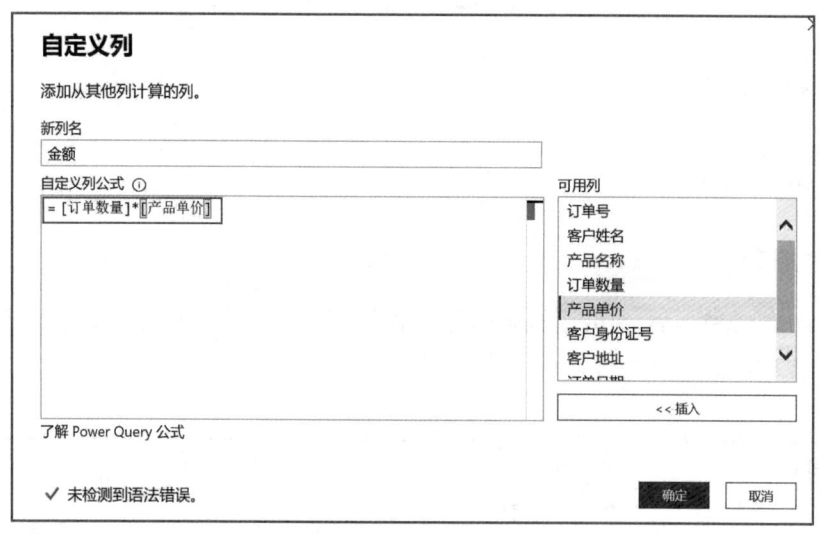

图 3-64　设置自定义列公式

 操作提示 3-10

如果通过自定义列的方式添加列,定义公式时左下方显示"未检测到语法错误",表示公式正确,否则表示公式存在错误。

(2) 单击"确定"按钮,在数据最后一列增加金额列,更改金额列数据类型为整数型,结果如图 3-65 所示。

Power BI 数据获取与整理　第三章

	1^2_3 订单数量	1^2_3 产品单价	ABC 123 金额	A^B_C 客户身份证号
1	500	1200	600000	13010119910208****
2	60	900	54000	51302119861102****
3	300	1600	480000	14020119870306****
4	120	1200	144000	21020119840515****
5	150	900	135000	32010119941213****
6	600	1600	960000	32020119901012****

图 3-65　自定义添加列结果

（二）条件列

条件列是指按照某条件创建新列，类似于 Excel 中的 If 函数。条件列在设置时，可以选择单一条件或者通过添加子句增加复合条件。

【案例 3-19】　下面仍以客户订单数据为例，通过条件列的方式添加列。

【操作步骤】

（1）加载数据"案例 3-19"后，在"Power Query 编辑器"窗口执行"添加列"|"条件列"命令。在弹出的"添加条件列"对话框输入新列名及指定的条件，新列名为"客户类型"，条件为"如果金额大于 100 000，为大客户，否则为普通客户"，如图 3-66 所示。

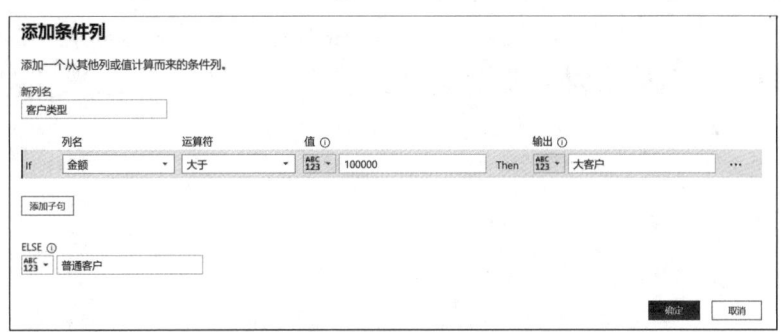

图 3-66　设置添加条件列

（2）单击"确定"按钮，在数据最后一列增加"客户类型"列，更改"客户类型"列数据类型为文本型，结果如图 3-67 所示。

	产品单价	ABC 123 金额	A^B_C 客户类型	A^B_C 客户身份证号
1	1200	600000	大客户	13010119910208****
2	900	54000	普通客户	51302119861102****
3	1600	480000	大客户	14020119870306****
4	1200	144000	大客户	21020119840515****
5	900	135000	大客户	32010119941213****
6	1600	960000	大客户	32020119901012****
7	1200	432000	大客户	33028119850416****
8	900	450000	大客户	44010119920625****
9	1200	480000	大客户	52010119800925****
10	900	540000	大客户	37010119880102****

图 3-67　添加条件列结果

操作提示 3-11

在添加条件列时,如果条件比较复杂,可以通过在"添加条件列"对话框中"添加子句"的方式,增加多个复合条件,实现添加列效果。

(三)索引列

索引列是包含不重复数字的列,通过为每行增加一个序号,记录每一行所在的位置。索引列可以选择从 0 或 1 开始,或者自定义。索引列在实际应用中最大的用途就是规范排序。例如,制作图表时,X 轴没有按照想要的顺序展现,在开始操作前,可以先添加一个索引列,完成所需操作后,对索引列进行升序排序,就可以恢复数据的原始顺序。

【案例 3-20】 下面接着以客户订单数据为例,讲解如何添加索引列。

【操作步骤】

加载数据"案例 3-20"后,在"Power Query 编辑器"窗口执行"添加列"|"索引列"|"从 1"命令,并将添加的新列移至表格的开头,如图 3-68 所示。

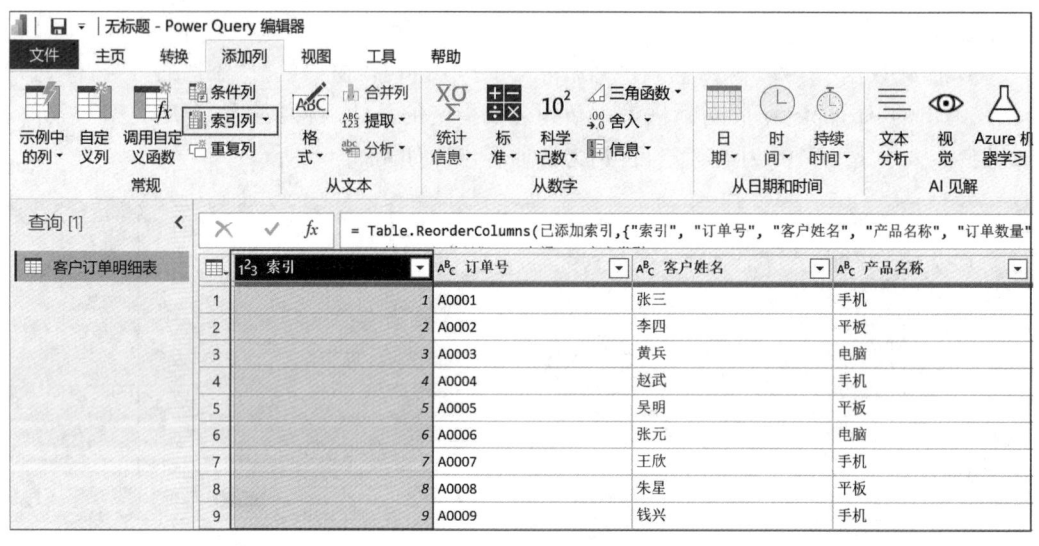

图 3-68 添加索引列

(四)示例中的列

示例中的列是通过为新列提供一个或多个示例值,将新列添加到数据模型。可以通过所选内容创建新列示例,或基于表中的所有现有列提供输入。

【案例 3-21】 下面仍以客户订单数据为例,通过示例中的列的方式添加列。

【操作步骤】

(1) 加载数据"案例 3-21"后,在"Power Query 编辑器"窗口执行"添加列"|"示例中的列"命令。在弹出的示例列中输入示例值以创建一个新列。例如,添加的新列需要把客户姓名和身份证号连接在一起,给出示例如图 3-69 所示。

图 3-69　设置添加示例中的列

（2）单击"确定"按钮，在数据最后一列增加客户信息列，结果如图 3-70 所示。

图 3-70　添加示例中的列结果

十、日期和时间的整理

Power Query 查询编辑器为日期和时间数据提供了强大而快捷的处理方式，如从日期中提取年、月、日、季度、周、星期等信息，常见的日期和时间整理操作如表 3-6 所示。

表 3-6　　　　　　　　　　　常见的日期和时间整理操作

功能	说明
年限	现在（now）和所选日期之间的持续时间
仅日期	提取日期部分
分析	从文本格式的日期数据中提取正确的日期格式
年	年：提取日期中的年份数据，并显示为数值 年份开始值：提取日期中年份的第一天 年份结束值：提取日期中年份的最后一天
月份	月份：提取日期中的月份数据，并显示为数值 月份开始值：提取日期中月份的第一天 月份结束值：提取日期中月份的最后一天 一个月的某些日：提取月份中包含的天数 月份名称：提取日期中的月份数据，并显示为文本

(续表)

功能	说明
季度	季度:提取日期中的年份数据,并显示为数值 年份开始日:提取日期中季度的第一天 年份结束值:提取日其中季度的最后一天
周	一年的某一周:计算年初到当前日期的周数 一月的某一周:计算月初到当前日期的周数 星期开始值:提取日期所在星期的第一天 星期结束值:提取日期所在星期的最后一天
天	天:提起日期当天的数值 一年的某一日:计算年初到当前日期的天数 每周的某一天:计算每周第一天到当前日期的天数 星期几:提取日期为星期几
最早、最新	多列日期中保留最早、最晚的一天

【案例3-22】 下面以日期表为例,提取"日期"字段中的年、月、季度和星期等信息,并添加到新建列中。

【操作步骤】

(1) 加载数据"案例3-22"后,在"Power Query 编辑器"窗口选中"日期"列,执行"添加列"|"从日期和时间"|"日期"|"年"命令,得到年数据,如图3-71所示。

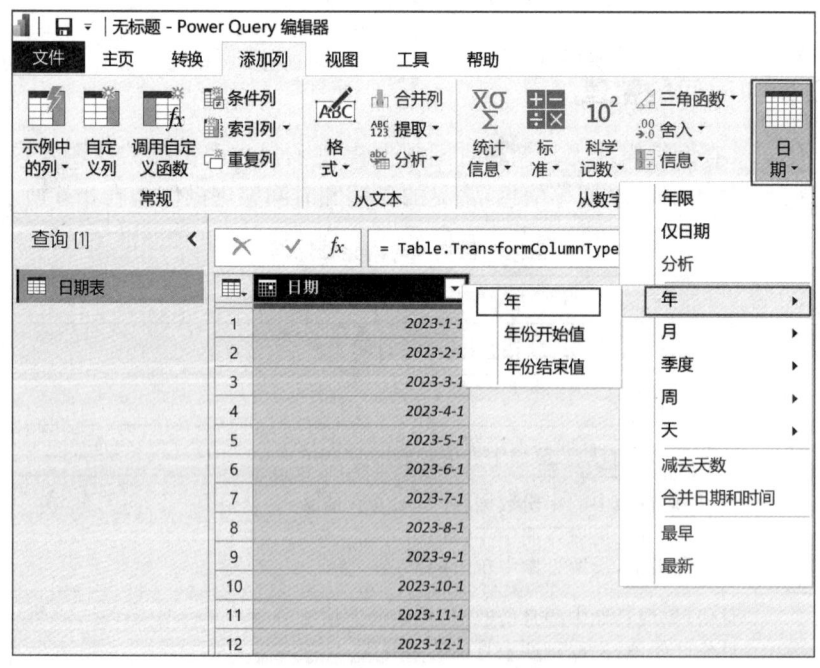

图3-71 设置日期和时间的整理

(2) 按照相同的方法,可得到月份、季度、星期数据,结果如图3-72所示。

	日期	年	月份	季度	星期
1	2023-1-1	2023	1	1	星期日
2	2023-2-1	2023	2	1	星期三
3	2023-3-1	2023	3	1	星期三
4	2023-4-1	2023	4	2	星期六
5	2023-5-1	2023	5	2	星期一
6	2023-6-1	2023	6	2	星期四
7	2023-7-1	2023	7	3	星期六
8	2023-8-1	2023	8	3	星期二
9	2023-9-1	2023	9	3	星期五
10	2023-10-1	2023	10	4	星期日
11	2023-11-1	2023	11	4	星期三
12	2023-12-1	2023	12	4	星期五

图 3-72 日期和时间整理结果

十一、数据的基本数学运算

数据的基本数学运算包括标准运算、科学运算、三角函数、舍入和信息操作。基本数学运算的功能及含义，如表 3-7 所示。

表 3-7　　　　　　　　基本数学运算的功能及含义

功能	维度表
标准运算	加、减、乘、除(整数)、商、模(余数)、百分比
科学运算	绝对值、幂、平方根、对数、阶乘等
三角函数	正弦、余弦、正切等
舍入	向上舍入、向下舍入、四舍五入
信息	奇数、偶数、符号

【案例 3-23】　下面以某公司销售额情况数据为例，计算增值税税额。

【操作步骤】

（1）加载数据"案例 3-23"后，在"Power Query 编辑器"窗口选中"销售额(万元)"列，执行"添加列"|"从数字"|"标准"|"乘"命令，在"乘"对话框中将值设置为"0.13"，如图 3-73 所示。

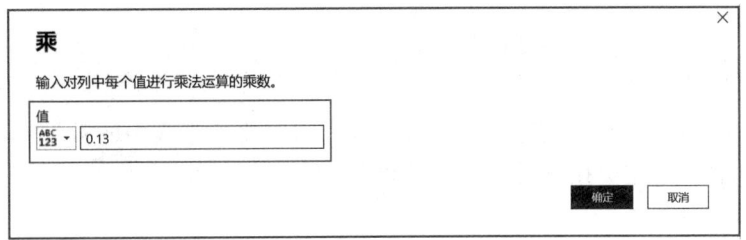

图 3-73　设置数据的基本运算符

（2）单击"确定"按钮，得到由销售额计算的税额，结果如图 3-74 所示。

`= Table.AddColumn(更改的类型, "乘法", each [#"销售额（万元）"] * 0.13, type number)`

	产品ID	产品名称	销售额（万元）	乘法
1	1001	A产品	237.65	30.8945
2	1002	B产品	356.78	46.3814
3	2001	C产品	480.32	62.4416
4	2002	D产品	579.03	75.2739
5	2003	E产品	638.24	82.9712

图 3-74　数据的基本运算结果

(3) 选中“乘法”列，执行“添加列”|“从数字”|“舍入”|“舍入”命令，在“舍入”对话框中将小数位数设置为“2”，如图 3-75 所示。

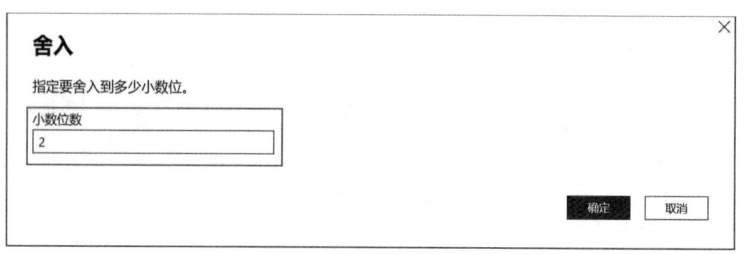

图 3-75　设置数据的舍入

(4) 单击“确定”按钮，得到保留两位小数的税额，删除“乘法”列，更改新列字段名称为“税额”，结果如图 3-76 所示。

`= Table.RenameColumns(删除的列,{{"舍入", "税额"}})`

	产品ID	产品名称	销售额（万元）	税额
1	1001	A产品	237.65	30.89
2	1002	B产品	356.78	46.38
3	2001	C产品	480.32	62.44
4	2002	D产品	579.03	75.27
5	2003	E产品	638.24	82.97

图 3-76　数据舍入的结果

十二、数据的组合

合并查询和追加查询属于表的汇总，可以根据需要将多张表中的数据合并到同一张表中进行分析，这样可以避免在日后数据建模时进行跨表查询和计算，提高运算效率。

(一) 追加查询

追加查询是表与表之间的纵向组合。一般情况下，追加查询是把字段一样的数据追加到一张表中，且相同字段的数据追加到同一个字段下。如果两张表中存在不同的字段，则不同字段的数据会单列。也就是说，当一张表中的数据列名称和类型与另外一张表中的数据列名称和类型完全相同时,就可以进行数据追加操作。

追加查询有追加查询和将查询追加为新查询两个子选项:

(1) 追加查询:在当前选中表的基础上进行追加操作,追加后新表将代替原始表。

(2) 将查询追加为新查询:创建一个新表,将选中的内容复制到新表上再进行追加操作。该操作可以保留原始表内的数据。

【**案例 3-24**】 下面以三个城市的费用明细为例,介绍如何进行追加查询,并组合成一个新表。

【*操作步骤*】

(1) 加载数据"案例 3-24"后,三张数据表的列名称相同,都包含"门店""财务日期""科目""支出",如图 3-77 所示。

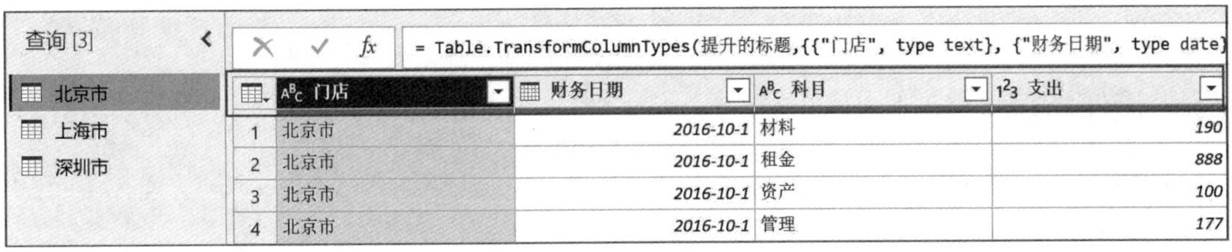

图 3-77 追加查询数据源

(2) 在"北京市"数据表界面执行"主页"|"组合"|"追加查询"|"将查询追加为新查询"命令,勾选"三个或更多表"选项,将"上海市""深圳市"添加为追加的表格,如图 3-78 所示。

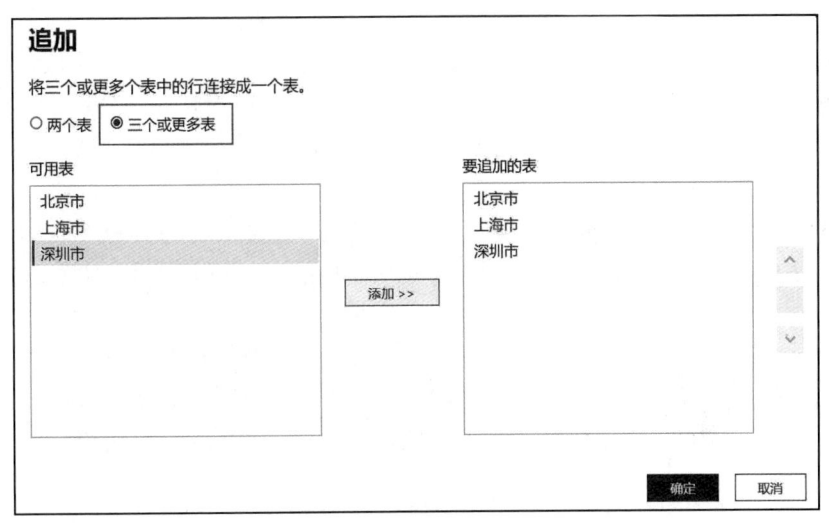

图 3-78 设置追加查询

(3) 单击"确定"按钮,生成纵向追加完成的表格,表中包含三个城市所有的信息,结果如图 3-79 所示。

图 3-79 追加查询结果

 操作提示 3-12

数据能否进行追加查询,需要满足以下条件:

(1) 追加表的列名必须一致。

(2) 追加表的列顺序可以不一致。

(3) 某张表里独有的列会单独呈现。

此外,如果两张表彼此之间有重复数据,在进行追加查询时,Power BI 并不会进行去重操作,新表中会包含一部分重复数据,需要视实际情况选择是否需要手动清除。

(二) 合并查询

二维码 3-8
合并查询

合并查询是表和表之间的横向组合,需要两张表之间有相互关联的字段。类似 Excel 中的 Vlookup 函数,可以单条件和多条件匹配引用,即把表横向拉长、拉扁。当两张或者多张表中某一个或多个数据列下包含部分相同值时,可以以这些相同值为基准,通过合并查询将多张表数据合并成一张新表。

合并查询的新表中,会生成两张表的所有字段,而生成哪些数据记录要看两张表的联接关系。合并查询中,表的联接关系有左外部、右外部、完全外部、内部、左反、右反六种,如图 3-80 所示。

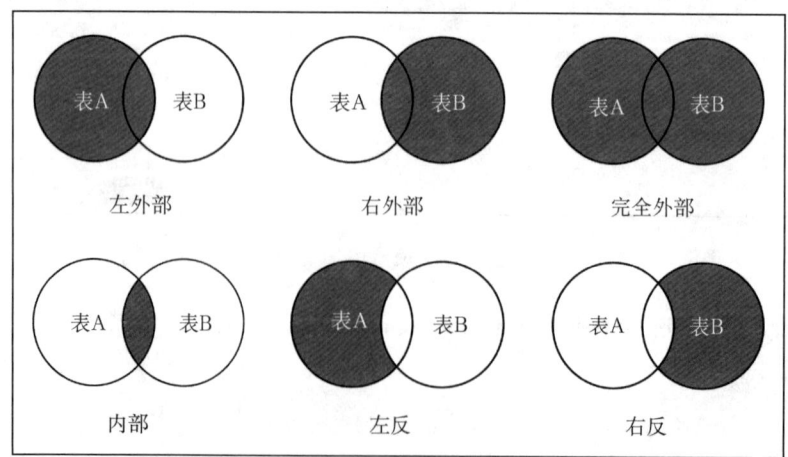

图 3-80 六种联接方式

下面以公司供应商库名单和实际供应商名单为例,将库内名单和实际供应商作合并查询。供应商库存信息中包含"供应商名称"和"准入时间"2个字段共 5 条记录,供应商分别是 A、B、C、D 和 E;实际供应商信息包含"供应商名称"和"合同时间"2个字段共 4 条记录,实际供应商分别是 D、E、F 和 G。两张表以不同联接方式合并后的结果及其表达含义,如表 3-8 所示。

表 3-8　　　　　　　　　不同联接方式合并后的结果及其含义

项目	结果	含义
左外部	A、B、C、D、E	A 表所有行,B 表匹配行(所有供应商库准入的公司)
右外部	D、E、F、G	B 表所有行,A 表匹配行(所有实际合作的公司)
完全外部	A、B、C、D、E、F、G	A 表和 B 表匹配行(所有准入及合作的公司)
内部	D、E	A 表和 B 表匹配行(既准入又合作的公司)
左反	A、B、C	A 表中去掉 B 表的匹配行(准入但未合作的公司)
右反	F、G	B 表中去掉 A 表的匹配行(合作但未准入的公司)

【案例 3-25】 下面以客户产品折扣信息为例,合并查询各区域折后销售额情况。
【操作步骤】

(1) 加载数据"案例 3-25"后,在"Power Query 编辑器"窗口中显示 A 表、B 表、C 表的数据,将"B 表"第一行用作标题,如图 3-81 所示。

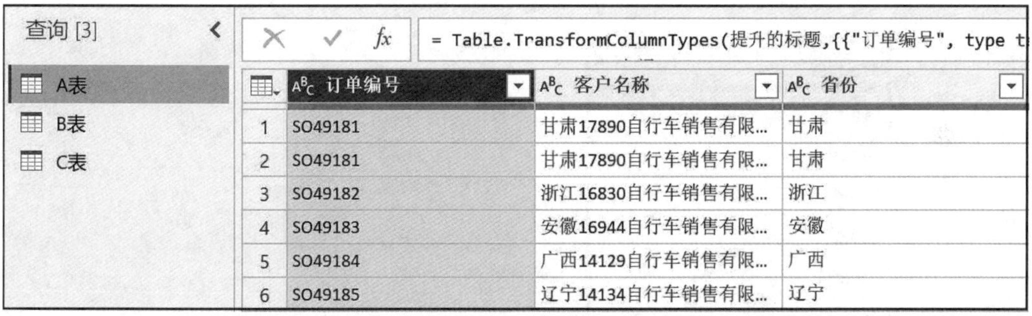

图 3-81　合并查询前

(2) 执行"主页"|"组合"|"合并查询"|"将查询合并为新查询"命令,选择要合并的"A 表"和"B 表",双击两表中的"省份"字段,选择联接方式为"左外部",如图 3-82 所示。

(3) 单击"确定"按钮,生成新的合并,如图 3-83 所示。

(4) 单击最后一列"B 表"右侧 ⇄ 按钮,在打开的窗口中选择"区域"字段,如图 3-84 所示。

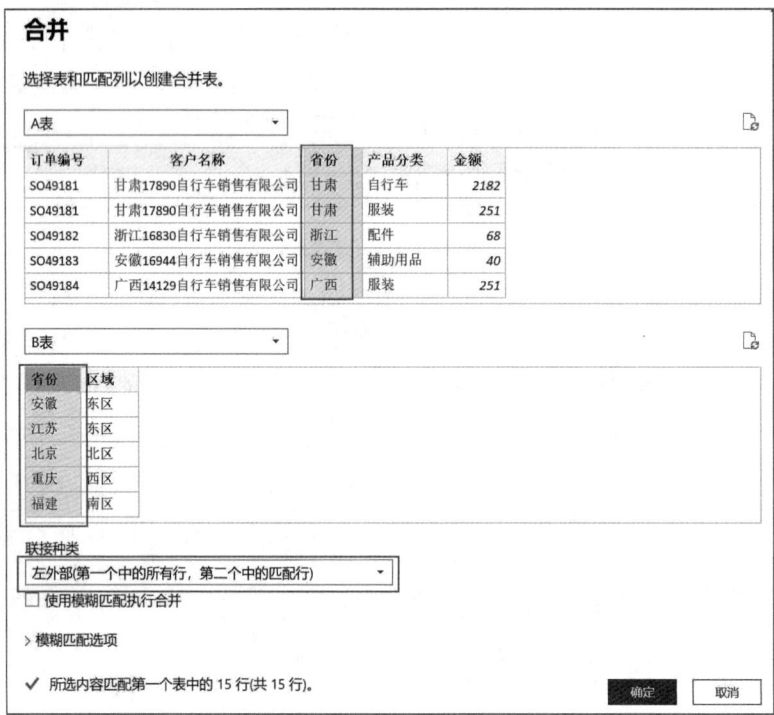

图 3-82 设置合并查询

图 3-83 将 B 表引入　　　图 3-84 展开引入数据

（5）单击“确定”按钮，展开字段后的合并表如图 3-85 所示。

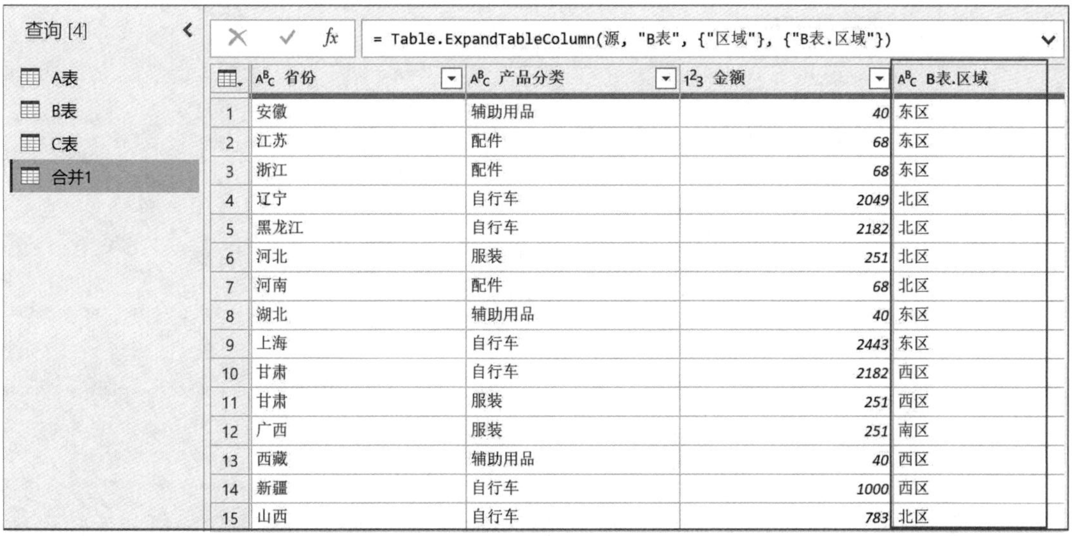

	省份	产品分类	金额	B表.区域
1	安徽	辅助用品	40	东区
2	江苏	配件	68	东区
3	浙江	配件	68	东区
4	辽宁	自行车	2049	北区
5	黑龙江	自行车	2182	北区
6	河北	服装	251	北区
7	河南	配件	68	北区
8	湖北	辅助用品	40	东区
9	上海	自行车	2443	东区
10	甘肃	自行车	2182	西区
11	甘肃	服装	251	西区
12	广西	服装	251	南区
13	西藏	辅助用品	40	西区
14	新疆	自行车	1000	西区
15	山西	自行车	783	北区

图 3-85　两表合并查询结果

（6）按照相同的方法将合并的数据表和“C 表”再次进行追加查询，将“折扣”字段追加到“A 表”中，结果如图 3-86 所示。

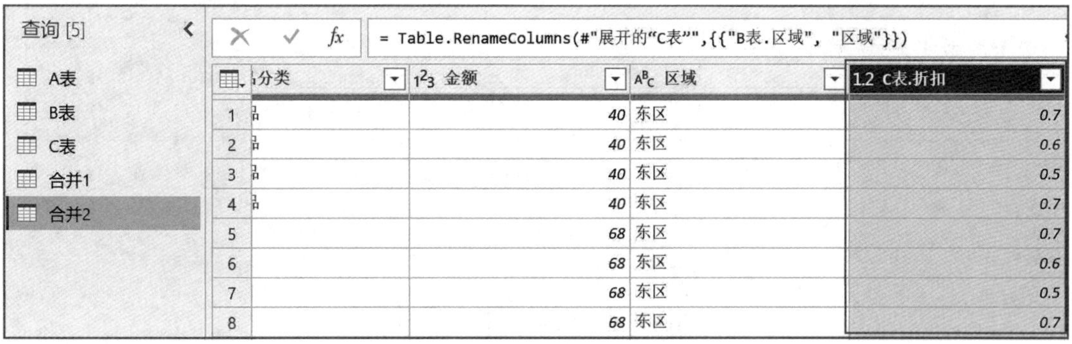

	分类	金额	区域	C表.折扣
1	品	40	东区	0.7
2	品	40	东区	0.6
3	品	40	东区	0.5
4	品	40	东区	0.7
5		68	东区	0.7
6		68	东区	0.6
7		68	东区	0.5
8		68	东区	0.7

图 3-86　三表合并查询结果

操作提示 3-13

在“合并”对话框中选择表和匹配列时，应选择相同的“省份”字段和“产品分类”字段两个匹配列。

（7）添加自定义列，设置折扣后的销售额公式，结果如图 3-87 所示。

图 3-87　添加自定义列公式

（8）单击"确定"按钮，更改自定义列字段名称为"折扣后销售额"，各区域折扣后销售额情况如图 3-88 所示。

图 3-88　添加自定义列结果

第四节　综合案例

一、案例概述

本案例选用 X 零售企业五个销售分部的产品销售额情况进行数据分析。请利用 Power BI 获取"第三章 综合案例"数据，并对表格进行追加查询、逆透视和拆分列操作，使用视觉对象中的"矩阵""折线图"和"饼图"，分析各个销售部门对应的各个产品的 1～12 月份销售情况。

1～12 月份销售表中，每月的内容均包括"商品名称""销售 1 部""销售 2 部""销售 3 部""销售 4 部""销售 5 部"共 6 个字段，如图 3-89 所示。

二维码 3-9
综合案例

Power BI 数据获取与整理 第三章

	A	B	C	D	E	F
1	商品名称	销售1部	销售2部	销售3部	销售4部	销售5部
2	500ml-乌龙茶	10367.00	28304.00	76595.00	87899.00	55690.00
3	480ml-桂圆八宝粥	26974.00	37535.00	92592.00	2205.00	89467.00
4	250ml-香飘飘麦香	14655.00	34515.00	10565.00	8417.00	96936.00
5	1L-红茶/绿茶	38323.00	23718.00	64577.00	60048.00	98411.00
6	200g-钙多多	39028.00	67506.00	1292.00	83439.00	8090.00
7	200g-爽歪歪	91331.00	60933.00	71067.00	19583.00	67037.00
8	220g-AD钙奶	33940.00	8008.00	15757.00	67749.00	95387.00
9	2L-红茶/绿茶	43597.00	63627.00	83694.00	4211.00	85752.00
10	350ml-苏打水	65670.00	79045.00	98198.00	9090.00	4585.00

图 3-89　1～12 月份销售表数据

二、实现步骤

（一）数据获取

打开 Power BI，从视图栏中单击"从 Excel 导入数据"链接，打开"1～12 月销售表"，选中"1 月"至"12 月"数据表，点击"转换数据"按钮，打开"Power Query 编辑器"窗口，如图 3-90 所示。

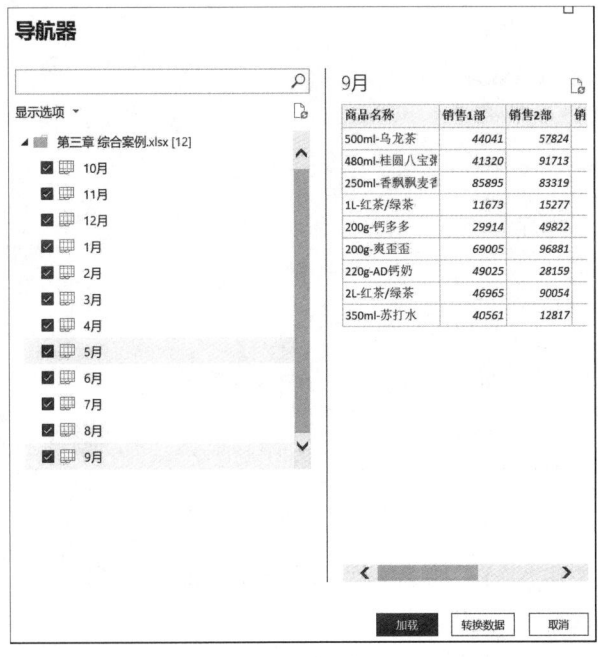

图 3-90　获取数据

(二）数据整理

由于数据加载至 Power BI 后，门店信息表和商品信息表的第一行并不是列名称所在行，需要对门店信息表和商品信息表进行整理。

（1）在"Power Query 编辑器"窗口执行"主页"|"组合"|"追加查询"|"将查询追加为新查询"命令，如图 3-91 所示。

图 3-91　追加查询

（2）在"追加"对话框中，勾选"三个或更多表"选项，将可用表中的 1～12 月份添加至要追加的表中，如图 3-92 所示。

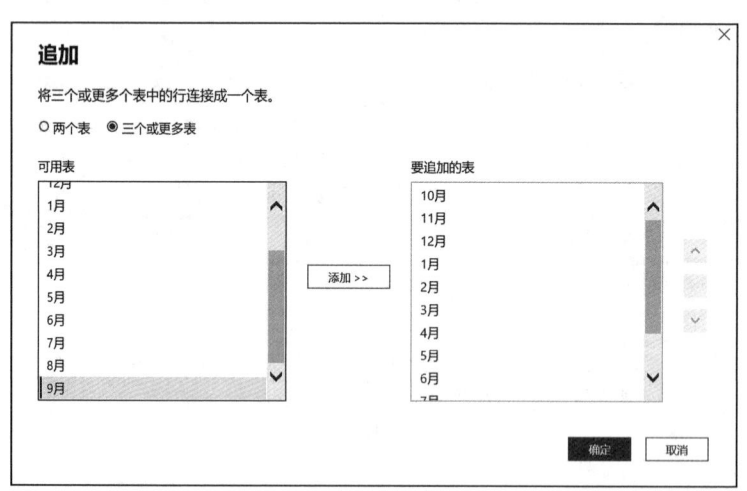

图 3-92　设置追加查询

（3）单击"确定"按钮，将 1～12 月份的销售情况追加查询至新表中，如图 3-93 所示。

（4）在"Power Query 编辑器"中选中"商品名称"列，执行"转换"|"任意列"|"逆透视列"|"逆透视其他列"命令并更改列名称，结果如图 3-94 所示。

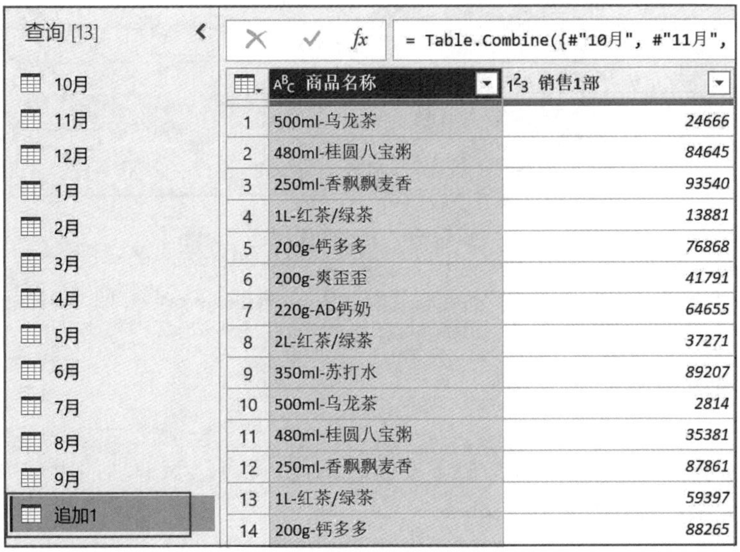

	商品名称	销售1部
1	500ml-乌龙茶	24666
2	480ml-桂圆八宝粥	84645
3	250ml-香飘飘麦香	93540
4	1L-红茶/绿茶	13881
5	200g-钙多多	76868
6	200g-爽歪歪	41791
7	220g-AD钙奶	64655
8	2L-红茶/绿茶	37271
9	350ml-苏打水	89207
10	500ml-乌龙茶	2814
11	480ml-桂圆八宝粥	35381
12	250ml-香飘飘麦香	87861
13	1L-红茶/绿茶	59397
14	200g-钙多多	88265

图 3-93　追加查询至新表

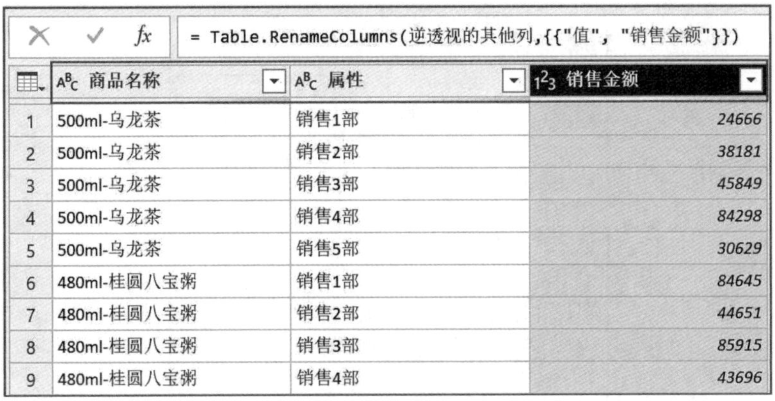

	商品名称	属性	销售金额
1	500ml-乌龙茶	销售1部	24666
2	500ml-乌龙茶	销售2部	38181
3	500ml-乌龙茶	销售3部	45849
4	500ml-乌龙茶	销售4部	84298
5	500ml-乌龙茶	销售5部	30629
6	480ml-桂圆八宝粥	销售1部	84645
7	480ml-桂圆八宝粥	销售2部	44651
8	480ml-桂圆八宝粥	销售3部	85915
9	480ml-桂圆八宝粥	销售4部	43696

图 3-94　逆透视列

（5）在“Power Query 编辑器”中选中“商品名称”列，执行“转换”|“文本列”|“拆分列”|“按分隔符”命令，在“按分隔符拆分列”对话框里设置分隔符为“-”、拆分位置为“最左侧的分隔符”，如图 3-95 所示。

（6）单击“确定”按钮，将“商品名称”列拆分为产品规格和商品名称两列，调整列顺序及更改字段名称，结果如图 3-96 所示。

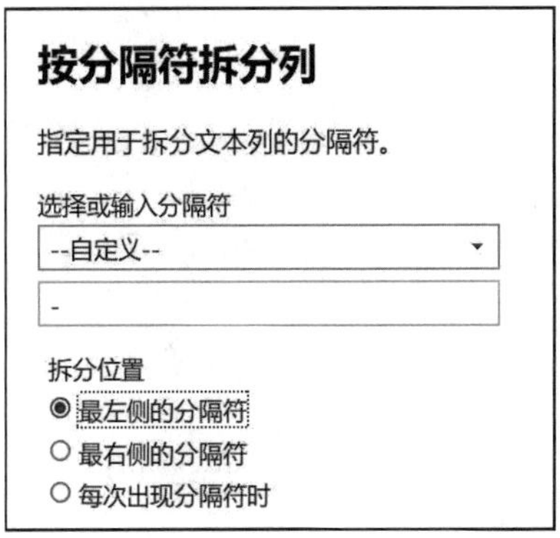

图 3-95　拆分列

图 3-96 拆分列结果

（7）执行"主页"|"关闭并应用"命令，关闭"Power Query 编辑器"窗口，将数据加载至 Power BI 中。

（三）数据可视化

1. 切片器

切片器使数据更加易于筛选，类似于按钮的功能，可以让筛选功能更加方便，可以增加数据的可视化效果。操作步骤如下：

（1）单击窗口右侧"可视化"窗格中的"矩阵" 按钮，选中新增可视化对象后，将"数据"窗格中的"销售部门"拖曳到"可视化"窗格中的"字段"中，如图 3-97 所示。

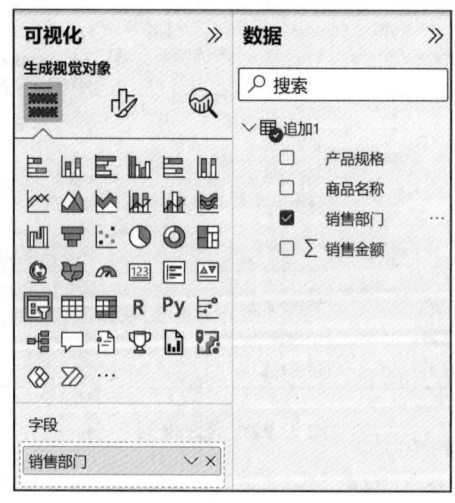

图 3-97 矩阵字段属性设置

（2）设置可视化对象格式。单击"可视化"窗格中"设置视觉对象格式"按钮，修改可视化效果：

① 执行"视觉对象"|"切片器设置"命令，方向选择"水平"。

② 执行"视觉对象"|"切片器标头"命令，关闭切片器标头。

③ 执行"常规"|"效果"命令，打开视觉对象边框，圆角（像素）设置为"10"。

④ 执行"视觉对象"|"值"命令，字体设置"15"磅，加粗并居中，背景色设置为"白色，20%较深"，切片器可视化结果如图 3-98 所示。

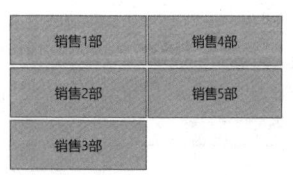

图 3-98 切片器可视化结果

2. 矩阵

矩阵可以让用户通过拖拽所关心的指标,了解更详细的数据,实现数据透视表的功能。本案例使用矩阵显示不同商品的销售金额情况。操作步骤如下:

(1) 单击窗口右侧"可视化"窗格中的"矩阵" 按钮,选中新增可视化对象后,将"数据"窗格中的"商品名称"拖曳到"可视化"窗格中的"行"中;将"销售部门"拖曳到"列"中;将"销售金额"拖曳到"值"中,如图 3-99 所示。

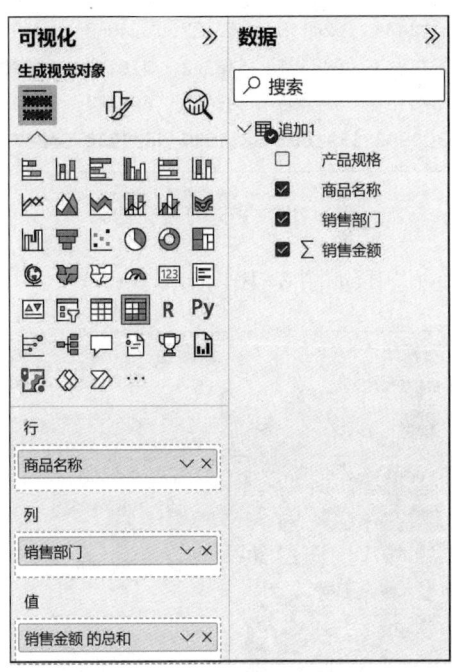

图 3-99　矩阵字段属性设置

(2) 设置可视化对象格式。单击"可视化"窗格中"设置视觉对象格式"按钮,修改可视化效果:

① 执行"视觉对象"|"样式预设"命令,矩阵样式预设选择"差异最小"。

② 执行"视觉对象"|"行标题""列标题""值"命令,行标题、列标题设置为"15"磅、加粗;值的大小设置为"15"。

③ 执行"常规"|"效果"命令,打开视觉对象边框,圆角(像素)设置为"10"。

④ 执行"常规"|"标题"命令,将标题文本设置为"商品销售金额分析",标题字体设置为"15"磅,加粗并居中,背景色设置为"白色,20%较深"。

(3) 对总计列进行降序排列,矩阵效果如图 3-100 所示。

3. 折线图

折线图可以显示随分析维度变化的连续数据,非常适用于显示在相等时间间隔下数据的趋势。操作步骤如下:

(1) 单击窗口右侧"可视化"窗格中的"折线图" 按钮,选中新增可视化对象后,将"数据"窗格中的"商品名称"拖曳到"可视化"窗格中的"X 轴"中;将"销售金额"拖曳到"Y 轴"

商品销售金额分析						
商品名称	销售1部	销售2部	销售3部	销售4部	销售5部	总计
红茶/绿茶	1223018	1205443	1157888	1280037	1260212	**6126598**
乌龙茶	473556	714335	776050	808783	650275	**3422999**
爽歪歪	750250	664923	676471	714762	452764	**3259170**
钙多多	624175	680153	652270	751586	527644	**3235828**
AD钙奶	572722	591092	674308	539452	784245	**3161819**
桂圆八宝粥	492434	624119	760482	524069	646248	**3047352**
苏打水	614283	588456	518322	476115	658209	**2855385**
香飘飘麦香	570157	522485	596148	605134	519142	**2813066**
总计	5320595	5591006	5811939	5699938	5498739	27922217

图 3-100　矩阵可视化结果

中;将"销售部门"拖曳到"图例"中,如图 3-101 所示。

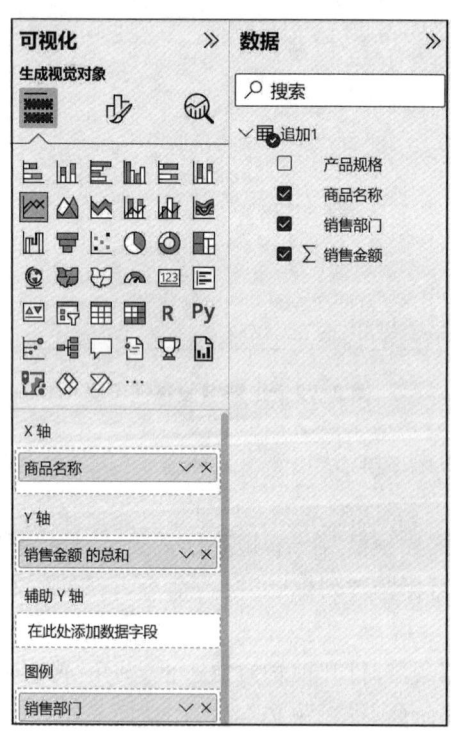

图 3-101　折线图字段属性设置

(2) 设置可视化对象格式。单击"可视化"窗格中"设置视觉对象格式"按钮,修改可视化效果:

① 执行"视觉对象"|"X 轴""Y 轴"命令,关闭标题。

② 执行"常规"|"效果"命令,打开视觉对象边框,圆角(像素)设置为"10"。

③ 执行"视觉对象"|"行"|"形状"命令,线条样式选为"点线"。

④ 执行"视觉对象"|"行"|"标记"命令,打开"标记"。
⑤ 执行"常规"|"标题"命令,将标题文本设置为"商品销售金额分析",标题字体设置为"15"磅,加粗并居中,背景色设置为"白色,20％较深"。
(3) 设置排序。对"销售金额"列进行"降序"排列,折线图的视化结果如图3-102所示。

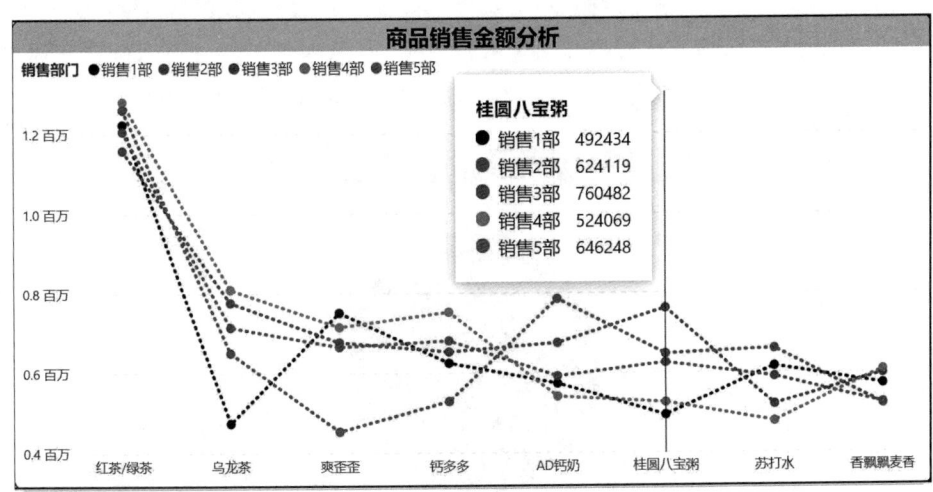

图 3-102　折线图可视化结果

4. 饼图

在工作中如果遇到需要计算总费用或金额的各个部分构成比例的情况,一般都是通过各个部分与总额相除来计算,而且这种比例表示方法很抽象,我们可以使用饼图工具,能够直接以图形的方式直接显示各个组成部分所占比例。操作步骤如下:

(1) 单击窗口右侧"可视化"窗格中的"饼图" 按钮,选中新增可视化对象后,将"数据"窗格中的"销售部门"拖曳到"可视化"窗格中的"图例"中;将"销售金额"拖曳到"值"中,如图3-103所示。

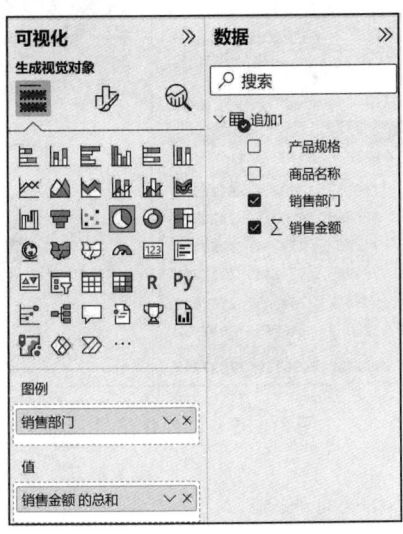

图 3-103　饼图字段属性设置

（2）设置可视化对象格式。单击"可视化"窗格中"设置视觉对象格式"按钮，修改可视化效果：

① 执行"视觉对象"|"详细信息标签"命令，标签内容选择"类别，百分比"。
② 执行"视觉对象"|"图例"命令，关闭图例。
③ 执行"常规"|"效果"命令，打开视觉对象边框，圆角（像素）设置为"10"。
④ 执行"常规"|"标题"命令，将标题文本设置为"商品销售金额分析"，标题字体设置为"15"磅，加粗并居中，背景色设置为"白色，20%较深"，饼图如图 3-104 所示。

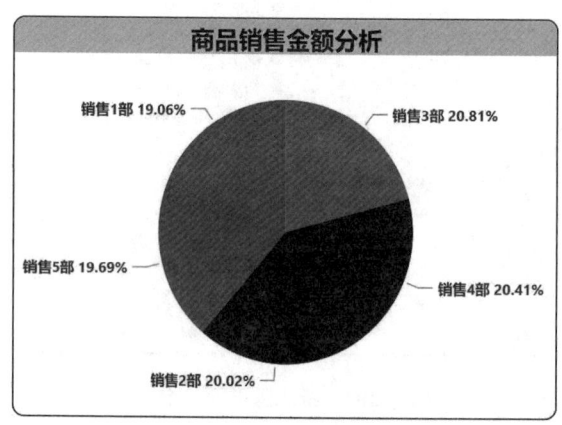

图 3-104　饼图可视化结果

综合案例可视化结果如图 3-105 所示。

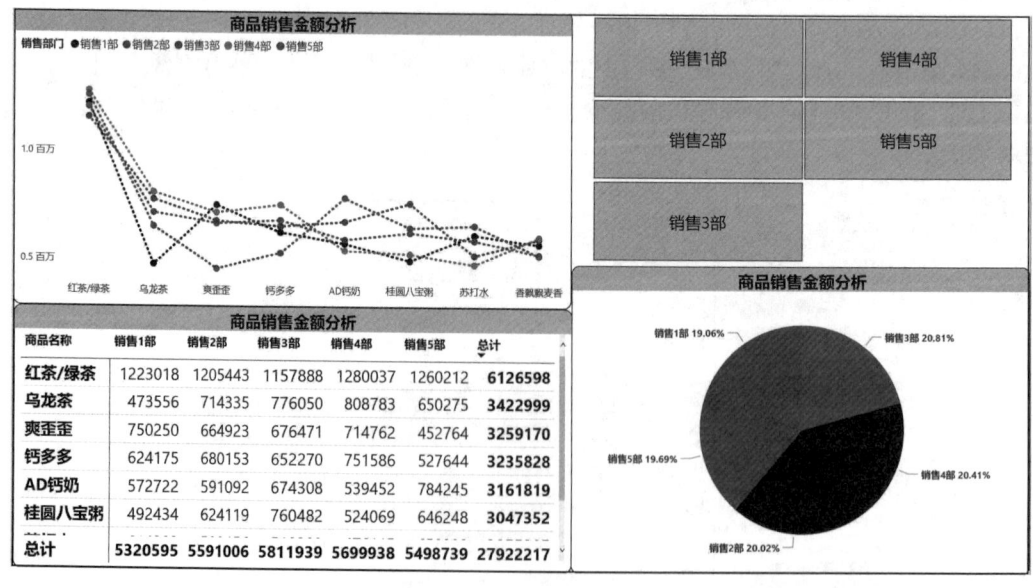

图 3-105　可视化结果

数字经济与共同富裕

　　数字技术及其推动的数字经济是人类社会发展过程中一个既一般又特殊的技术进步和经济发展阶段,分析数字经济与共同富裕之间的关系,可以从数字技术带动经济发展的一般性和特殊性两个方面来入手。

　　从数字技术带动经济发展的一般性来看,技术进步与收入分配和财富差距的关系可以从两个角度来分析。一是从历史角度看,每一次大的技术进步都会显著提高劳动生产率,从整体上促进经济快速增长和社会发展。但在收入分配方面,有更多证据表明,技术进步常常伴随着收入分配和财富差距的扩大。比如,英国第一次工业革命时期,由于先进技术并没有被普遍分享,从而加剧了人们的收入分配差距。皮凯蒂在《21世纪资本论》中考察了近两个世纪以来20多个欧美国家的收入分配状况,发现两次工业革命都伴随着收入分配差距的扩大,并且除了两次世界大战期间,主要发达经济体的收入分配不平等程度一直在上升。从人类发展史上更长的时期来考察,美国学者科勒(Kohler)等18位教授以住户房屋面积为指标,估算了世界各大洲上万年的财富差距走势,发现房屋面积基尼系数从原始社会到半农业社会再到农耕社会依次是0.17、0.27和0.35,从中可以看出,人类社会生产与生存技术的每次飞跃都伴随着财富差距的扩大。二是从技术创新的经济学视角来看,获得"市场势力"赚取垄断利润是大部分企业追求的目标,技术创新是企业为获取"垄断势力"所采取的重要策略性行为,同时也是企业追求"垄断势力"的过程和结果。政府为鼓励创新设立了专利保护制度,专利保护制度同时又会保护垄断阻碍竞争,为了平衡创新与垄断之间的关系,在专利保护制度中加入了保护期限条款,但这仍然保护了技术所有者对技术的垄断和由此产生的产品市场垄断,因此,技术进步与"垄断势力"的形成是相伴相生的。处于垄断地位的企业进一步通过价格策略、产量策略、合谋行为等,一方面设置较高的市场壁垒阻碍潜在竞争者进入市场,或使同行业其他企业处于从属地位,另一方面采用价格歧视等手段从上下游企业和消费者手中攫取更多剩余。因此,技术创新在经济上的成功并不能直接缩小收入分配差距,反而很大程度上会加大收入分配差距。数字技术及其推动的数字经济也不例外,如果不对数字经济的发展加以规范管理,同样会引起收入分配差距的扩大。

　　从数字技术带动经济发展的特殊性来看,当前的数字技术除了具有和以往的技术进步对收入分配相同的影响之外,还有一些显著特性影响着收入分配格局。第一,数据作为生产要素的不平等使用和占有。数据的生产需要商家、消费者、互联网企业等共同参与才能完成,而目前由于数据产权模糊并且实际掌握在一些大型互联网企业手中,他们可以凭借技术优势无偿或低成本使用数据要素,作为数据共同生产方的非互联网企业、机构和消费者则难以获得应有的权益。另外,数据产权不明晰也影响了数据价格体系的确立,进而影响了数据要素发挥作用的广度和深度,最终导致数据相关方参与要素报酬分配过程受阻,以及报酬与贡献度不匹配等问题。第二,数据要素具有规模报酬递增的特性。数据资源的形成、收集和存储需要投入大量硬件和软件资源,其初始投入较高,而数据资源一旦形成,其边际使用成本几乎为零,因此,数字经济具有明显的规模报酬递增特性,这决定了数字经济众多行业具有自然垄断的属性。第三,数字经济具有网络外部性。当某一网络具有一定优势之后,该网络上的用户所获得的(期望)收益(或效用)会受到同一网络上其他同类用户数量的影响,其他同类用户数量越多,其中任何一个用户所获得的(期望)收益(或效用)就会越大,因此,当数字经济达到一定规模之后,网络外部性将促使具有优势的网络快速自动"生长"。第四,互联网平台具有双边市场的特性。即,互联网平台上同时集聚大量的产品与服务的提供方和需求方才能发挥平台本身的价值,其中一方的(期望)收益和(期望)效用更多地依赖于另一方的数量,这一特性会使处于平台两侧的供给者和需求者相互吸引至同一个平台,导致具有优势的平台快速形成垄断。当然,在前期获取优势的过程中,不同平台之间会发生激烈竞争,有时在势均力敌时也可能会合并成为一家更大的平台。

　　上述数字技术的四个特性相互促进与融合,使得在数字经济发展的过程中比以往更容易形成市场垄断,并从三个方面影响收入分配结构:一是形成垄断的互联网企业可以凭借自身掌握的流量、数据和算法优势,对上下游企业采用两部制收费法分得更多收益,即除了向商家收取正常网络空间租金之外,还可以通过竞价排名、广告投放、流量控制等方式获得更多额外利润;二是形成垄断的互联网企业通过数据和算法优势,可以准确地为消费者"画像",推算出其偏好、年龄、职业、收入、家庭结构与成员等信息,从而可以对消费者采取更为精准的价格歧视,更加接近理论上的一级价格歧视,将更多的消费者剩余转化为垄断企业的利润;三是互联网企业一旦在某一领域形成垄断,数字技术的上述四个特性会使同一领域内的其他企业难以生存和成长。因此,数字经济不但不会缓解反而会加剧收入分配差距。虽然数字技术在相当程度上会拉大贫富差距,但不可否认的是,数字技术在整体上会促进经济发展,它不但可以在宏观上降低社会生产成本、提高生产效率,还可以有效降低微观主体之间的交易费用,在构建新发展格局、推动产业融合发展等众多方面具有强大优势。

思政寄语

中国共产党带领全国各族人民经过长期艰苦奋斗,在建党百年之际历史性地解决了绝对贫困问题。在此基础上,党的十九届五中全会首次把"全体人民共同富裕取得更为明显的实质性进展"作为远景目标提出。2021年8月中央财经委员会第十次会议对共同富裕作出全面而具体的部署,2021年12月中央经济工作会议又进一步对共同富裕的指导思想和实践路径作出了明确要求。我国当前加快推进共同富裕的过程,正值数字经济快速发展的过程,有关数据表明,2020年我国数字经济规模达到39.2万亿元,占GDP比重为38.6%,并保持了9.7%的增长速度。可以预见,随着数字技术的不断进步,未来我国经济数字化转型将会持续快速发展。讨论共同富裕的实现路径无法脱离数字经济的大背景,必须在发展数字经济的同时促进共同富裕。

资料来源:谭洪波.数字经济与共同富裕[EB/OL].(2022-02-15)[2023-10-25].https://epaper.gmw.cn/gmrb/html/2022-02/15/nw.D110000gmrb_20220215_1-16.htm.

本 章 小 结

本章主要学习了Power BI数据获取与数据整理的相关知识。通过本章的学习,我们对Power Query的工作界面有全面的认识,并对数据获取和整理的基本操作有所了解。熟悉了数据获取的方法,能够从多种数据源获取数据;掌握了数据的整理的常用方法,学会将数据整理至符合可视化的标准。

本章重要概念

Power Query　Power Pivot　一维表　二维表　数据类型　数据的拆分　数据的提取　数据的合并　透视列　逆透视列　分组依据　自定义列　条件列　索引列　重复列　追加查询　合并查询

本 章 练 习

一、单项选择题

1. Power Query 编辑器中通过鼠标进行的每一步操作,都会自动生成(　　)语言代码。
   A. C　　　　　　　B. M　　　　　　　C. Python　　　　　　D. DAX

2. 某数据表中的数据为"abcdefg",现在从该字符串中提取数据,起始索引为 4,字符数为 2,则提取的字符串为(　　)。
   A. ef　　　　　　　B. efg　　　　　　C. de　　　　　　　　D. def

3. 数据的透视和逆透视是 Power Query 中非常重要的功能,可以实现(　　)。
   A. 行变列　　　　　　　　　　　　　B. 列变行
   C. 二维表和一维表转换　　　　　　　D. 首行和尾行互换

4. Power BI 中(　　)功能类似于 Excel 中的分类汇总功能。
   A. 透视　　　　　　B. 逆透视　　　　C. 追加查询　　　　　D. 分组依据

5. Power BI 数据的行操作不能实现的是(　　)。
   A. 删除间隔行　　　　　　　　　　　B. 删除重复项
   C. 删除错误　　　　　　　　　　　　D. 添加前缀

6. Power BI 中常用的数据提取方式不包括(　　)。
   A. 长度　　　　　　B. 尾字符　　　　C. 首字符　　　　　　D. 范围

7. Power Query 编辑器中操作"选择列"时,如果选择多个连续列,可以借助(　　)快捷键实现。
   A. "Ctrl"　　　　　B. "Shift"　　　　C. "Alt"　　　　　　D. "Tab"

8. 在对数据进行整理时,进行(　　)添加列操作,可以按照某一条件创建新列。
   A. 示例中的列　　　　　　　　　　　B. 索引列
   C. 自定义列　　　　　　　　　　　　D. 条件列

9. Power BI 文件的扩展名是(　　)。
   A. .xlsx　　　　　　B. .docx　　　　　C. .pbix　　　　　　D. .pptx

10. 下列选项中,不属于一维表特点的是(　　)。
    A. 每列都体现独立的属性　　　　　　B. 更适合进行阅读
    C. 更适合进行数据分析　　　　　　　D. 是记录的简单罗列

二、多项选择题

1. Power BI 可导入的文件格式包括(　　)。
   A. Excel　　　　　　B. 文本　　　　　C. CSV　　　　　　　D. PPT

2. 在进行追加查询时需要注意(　　)事项。
   A. 两张表的列名必须一致　　　　　　B. 两张表的列顺序可以不一致

C. 某张表里独有的列会单独呈现　　　　D. 两张表的列顺序必须一致

3. 在分组依据对话框中可以设置的要素包括(　　)。

　　A. 分组依据　　　B. 新列名　　　C. 操作　　　D. 柱

4. Power Query 编辑器中行操作包括(　　)。

　　A. 删除最前面几行　　　　　　　　B. 删除最后几行

　　C. 删除空行　　　　　　　　　　　D. 删除重复项

5. 合并查询时表的联接方式有(　　)。

　　A. 左外部　　　B. 右外部　　　C. 完全外部　　　D. 内部

三、判断题

1. Power BI 中数据转置能实现数据的行列互换,即行变成列,列变成行。(　　)
2. 追加查询是表与表之间的横向组合。(　　)
3. 执行"转换"菜单中的"提取"命令后,原列不保留;执行"添加列"菜单中的"提取"命令后,原列保留,并会生成新的列。(　　)
4. 分组依据不仅有数据清洗功能,还具备一定的数据分析功能。(　　)
5. 创建一个索引列,其索引值可以从 1 开始,也可以从其他整数开始。(　　)

四、思考题

1. Power BI 从文件获取数据的情形有哪几种?
2. 数据的拆分、提取和合并操作有哪些?
3. 数据的合并查询中,表的六种联接方式分别是什么?请举例说明。

五、实训题

试从下列途径获取实训所需的数据并进行适当的数据整理,以满足数据建模与可视化要求。

(1) 直接从网页获取数据。

(2) 从相关网站下载数据(如国家统计局网站、证券公司网站等)。

第四章　Power BI 数据建模

- ➢ 内容提要
- ➢ 重点难点
- ➢ 学习目标
- ➢ 知识框架
- ➢ 引例
- ➢ 第一节 建立表关联
- ➢ 第二节 DAX 公式
- ➢ 第三节 新建列和新建度量值
- ➢ 第四节 新建计算表
- ➢ 第五节 综合案例
- ➢ 本章小结
- ➢ 本章重要概念
- ➢ 本章练习

内容提要

本章主要介绍了表的分类、关系及关系的类型、创建关系；DAX 的语法、运算符及函数；新建列、新建度量值及新建计算表；并通过一个综合案例讲解了数据建模在数据分析中的应用。

重点难点

本章重点为创建关系；SUM、SUMX、CALCULATE、FILTER、时间智能函数等常用的 DAX 函数的应用；新建列和新建度量值；新建计算表；难点为在综合案例中灵活使用 CALCULATE、时间智能函数等新建列、新建度量值和新建计算表。

学习目标

通过本章的学习,学生应对表的分类、关系及关系的类型有全面的认识；熟悉 DAX 的语法、运算符及常用函数；掌握创建关系、应用常用的 DAX 函数新建列、新建度量值和新建计算表。

知识框架

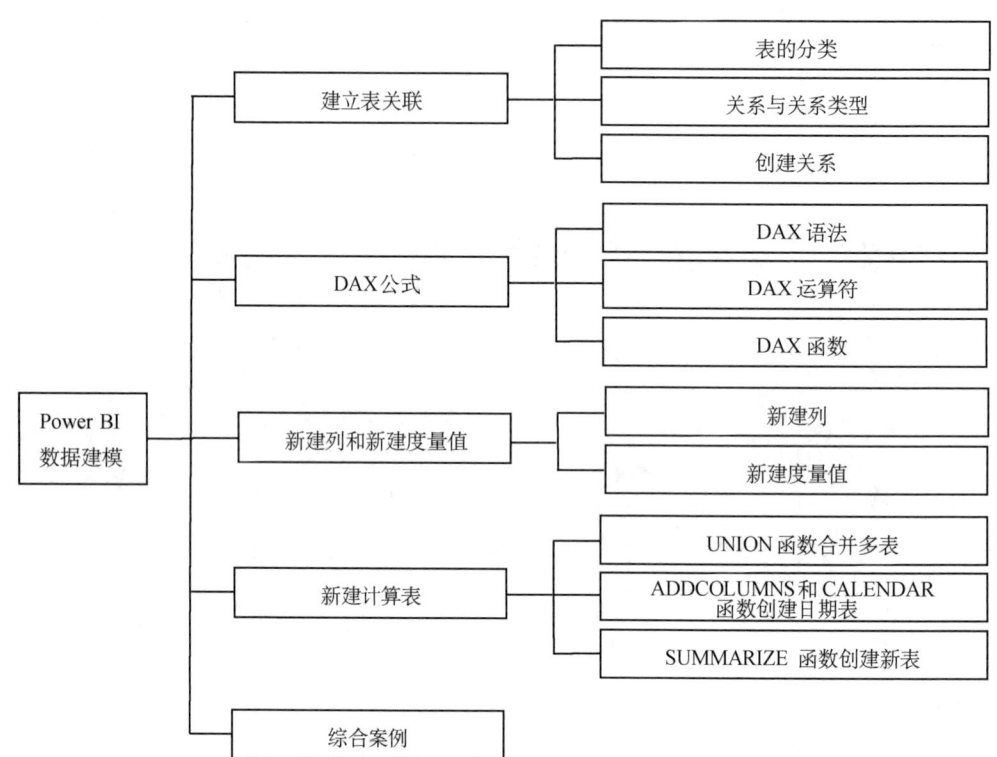

  引例 数据模型

在对 Power BI 的错误认识中,认为它是一个数据可视化工具的大有人在,实际上 Power BI 是一个基于数据模型的工具。它使用独有的语言(DAX)在语义层(semantic layer)定义度量值的业务逻辑,并允许使用两种语言查询数据模型:DAX 和 MDX,后者已经成为行业标准语言。

之所以选择 DAX 和 MDX,而不是更常见的 SQL,是因为 SQL 不适合用于语义层。在企业 BI 工具的漫长历史中,即使工具生成 SQL 查询,也不可能在 SQL 中定义通用业务规则,除非是在数据源的行级别进行非常简单的计算。

数据模型是现实世界的抽象,举个例子:超市昨天一共产生多少笔订单,每笔订单包含哪些商品,每种商品又由哪些原材料构成。把这些数据记录到表中,再导入数据库。这个时候通过查询数据库就可以掌握超市的运营情况,单表可以视为结构简单的模型,通常研究的是基于多张表的模型,这时就引入了现实世界中的一个重要概念:关系。一旦表和表之间建立了关系,就摆脱了单表的束缚,可以在不同的表之间进行查询。

资料来源:Power BI 极客. 数据模型——Power BI 的灵魂[EB/OL]. (2019-10-03)[2023-08-20]. https://www.powerbigeek.com/introducing-data-model/.

第一节 建立表关联

在分析数据时,我们不可能只是对单张数据表进行分析,经常需要把多张数据表导入 Power BI 中,利用多张表中数据及其关系执行一些复杂的数据分析任务。Power BI 的优势就是打通来自各个数据源中的各种表,通过各个维度对数据分类汇总与可视化呈现。但前提是:各个表之间需要建立某种关系,建立关系的过程就是数据建模。根据分析的需要,还可以通过新建列、新建表、新建度量值等方式建立各类分析数据,也叫数据建模,数据建模的目的是构建多维度可视化分析。

在利用 Power BI 进行数据分析前,我们要了解表的类型及它们之间的关联,才能管理各种表之间的关系。

一、表的分类

为了便于数据建模和数据分析,我们通常将表分为维度表和事实表两类。其中,维度表用于存放具有独立属性和层次结构的数据,通常由维度编码和对应的维度说明组成,一般是对事实的描述信息。事实表又称为数据表,主要存储能体现实际数据或详细数值的数据,一般由维度编码和事实数据组成。事实表中的每行数据代表一个业务事件,"事实"这个术语表示的是业务事件的度量值。

维度表和事实表的关系是:通过维度表中的不同维度可以分析事实表中的各类度量值数据。维度表与事实表的区别,如表 4-1 所示。

表 4-1　　　　　　　　　　　维度表与事实表的区别

项目	维度表	事实表
特征	通常存放各种分类信息,行数相对较少,数据量较小,内容相对固定	有较多数值型字段,行数较多,数据量非常大,经常发生变化
用途	生成分析表的行或列,生成筛选器和切片器	数值型字段可生成各种分析指标,即度量值
模型视图	通常处于视图的"1"端	通常处于视图的"*"端
举例	日期表、地区表、商品表、门店表等	销售明细表、发货数据表、存货数据表等

二、关系与关系模型

在进行数据建模时,要先进行数据关系的管理。数据关系指的是事实数据之间的关系。在不同表的数据之间创建关系,可以增强数据分析的能力。

(一) 关系的分类

在 Power BI 中,关系指的是两个表之间建立在同一属性字段上的联系。例如,在商品表和销售明细表中,通过"商品编码"建立两个表之间的联系,即关系。关系类型主要有以下 4 类。

1. 一对多关系(1:*)

一对多关系是指一个表(通常是维度表)中的列仅具有特定值的一个实例,而与其关联的另一个表(通常是事实表)可具有一个值的多个实例。例如,商品表中的"商品编码"具有唯一值,而销售明细表中对于相同的"商品编码"则具有多个值。商品表通过"商品编码"和销售明细表建立关系,即为一对多的关系。

2. 多对一关系(*:1)

多对一关系与一对多关系正好相反,是指一个表中的列可具有一个值的多个实例,而与之关联的另一个表仅具有一个值的一个实例。例如,销售明细表通过"商品编码"和商品表建立关系,即为多对一的关系。

3. 一对一关系(1:1)

一对一关系是指一个表中的列仅具有特定值的一个实例,而与之关系的另一个表也是如此。例如,商品表中的"商品编码"具有唯一值,而商品分类表中对于相同的"商品编码"也具有唯一值。商品表通过"商品编码"和商品分类表建立关系,即为一对一的关系。

4. 多对多关系(*:*)

借助复合模型,可以在表之间建立多对多关系,从而消除表中对唯一值的要求。

在 Power BI 关系设置中,还需要对关系的交叉筛选器方向进行设置。其中,主要存在"单一"和"两个"两种类型。

(1)"两个"即为"双向"筛选,是指连接的两张表可以互相筛选。"两个"设置非常适用于其周围具有多张查找表的单张表。

(2)"单一"即为"单向"筛选,设置为"单一"适用于依据维度表的维度单向对事实表数据进行汇总。

 操作提示 4-1

(1)一对多关系或多对一关系是最常见、最合适的关系。

(2)多对多关系在实际工作中尽量少用,因为多对多关系比较复杂,可能会引起关系的紊乱导致数据建模出现错误。

(3)如果从 Excel、Power Pivot 导入数据,默认将所有关系设置为"单一"。

(二)关系模型的布局

关系模型的布局理论源自数据仓库的方法论。在 Power BI 中,关系模型的布局是指建立了关联的维度表和事实表的摆放样式。关系模型的布局主要有两种:星形布局和雪花形布局。

1. 星形布局模式

星形布局模式的特点是在事实表的外侧只有一层维度表,所有维度表都直接与事实表关联,呈现的形状就像星星一样,如图 4-1 所示。

2. 雪花形布局模式

雪花形布局模式的特点是在事实表外侧有多层维度表,每个维度表可能串起多个维度表,就像雪花一样由中心向外延伸,如图 4-2 所示。

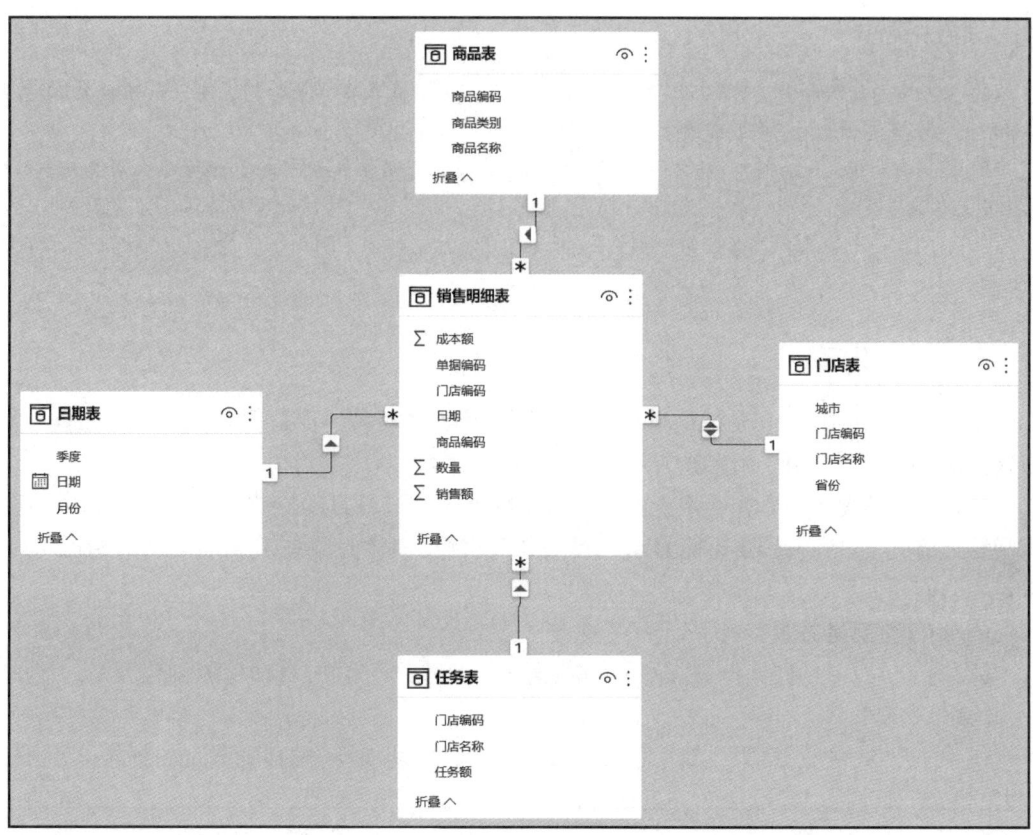

图 4-1　星形布局模式

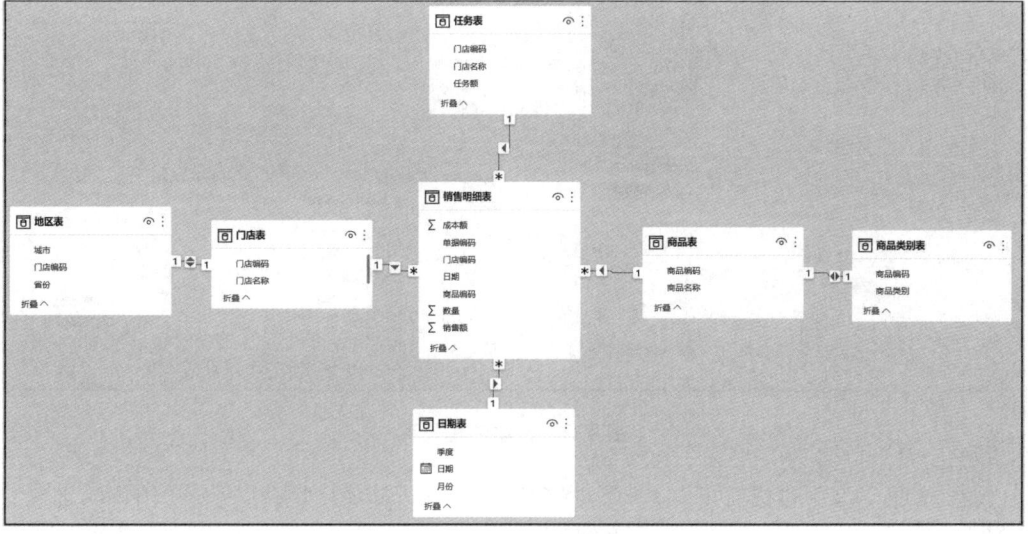

图 4-2　雪花形布局模式

操作提示 4-2

(1) 星形布局模式和雪花形布局模式的区别是：星形布局模式在事实表外侧只有一层维度表，而雪花形布局模式在事实表外侧有多层维度表。

(2) 星形布局模式较为简单，且更容易掌控，所以一般建议采用星形布局模式，尽量不使用叠加多层维度的雪花形布局模式。

(3) 如果在一个维度表上又有多个维度表，则需想办法把它们合并到一个维度表上，从而简化维度表的结构。

三、创建关系

二维码 4-1
创建关系

在 Power BI 中，单表是最简单的模型，不需要创建关系。若是多表，则需要创建关系。创建关系，是根据相同的字段建立表与表之间的关联，也叫数据建模。

在大多数情况下，Power BI 会对加载进来的数据表进行自动检测并自动创建关系，但在某些复杂情况下，Power BI 不能自动创建关系，或自动创建的关系出现不准确的情况，这就需要手动创建关系或修改调整。

（一）自动创建关系

【案例 4-1】 打开"案例数据\第 4 章\案例 4-1.pbix"文件，自动检测创建关系。

【操作步骤】

(1) 打开"案例数据\第 4 章\案例 4-1.pbix"文件，切换至"模型视图"，如图 4-3 所示。

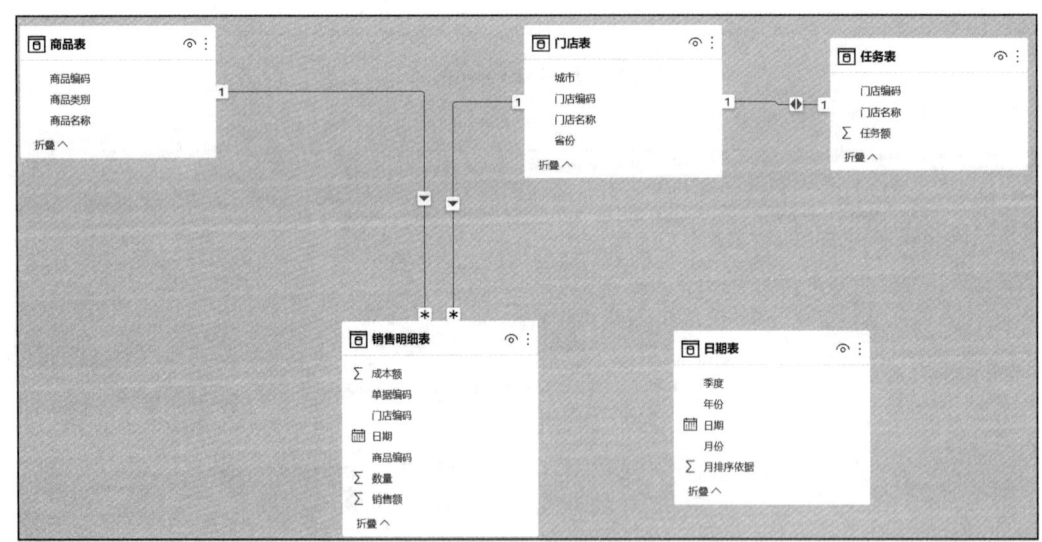

图 4-3 自动创建关系

(2) 从图 4-3 中可以看出，由于存在"商品编码"相同字段，"商品表"和"销售明细表"自动创建了一对多的关系；由于存在"门店编码"相同字段，"门店表"与"销售明细表"自动创建了一对多关系，"门店表"与"任务表"自动创建了一对一关系。

(3) 导入的"日期表"并未与其他表创建关联关系。

操作提示 4-3

（1）可以在 Power BI Desktop 后台中预设自动检测关系，当数据导入 Power BI Desktop 后，软件会自动检测并自动创建关系，切换到"模型视图"窗口，可以看到数据导入后立即创建了关系。

（2）可以通过以下操作路径查看后台预设的自动检测新关系：打开 Power BI Desktop 软件，执行"文件"|"选项和设置"|"选项"|"数据加载"|"类型检测"命令，可以看到"加载数据后自动检测新关系"的复选框被勾选，如图 4-4 所示。

图 4-4　设置自动检测新关系

（二）手动创建关系

如果 Power BI 不能自动创建关系，用户可以手动创建关系，创建的方法有两种：一种是在模型视图中用鼠标拖动字段，以可视化的方式创建关系；另一种是在"管理关系"对话框中创建关系。

1. 通过鼠标拖动字段创建关系

【案例 4-2】　沿用【案例 4-1】案例数据，通过鼠标拖动字段创建关系。

【操作步骤】

（1）在"模型视图"窗口中，"日期表"与"销售明细表"通过"日期"字段可以建立关联。选中"日期表"中的"日期"字段，长按鼠标左键将其拖曳到"销售明细表"的"日期"字段中，即可手动创建"日期表"与"销售明细表"之间的一对多关系，如图 4-5 所示。

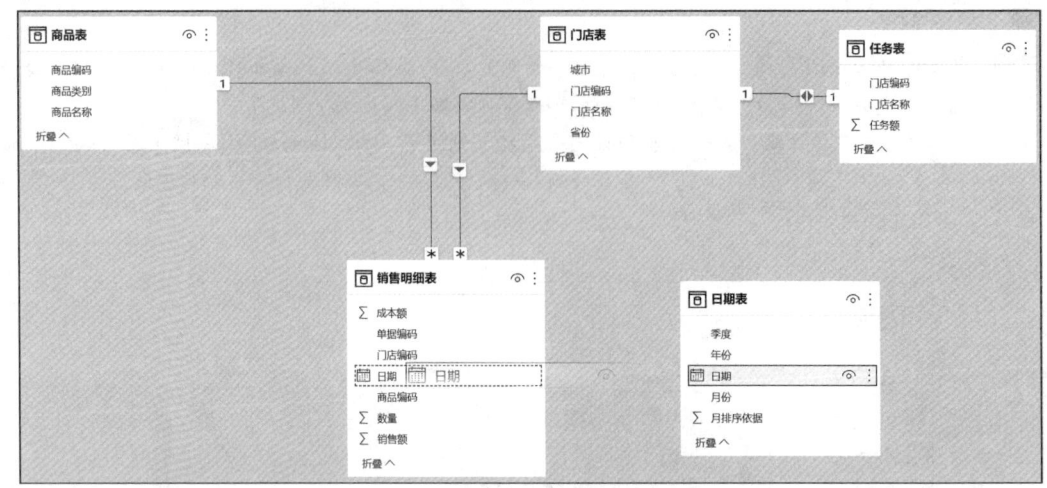

图 4-5　通过鼠标拖动字段创建关系

（2）删除并创建关系。在"模型视图"窗口中，删除"门店表"与"任务表"建立的关联，并建立"任务表"与"销售明细表"的关系。选中"门店表"与"任务表"之间的关系线，单击鼠标右键，从弹出的菜单中选择"删除"选项，即可删除建立的关系，如图 4-6 所示。选中"任务表"中的"门店编码"字段，长按鼠标左键将其拖曳到"销售明细表"的"门店编码"字段，即创建"任务表"与"销售明细表"之间的一对多关系，创建关系后如图 4-7 所示。

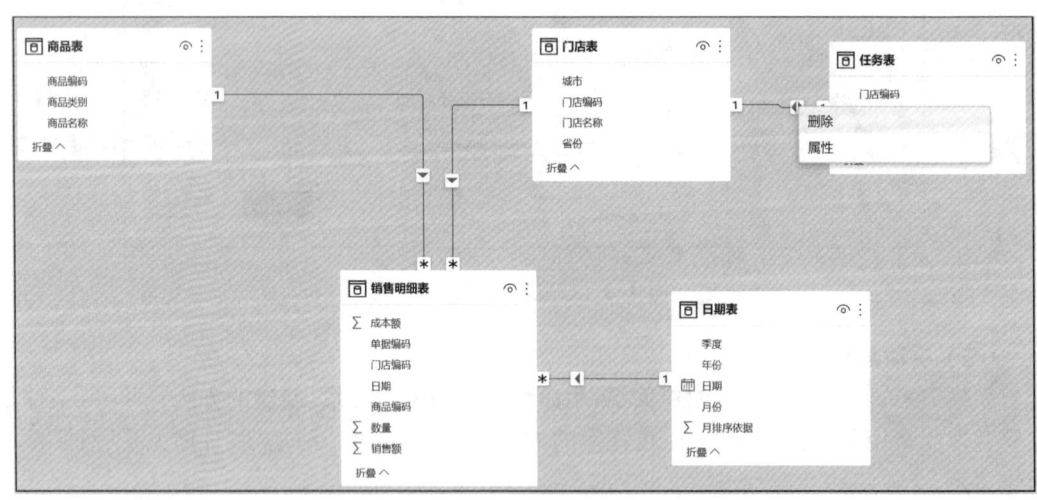

图 4-6　通过鼠标删除关系

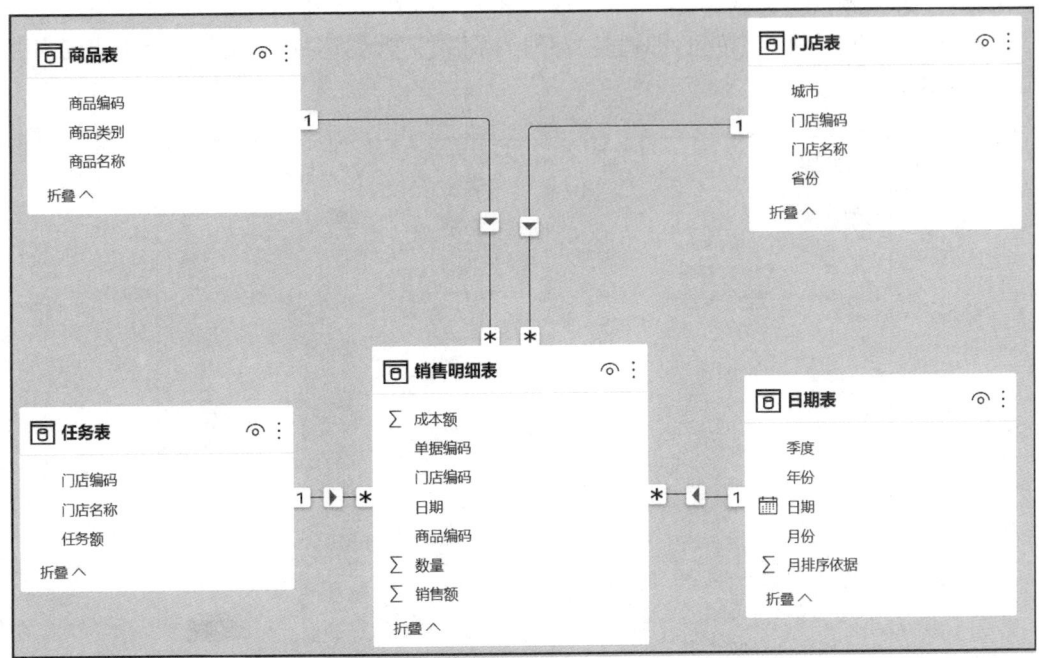

图 4-7 通过鼠标创建关系后的模型视图

2. 通过"管理关系"对话框创建关系

【案例 4-3】 沿用【案例 4-1】案例数据,通过"管理关系"对话框创建关系。

【操作步骤】

(1) 在"模型视图"窗口中,执行"主页"|"关系"|"管理关系"命令,如图 4-8 所示。

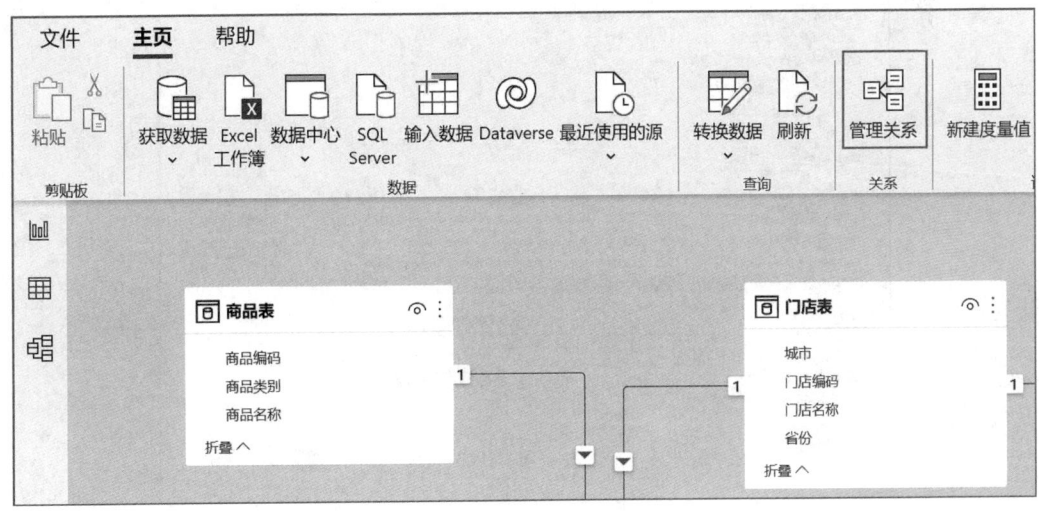

图 4-8 "管理关系"对话框

(2) 在打开的"管理关系"对话框中单击"新建"按钮,如图 4-9 所示。在打开的"编辑关系"对话框中,维度表选择"日期表",事实表选择"销售明细表",分别选中两表的"日期"字段,基数(即关系模型)默认选择"一对多(1:*)",交叉筛选器方向默认选择"单一",如图 4-10 所示。单击"确定"按钮,即通过"管理关系"对话框创建"日期表"与"销售明细表"之间的一对多关系。

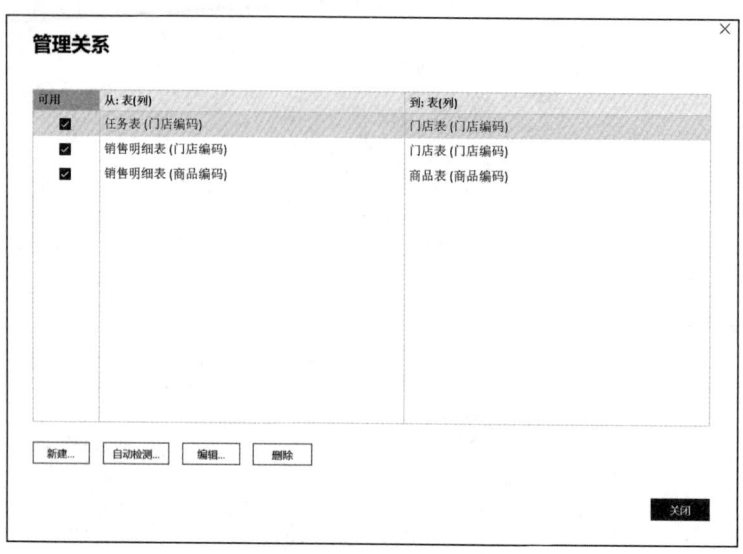

图 4-9 "管理关系"对话框

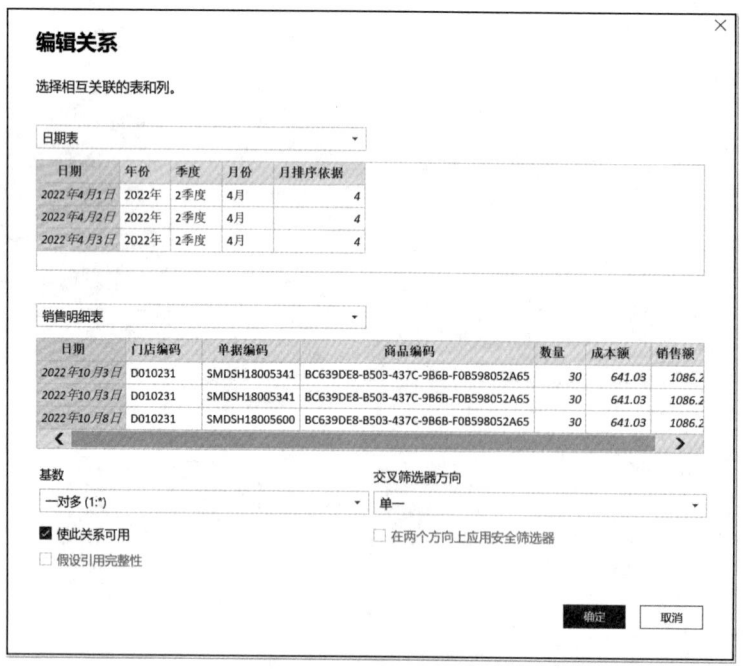

图 4-10 设置"编辑关系"对话框

(3)编辑关系。在打开的"管理关系"对话框中,选中"任务表(门店编码)""门店表(门店编码)"所在行,单击"编辑"按钮,打开"编辑关系"对话框,如图 4-11 所示。在"编辑关系"

对话框中,单击"门店表"右侧下拉按钮,选中"销售明细表",如图 4-12 所示。其他设置按默认值,单击"确定"按钮,即取消"任务表"与"门店表"的关系,建立"任务表"与"销售明细表"的关系,创建的关系与图 4-7 所示的关系相同。

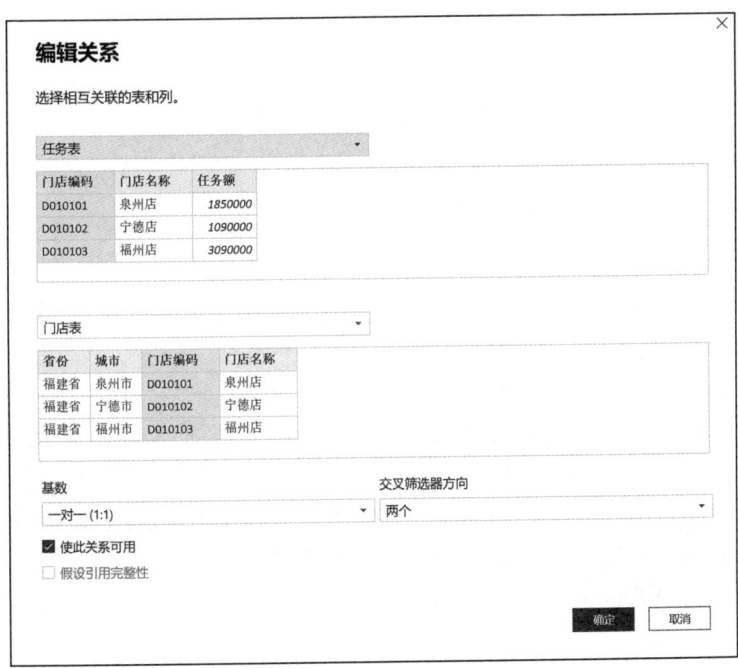

图 4-11 "编辑关系"对话框

图 4-12 设置"编辑关系"对话框

操作提示 4-4

(1) 对于已经创建的关系,可以通过"编辑关系"进行修改。打开"编辑关系"对话框有两种方法:一种方法是执行"主页"|"关系"|"管理关系"命令,打开"管理关系"对话框,如图 4-8 所示,单击"编辑"按钮后,在弹出的"编辑关系"对话框中,可以对关系进行修改,如图 4-10 所示。另一种方法是在"模型视图"界面中,直接双击要修改的关系线,或右击要修改的关系线,在弹出的快捷菜单中选择"属性"命令,也会弹出"编辑关系"对话框。

(2) 对于不需要的关系,可以在"管理关系"对话框中单击"删除"按钮进行删除,也可以直接单击要删除的关系线,在弹出的快捷菜单中选择"删除"命令进行删除。

第二节 DAX 公式

在 Power BI 中进行数据建模时,经常用到 DAX 公式。DAX 是一个专门为数据模型及商业智能计算而设计的公式语言,DAX 是 data analysis expressions 的缩写,即数据分析表达式。DAX 是公式或表达式中可用来计算并返回一个或多个值的函数、运算符和常量的集合。DAX 是一种函数语言,允许用户在 Power BI 中的"表""计算列"和"度量值"中自定义计算。DAX 主要以函数的形式出现,既包含一些在 Excel 公式中使用的函数,也包含其他设计用于处理关系数据和执行动态聚合的函数。

以下从 DAX 的语法、运算符和函数三个方面介绍 DAX 公式。

一、DAX 语法

在创建 DAX 公式前,需要先了解 DAX 公式的语法,包括组成公式的各种语法元素和公式的编写方式。DAX 公式类似于 Excel 公式,不过 DAX 公式是基于列或表的计算,引用了"表""列"或度量值。

DAX 公式一般由 3 部分构成,从左到右分别是度量值(或"列""表")的名称、赋值符号(=)和表达式的内容。表达式的内容一般以函数为主体,间或带有常量、数值或运算符(+、-、*、/、>=、&、||等)。以下以一个度量值的 DAX 公式为例,其组成元素和书写规范说明如下:

销售总额=SUM('销售明细表'[销售额])

(1) 销售总额:表示度量值名称,它是在编写 DAX 公式时最先输入的自定义内容。

(2) =:表示公式的开头,完成计算后会返回结果。

(3) SUM:DAX 函数名,本案例表示对"销售明细表"中的"销售额"列的所有数据求和。

(4) ():括住一个或多个参数表达式。函数可以没有参数,但()必须保留。

(5) '':用来引用表名,本案例引用的是"销售明细表"。

(6) []:用来引用列名或度量值名,本案例引用的是"销售额"字段列。

DAX 公式"销售总额=SUM('销售明细表'[销售额])"表达式的含义是:对销售明细表

的"销售额"字段求和。

延伸阅读4-1

DAX 公式的特点

与 Excel 公式相比,DAX 公式具有如下特点:

(1) DAX 公式引用的是整列或整表,而 Excel 是逐行引用。

(2) DAX 有一些函数是返回一张表,而这张表是一张虚拟表,不会直接显示出来,但可以使用其他函数对返回的表中的数据进行计算。例如,先通过 FILTER 函数筛选出符合条件的表(这张表是虚拟表,不会显示出来),然后用 SUM 函数对这张筛选出来的表进行计算。

(3) DAX 包含了丰富多样的时间智能函数。这些函数可以定义或选择某一段日期范围,并基于此范围执行动态计算,以进行同比、环比、滚动预测、移动平均等数据分析。例如,计算同比销售额、年初至今销售量等。

二、DAX 运算符

运算符是 DAX 公式最基本的底层单元要素,DAX 使用运算符来创建公式,用于比较、执行算术计算或处理字符串。DAX 公式和 Excel 公式中的运算符非常相似,包括四类运算符:算术运算符、比较运算符、文本运算符、逻辑运算符。在 DAX 公式中,使用"&&"符号表示"与"运算,等同于 Excel 中的"AND"函数;使用"||"符号表示"或"运算,等同于 Excel 中的"OR"函数。

DAX 公式四类运算符的含义和示例,如表 4-2 所示。

表 4-2　　　　　　　　　　DAX 公式中运算符的含义和示例

运算符	符号	含义	示例
算术运算符	+	加法	1+2
	-	减法	3-2
	*	乘法	2*3
	/	除法	3/2
	^	求幂	2^3
比较运算符	=	等于	[门店名称]="青岛店"
	>	大于	[日期]>"2023/6/30"
	<	小于	[日期]<"2023/7/1"
	>=	大于或等于	[数量]>=100
	<=	小于或等于	[数量]<=100
	<>	不等于	[商品类别]<>"零食"
文本运算符	&	连接两个文本以生成一个连续的文本值	[省份]&[城市]
逻辑运算符	&&	同时满足几个条件。如果多个表达式都返回 TRUE,则结果为 TRUE;否则结果为 FALSE	[门店名称]="青岛店" &&[商品类别]="零食"

(续表)

运算符	符号	含义	示例
逻辑运算符	||	满足任意一个条件。如果任意表达式返回 TRUE,则结果为 TRUE;仅当所有表达式均返回 FALSE 时,结果才为 FALSE	[门店名称]="青岛店" || [商品类别]="零食"

操作提示 4-5

使用运算符时,需要注意以下几点:

(1) 运算符须在英文状态下输入,否则会出错。

(2) 所有的 DAX 公式都是以"="开始,公式始终从左到右读取。

(3) 一个公式中有多个运算符,运算优先级与 Excel 基本相同,可以使用小括号"()"调整运算的优先次序。

(4) DAX 公式不支持某些 Excel 运算符,如"%"运算符。

三、DAX 函数

DAX 拥有许多可用于组织或分析数据的函数。这些函数包括统计函数、数学函数、逻辑函数、文本函数、信息函数、日期与时间函数、筛选器函数、时间智能函数等。以下介绍 DAX 函数的含义与示例,具体应用将在下一节展开。

1. 统计函数

DAX 中的统计函数主要包括 AVERAGE、MAX、MIN、AVERAGEX、MAXX、MINX、COUNT、COUNTROWS、DISTINCTCOUNT 等。以 X 结尾的聚合函数可以同时处理多列。常见的统计函数的含义与示例如表 4-3 所示。

表 4-3　　　　　　　　常见的统计函数的含义与示例

函数	含义	示例	返回的结果
AVERAGE(column)	返回列中所有数值的平均值(算术平均值)	AVERAGE('销售明细表'[销售额])	返回销售明细表中销售额的平均值
MAX(column)	返回列中所有数值的最大值	MAX('销售明细表'[销售额])	返回销售明细表中销售额的最大值
MIN(column)	返回列中所有数值的最小值	MIN('销售明细表'[销售额])	返回销售明细表中销售额的最小值
AVERAGEX(table, expression)	返回通过表格计算出的一组表达式的平均值(算术平均值)	度量值 = AVERAGEX('销售明细表',[销售额]-[成本额])	将销售明细表中销售额字段减去成本额字段,再计算平均值
MAXX(table, expression)	返回对表中每一行的表达式进行计算而得出的最大数值	度量值=MAXX('销售明细表',[销售额]-[成本额])	将销售明细表中销售额字段减去成本额字段,再计算最大值

(续表)

函数	含义	示例	返回的结果
MINX(table, expression)	返回对表中每一行的表达式进行计算而得出的最小数值	度量值=MINX('销售明细表',[销售额]-[成本额])	将销售明细表中销售额字段减去成本额字段,再计算最小值
COUNT(column)	返回列中数值型的数量	COUNT('门店表'[省份])	返回门店表中省份的数量
COUNTROWS(table)	返回数据表中的行数	COUNTROWS('门店表')	返回门店表的行数
DISTINCTCOUNT(column)	返回列中不同值的数量	DISTINCTCOUNT('销售明细表'[商品编码])	返回销售明细表中不同商品编码的数量

2. 数学函数

常见的数学函数的含义与示例如表4-4所示。

表4-4　　　　　　　　　　常见的数学函数的含义与示例

函数	含义	示例	返回的结果
SUM(column)	返回列中所有数值的总和	SUM('销售明细表'[销售额])	对销售明细表中销售额求和
SUMX(table, expression)	返回为表中的每一行计算的表达式的和	度量值=SUMX('销售明细表',[销售额]-[成本额])	将销售明细表中销售额字段减去成本额字段,再求和
DIVIDE(numerator, denominator, [alternate_result])	返回安全除法的结果(第3个参数可设可不设,为除0错误时的返回值)	=DIVIDE(25,5)	5
		=DIVIDE(25,0,100)	100
		=DIVIDE(25,0)	(空白)
INT(number)	返回数值向下舍入后的整数(即返回整数)	=INT(3.14)	3
		=INT(3.84)	3
RAND()	返回大于或等于0且小于1的平均分布的随机数字	=RAND()	0.25(结果随机)
RANDBETWEEN(bottom, top)	返回指定的两个数字之间的随机数字	=RANDBETWEEN(5,10)	8(结果随机)
ROUND(number, num_digits)	返回四舍五入的结果	=ROUND(3.84,1)	3.8
		=ROUND(3.84,0)	4
		=ROUND(13.84,-1)	10

📢 **操作提示 4-6**

(1) 通常也将 SUM、AVERAGE、MAX、MIN、COUNT 等称为聚合函数,将 SUMX、AVERAGEX、MAXX、MINX、COUNTX 等称为高级聚合函数。

(2) 以 X 结尾的高级聚合函数,可以循环访问表的每一行,并执行计算,所以也被称为迭代函数。

(3) 迭代函数完全按照它的名字表示的意思来执行:迭代整张表,并对表的每一行执行计算最后聚合结果以生成所需的单个值。

(4) 实际应用中,使用 DAX 的迭代函数,只需要一步就可以完成 Excel 中多个公式才能完成的操作。

3. 逻辑函数

DAX 中逻辑函数是对表达式执行逻辑判断操作,以返回表达式中有关值的信息。常见的逻辑函数的含义与示例如表 4-5 所示。

表 4-5　　　　　　　　　　　常见的逻辑函数的含义与示例

函数	含义	示例	返回的结果
IF(logical_test,value_if_true,value_if_false)	判断是否满足条件。如果该条件为 TRUE,则返回一个值;如果为 FALSE,则返回另一个值	=IF([成绩]<60,"不及格","及格")	成绩低于 60 分则返回"不及格",高于或等于 60 分则返回"及格"
IFERROR(value,value_if_error)	判断参数是否有错误,有错误返回第二个参数,否则返回本身值	=IFERROR(25/0,100)	100
SWITCH(expression,value,result[,value,result]…[,else])	返回与表达式列表中最先为 TRUE 的表达式所对应的数值或表达式	=SWITCH('日期表'[季度],"1 季度",1,"2 季度",2,"3 季度",3,"4 季度",4)	对应原来数据为"1 季度"则转换为"1","2 季度"则转换为"2",如此类推

4. 文本函数

DAX 文本函数和 Excel 中的文本函数用法类似,主要用于提取、搜索或连接文本,设置文本格式等。常见的文本函数的含义与示例如表 4-6 所示。

表 4-6　　　　　　　　　　　常见的文本函数的含义与示例

函数	含义	示例	返回的结果
FORMAT(value,format_string)	返回按一定格式显示的内容。(返回的内容是依照第二参数的形式来格式化第一个参数)	=FORMAT(YEAR('日期表'[日期]),"0000 年")	2022 年、2023 年
LEFT(text,[number_Of_characters])	返回从文本字符串开头开始的指定数目的字符	=LEFT("2023 年 7 月",5)	2023 年
RIGHT(text,[number_Of_characters])	返回从文本字符串末尾开始的指定数目的字符	=RIGHT("2023 年 7 月",2)	7 月
MID(text,start_position,[number_Of_characters])	从文本字符串中间返回指定开始位置和长度的字符串	=MID("2023 年 7 月",3,2)	23
LEN(text)	返回文本字符串中的字符数	=LEN("2023 年 7 月")	7
FIND(find_text,within_text[,[start_num][,not_found_value]])	返回一个文本字符在另一个字符串中的起始位置(区分大小写)	=FIND("7 月","2023 年 7 月")	6

5. 信息函数

DAX 信息函数和 Excel 中的信息函数类似,用于判断某行或某个值是否为期望的类型。常见的信息函数的含义与示例如表 4-7 所示。

表 4-7　　　　　　　　　常见的信息函数的含义与示例

函数	含义	示例	返回的结果
ISERROR(value)	检测参数是否有错误,有错误返回 TRUE,否则返回 FALSE	—	—
ISBLANK(value)	检测参数是否为空白,是空白返回 TRUE,否则返回 FALSE	=ISBLANK(BLANK())	TRUE
ISNUMBER(value)	检测参数是否为数值,是数值返回 TRUE,否则返回 FALSE	=ISNUMBER(123)	TRUE
		=ISNUMBER("123")	FALSE
ISTEXT(value)	检测参数是否为文本,是文本返回 TRUE,否则返回 FALSE	=ISTEXT(123)	FALSE
		=ISTEXT("123")	TRUE

6. 日期和时间函数

常见的日期和时间函数的含义与示例如表 4-8 所示。

表 4-8　　　　　　　常见的日期和时间函数的含义与示例

函数	含义	示例	返回的结果
DATE(year,month,day)	返回日期格式的日期	=DATE(2023,7,1)	2023/7/1
YEAR(date)	返回当前日期的年份	=YEAR("2023/7/1")	2023
MONTH(date)	返回当前日期的月份	=MONTH("2023/7/1")	7
DAY(date)	返回月中第几天的整数	=DAY("2023/7/1")	1
HOUR(date)	返回当前日期的小时数	=HOUR("2023/7/1 8:30:58")	8
MINUTE(date)	返回当前日期的分钟数	=MINUTE("2023/7/1 8:30:58")	30
SECOND(date)	返回当前日期的秒数	=SECOND("2023/7/1 8:30:58")	58
NOW()	返回当前时间	=NOW()	—
TODAY()	返回当前日期	=TODAY()	—

 操作提示 4-7

NOW、TODAY 和 RAND 这三个函数是无参函数,即这三个函数无须设置参数,但小括号"()"不能省略。

7. 筛选器函数

DAX 中筛选器函数返回特定数据类型,在相关表中查找以及按相关值进行筛选,部分筛选函数返回的是表,但是无法显示出来,可以看作是"虚拟表",因此,返回表的函数也称为表函数。常见的筛选器函数的含义与示例如表 4-9 所示。

表 4-9　　　　　　　　　　　常见的筛选器函数的含义与示例

函数	含义	示例	返回的结果
CALCULATE (expression, filter1[,filter2,…])	返回在指定筛选器修改上下文中计算表达式的值(第一个参数是目标的计算列名,后面的参数是筛选器集合,方括号内的筛选器集合可写可不写)	= CALCULATE（SUM('销售明细表'[销售额]),'日期表'[年份]="2023年")	2023 年的总销售额
ALL(table,column[,…])	返回表中的所有行或返回列中的所有值,同时忽略可能已应用的任何筛选器。	=SUMX（ALL('销售明细表'),[销售额]－[成本额]）	清除销售明细表及销售额字段、成本额字段上的筛选器
FILTER(table,filter)	返回表示另一个表或表达式的子集的表(第一个参数是目标的表格名,第二个参数是筛选条件)	=FILTER('日期表','日期表'[年份]="2023年")	在日期表中,筛选出 2023 年的表格
RELATED(column)	返回从另一个表对应的相关值(前提是两个表要建立表间关系)	= RELATED('商品表'[商品名称])	返回商品表中商品名称

8. 时间智能函数

时间智能函数是 DAX 函数中比较核心的函数,也是 Power BI 比 Excel 功能强大的关键原因之一。利用时间智能函数,可以灵活地筛选出一段需要的时间区间(包括日、月、季度和年),时间智能函数最大的用途是计算同比、环比、滚动预测、移动平均等。根据返回的结果,时间智能函数的类别还可以进一步分为时间段函数、时间点函数及计算类三种。常见的时间智能函数如表 4-10 所示。

表 4-10　　　　　　　　　　　常见的时间智能函数

时间类别	函数	含义
时间段	DATESYTD(dates,[year_end_date])	返回此年度中截至当前日期的一组日期
	DATEADD(dates,number_of_intervals,interval)	按指定的间隔移动给定的一组日期
	SAMEPERIODLASTYEAR(dates)	返回上一年度中当前选择的一组日期(即上年同期)
	PREVIOUSYEAR/PREVIOUSQUARTER/ PREVIOUSMONTH/PREVIOUSDAY(dates)	返回上一年/季/月/日
	NEXTYEAR/NEXTQUARTER/NEXTMONTH/ NEXTDAY(dates)	返回下一年/季/月/日

(续表)

时间类别	函数	含义
时间点	FIRSTDATE(dates)	返回第一个非空白日期
	LASTDATE(dates)	返回最后一个非空白日期
	ENDOFYEAR/ENDOFQUARTER/ENDOFMONTH(dates)	返回年末/季度末/月末
	STARTOFYEAR/STARTOFQUARTER/STARTOFMONTH(dates)	返回年初/季度初/月初
计算类	TOTALYTD/TOTALQTD/TOTALMTD(expression,dates)	返回年初至今/季度初至今/月初至今

 延伸阅读4-2

DAX 语言的上下文

上下文是 DAX 中一个非常重要的概念,用于定义函数的运算范围,使得函数的作用范围可以根据上下文的不同实现动态变化,因此,理解 DAX 语言的上下文,对掌握 DAX 函数的学习尤为重要。

上下文,就是当前函数运行的环境,上下文=当前环境(范围)。Power BI 中常见的上下文有行上下文和筛选上下文两种。

(1) 行上下文:即当前行中的内容,是对应字段(可以是多个字段)的横向操作产生新列集合。如对每一行数据求出"毛利额"(毛利额=销售额-成本额)的新列操作,就是行上下文操作。行上下文可以理解为表的行号或行的游标,正是因为行上下文的存在,DAX 才能准确地获取关于行位置的信息,DAX 在计算时才不会错行匹配进行计算。行上下文仅存在于计算列和迭代函数中。

(2) 筛选上下文:是对应表数据集合的纵向操作产生新的子表集合,是将原始数据按照一定规则进行筛选,然后将提取出来的结果作为环境变量带入到函数中使用。通过设定筛选上下文,可以灵活地改变函数的运算范围,实现数据分类分析处理的目的。

第三节 新建列和新建度量值

在 Power BI 中进行数据建模时,新建列和新建度量值是两个重要的操作。

一、新建列

新建列也叫创建计算列,是通过引用其他列或其他列数据的运算结果而创建的新列,创建过程中通常会用到 DAX 公式。例如,DC 连锁超市案例中,销售明细表中已有"成本额""销售额"字段,通过这两个字段就可以得到"毛利额"字段的数据(毛利额=销售额-成本额)。

【案例 4-4】 打开"案例数据\第 4 章\案例 4-4.pbix"文件,在销售明细表中新建两列显示毛利额和商品名称。

二维码 4-2
新建列

【操作步骤】

(1) 单击窗口左侧的"数据视图",然后选择窗口右侧"数据"窗格中的"销售明细表",并单击"日期"字段右侧的下拉按钮,从弹出菜单中选择"以升序排序"选项,执行"表工具"|"计算"|"新建列"命令,如图 4-13 所示。

图 4-13 "新建列"命令

(2) 在公式编辑栏中将"列"修改为"毛利额",在"="号后输入英文状态下的"'",此时会显示匹配的字段列表,如图 4-14 所示。单击"'销售明细表'[销售额]",输入"一",再输入英文状态下的"'",从显示匹配的字段列表中选择"'销售明细表'[成本额]",按下"Enter"键,则在右侧"数据"窗格中增加"毛利额"字段,字段前面带有 图标,数据视图结果如图 4-15 所示。

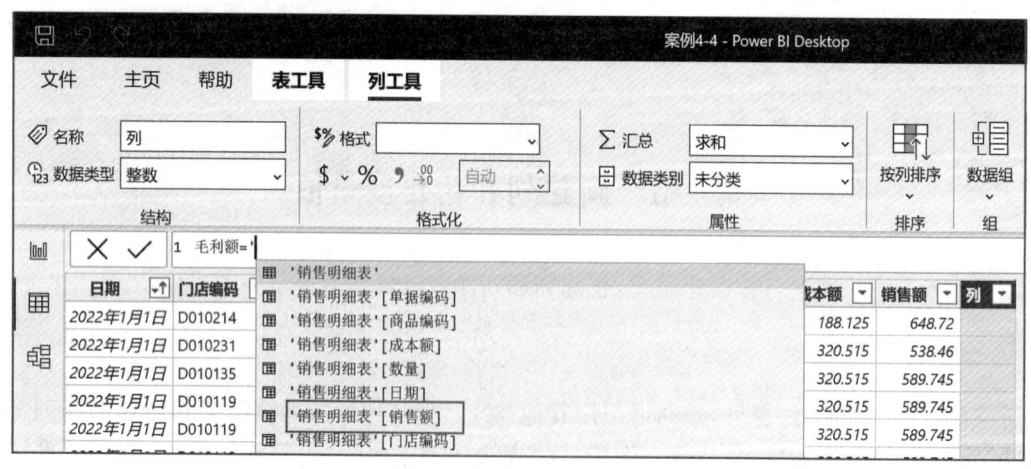

图 4-14 "毛利额"公式 1

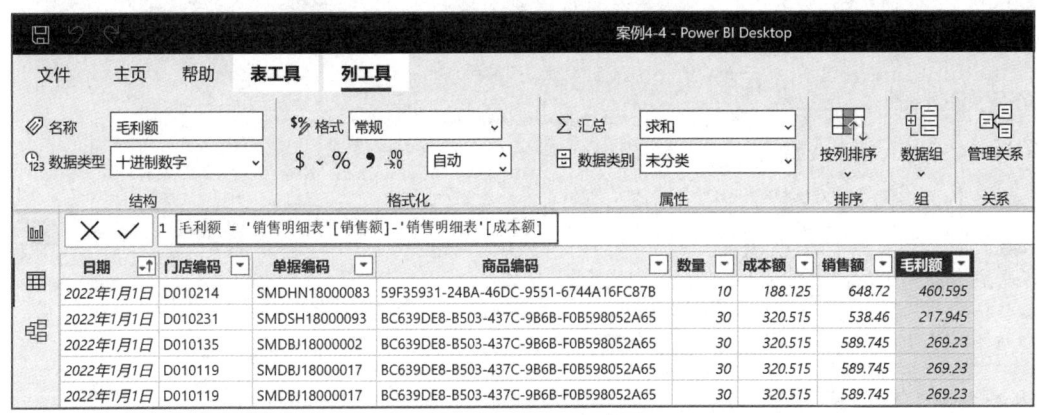

图 4-15 "毛利额"公式 2

(3)执行"表工具"|"计算"|"新建列"命令,在公式编辑栏中将"列"修改为"商品名称",在"="号后输入英文字母"R",此时会显示匹配的函数列表,如图 4-16 所示。

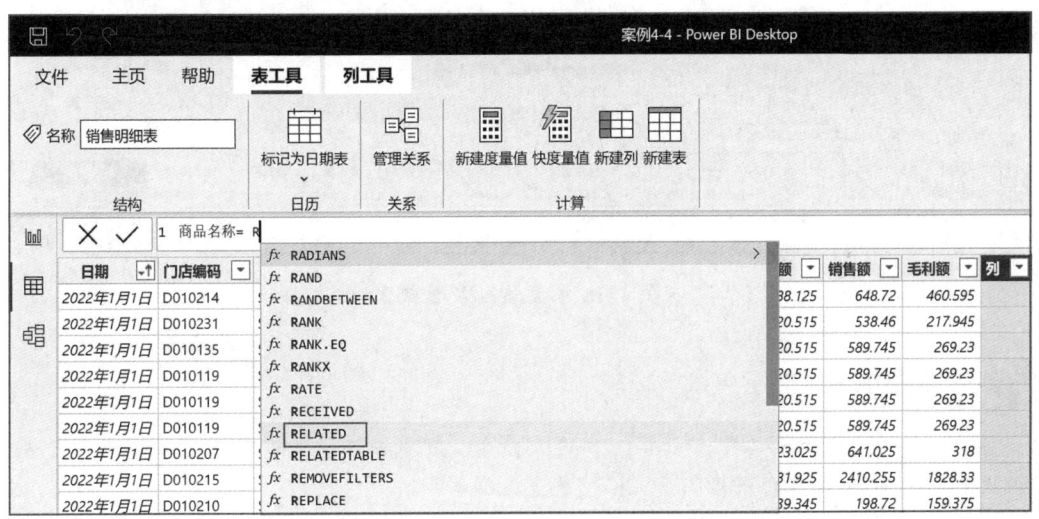

图 4-16 "商品名称"公式 1

(4)选择"RELATED"函数,从显示匹配字段列表中选择"'商品表'[商品名称]",如图 4-17 所示。最后输入")",按下"Enter"键,则在右侧"数据"窗格中增加"商品名称"字段,字段前面带有 fx 图标,数据视图结果如图 4-18 所示。

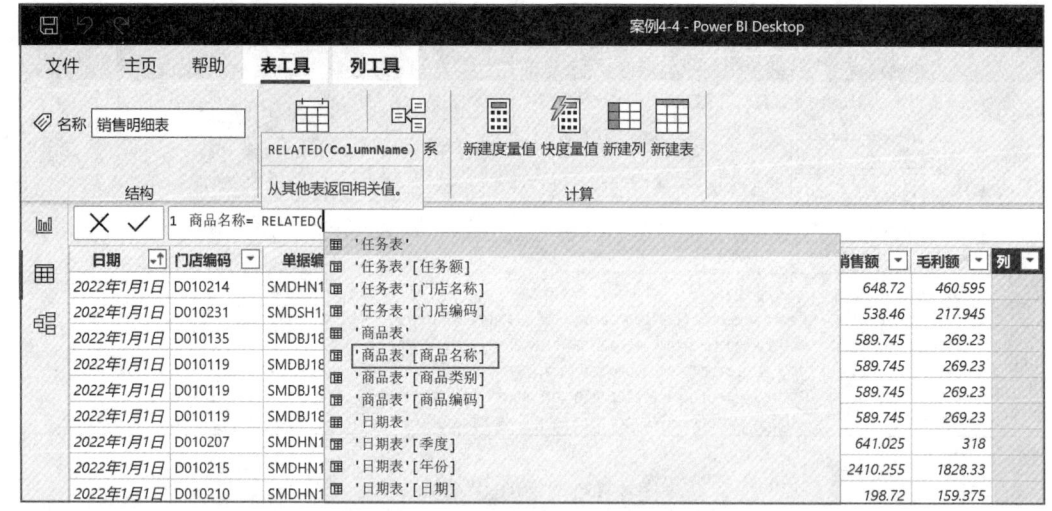

图 4-17 "商品名称"公式 2

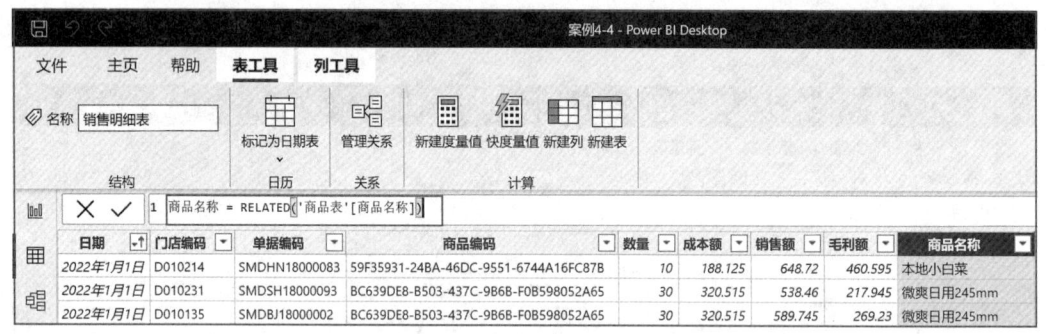

图 4-18 "商品名称"公式 3

 操作提示 4-8

（1）新建列可以执行"列工具"|"计算"|"新建列"命令或在"数据"窗格的相应表中单击鼠标右键，从弹出的快捷菜单中选择"新建列"命令。

（2）RELATED 函数表示从其他表返回相关值，其语法为：RELATED(<column>)，其中 column 为要检索的值的列。RELATED 函数要求当前表和具有相关信息的表之间存在关系。如果不存在关系，则必须创建关系。因此，使用 RELATED 函数能够从"商品表"中返回"商品名称"，前提是"商品表"和"销售明细表"这两个表要建立表间关系。

二、新建度量值

度量值是用 DAX 公式创建的一个只有名称显示在"数据"窗格中的虚拟字段的数据值，通常可以理解为要分析的数据指标。度量值不改变源数据，也不改变数据模型，也就是说，度量值不会占用报表内存，只有在使用度量值创建视觉对象时才会执行计算，且可以随时被调用，称之为"移动的公式"。此外，度量值还可以循环使用，即一个度量值可引用另一个度量值，因此，在模型中新建度量值时，建议从最简单的度量值开始创建。

度量值可以随着不同维度的选择而变化,一般在报表交互时使用,以便进行快速和动态的数据浏览。在 Power BI Desktop 中,可以在报表视图或数据视图中创建和使用度量值。创建的度量值在"数据"窗格中字段名称前带有 图标。下面通过案例介绍如何使用常用的 DAX 函数创建度量值。

(一) SUM 函数和 SUMX 函数

SUM 函数是对列中所有数值求和。SUMX 函数为表中的每一行计算的表达式的和,即是对列数值逐行求和。SUMX 函数可以在单个列上使用,也可以在多个列上使用,它只会计算列中的数值,其他的诸如文本、逻辑值将被忽略不计。

函数名称结尾带有"X"后缀的函数在运行时循环访问表的每一行,并执行计算,循环即迭代,所以也被为迭代函数,除了 SUMX,类似还有 MAXX、MINX、AVERAGEX 等,运行原理类似。

【案例 4-5】 打开"案例数据\第 4 章\案例 4-5.pbix"文件,使用 SUM 函数在销售明细表创建度量值,用于计算毛利额的合计数。

【操作步骤】

(1) 单击窗口左侧的"数据视图",选择窗口右侧"数据"窗格中的"销售明细表",执行"表工具"|"计算"|"新建度量值"命令,如图 4-19 所示。

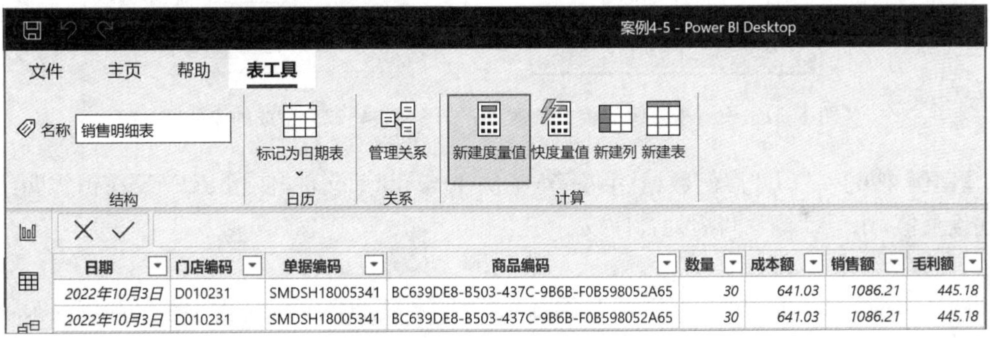

图 4-19 "新建度量值"命令

(2) 在公式编辑栏中输入度量值公式"毛利额合计＝SUM('销售明细表'[毛利额])",如图 4-20 所示。右侧"数据"窗格中增加带有 图标的"毛利额合计"度量值。

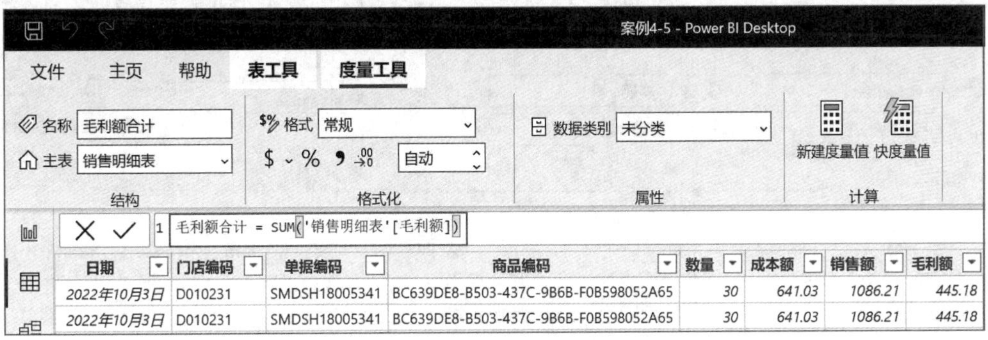

图 4-20 设置度量值公式

（3）单击窗口左侧的"报表视图"，再单击"可视化"窗格中的"卡片图"按钮，将"毛利额合计"拖曳到"字段"文本框中，如图4-21所示。设置卡片图的"标注值"的字体为"40"磅，"类别标签"的字体为"20"磅，生成的卡片图如图4-22所示。

图4-21　设置卡片图的相关参数　　图4-22　生成的卡片图

【案例4-6】　打开"案例数据\第4章\案例4-6.pbix"文件，使用SUMX在销售明细表创建度量值，用于计算毛利额的合计数。

【操作步骤】

（1）单击窗口左侧的"数据视图"，选择窗口右侧"数据"窗格中的"销售明细表"，执行"表工具"|"计算"|"新建度量值"命令，在公式编辑栏中输入度量值公式"毛利额合计＝SUMX('销售明细表',[销售额]－[成本额])"，如图4-23所示。右侧"数据"窗格中增加带有图标的"毛利额合计"度量值。

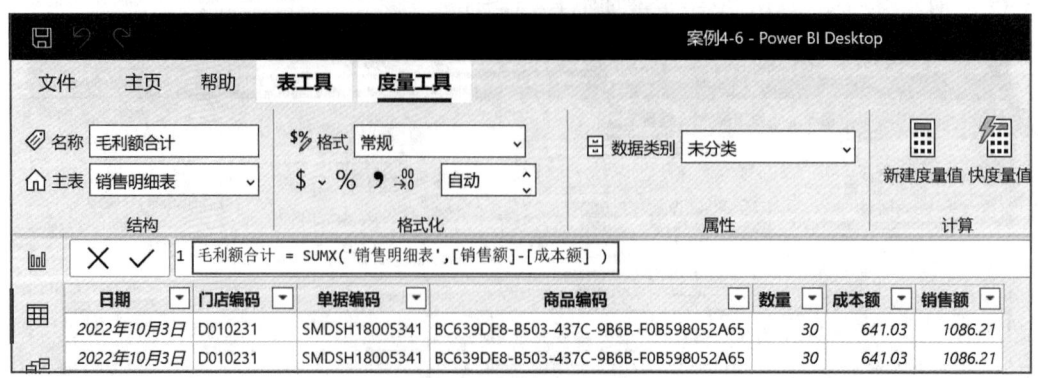

图4-23　设置度量值公式

(2) 单击窗口左侧的"报表视图",再单击"可视化"窗格中的"卡片图"按钮,将"毛利额合计"拖曳到"字段"文本框中,设置卡片图的"标注值"和"类别标签"的文本大小,生成的卡片图与图 4-22 相同。

操作提示 4-9

(1) 案例 4-5 的销售明细表中已有"毛利额"字段,可以直接用 SUM 函数计算"毛利额合计"。而案例 4-6 的销售明细表中未计算"毛利额",此时为减少占用内存,可以不创建"毛利额"列,直接用高级聚合函数 SUMX 计算"毛利额合计"。

(2) 案例 4-6 中,因为需要循环访问"销售明细表"中的每一行,并执行计算,所以需要使用 SUMX 迭代函数,SUM 无法实现。

(3) 公式"毛利额合计=SUMX('销售明细表',[销售额]-[成本额])"计值流程为:SUMX 函数逐行扫描"销售明细表",将"销售明细表"中每行的销售额都减去与其在同一行(行上下文)的成本额,以计算出每个订单的毛利额,并暂存结果,最后对计算出的毛利额求和。

(4) 创建度量值公式时,在公式编辑中引用列,如果直接填写'表名'[列名]系统会报错,原因是直接引用的不是一个单一值,需要结合聚合函数再引用才可以。

相关思考 4-1

新建列和新建度量值的选择

在 DC 连锁超市案例中,需要计算毛利额,可以通过新建列或新建度量值的方式产生,那么,在实际应用中,应如何选择新建列还是新建度量值呢?

新建列和新建度量值输入的都是 DAX 公式。新建列会实际存储在某一张表中,占用计算机内存。如果表中数据量较大,则会影响模型的运算速度。度量值是以公式形式存储的,不使用时并不占用内存空间,只有在使用度量值创建视觉对象时才会执行计算。因此,度量值很灵活,在运算速度上有很大的优势。

但是,度量值输出的是值,即通过运算得到的结果。对于像"商品类别"或"门店名称"等属性类信息,需要把它们放入筛选器、切片器、行或列中,这时就不能用度量值来输出,只能用列来完成。

在实际应用中,使用新建列还是使用新建度量值,有一个基本参考原则:能用度量值来解决的问题,就尽量不用列。

(二) CALCULATE 函数和 FILTER 函数

1. CALCULATE 函数

CALCULATE 函数是 DAX 函数中最复杂、最灵活、最强大的函数,是 DAX 函数的引擎。CALCULATE 函数用于在指定筛选器修改的上下文中计算表达式,经常与 ALL、FILTER、SUM 等函数组合使用。

CALCULATE 函数的一般格式为"CALCULATE(表达式,<筛选条件 1>,<筛选条件 2>…)"。其中,第一个参数是计算表达式,可以执行各种聚合运算;从第二个参数开始,皆为一系列筛选条件(也可以为空),多个筛选条件之间用逗号隔开。CALCULATE 函数中所有筛选条件的交集形成最终的筛选数据集合,然后根据筛选出的数据集合执行第一个参数的聚合运算并返回运算结果。

二维码 4-3
CALCULATE
函数

2. FILTER 函数

FILTER 函数属于高级筛选器函数,返回的是一张筛选后的虚拟表。FILTER 函数不能单独使用,一般与 CALCULATE 函数搭配使用。FILTER 函数的一般格式为"FILTER

(表,筛选条件)",其中,第一个参数是要筛选的表,第二个参数是筛选条件。利用 FILTER 函数可以实现更复杂的筛选。

【案例 4-7】 打开"案例数据\第 4 章\案例 4-7.pbix"文件,在销售明细表中创建度量值,用于统计"青岛店"的销售额总额。

【操作步骤】

(1)单击窗口左侧的"数据视图",选择窗口右侧"数据"窗格中的"销售明细表",执行"表工具"|"计算"|"新建度量值"命令。在公式编辑栏中输入度量值公式"青岛店销售额总额=CALCULATE(SUM('销售明细表'[销售额]),FILTER('门店表','门店表[门店名称]="青岛店"))",如图 4-24 所示。

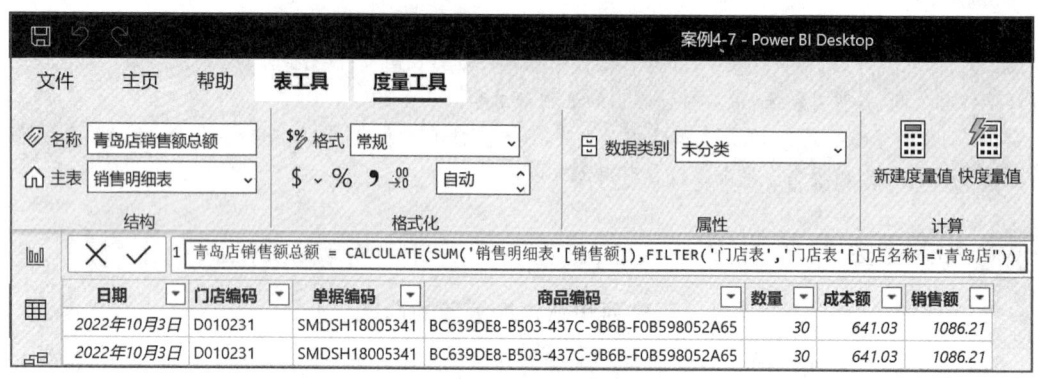

图 4-24 设置度量值公式

(2)单击窗口左侧的"报表视图",再单击"可视化"窗格中的"矩阵"按钮,设置矩阵的相关参数,如图 4-25 所示。

(3)单击"可视化"窗格中的"格式"按钮,设置矩阵的列标题和行标题的文本大小为"20"磅、对齐方式为"居中",值的字体大小为"18"磅,生成的矩阵如图 4-26 所示。

图 4-25 设置矩阵的相关参数　　　　图 4-26 生成的矩阵

操作提示 4-10

(1)案例 4-7 中"青岛店销售额总额"度量值因筛选条件比较简单,也可以不用 FILTER 函数作为筛选

条件,将公式简化为:

青岛店销售额总额=CALCULATE(SUM('销售明细表'[销售额]),'门店表'[门店名称]="青岛店")

(2)案例4-7中也可先创建"销售额总额"度量值,即"销售额总额=SUM('销售明细表'[销售额])",上述公式可进一步简化为:

青岛店销售额总额=CALCULATE'([销售额总额]),'门店表'[门店名称]="青岛店")

延伸阅读4-3

VAR 关键字和 RETURN 关键字

VAR 是英文单词 Variable 的缩写,中文释义是"变量"。在 DAX 中,VAR 和 RETURN 是表达语法结构的关键字,而不是函数。VAR 关键字和 RETURN 关键字必须一起使用,先通过 VAR 关键字给指定的字符串赋值,然后使用 RETURN 关键字返回最终结果,其语法为:VAR 变量名=表达式 RETURN 变量名或表达式,也可以一次定义多个变量名:

VAR 变量名1=表达式1

VAR 变量名2=表达式2

RETURN

变量名或表达式

VAR 关键字定义的是变量,在使用的时候可以将其当作常量,因为它被计算以后代表的值不会发生改变。另外,定义变量名时不能使用 Power BI 中的保留字,如函数名、表名或字段名,也不能包含空格和中文字符。

如[案例4-7],可以使用 VAR 关键字将 FILTER 函数部分定义成中间表 Sales,并使用 VAR 关键字将计算结果定义成 Sales_QD,最后使用 RETURN 关键字返回最终结果。即公式为:

青岛店销售额总额=VAR Sales=FILTER('门店表','门店表'[门店名称]="青岛店")

VAR Sales_QD=CALCULATE(SUM('销售明细表'[销售额]),Sales)

RETURN

Sales_QD

(三)时间智能函数

1. PREVIOUSMONTH 函数

PREVIOUSMONTH 函数是根据当前上下文中的 Dates 列中的第一个日期返回一个表,此表包含上一月份所有日期的列。PREVIOUSMONTH 函数的一般格式为"PREVIOUSMONTH(<dates>)",参数为包含日期的一个列。

PREVIOUSMONTH 函数使用用作输入的列中的第一个日期返回上一月份的所有日期。例如,如果 dates 参数中的第一个日期是指 2023 年 7 月 10 日,此函数则将返回 2023 年 6 月的所有日期。

类似的还有 PREVIOUSYEAR、PREVIOUSQUARTER、PREVIOUSDAY 函数。其中,PREVIOUSYEAR 函数基于当前上下文中的"日期"列中的第一个日期,返回一个表,该表包含上一年所有日期的列。PREVIOUSQUARTER 函数根据当前上下文中的"日期"列中的第一个日期返回一个表,此表包含上一季度所有日期的列。PREVIOUSDAY 函数返回一个表,此表包含的某一列中所有日期所表示的日期均在当前上下文的"日期"列中的第一个日期之前。

二维码4-4 PREVIOU-SMONTH 函数

【案例 4-8】 打开"案例数据\第 4 章\案例 4-8.pbix"文件(此文件中已创建"销售额总额"度量值),在销售明细表中创建度量值,用于计算月份销售额总额的环比增长率。

【操作步骤】

(1) 单击窗口左侧的"数据视图",然后选择窗口右侧"数据"窗格中的"销售明细表",执行"表工具"|"计算"|"新建度量值"命令。在公式编辑栏中输入度量值公式"上月销售额总额＝CALCULATE([销售额总额],PREVIOUSMONTH('日期表'[日期]))",如图 4-27 所示。

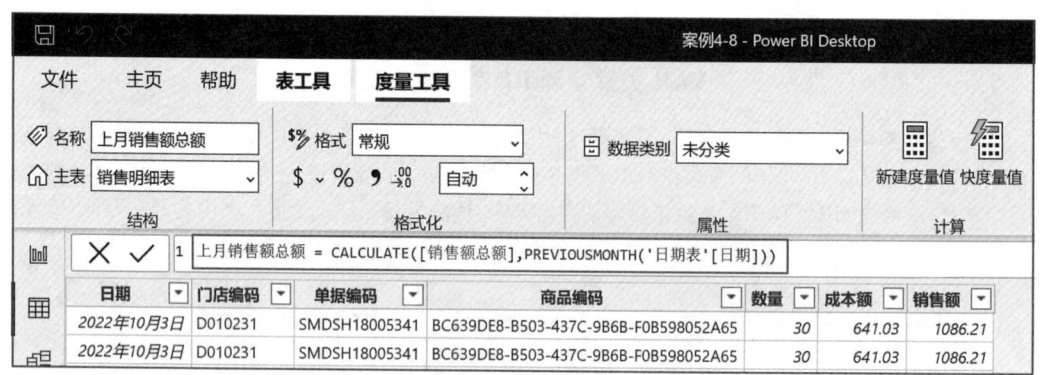

图 4-27　设置"上月销售额总额"度量值公式

(2) 执行"表工具"|"计算"|"新建度量值"命令。在公式编辑栏中输入度量值公式"月份销售额总额环比＝DIVIDE([销售额总额]－[上月销售额总额],[上月销售额总额])",如图 4-28 所示。

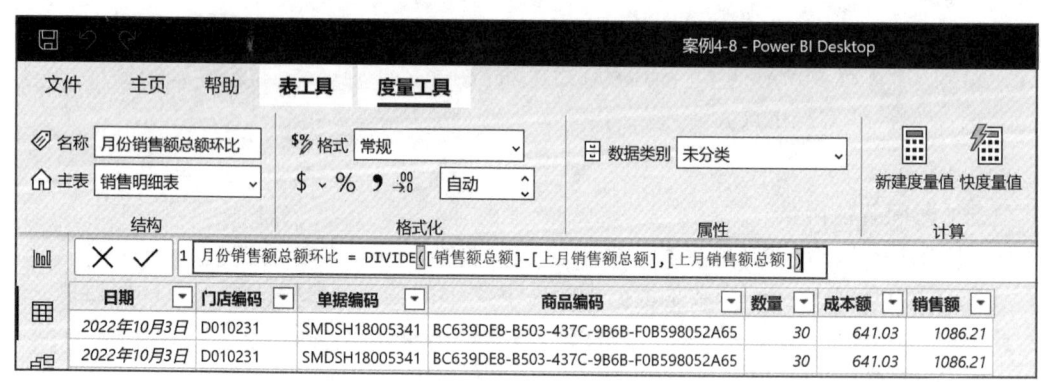

图 4-28　设置"月份销售额总额环比"度量值公式

图 4-29　设置表的相关参数

(3) 单击窗口左侧的"报表视图",再单击"可视化"窗格中的"表"按钮,设置表的相关参数,如图 4-29 所示。

(4) 选中"数据"窗格中的"月份销售额总额环比"度量值,单击"度量工具"|"格式化"组中的"％"按钮,并设置小数位为"2",如图 4-30 所示。

(5) 选中"表",先按"月份"字段升序排序,再按"年份"升序排序,生成的表如图 4-31 所示。

Power BI 数据建模 第四章

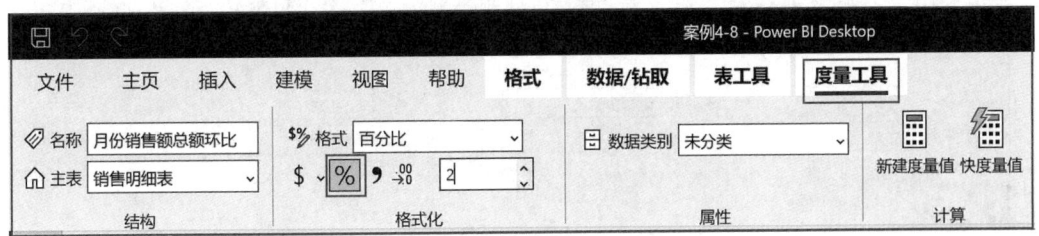

图 4-30 "月份销售额总额环比"度量值格式设置

年份	月份	销售额总额	上月销售额总额	月份销售额总额环比
2022年	1月	4,303,128.16		
2022年	2月	4,608,179.70	4,303,128.17	7.09%
2022年	3月	8,373,920.78	4,608,179.71	81.72%
2022年	4月	8,971,593.63	8,373,920.78	7.14%
2022年	5月	10,055,010.91	8,971,593.63	12.08%
2022年	6月	10,369,435.13	10,055,010.90	3.13%
2022年	7月	9,910,740.66	10,369,435.13	-4.42%
2022年	8月	9,810,755.59	9,910,740.66	-1.01%
2022年	9月	5,188,078.19	9,810,755.59	-47.12%
2022年	10月	5,378,654.11	5,188,078.18	3.67%
2022年	11月	5,583,918.82	5,378,654.11	3.82%
2022年	12月	5,411,030.10	5,583,918.81	-3.10%
2023年	1月	6,500,712.81	5,411,030.10	20.14%
2023年	2月	8,139,554.05	6,500,712.81	25.21%
2023年	3月	9,501,298.68	8,139,554.05	16.73%
2023年	4月	10,376,156.37	9,501,298.68	9.21%
2023年	5月	10,757,309.21	10,376,156.37	3.67%
2023年	6月	11,167,837.63	10,757,309.21	3.82%
2023年	7月	10,822,060.20	11,167,837.63	-3.10%
2023年	8月	12,142,253.53	10,822,060.20	12.20%
总计		167,371,628.24		

图 4-31 生成的表

操作提示 4-11

(1) DIVIDE 函数又称安全除法函数,它的好处是当分母为"0"时,系统不报错,可以显示为空或其他特定信息。

(2) 在设置度量值公式时,如果引用其他度量值(无论该度量值是否在同一张表里),度量值前的表名可以省略。

(3) 按"月份"升序排序的操作方式有两种:一是单击表中"月份"字段下的 ▲ 按钮,另一种是选中表,单击右上角的更多选项,从弹出的对话框中选择"以升序排序"及"排序方式"|"月份"。另外,本表中能够实现按月份从小到大排序,需要执行"月排序依据",即选中"数据"窗格中的"月份"字段,执行"列工具"|"排序"|"按列排序"|"月排序依据"命令,如图 4-32 所示。

二维码 4-5
SAMEPERIO-
DLASTYEAR
函数和
DATEADD
函数

2. SAMEPERIODLASTYEAR 函数和 DATEADD 函数

SAMEPERIODLASTYEAR 函数表示去年同期,主要用于求同比。其语法格式比较简单,即"SAMEPERIODLASTYEAR(<dates>)"。SAMEPERIODLASTYEAR 函数返回的是去年同期的日期表。

143

财务数据可视化

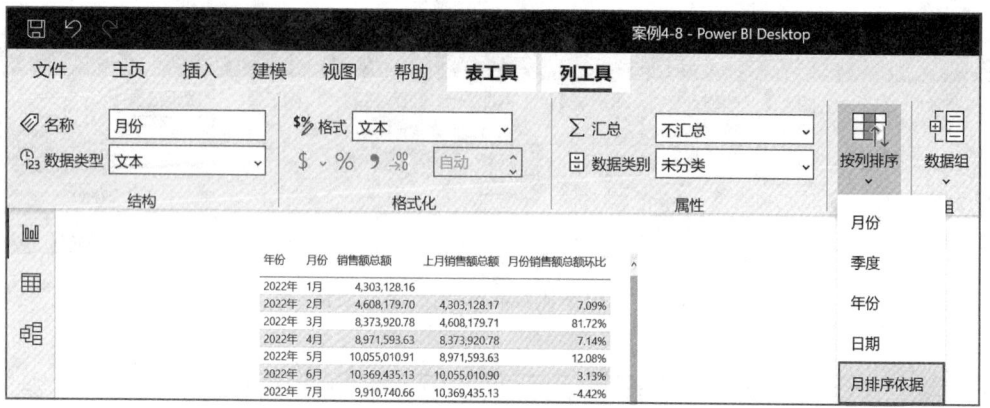

图 4-32 "月份"按"月排序依据"排序

在计算去年同期的值时,可以使用 SAMEPERIODLASTYEAR 函数,还可以使用 DATEADD 函数。DATEADD 函数是更通用的时间智能函数,可以自定义需要移动的周期和移动的数量。语法为"DATEADD(<dates>,<number_of_intervals>,<interval>)",其中:

(1) dates 表示包含日期的单列。

(2) number_of_intervals 是一个整数,表示偏移量,即是间隔数量,如果该数是正数,则代表向未来推移,如未来一年或一个月;如果该数是负数则代表向过去推移,如上一年或上一个月。

(3) interval 表示时间间隔,即指定是以年、月、季度或日为单位移动。

DATEADD 函数使用作为第一个参数的日期列的值,常用的写法为"DATEADD('日期表'[日期],-1,YEAR)"。

【案例 4-9】 打开"案例数据\第 4 章\案例 4-9.pbix"文件(此文件中已创建"销售额总额"度量值),在销售明细表中创建度量值,用于计算月份销售额总额的同比增长率。

【操作步骤】

(1) 单击窗口左侧的"数据视图",选择窗口右侧"数据"窗格中的"销售明细表",执行"表工具"|"计算"|"新建度量值"命令。在公式编辑栏中输入度量值公式"去年同期销售额总额 1=CALCULATE([销售额总额],SAMEPERIODLASTYEAR('日期表'[日期]))",如图 4-33 所示。

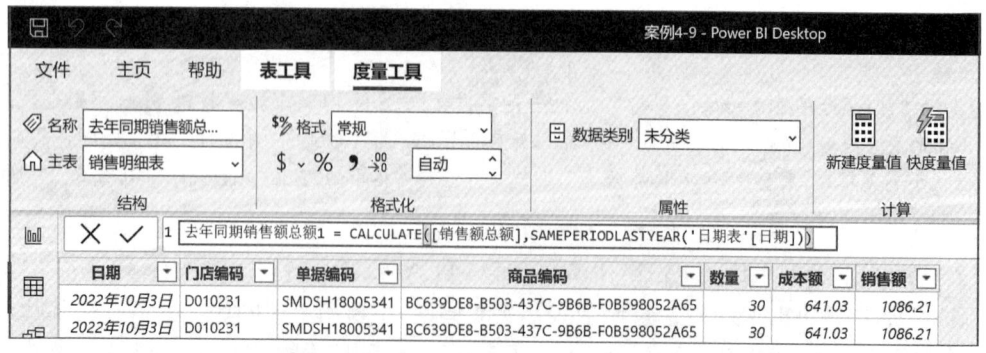

图 4-33 设置"去年同期销售额总额 1"度量值公式

（2）执行"表工具"|"计算"|"新建度量值"命令。在公式编辑栏中输入度量值公式"去年同期销售额总额 2＝CALCULATE([销售额总额],DATEADD('日期表'[日期],－1,YEAR))"，如图 4-34 所示。

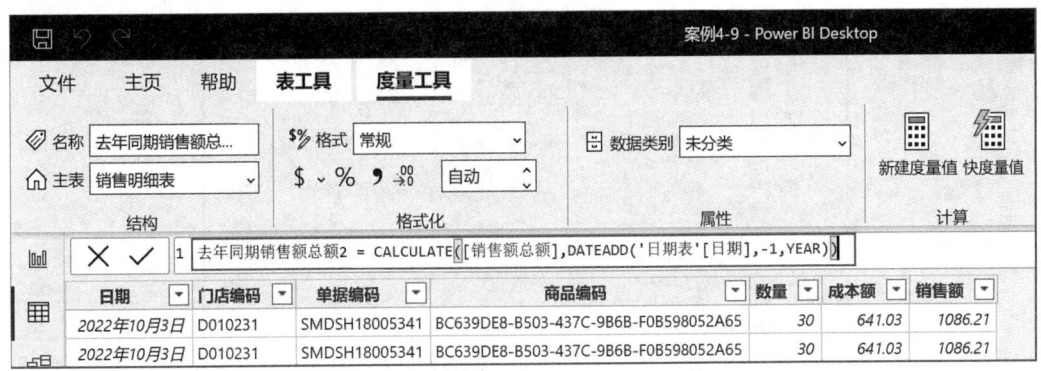

图 4-34　设置"去年同期销售额总额 2"度量值公式

（3）执行"表工具"|"计算"|"新建度量值"命令。在公式编辑栏中输入度量值公式"销售额总额同比＝DIVIDE([销售额总额]－[去年同期销售额总额1],[去年同期销售额总额1])"，如图 4-35 所示。

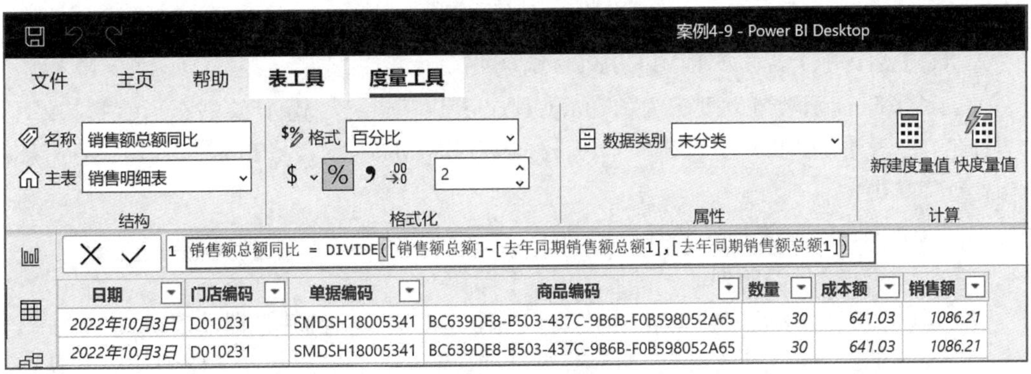

图 4-35　设置"月份销售额总额环比"度量值公式

（4）单击窗口左侧的"报表视图"，再单击"可视化"窗格中的"表"按钮，设置表的相关参数，如图 4-36 所示。

图 4-36　设置表的相关参数

(5) 选中"数据"窗格中的"销售额总额同比"度量值,单击"度量工具"|"格式化"组中的"％"按钮,并设置小数位为"2"。选中"表",按"月份"字段升序排序,生成的表如图 4-37 所示。

年份	月份	销售额总额	去年同期销售额总额1	去年同期销售额总额2	销售额总额同比
2022年	1月	4,303,128.16			
2023年	1月	6,500,712.81	4,303,128.17	4,303,128.17	51.07%
2022年	2月	4,608,179.70			
2023年	2月	8,139,554.05	4,608,179.71	4,608,179.71	76.63%
2022年	3月	8,373,920.78			
2023年	3月	9,501,298.68	8,373,920.78	8,373,920.78	13.46%
2022年	4月	8,971,593.63			
2023年	4月	10,376,156.37	8,971,593.63	8,971,593.63	15.66%
2022年	5月	10,055,010.91			
2023年	5月	10,757,309.21	10,055,010.90	10,055,010.90	6.98%
2022年	6月	10,369,435.13			
2023年	6月	11,167,837.63	10,369,435.13	10,369,435.13	7.70%
2022年	7月	9,910,740.66			
2023年	7月	10,822,060.20	9,910,740.66	9,910,740.66	9.20%
2022年	8月	9,810,755.59			
2023年	8月	12,142,253.53	9,810,755.59	9,810,755.59	23.76%
2022年	9月	5,188,078.19			
2022年	10月	5,378,654.11			
2022年	11月	5,583,918.82			
2022年	12月	5,411,030.10			
总计		167,371,628.24	66,402,764.56	66,402,764.56	152.06%

图 4-37 生成的表

3. TOTALYTD 函数和 DATESYTD 函数

二维码 4-6
TOTALYTD
函数和
DATESYTD
函数

TOTALYTD 函数可以理解为"Total Of Year To Date",表示计算截至当前上下文日期的累计值,其语法为"TOTALYTD(＜expression＞,＜dates＞[,＜filter＞][,＜year_end_date＞])",其中:

(1) expression:一般是度量值。

(2) dates:包含日期的列。

(3) filter:可选参数,一般省略,指定要应用于当前上下文的筛选器的表达式。

(4) year_end_date:可选参数,表示截止日期,用于定义年末日期的字符串。默认值为 12 月 31 日。例如,写入"6/30",表示将从 7 月开始重新累计。

DATESYTD 函数可以理解为"Dates Year To Date",表示年初至今,返回的是年初至今的日期表。属于时间段函数,无法单独使用,经常和 CALCULATE 函数组合使用。其语法为"DATESYTD(＜dates＞[,＜year_end_date＞])",参数函数与 TOTALYTD 函数相同。

【案例 4-10】 打开"案例数据\第 4 章\案例 4-10.pbix"文件(此文件中已创建"销售额总额"度量值),在销售明细表中创建度量值,计算年初至今销售额总额。

【操作步骤】

(1) 单击窗口左侧的"数据视图",选择窗口右侧"数据"窗格中的"销售明细表",执行"表工具"|"计算"|"新建度量值"命令。在公式编辑栏中输入度量值公式"年初至今销售额总额1=TOTALYTD([销售额总额],'日期表'[日期])",如图 4-38 所示。

(2) 执行"表工具"|"计算"|"新建度量值"命令。在公式编辑栏中输入度量值公式"年

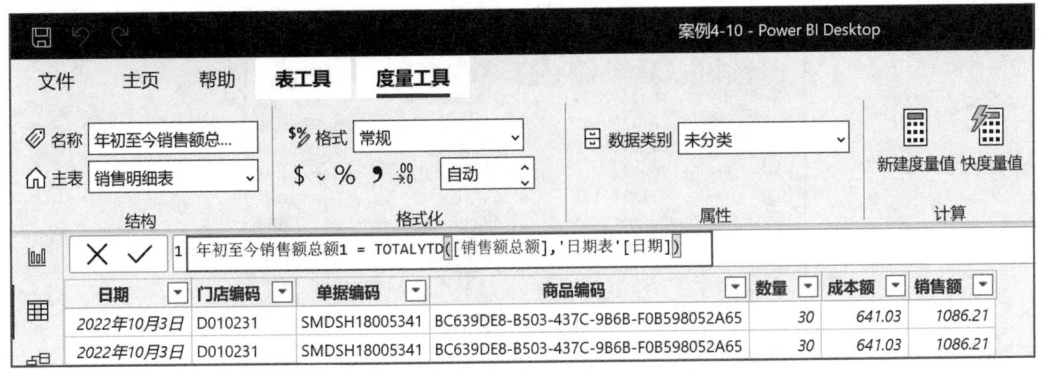

图 4-38 设置"年初至今销售额总额 1"度量值公式

初至今销售额总额 2＝CALCULATE([销售额总额],DATESYTD('日期表'[日期]))",如图 4-39 所示。

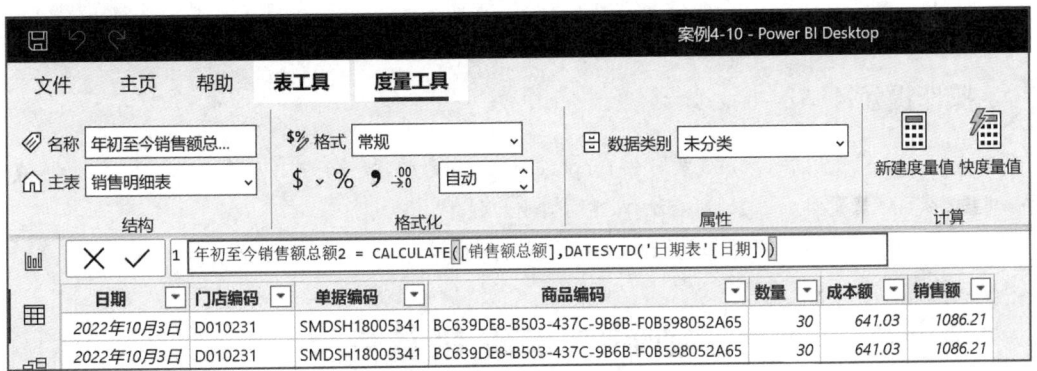

图 4-39 设置"年初至今销售额总额 2"度量值公式

（3）先单击窗口左侧的"报表视图"，再单击"可视化"窗格中的"表"按钮，设置表的相关参数，如图 4-40 所示。生成的表如图 4-41 所示。

图 4-40 设置表的相关参数

财务数据可视化

年份	月份	销售额总额	年初至今销售额总额1	年初至今销售额总额2
2022年	1月	4,303,128.16	4,303,128.17	4,303,128.17
2022年	2月	4,608,179.70	8,911,307.87	8,911,307.87
2022年	3月	8,373,920.78	17,285,228.65	17,285,228.65
2022年	4月	8,971,593.63	26,256,822.28	26,256,822.28
2022年	5月	10,055,010.91	36,311,833.18	36,311,833.18
2022年	6月	10,369,435.13	46,681,268.31	46,681,268.31
2022年	7月	9,910,740.66	56,592,008.97	56,592,008.97
2022年	8月	9,810,755.59	66,402,764.56	66,402,764.56
2022年	9月	5,188,078.19	71,590,842.74	71,590,842.74
2022年	10月	5,378,654.11	76,969,496.85	76,969,496.85
2022年	11月	5,583,918.82	82,553,415.66	82,553,415.66
2022年	12月	5,411,030.10	87,964,445.76	87,964,445.76
2023年	1月	6,500,712.81	6,500,712.81	6,500,712.81
2023年	2月	8,139,554.05	14,640,266.86	14,640,266.86
2023年	3月	9,501,298.68	24,141,565.54	24,141,565.54
2023年	4月	10,376,156.37	34,517,721.91	34,517,721.91
2023年	5月	10,757,309.21	45,275,031.12	45,275,031.12
2023年	6月	11,167,837.63	56,442,868.75	56,442,868.75
2023年	7月	10,822,060.20	67,264,928.95	67,264,928.95
2023年	8月	12,142,253.53	79,407,182.48	79,407,182.48
总计		167,371,628.24	79,407,182.48	79,407,182.48

图 4-41 生成的表

操作提示 4-12

案例 4-8.pbix、案例 4-9.pbix、案例 4-10.pbix 为同一份数据,操作时可以使用案例 4-8.pbix 完成【案例 4-8】【案例 4-9】【案例 4-10】的所有操作,不需要重复打开。

第四节 新建计算表

新建计算表是基于已加载到模型中的数据,通过合并、联接、提取等函数,构建出新的数据表。此数据表属于数据建模的核心内容,常被用作维度表。

一、UNION 函数合并多表

UNION 函数是将导入 Power BI Desktop 中的多个相同列数据的表合并成一个新表,其语法为:UNION(列表达式1,列表达式2,列表达式N,...)。参数比较简单,是任何返回表的 DAX 表达式,通常是参与合并的表名。UNION 函数在合并多表时需要遵循以下规则:

(1) 要合并的多个表的列数和列顺序必须相同。因此,各表对应的列要具有相同的数据类型。

(2) 要合并的多个表的列名可以不一致,默认以第一个表的列名作为新表的列名。

(3) 要合并的多个表最终是依次拼接在后面,不会自动汇总,重复的行会被保留。

【案例 4-11】 打开"案例数据\第 4 章\案例 4-11.pbix"文件,将文件中的 8 张表格合并成一张表,表名为"合并表"。

【操作步骤】

(1) 单击窗口左侧的"数据视图",执行"表工具"|"计算"|"新建表"命令。如图4-42所示。

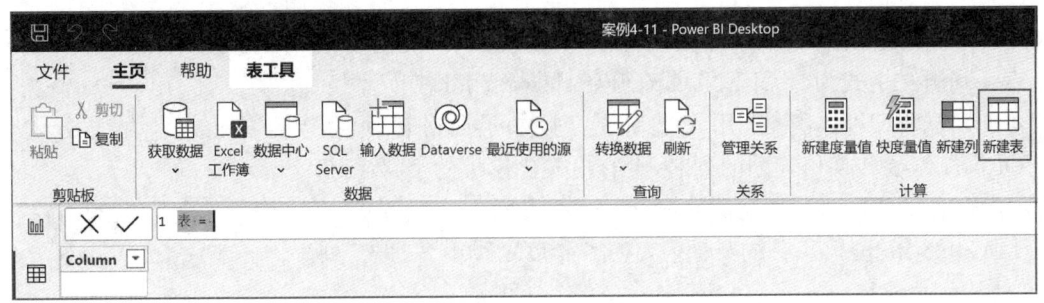

图4-42 "新建表"命令

(2) 在公式编辑栏中输入公式"合并表=UNION('1月','2月','3月','4月','5月','6月','7月','8月')",如图4-43所示,将8个表合并成1个表。

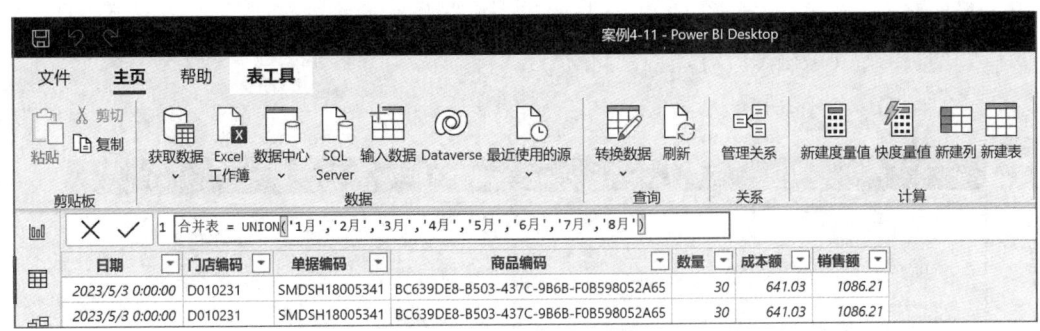

图4-43 "合并表"公式

操作提示4-13

(1) UNION函数的功能是纵向追加数据,实现的是多个数据结构相同的表格的合并,和Power Query编辑器中追加查询的功能相同。

(2) 通过执行"表工具"|"计算"|"新建表"命令创建的新表在"数据"窗格中表名前面带有 图标。

(3) 如果仅创建空表,可不设表公式。创建空表也可采用"主页"|"数据"|"输入数据"的方式,该种方法创建的空表的图标为 ▦ 。如当创建的度量值较多时,查找起来不方便,此时可采用上述两种方法中一种创建一个空表,专门放置度量值。

二、ADDCOLUMNS和CALENDAR函数创建日期表

Power BI中经常要使用同比、环比分析数据,这就需要构建日期表作为维度表,而数据模型中往往没有日期表,因此需要使用多个DAX函数构建一个新的日期表,此日期表作为维度表与其他事实表构建一对多关系,从而实现同比与环比等计算。

构建日期表主要涉及ADDCOLUMNS、CALENDAR、FORMAT等函数:

二维码4-7
ADDCOLU-
MNS和CAL-
ENDAR函数

(1) ADDCOLUMNS 函数,主要用于给指定的新表添加计算列,其语法格式为"ADDCOLUMNS(要添加新列的表,新列 1 的列名,添加新列 1 的表达式,新列 2 的列名,添加新列 2 的表达式,...)"。

(2) CALENDAR 函数,主要用于创建日期表。该表创建一个从指定日期到结束日期的新表。其语法格式为"CALENDAR(开始日期,结束日期)"。

(3) FORMAT 函数,用于将指定列中的数据转换为指定格式,其语法格式为"FORMAT(要转换格式列的列名,带有格式化模板的字符串)"

【案例 4-12】 打开"案例数据\第 4 章\案例 4-12.pbix"文件,构建一个从 2023 年 1 月 1 日到 2023 年 8 月 31 日的日期表,包括"年度""季度""月份"列。

【操作步骤】

(1) 单击窗口左侧的"数据视图",执行"表工具"|"计算"|"新建表"命令。

(2) 在公式编辑栏中输入公式"日期表＝ADDCOLUMNS(
　　CALENDAR(DATE(2023,1,1),DATE(2023,8,31)),
　　"年度",YEAR([Date]),
　　"季度",FORMAT([Date],"Q")&"季度",
　　"月份",FORMAT([Date],"MM")&"月"
　　)",如图 4-44 所示。

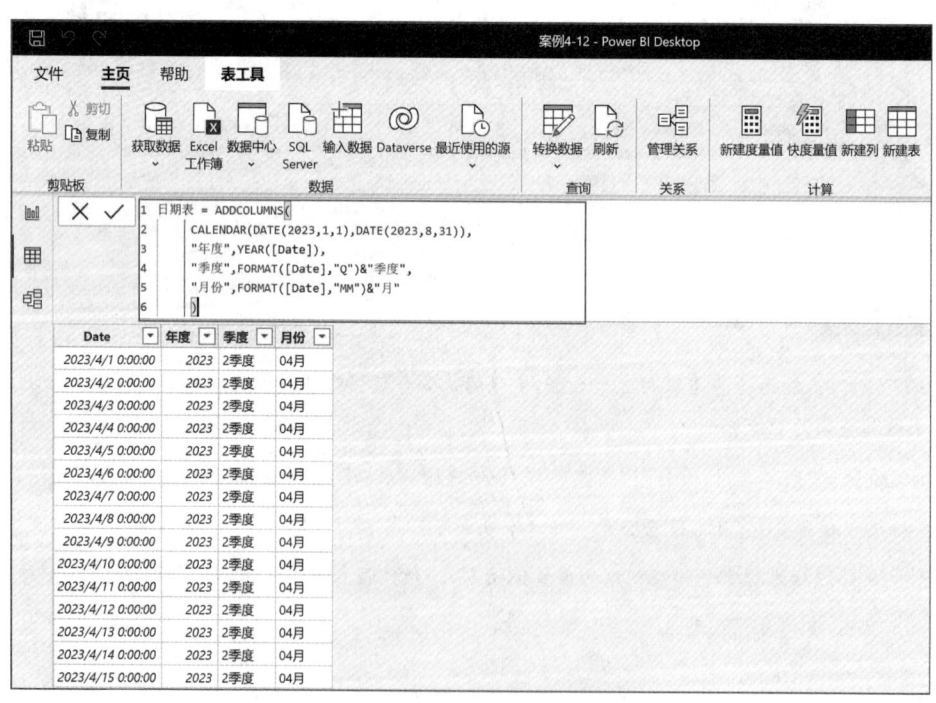

图 4-44 "日期表"公式

 操作提示 4-14

(1) 由于公式较长,为了便于理解,在输入公式时,可通过"ALT＋Enter"组合键在公式中换行。

（2）创建日期表，有两个函数，一个是上述的 CALENDAR 函数，属于手动创建日期表；另一个是 CALENDARAUTO 函数，是自动识别数据中涉及的日期范围生成日期表，其语法格式为"CALENDARAUTO([fiscal_year_end_month])"，参数为从 1 到 12 整数的任何 DAX 表达式。如果省略，则默认为当前用户的日历表模板中指定的值（如果存在）；否则，默认值为"12"。因此，[案例 4-12]中的公式也可写成：

　　日期表＝ADDCOLUMNS(
　　　　　　　　CALENDARAUTO(8)，
　　　　　　　　"年度"，YEAR([Date])，
　　　　　　　　"季度"，FORMAT([Date],"Q")&"季度"，
　　　　　　　　"月份"，FORMAT([Date],"MM")&"月"
　　　　　　　　)

三、SUMMARIZE 函数创建新表

　　SUMMARIZE 函数主要用来汇总统计，返回的是一个汇总表，类似 Excel 透视表的功能。SUMMARIZE 函数的语法为"SUMMARIZE(表，列名 1[，列名 2]…[，新的表达式自定义列名名称，表达式]…)"，参数很多，有些参数都是可选的、可重复的。SUMMARIZE 函数的应用场景主要是提取维度表和返回汇总表。

二维码 4-8
SUMMA-
RIZE 函数

　　【案例 4-13】　打开"案例数据\第 4 章\案例 4-13.pbix"文件，要求：
　　（1）构建一个门店表，包括门店编码和门店名称列。
　　（2）构建一个汇总表，包括门店名称、商品名称和商品数量合计列。
　　【操作步骤】
　　（1）单击窗口左侧的"数据视图"，执行"表工具"|"计算"|"新建表"命令。
　　（2）在公式编辑栏中输入公式"门店表＝SUMMARIZE('销售明细表','销售明细表'[门店编码],'销售明细表'[门店名称])"，如图 4-45 所示。

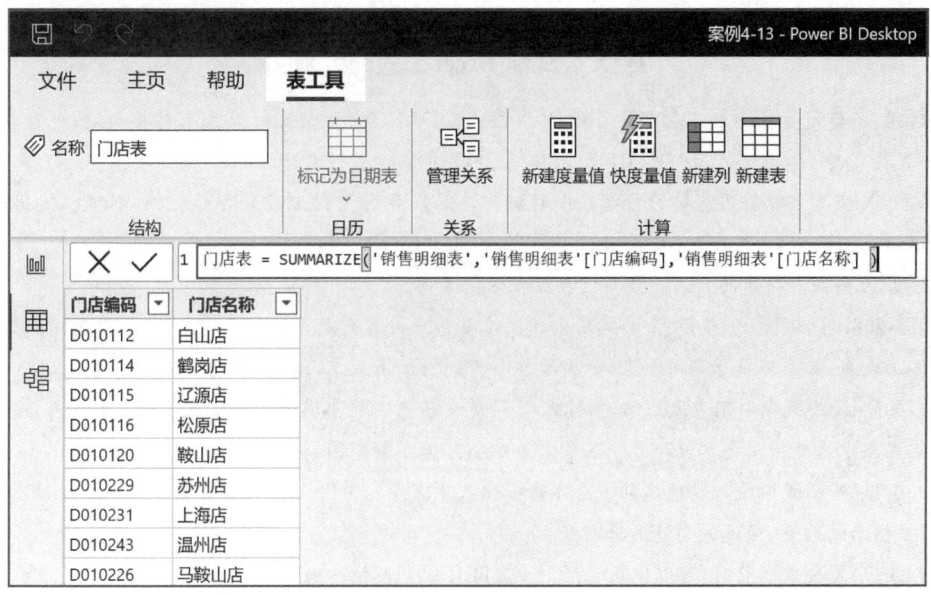

图 4-45　"门店表"公式

(3)执行"表工具"|"计算"|"新建表"命令,在公式编辑栏中输入公式"汇总表＝SUMMARIZE('销售明细表','销售明细表'[门店名称],'销售明细表'[商品名称],"销售数量合计",SUM('销售明细表'[数量]))",如图4-46所示。

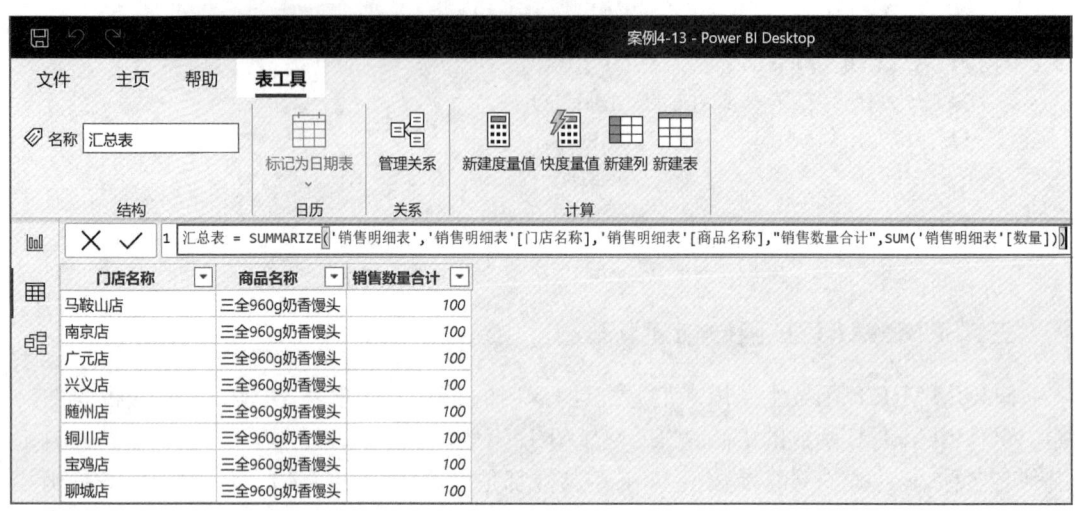

图4-46 "汇总表"公式

 操作提示 4-15

SUMMARIZE函数参数后面为列名和表达式,函数会自动计算并返回分组的汇总表,这是实际工作中最有意义的用法。

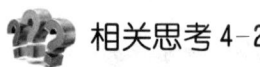 相关思考 4-2

DAX 公式和 Excel 公式的区别

新建列、新建度量值和新建表中常用到DAX公式。DAX公式与Excel公式有些类似,但也存在区别,那么DAX公式与Excel公式有哪些不同?在编写DAX公式时应注意什么呢?

(1) DAX公式只能引用完整的数据表或数据列。如果要引用列中某部分的数据,则可以使用能够筛选列或返回唯一值的DAX函数(如CALCULATE＋FILTER函数组合)。

(2) DAX公式中引用的列名和度量值要放在中括号内。

(3) 如果引用的列和当前DAX公式所创建的度量值或计算列属于同一个表,可以直接引用列,而不需要为列添加表名;如果不属于同一个表,则需要在引用列前加上表名,以示区分。

(4) 在DAX公式中引用表或列名时,输入"'"(英文状态下的单引号),会提供可选参数列表,通过上下方向键在列表中选择所需参数即可。如果需要缩小可选列表范围,输入所在的表名即可。

(5) 在DAX公式中输入函数名第一个字母或输入左方中括号"["时,将自动显示与当前输入匹配的函数名、度量值名的列表,通过方向键选择即可。

(6) 当DAX公式较长时,可以使用ALT＋ENTER组合键换行输入。

(7) DAX公式不区分大小写。

第五节 综合案例

本节通过一个综合案例展示数据建模在数据分析中的应用。根据给定的虚拟的某公司会员消费数据,在 Power BI 中使用 DAX 公式构建 RFM 模型来评估公司客户的价值,使用合适的图表创建会员 RFM 分析报告,以便进行有针对性的营销决策,实现精细化运营。

RFM 模型是衡量客户价值和客户创造利益能力的重要工具和手段。在众多的客户关系管理(CRM)的分析模式中,RFM 模型是被广泛提到的。RFM 模型根据客户最近一次消费(recency)、消费频率(frequency)、消费金额(monetary)计算出 RFM 值,并通过这三个维度来评价客户的价值。

最近一次消费(recency):客户上一次购买的时间。理论上,上一次消费时间越近的顾客应该是比较好的顾客,对提供即时的商品或是服务也最有可能会有反应。R 指标反映了客户对品牌的熟悉度。

消费频率(frequency):客户在一段时间内所消费的次数。F 值越大,表示客户在最近一段时间交易的次数越多。F 指标反映了客户对品牌的忠诚度。

消费金额(monetary):客户在一段时间内的消费金额。M 值越大,表示客户的消费能力越强。M 指标反映了客户的价值和对产品认可度。

将每个维度的值分为高、低两档,得出的客户类型判别如表 4-11 所示。

表 4-11　　　　　　　　　　　客户类型判别

R 分类	F 分类	M 分类	客户类型
高	高	高	重要价值客户
高	低	高	重要发展客户
低	高	高	重要保持客户
低	低	高	重要挽留客户
高	高	低	一般价值客户
高	低	低	一般发展客户
低	高	低	一般保持客户
低	低	低	一般挽留客户

【案例 4-14】 导入"案例数据\第 4 章\案例 4-14.xlsx"文件,在 Power BI 中实现以下功能。

1. 构建 RFM 表

RFM 表通过分析会员销售数据,将每个会员的 R、F、M 得分值与平均值做对比(每个要素优于平均值记为 1,否则记为 0),将会员分为以下 8 种:

(1) 000 型:消费金额和消费次数都小,且近期没有消费,属于"一般挽留会员"。

(2) 001 型:消费金额较高,但近期没有消费且消费次数较少,属于"重要挽留会员"。

(3) 010型:消费频率较高,但近期没有消费且消费金额较小,属于"一般保持会员"。

(4) 100型:近期有消费,但消费金额较小和消费次数较少,属于"一般发展会员"。

(5) 011型:消费频率和消费金额都高,但近期没有消费,属于"重要保持会员"。

(6) 101型:消费次数少,但近期有消费且消费金额较大,属于"重要发展会员"。

(7) 110型:尽管近期有消费,且消费次数较多,但消费金额偏小,属于"一般价值会员"。

(8) 111型:近期有消费,且消费金额和消费次数都大,属于"重要价值会员"。

2. 创建会员RFM分析报告

使用合适的图表创建会员RFM分析报告,显示会员数量、各会员种类的数量和占比、每种会员类型的业绩贡献度及每个会员的最近购买日期、购买次数、消费金额等详细信息。

【操作步骤】

(1) 打开Power BI Desktop应用软件,执行"主页"|"数据"|"Excel工作簿"命令,导入"第4章\案例4-14.xlsx"文件中的"销售明细表",将数据加载至Power BI Desktop中。单击窗口左侧的"数据视图",将窗口切换至数据视图。

(2) 确定R值为指定日期和最近购买日期之间的差异天数:

① 计算每个会员的最近一次消费日期:执行"表工具"|"计算"|"新建列"命令,在公式编辑栏中输入公式"最近一次消费日期=

MAXX(

FILTER('销售明细表',EARLIER('销售明细表'[会员ID])='销售明细表'[会员ID]),

'销售明细表'[销售日期]

)",如图4-47所示。

二维码4-9
确定R值

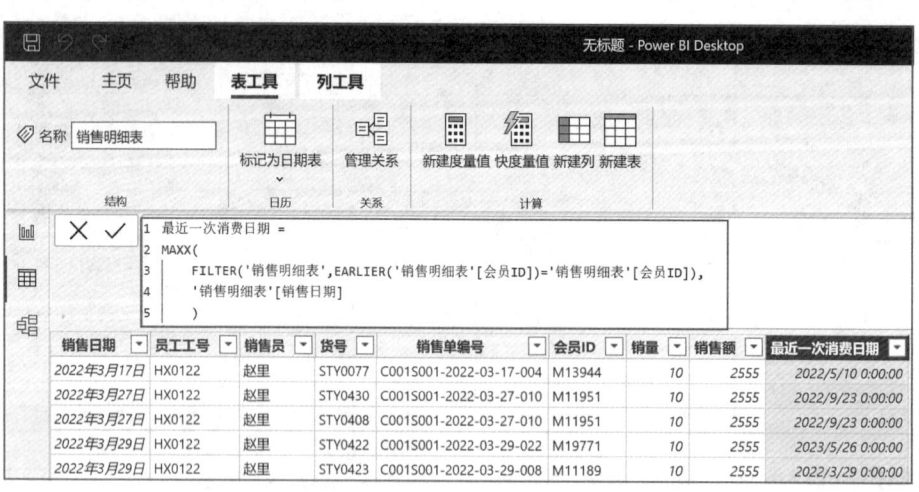

图4-47 "最近一次消费日期"公式

② 修改"最近一次消费日期"列的数据格式:选中"数据"窗格中的"最近一次消费日期"字段,单击"列工具"|"格式化"|"格式",从下拉列表中选择"2001/3/14(Short Date)"选项,如图4-48所示。

③ 计算R值:执行"列工具"|"计算"|"新建列"命令,在公式编辑栏中输入公式"R=DATE(2023,7,31)-'销售明细表'[最近一次消费日期]",如图4-49所示。

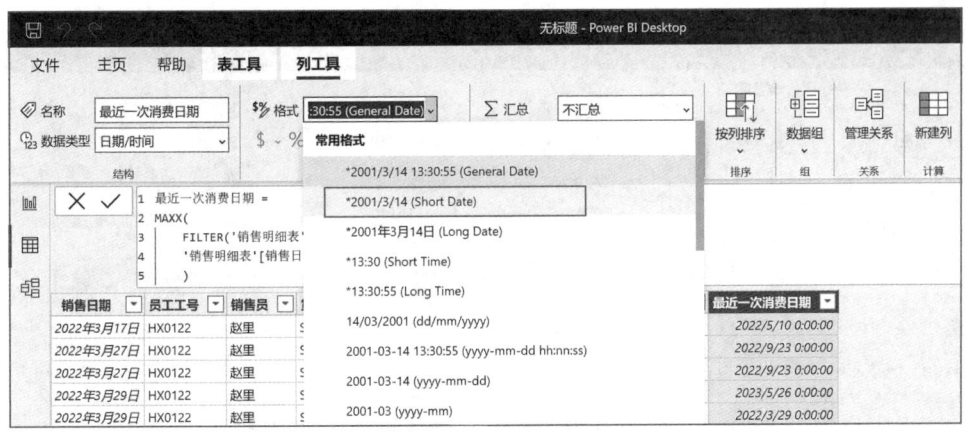

图 4-48　修改"最近一次消费日期"列的数据格式

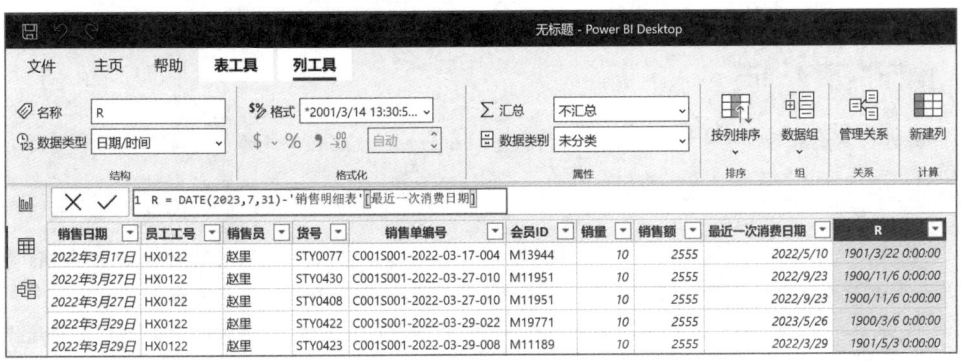

图 4-49　"R"值公式

④ 修改"R"列的数据类型：选中"数据"窗格中的"R"字段，执行"列工具"|"结构"|"数据类型"命令，从下拉列表中选择"整数"选项，在弹出的对话框中单击"是"按钮，如图 4-50 所示。数据类型更改后的 R 值，如图 4-51 所示。

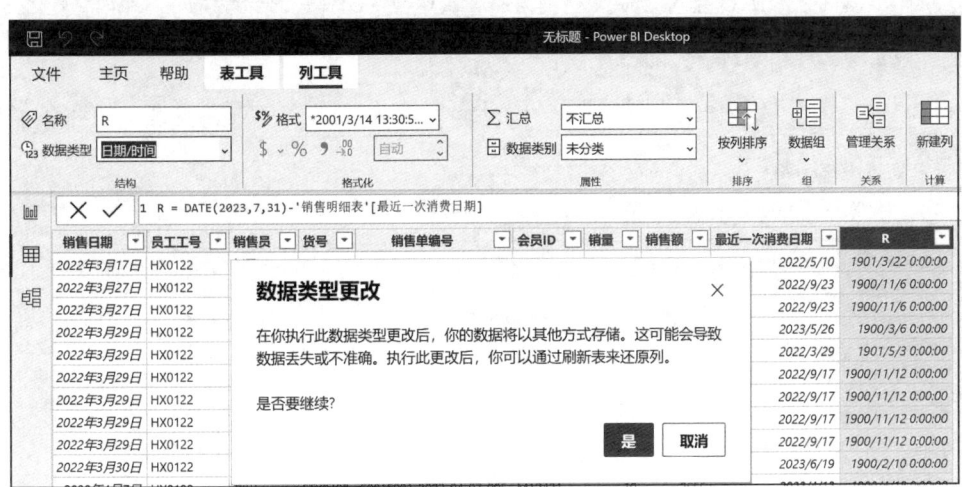

图 4-50　修改"R"列的数据类型

图 4-51 数据类型更改后的"R"值

 操作提示 4-16

（1）EARLER 函数返回的是外部计算传递的数字所在列的当前行值。其语法为：EARLIER(<column>,<number>)，第一个参数解析为列的列或表达式，第二个参数为可选参数，表示外部计算传递的正数。省略时默认为"1"。

（2）最近一次消费日期公式中，使用"FILTER+EARLER"将表范围确定为每个会员内部；再使用 MAXX 函数针对每个会员内部的销售日期进行对比，取最大值，即为最近一次消费日期。

（3）DAX 函数的日期可以直接相加减进行运算，但 Power Query 中 M 函数的日期不能直接进行加减运算，需要转换成数值。

（3）确定 F 值。F 值即交易次数，可通过对销售单编号进行非重复计数获得：执行"表工具"|"计算"|"新建度量值"命令，在公式编辑栏中输入公式"F=DISTINCTCOUNT('销售明细表'[销售单编号])"，如图 4-52 所示。

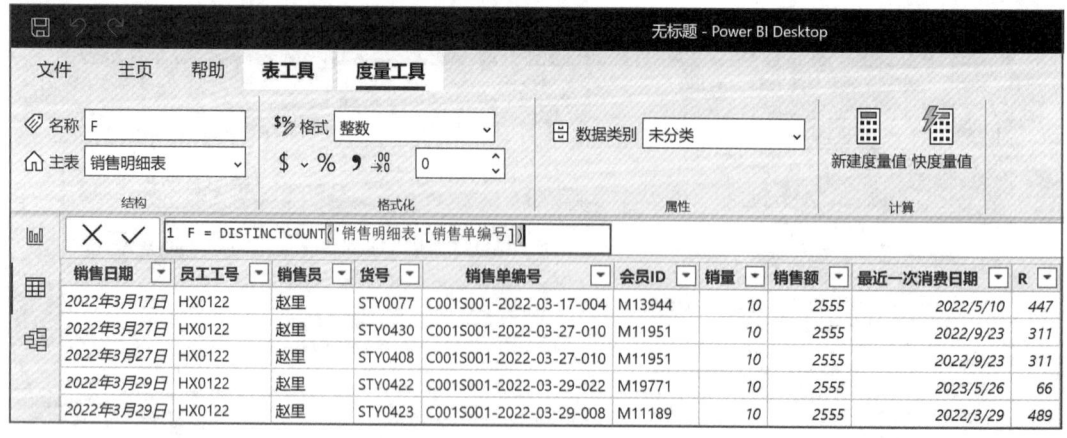

图 4-52 "F"值公式

操作提示 4-17

(1) DISTINCTCOUNT 函数表示对列中的非重复值数目进行计数。其语法为：DISTINCTCOUNT(<column>)，其中，column 表示包含要计数的值的列，是此函数的唯一参数。可使用包含任何数据类型的列。如果无法找到要计数的行，函数将返回空白，否则返回非重复值计数。

(2) DISTINCTCOUNT 函数包括空白值。要跳过空白值，应使用 DISTINCTCOUNTNOBLANK 函数。

(4) 确定 M 值。M 为每个会员贡献的销售金额：执行"表工具"|"计算"|"新建度量值"命令，在公式编辑栏中输入公式"M＝SUM('销售明细表'[销售额])"，如图 4-53 所示。

图 4-53 "M"值公式

(5) 新建 RFM 表：

① 使用 SUMMARIZE 函数新建一张表，命名为"RFM 表"：执行"表工具"|"计算"|"新建表"命令，在公式编辑栏中输入公式"RFM 表＝SUMMARIZE('销售明细表','销售明细表'[会员 ID],'销售明细表'[R],"F",[F],"M",[M])"，如图 4-54 所示。

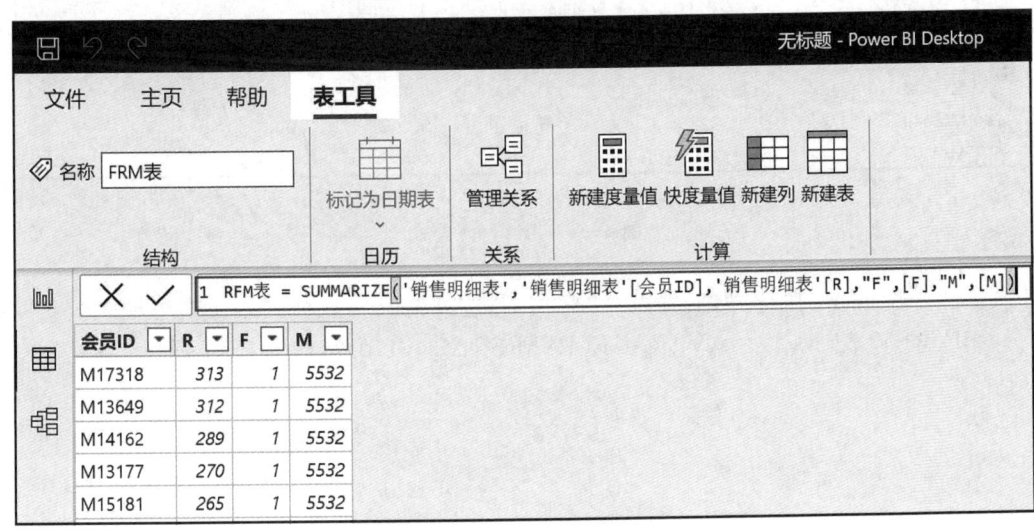

图 4-54 "RFM 表"公式

② 计算 R 得分：执行"表工具"|"计算"|"新建列"命令，在公式编辑栏中输入公式"R 得分=IF('RFM 表'[R]<=AVERAGE('RFM 表'[R]),1,0)"，如图 4-55 所示。

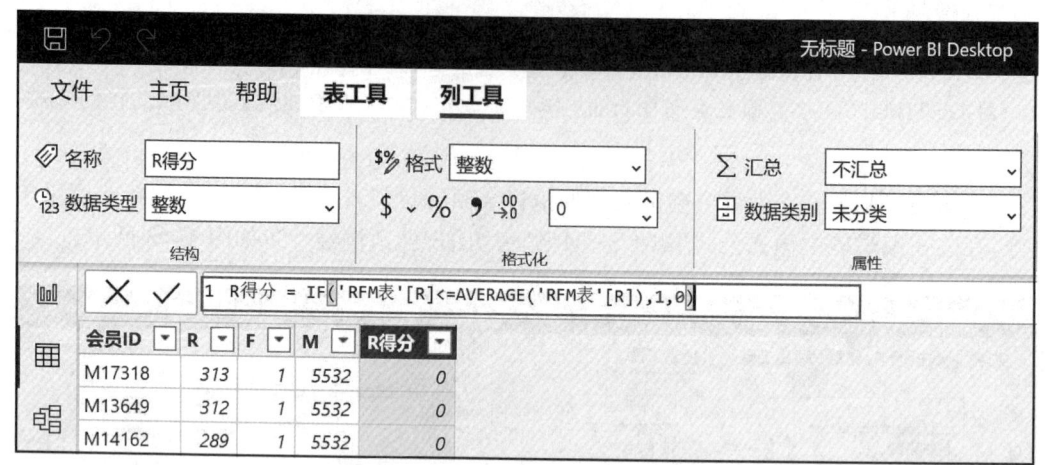

图 4-55 "R 得分"公式

③ 计算 F 得分：执行单击"列工具"|"计算"|"新建列"命令，在公式编辑栏中输入公式"F 得分=IF('RFM 表'[F]>=AVERAGE('RFM 表'[F]),1,0)"，如图 4-56 所示。

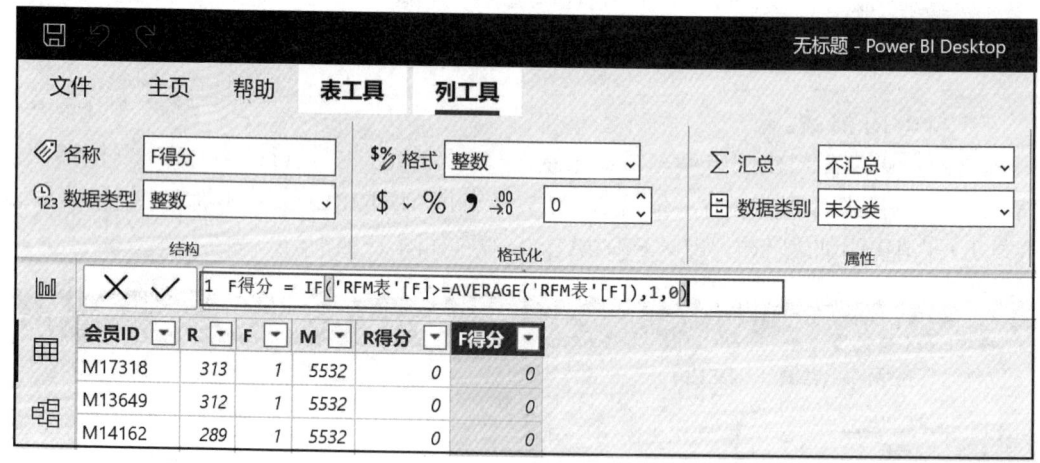

图 4-56 "F 得分"公式

④ 计算 M 得分：执行"列工具"|"计算"|"新建列"命令，在公式编辑栏中输入公式"M 得分=IF('RFM 表'[M]>=AVERAGE('RFM 表'[M]),1,0)"，如图 4-57 所示。

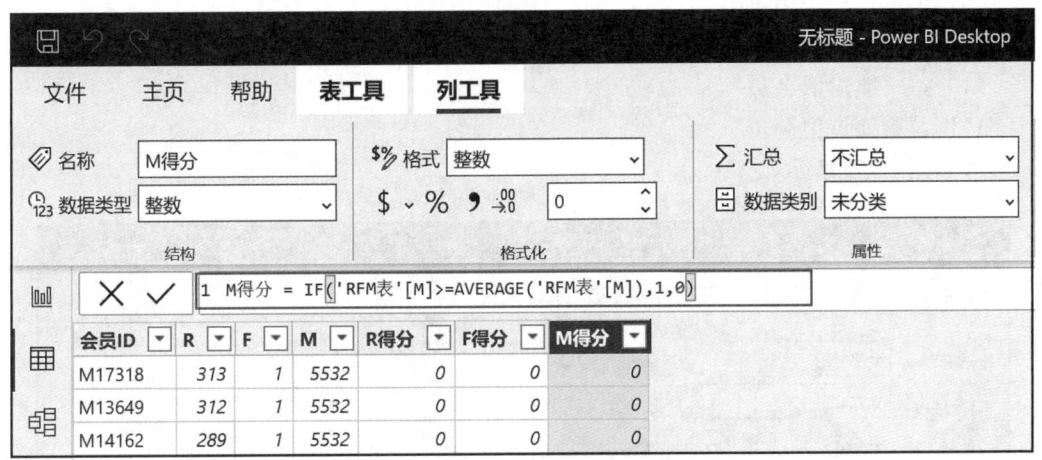

图 4-57 "M 得分"公式

操作提示 4-18

R 得分公式与 F 得分、M 得分两个公式相反,天数越小代表消费日期越近,得分越高。

⑤ 合并得分:执行"列工具"|"计算"|"新建列"命令,在公式编辑栏中输入公式"RFM='RFM 表'[R 得分]&'RFM 表'[F 得分]&'RFM 表'[M 得分]",如图 4-58 所示。

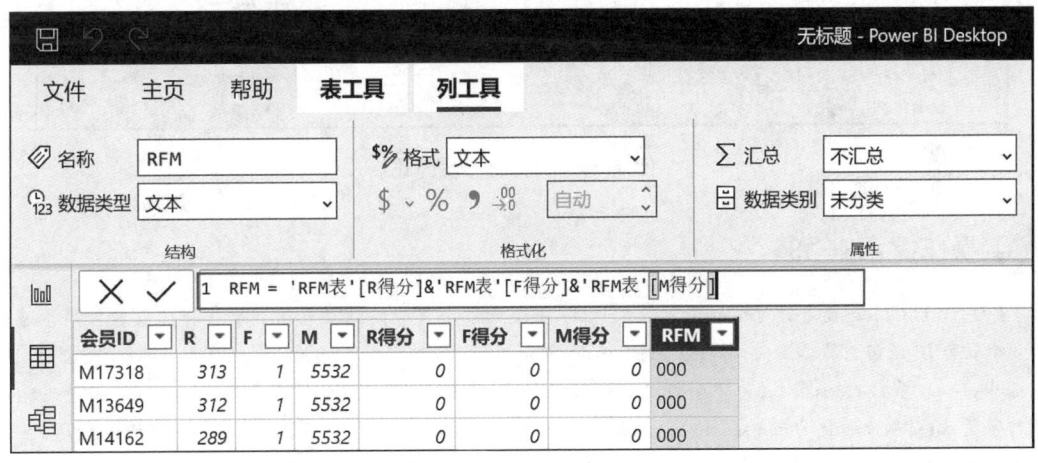

图 4-58 "RFM"公式

⑥ 会员分组:根据 RFM 值,对会员进行分组。执行"列工具"|"计算"|"新建列"命令,在公式编辑栏中输入公式"会员分组＝
SWITCH('RFM 表'[RFM],
"000","一般挽留会员",
"001","重要挽留会员",
"010","一般保持会员",
"100","一般发展会员",

"011","重要保持会员",
"101","重要发展会员",
"110","一般价值会员",
"111","重要价值会员"
)",如图 4-59 所示。

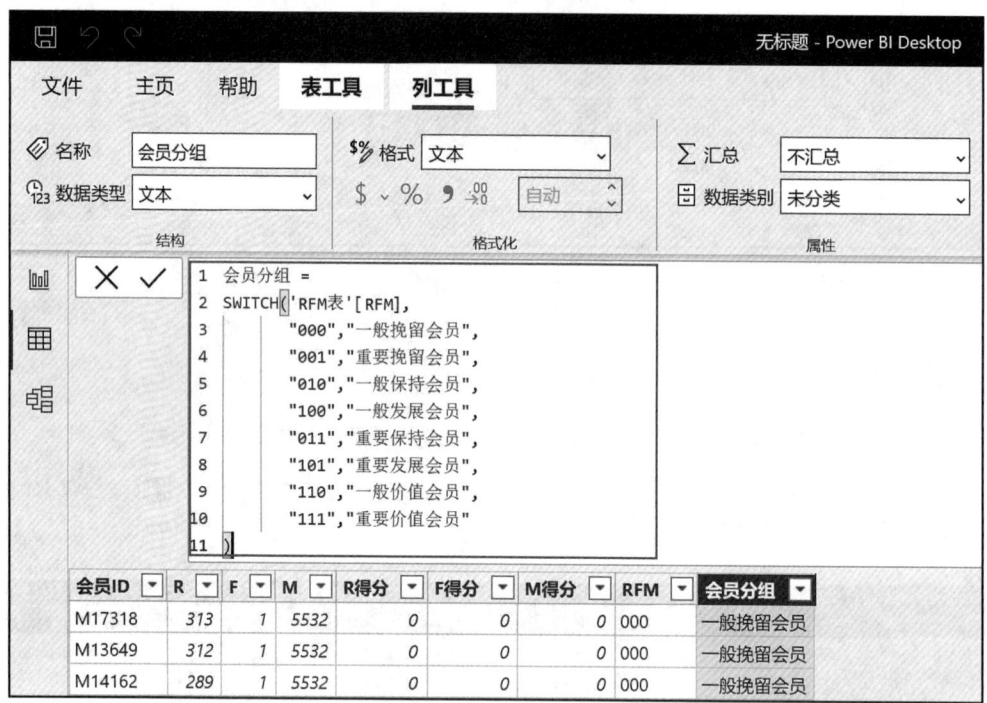

图 4-59 "会员分组"公式

二维码 4-10
SWITCH
函数

操作提示 4-19

(1) SWITCH 函数是针对值列表计算表达式,并返回多个可能的结果表达式之一。此函数可用于避免有多个嵌套 IF 语句。其语法为:SWITCH(<expression>,<value>,<result>[,<value>,<result>]…[,<else>]),参数 expression 为单个标量值的任何 DAX 表达式;参数 value 为要与 expression 的结果相匹配的常量值;参数 result 为当 expression 的结果与对应的 value 匹配时,要进行计算的任何标量表达式;参数 else 为如果 expression 的结果与任何 value 参数都不匹配,要进行计算的任何标量表达式。

(2) 会员分组公式中,也可以使用 IF 函数,但因为会员分类较多,使用 SWITCH 函数比 IF 函数简约。

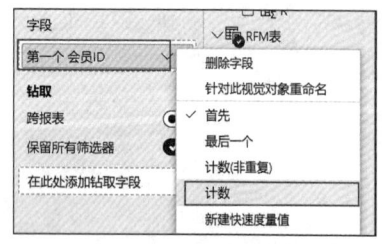

图 4-60 "环形图"参数设置

(6) 创建会员 RFM 分析报告——显示会员数量:

① 使用卡片图显示会员数量:单击"可视化"窗格中的"卡片图"按钮,将"数据"窗格中"RFM 表"的"会员 ID"字段拖曳至"字段"文本框中,单击"第一个会员 ID"右侧的下拉按钮,从展开的下拉列表中选择"计数"选项,如图 4-60 所示。

② 设置卡片图格式:单击"可视化"窗格中的"设置视

觉对象格式"按钮,关闭"类别标签",如图 4-61 所示。切换至"常规"页签,打开"标题"下拉列表,将标题设置为"会员数量",字体为"15"磅,加粗,水平居中,并设置边框,如图 4-62 所示。设置完成的卡片图如图 4-63 所示。

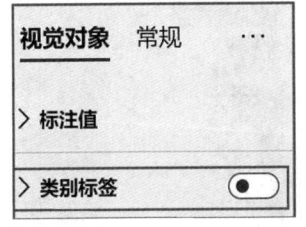

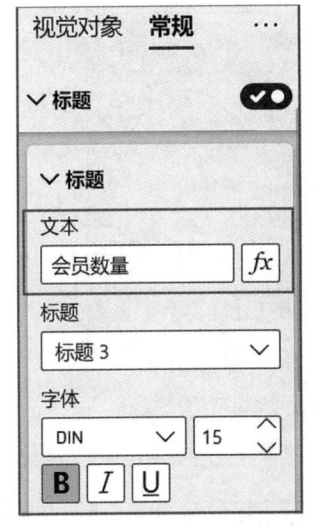

图 4-61 "卡片图"格式设置 1　　图 4-62 "卡片图"格式设置 2　　图 4-63 设置完成的"卡片图"

（7）创建会员 RFM 分析报告,显示各会员种类的数量：

① 使用条形图显示各会员种类的数量：单击"可视化"窗格中的"条形图"按钮,设置条形图的相关参数,如图 4-64 所示。

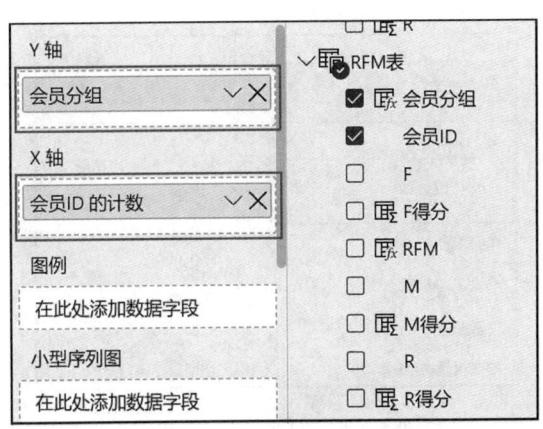

图 4-64 "条形图"参数设置

② 设置条形图格式：单击"可视化"窗格中的"设置视觉对象格式"按钮,关闭"Y 轴"的"标题",如图 4-65 所示；关闭"X 轴",打开"数据标签",并将"值"的显示单位设置为"无",如图 4-66 所示。切换至"常规"页签,打开"标题",将标题设置为"会员数量（按 RFM 类型）",字体为"15"磅,加粗,水平居中,并设置边框,设置完成的条形图如图 4-67 所示。

  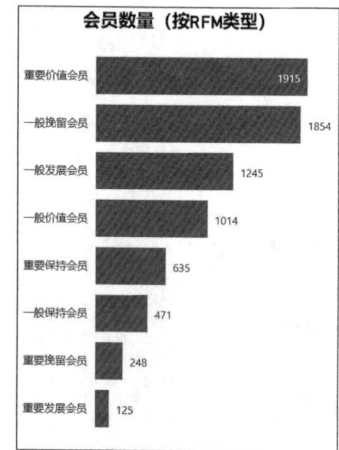

图 4-65 "条形图"格式设置 1　　图 4-66 "条形图"格式设置 2　　图 4-67 设置完成的"条形图"

(8) 创建会员 RFM 分析报告,显示会员种类占比。

① 使用环形图显示会员种类占比:单击"可视化"窗格中的"环形图"按钮,设置环形图的相关参数,如图 4-68 所示。

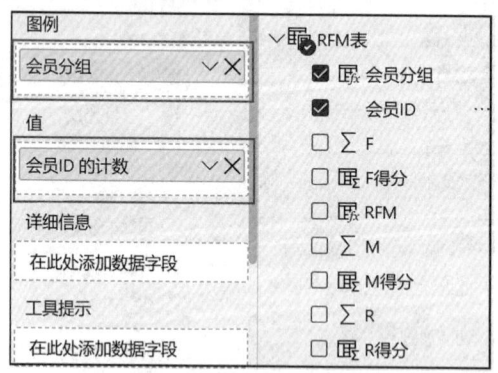

图 4-68 "环形图"参数设置

② 设置环形图格式:单击"可视化"窗格中的"设置视觉对象格式"按钮,关闭"图例","详细信息标签"的"标签内容"改为"类别,总百分比",如图 4-69 所示。切换至"常规"页签,将标题改为"会员占比",字体为"15"磅,加粗,水平居中,并设置边框,如图 4-70 所示。设置完成的环形图如图 4-71 所示。

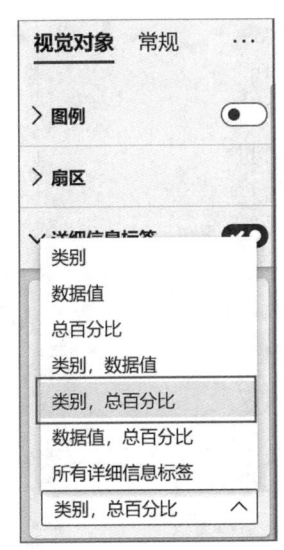
图 4-69 "环形图"格式设置 1

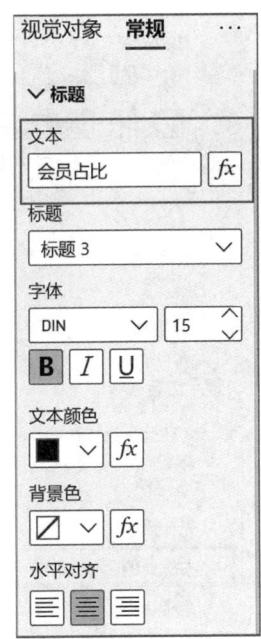
图 4-70 "环形图"格式设置 2

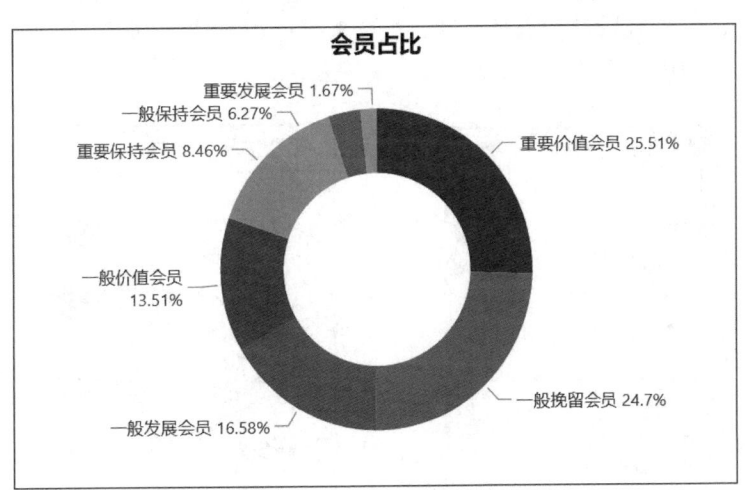
图 4-71 设置完成的"环形图"

（9）创建会员 RFM 分析报告，显示每类会员类型的业绩贡献度：

① 使用瀑布图体现每类会员类型的业绩贡献度：单击"可视化"窗格中的"瀑布图"按钮，设置瀑布图的相关参数，如图 4-72 所示。单击"Y 轴"的"M 的总和"右侧下拉按钮，选择"将值显示为"|"占总计的百分比"，如图 4-73 所示。

② 设置瀑布图格式：单击"可视化"窗格中的"设置视觉对象格式"按钮，关闭"X 轴"和"Y 轴"的

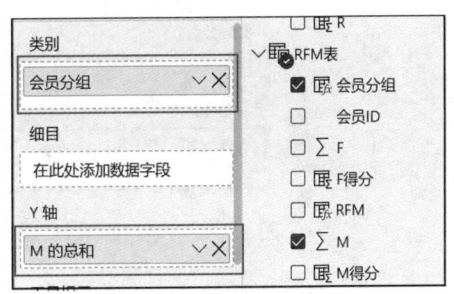
图 4-72 "瀑布图"参数设置 1

图 4-73 "瀑布图"参数设置 2

"标题",如图 4-74 所示;关闭"图例",打开"数据标签",如图 4-75 所示。切换至"常规"页签,打开"标题",将标题设置为"会员业绩贡献度",字体为"15"磅,加粗,水平居中,并设置边框,设置完成的瀑布图如图 4-76 所示。

图 4-74 "瀑布图"格式设置 1

图 4-75 "瀑布图"格式设置 2

(10) 创建会员 RFM 分析报告,显示每个会员的最近购买日期、购买次数、消费金额等详细信息:

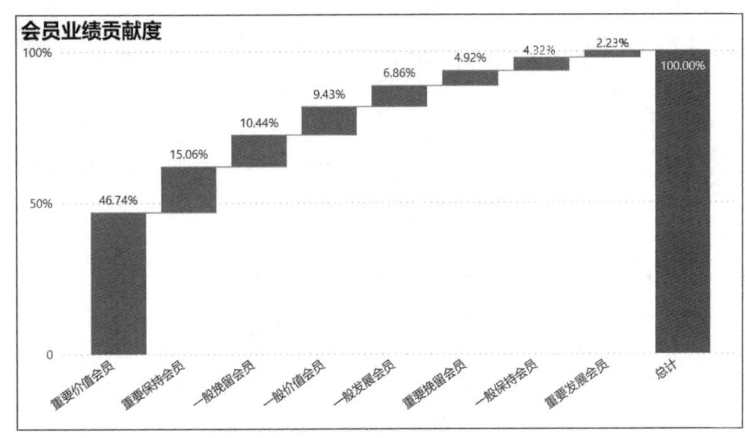

图 4-76 设置完成的"瀑布图"

① 使用"表"显示每个会员的最近购买日期、购买次数、消费金额等详细信息。由于需要用到"销售明细表"和"RFM 表"中的部分字段，需要先创建这两个表格的关系。切换至"模型视图"，选中"销售明细表"中的"会员 ID"字段，拖曳到"RFM 表"的"会员 ID"字段，即建立"销售明细表"和"RFM 表"的关系，如图 4-77 所示。

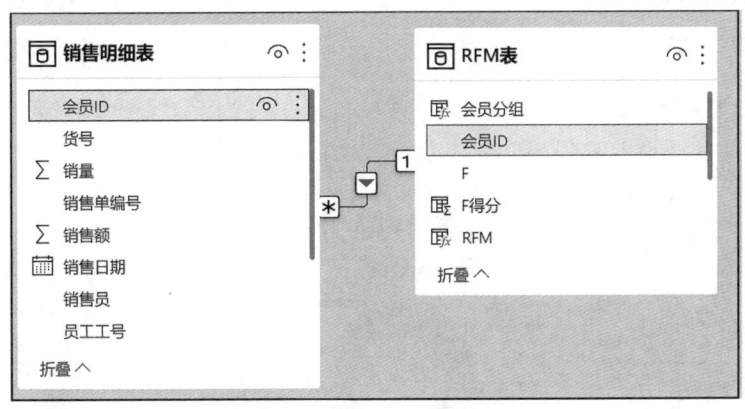

图 4-77 创建关系

② 插入"表"：切换至"报表视图"，单击"可视化"窗格中的"表"按钮，将"RFM 表"中的"会员 ID""会员分组"字段依次拖曳至"列"，将"销售明细表"中的"最后一次消费日期""F""M"字段依次拖曳至"列"，单击"列"中的"最近一次消费日期"右侧的下拉按钮，从展开的下拉列表中选择"最近一次消费日期"，如图 4-78 所示。双击"最近一次消费日期"，将其更改为"最近消费日期"，同理将"F"更改为"消费次数"，"M"更改为"消费金额"，如图 4-79 所示。

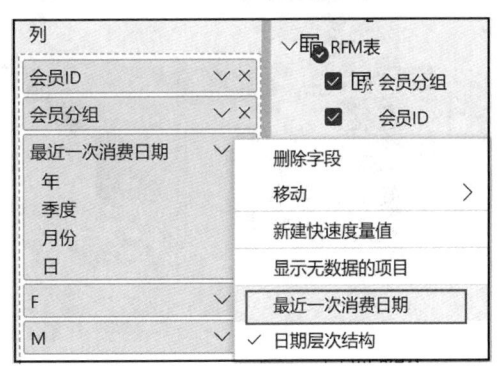

图 4-78 "表"参数设置 1

③ 设置表格式：单击"可视化"窗格中的"设置视觉对象格式"按钮，将"值"字体设置为"10"磅，列标题的文本字体为"11"磅，加粗，水平居中，并设置边框，设置完成的表如图 4-80 所示。

图 4-79 "表"参数设置 2

图 4-80 设置完成的"表"

（10）插入文本框，输入"会员 RFM 分析"，设置字号为"32"磅，并将文件保存为"案例 4-14"，最终完成的会员 RFM 分析报告，如图 4-81 所示。

图 4-81 会员 RFM 分析报告

思政育人

大数据的破茧化蝶

大数据的挖掘就如春蚕破茧的过程。大数据挖掘极大地扩展了数据分析的范围,从简单的数学计算到无监督学习的聚类运算,可以处理的数据量大大超出了传统的数据分析。大数据挖掘不仅可以基于历史数据进行描述性的分析,找到隐含的规律;还可以根据发现的规律进行预测性分析。大数据挖掘分析所能产生的价值非传统的数据分析可以比拟,通过挖掘算法找到价值点便结束了结蛹之路,可以破茧而出。

而大数据的可视化则是化蝶的过程。进入 21 世纪后,人们对于数据的需求不是简单获取更多的数据,而是更少的数据和更好地理解数据。良好的数据展现形式是以较少的数据有效传达数据背后的知识和思想,让人直观地感受到数据想强调的重点,并且符合人类的美感,如振动翅膀的彩蝶,让人印象深刻。

思政寄语

党的二十大报告指出:加快发展数字经济,促进数字经济和实体经济深度融合,打造具有国际竞争力的数字产业集群。我们每个人都是国家的一员,国家命运与个人前途休戚相关,国家的数字战略也将影响到我们每一个人。因此,我们应充分利用数据采集、清洗、建模与分析、可视化呈现等大数据技术,才能更好地实现对企业的监管和行业运行的分析。

资料来源:聂瑞芳,胡玉姣.财务大数据分析[M].北京:人民邮电出版社,2022.

本 章 小 结

本章主要学习了 Power BI 数据建模。通过本章的学习,我们认识了表的分类、关系及关系的类型;熟悉了 DAX 的语法、运算符及函数;掌握了表与表之间关系的创建;使用常用的 DAX 函数新建列、新建度量值及新建计算表。在这基础上,结合案例数据,我们能够根据数据分析的需要完成 Power BI 数据建模。

本章重要概念

维度表 事实表 一对多 多对一 一对一 关系模型 星形布局 雪花形布局 新建列 新建度量值 新建计算表 SUM SUMX RELATED CALCULATE FILTER PREVIOUSMONTH SAMEPERIODLASTYEAR DATEADD TOTALYTD DATESYTD UNION ADDCOLUMNS CALENDAR SUMMARIZE SWITCH FORMAT DATE MAXX DISTINCTCOUNT

本 章 练 习

一、单项选择题

1. 创建的度量值在"数据"窗格中字段名称前带有（　　）图标。
   A. ▦　　　　　　　　　　　　B. ▦
   C. ▦　　　　　　　　　　　　D. ▦

2. 星形布局模式的特点是事实表外侧只有（　　）维度表。
   A. 一层　　　B. 两层　　　C. 三层　　　D. 多层

3. 在 DAX 公式中，（　　）符号用来引用表名。
   A. " "　　　　B. ' '　　　　C. [ ]　　　　D. ( )

4. 在做同比、环比、滚动预测、移动平均等数据分析时，通常会用到（　　）。
   A. 数学函数　　　　　　　　　B. 统计函数
   C. 时间智能函数　　　　　　　D. 筛选器函数

5. 下列（　　）函数可用于计算截至当前上下文日期的累计值。
   A. TOTALYTD　　B. SUMMARIZE　　C. DATESYTD　　D. DATEADD

6. 下列关于事实表的表述，正确的是（　　）。
   A. 事实表主要用于生成分析表的行或列，生成筛选器和切片器
   B. 事实表通常处于关系视图中"1"端
   C. 事实表通常存入各种分类信息，内容相对固定
   D. 事实表数据量大，有较多数值型字段，可生成各种分析指标

二、多项选择题

1. 下列属于时间智能函数的有（　　）。
   A. PREVIOUSMONTH　　　　　B. SAMEPERIODLASTYEAR
   C. DATEADD　　　　　　　　D. ADDCOLUMNS

2. 在 Power BI 中，关系模型的布局包括（　　）。
   A. 星形　　　B. 网状型　　　C. 层次型　　　D. 雪花形

3. 在 Power BI 中，根据关系的不同，可以将其分成（　　）类型。
   A. 一对多　　B. 一对一　　　C. 多对多　　　D. 多对一

4. DAX 公式中，"[ ]"用来引用（　　）。
   A. 列名　　　B. 度量值名　　C. 表名　　　D. 行名

5. 下列函数可以计算去年同期的值有（　　）。
   A. SAMEPERIODLASTYEAR　　　B. PREVIOUSYEAR
   C. DATESYTD　　　　　　　　D. DATEADD

6. DAX 公式中,运算符的类型包括(　　　)。
   A. 算术运算符　　　　　　　　　　B. 文本运算符
   C. 比较运算符　　　　　　　　　　D. 逻辑运算符

三、判断题

1. 所有的 DAX 函数都必须设置参数。　　　　　　　　　　　　　　　　　　(　　)
2. 在实际应用中,能用新建列来解决的问题,尽量不要用新建度量值。　　　　(　　)
3. 创建度量值时,在公式编辑中引用列,可以直接写上'表名'[列名]。　　　　(　　)
4. 在 Power BI 中,关系是指两个表之间建立在同一属性字段上的联系。　　　(　　)
5. 度量值是用 DAX 公式创建的一个虚拟字段的数据值。　　　　　　　　　　(　　)
6. CALCULATE 函数是 DAX 函数中最复杂、最灵活、最强大的函数,被称为 DAX 函数中的最强大的计算器函数。　　　　　　　　　　　　　　　　　　　　　(　　)
7. DIVIDE 函数又称安全除法函数,它的好处是当分母为 0 时,系统不报错,可以显示为空,但不能显示为其他特定信息。　　　　　　　　　　　　　　　　　(　　)
8. DAX 公式中,如果度量值引用其他表中已创建的度量值,必须加上表名。　　(　　)
9. UNION 函数在合并多表时,要合并的多个表最终是依次拼接在后面,不会自动汇总,但重复的行会被删除。　　　　　　　　　　　　　　　　　　　　　(　　)
10. SUMMARIZE 函数参数后面带上列名和表达式,函数会自动计算并返回分组的汇总表,这是实际工作中最有意义的用法。　　　　　　　　　　　　　　　　(　　)

四、思考题

1. 简述维度表和事实表的区别。
2. Power BI 数据建模中,新建列与新建度量值有何区别? 在实践中如应用?
3. 举例说明 CALCULATE 的具体应用。
4. 举例说明时间智能函数的具体应用。

五、实训题

　　导入"案例数据\第 4 章\实训题.xlsx"文件,创建"人员结构分析仪表盘",以实现以下功能:
1. 动态选择任意年份和季度查看当时的公司人员结构状态。
2. 选定时间区间下的公司期末在职人数、新入职人数、30 岁以下员工占比。
3. 从性别、文化程度、职称三个维度查看期末在职人数构成情况。
4. 查看每个月的员工数量变化趋势及 30 岁以下员工占比趋势。

第五章　Power BI 数据可视化

- 内容提要
- 重点难点
- 学习目标
- 知识框架
- 引例
- 第一节 图表类型选择与标准
- 第二节 常用的可视化图表
- 第三节 自定义可视化图表
- 第四节 图表美化
- 第五节 图表的交互式分析
- 第六节 综合案例
- 本章小结
- 本章重要概念
- 本章练习

内容提要

本章主要从图表选择原则、常见可视化图表、自定义可视化图表、图表的美化、图表的筛选、钻取、交互等方面介绍数据可视化的相关知识。

重点难点

本章重点为常用可视化元素的设置和操作，能够根据需要进行图表的筛选、钻取和编辑交互，满足智能分析的可视化需求；难点为能够结合具体案例，设计并选择合适的可视化元素。

学习目标

通过本章的学习，学生应熟悉 Power BI 默认的可视化元素和常见的自定义可视化元素，能够掌握常用可视化元素的设置和美化操作，掌握图表的筛选、钻取和编辑交互。

知识框架

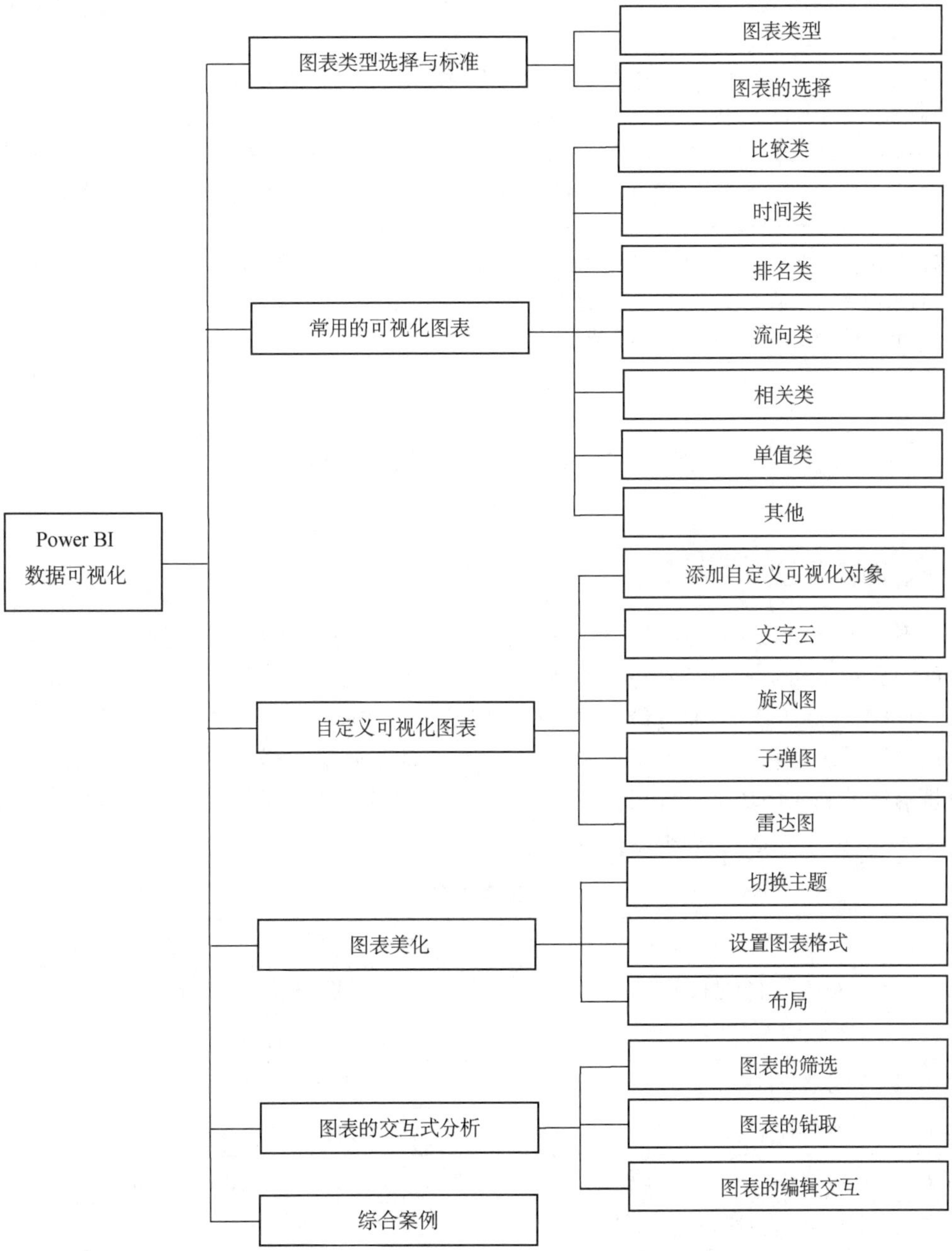

```
                    ┌─ 图表类型选择与标准 ─┬─ 图表类型
                    │                      └─ 图表的选择
                    │
                    │                      ┌─ 比较类
                    │                      ├─ 时间类
                    │                      ├─ 排名类
                    ├─ 常用的可视化图表 ───┼─ 流向类
                    │                      ├─ 相关类
                    │                      ├─ 单值类
                    │                      └─ 其他
Power BI            │
数据可视化 ─────────┤                      ┌─ 添加自定义可视化对象
                    │                      ├─ 文字云
                    ├─ 自定义可视化图表 ───┼─ 旋风图
                    │                      ├─ 子弹图
                    │                      └─ 雷达图
                    │
                    │                      ┌─ 切换主题
                    ├─ 图表美化 ───────────┼─ 设置图表格式
                    │                      └─ 布局
                    │
                    │                      ┌─ 图表的筛选
                    ├─ 图表的交互式分析 ───┼─ 图表的钻取
                    │                      └─ 图表的编辑交互
                    │
                    └─ 综合案例
```

引例　伦敦地铁图与可视化

地图作为最基本的数据可视化手段之一,至今已经有几千年的发展历程了。对早期设计师而言,为世界上任何一个大型城市设计一张交通地图都极具挑战性。

1863年1月,世界上最早的地铁——伦敦地铁开始正式运营。对于一个设计师来说,将这些地下线路和地面标志全部描绘进一张地图是一个巨大的挑战。1925年,年轻的工程制图员Harry Beck用90度和45度角的拐角和直线取代原来的弯曲线路,将传统地图变成了规则的线路图,于1933年正式发行。在正式发行的线路图中,各条地铁线路只在水平、垂直和45度对角线这三个方向上延伸,站点之间的相隔距离也被统一平均,所有站点和所属线路也采用了相同的明亮色彩,以示归属关系。同时,地铁地图中还加入了泰晤士河作为参照物,以表达每一站在地图中的相对位置。

一张地铁地图需要在极小的空间里塞进大量信息,而且以一种能被使用者凭直觉理解的方式呈现。它需要同时体出现美与实用、抽象与准确、完整与简单之间的张力,Harry Beck设计的地图成功做到了。

Harry Beck掌握了将地图的复杂系统转换成极简图表的艺术,通过合理化图形,创造出了一张联结各站的便利导航图,不追求传统的地理准确性,反而让乘客能轻松理解线路之间的联系。他将复杂的地理结构转化为清晰而易于理解的几何图表,并且采用了每个人都能理解的符号语言,使它与之前的地图设计截然不同。Harry Beck提示我们要根据用户的需求进行可视化设计,用最直接简洁的方式来传递信息。

资料来源:佚名.从那以后,世界所有的地图都在模仿他[EB/OL].(2020-02-19)[2023-10-25].https://mp.weixin.qq.com/s/Q5NoGLeW1rXK7ejaHtwf4g.

第一节 图表类型选择与标准

一、图表类型

文不如表,表不如图。通过可视化图表工具,可以直观地对数据进行探索分析,洞察数据背后的真相。初学者总是容易被各种绚丽的视觉对象吸引住,然后产生学习Power BI的想法,但是在实际工作中,通常最为常用和可以信赖的往往是最简单的视觉对象。只有尽可能使用简洁的表格和最基本的图形来展现数据,才能最快满足数据使用者的需求。根据数据分析的目的和应用场景,可以将各种可视化图表归纳为比较类、时间类、排名类、流向类、相关类、单值类和其他,图表类型如表5-1所示。

表5-1　　　　　　　　　　　图表类型

项目	特点	举例
比较类	对不同对象进行比较展现	柱状图、条形图、表、矩阵等
时间类	对时间变化进行展现	折线图、组合图、面积图等
排名类	对部分和总体进行展现	饼图、环形图、树状图等
流向类	对数据流向进行展现	瀑布图、漏斗图等
相关类	对数据之间关系进行展现	散点图、折线簇状柱形图等
单值类	对单个关键数据进行展现	卡片图、KPI图等
其他	对空间位置或筛选效果进行展现	地图、着色地图、切片器等

二、图表的选择

Power BI提供了200多种可视化图表,每种图表都有其自身特点,不同类型的图表展示数据的侧重点不同,选择合适的图表可以更好地进行数据分析可视化。面对几百种图表,在什么样的场景下使用何种图表就成了难题。当 Power BI 自带的可视化图表无法满足需求时,可在微软官网应用商店中引用第三方可视化图表。

创建可视化图表是数据分析的最后一步,也是数据分析结果落地最关键的一步。合适的图表,能从不同角度挖掘数据背后的意义,满足不同用户对数据洞察的需求。在创建可视化图表时,需要遵循如下原则:

(1) 尽量使用常用的图表。如柱形图、折线图、饼图、环形图等常规图表。
(2) 图表色彩尽量丰富,但不宜过多,推荐同色系。
(3) 适当使用图表背景色并分隔图表。
(4) 图表要设置升序或降序,显得规整。
(5) 重点关注图表的应用场景和局限性。

第二节 常用的可视化图表

一、比较类

1. 柱形图

柱形图的应用场景用于对比分析,显示一段时间内的数据变化或显示各项之间的比较情况。柱形图分为簇状柱形图、堆积柱形图、百分比堆积柱形图。

【案例 5-1】 下面以虚拟的某公司销售数据为例,展示柱形图的应用方法。

【操作步骤】

(1) 在 Power BI Desktop 中打开"5.2 常用的可视化图表-原始.pbix"文件,单击窗口左侧的"报表" 按钮,选择"第 1 页",将其重命名为"柱形图"。

(2) 单击"可视化"窗格中的"簇状柱形图"按钮,按图 5-1 所示设置柱形图的属性,生成的柱形图如图 5-2 所示。

二维码 5-1
柱形图

图 5-1 设置簇状柱形图

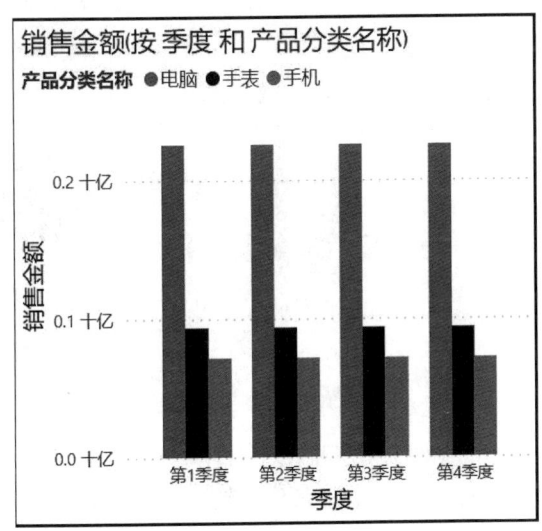

图 5-2 生成簇状柱形图

(3) 调整美化簇状柱形图,结果如图 5-3 所示,在"格式"列表中进行如下操作:

① 执行"常规"|"标题"命令,将标题文本修改为"销售金额分析",加粗,对齐方式设为"居中",文本大小设为"17"磅。

② 执行"常规"|"效果"命令,打开"视觉对象"对话框,设置圆角(像素)为"10"。

③ X 轴按照"季度"以升序排序。

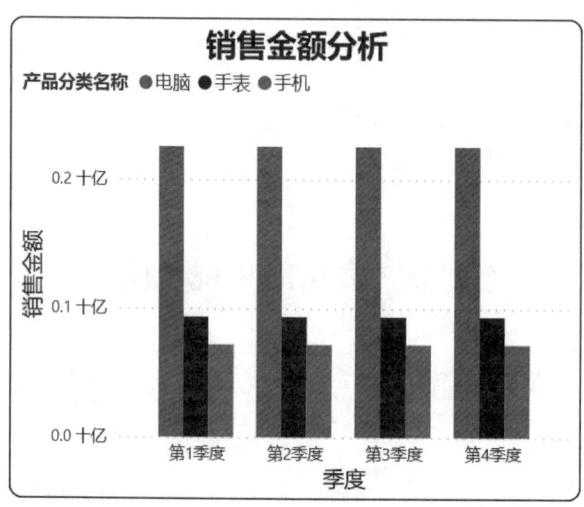

图 5-3 簇状柱形图结果

在"报表视图"中,复制粘贴图 5-3 所示的簇状柱形图,选中该图后在"可视化"窗格中变更为"堆积柱形图"和"百分比堆积柱形图",图表更新为相应视觉对象,结果如图 5-4 所示。可以看出,三种柱形图的格式设置是一致的。因此,当需要制作另外一张可视化图表时,为了保持格式一致,通过复制已经制作好的图表,可以将该图表的格式设置也同步复制过来,不用重复设置,大大提升了制图效率。

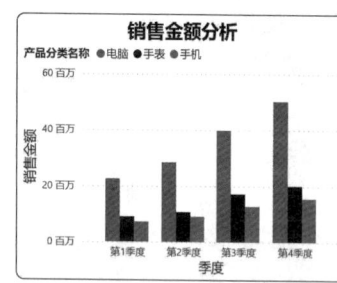 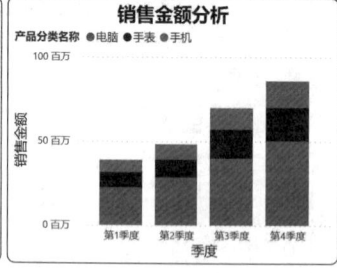 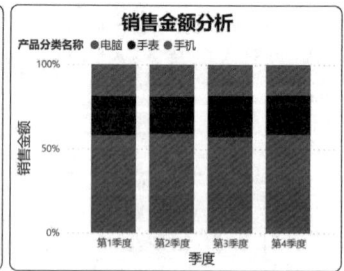

图 5-4 三种类型柱形图

2. 条形图

条形图的应用场景用于对比分析,通常显示多数项目之间的比较情况,适用于当维度分类较多,而且维度字段名称又较长的情景。条形图分为簇状条形图、堆积条形图、百分比堆积条形图。

【案例 5-2】 下面以虚拟的某公司销售数据为例,展示条形图的应用方法。

【操作步骤】

（1）在打开的"5.2 常用的可视化图表-原始.pbix"文件中,单击窗口左侧的"报表"按钮,新建报表页,将其重命名为"条形图"。

（2）单击"可视化"窗格中的"簇状条形图"按钮,按图 5-5 所示设置条形图的属性,生成的条形图如图 5-6 所示。

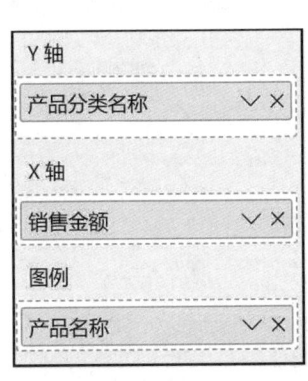

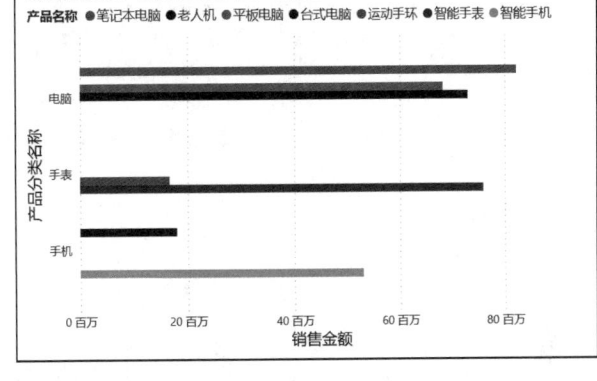

图 5-5　设置簇状条形图　　　　　图 5-6　生成簇状条形图

（3）调整美化簇状柱形图,结果如图 5-7 所示,在"格式"列表中进行如下操作：

① 执行"常规"|"标题"命令,打开标题,将标题文本修改为"销售金额分析",加粗,对齐方式设为"居中",文本大小设为"17"磅。

② 执行"常规"|"效果"命令,打开"视觉对象"对话框,设置圆角(像素)为"10"。

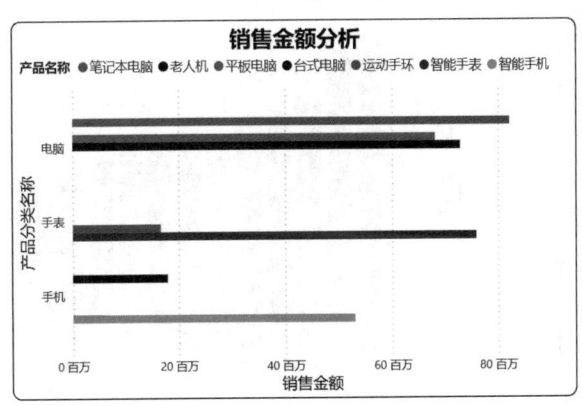

图 5-7　簇状条形图结果

在报表视图中,复制粘贴图 5-7 所示的簇状条形图,选中该图后在"可视化"窗格中变更为"堆积条形图"和"百分比堆积条形图",图表更新为相应视觉对象,结果如图 5-8 所示。可以看出,三种柱形图的格式设置是一致的。

财务数据可视化

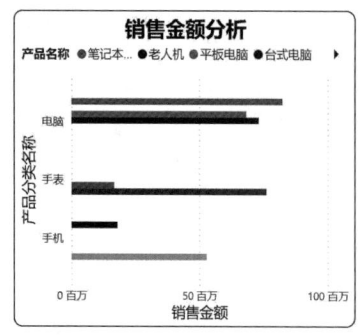 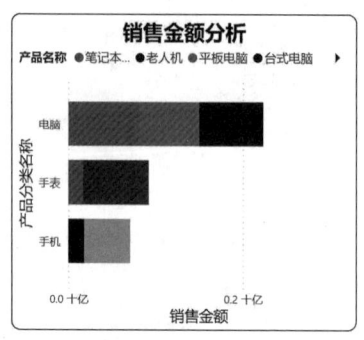 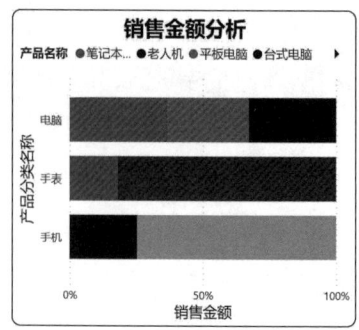

图 5-8　三种类型条形图

相关思考 5-1

辅助线的应用

辅助线是可视化的一部分，是对图表的必要补充，为图表添加合适的辅助线会让信息看起来更清晰直观。辅助线有多种形式，如平均值线、最大值线、最小值线等，那么在 Power BI 中，如何通过图表的分析功能添加辅助线呢？

下面以各销售人员的业绩情况分析为例，通过添加辅助线，直观地观察完成 KPI 的销售人员情况。选中需要添加辅助线的图表，然后点击右侧的分析按钮，就能在里面看到支持该图表的各种辅助线，如图 5-9、图 5-10 所示。

图 5-9　向视觉对象添加进一步分析

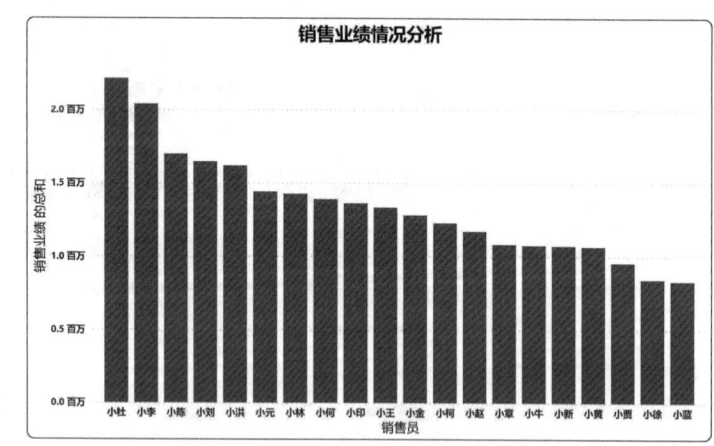

图 5-10　销售业绩情况分析

我们的需求是查看完成 KPI 的销售人员情况，需要增加一条恒定线，恒定线的参数设置如图 5-11 所示。增加恒定线后的柱形图如图 5-12 所示。在实际工作中，我们还可以根据需求添加最大直线、最小值线、平均值线、中值线等辅助线。

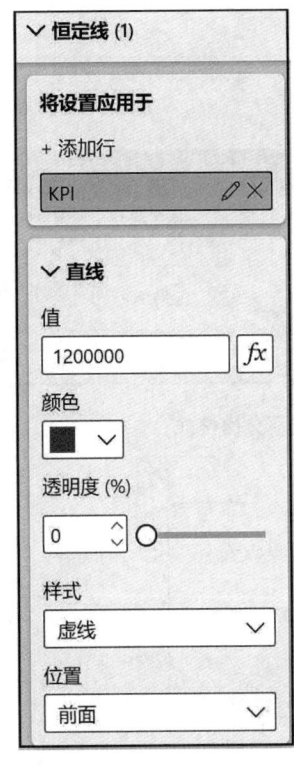

图 5-11 设置恒定线

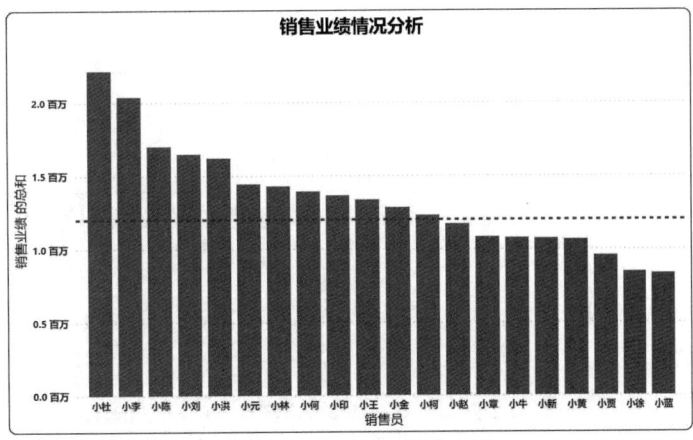

图 5-12 插入销售业绩 KPI 恒定线

3. 表和矩阵

表和矩阵是以逻辑序列的行和列表示的包含相关数据的网格,包括表头和合计行。表和矩阵最大的优点在于方便寻找对应元素的交点,且不会遗漏,显示对应元素的关系也很清楚,非常适合用作定量比较。

【案例 5-3】 下面以虚拟的某公司销售数据为例,展示表和矩阵的应用方法。

【操作步骤】

(1) 在打开的"5.2 常用的可视化图表-原始.pbix"文件中,单击窗口左侧的"报表" 按钮,新建报表页,将其重命名为"表和矩阵"。

(2) 单击"可视化"窗格中的"表"按钮,按图 5-13 所示设置表的属性。

(3) 调整美化表和矩阵,结果如图 5-15 所示,在"格式"列表中进行如下操作:

① 执行"常规"|"标题"命令,打开标题,将标题文本修改为"销售金额同比和环比",加粗,对齐方式设为"居中",文本大小设为"17"磅。

② 执行"视觉对象"|"值"命令,将值的字体设置为"10"磅。

③ 执行"常规"|"效果"命令,打开"视觉对象"对话框,设置圆角(像素)为"10"。

④ 分别选中"月份销售总额环比"和"销售额总额同比"两个度量值,在"度量工具"选项卡的"格式化"组中,参照图 5-14 设置数据格式(百分比和小数位)。

图5-13 设置表

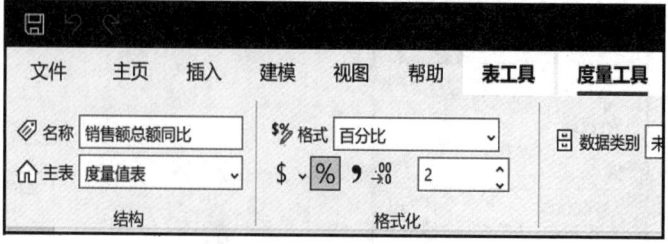

图5-14 设置数据百分比格式

销售金额同比和环比

年	月	销售金额	上月销售额	销售金额环比	上年销售额	销售金额同比
2022年	1月	7960600				
2022年	2月	9882800	7960600	24.15%		
2022年	3月	13056400	9882800	32.11%		
2022年	4月	13007200	13056400	-0.38%		
2022年	5月	12502400	13007200	-3.88%		
2022年	6月	11827200	12502400	-5.40%		
2022年	7月	12827800	11827200	8.46%		
2022年	8月	13059000	12827800	1.80%		
2022年	9月	11250800	13059000	-13.85%		
2022年	10月	12669400	11250800	12.61%		
2022年	11月	12663600	12669400	-0.05%		
2022年	12月	13095200	12663600	3.41%		
2023年	1月	12004800	13095200	-8.33%	7960600	50.80%
2023年	2月	14836200	12004800	23.59%	10633800	39.52%
2023年	3月	12045200	14432200	-16.54%	12726800	-5.36%
2023年	4月	15167000	11957400	26.84%	12788200	18.60%
2023年	5月	17461600	15054400	15.99%	12614800	38.42%
2023年	6月	15645200	17621600	-11.22%	11864000	31.87%
2023年	7月	21011400	15667600	34.11%	13025800	61.31%
2023年	8月	22293600	20879400	6.77%	12982200	71.72%
2023年	9月	26524200	22388600	18.47%	11203800	136.74%
2023年	10月	26459400	26056600	1.55%	12669800	108.84%
2023年	11月	28851600	26202800	10.11%	12670600	127.71%
2023年	12月	30480000	29141600	4.59%	12662000	140.72%
总计		386582600			143802400	168.83%

图5-15 表结果

（4）在"表和矩阵"报表页，单击"可视化"窗格中的"矩阵"按钮，按图5-16所示设置矩阵的属性，打开"视觉对象"对话框，设置圆角（像素）为"10"，生成的矩阵如图5-17所示。

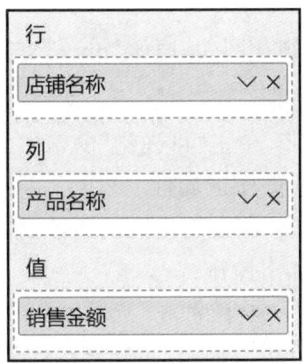

图 5-16 设置矩阵

店铺名称	笔记本电脑	老人机	平板电脑	台式电脑	运动手环	智能手表	智能手机	总计
北京市	5840000	1073600	4008000	5219200	1098400	5740000	3692000	**26671200**
大连市	4876000	1043200	4191000	4337200	1204000	4611600	3360000	**23623000**
福州市	1680000	413600	1899000	1839600	351200	1489600	1294000	**8967000**
广州市	2376000	589600	1854000	2338000	538400	2284800	1508000	**11488800**
贵阳市	2200000	450400	1779000	1705200	400000	1912400	1384000	**9831000**
哈尔滨市	5256000	1100800	4032000	4547200	1009600	4634000	3308000	**23887600**
杭州市	2332000	520800	2010000	2144800	456000	1814400	1648000	**10926000**
合肥市	2212000	452000	1899000	1993600	452800	1696800	1656000	**10362200**
吉林市	5860000	1140800	4341000	4639600	1026400	5255600	3400000	**25663400**
济南市	5016000	1218400	4509000	4261600	1071200	4737600	3100000	**23913800**
南昌市	2200000	546400	1929000	1996400	555200	1783600	1212000	**10222600**
南京市	3020000	485600	2250000	2461200	487200	2828000	1548000	**13080000**
南宁市	2156000	502400	1995000	2142000	568800	2755200	1862000	**11981400**
上海市	2400000	544000	1908000	2573200	524800	2030000	1578000	**11558000**
沈阳市	5504000	989600	4155000	4810400	1069600	4673200	3556000	**24757800**
石家庄市	4688000	1083200	4416000	4583600	863200	4650800	2742000	**23026800**
太原市	4136000	943200	3603000	3600800	913600	4177200	2550000	**19924200**
天津市	4596000	1024000	3129000	4522000	911200	4729200	2768000	**21679400**
武汉市	2376000	451200	1872000	1769600	478400	1758000	1918000	**10623600**
西安市	2304000	472800	2034000	1932000	513600	2058000	1746000	**11060400**
长春市	6532000	1563200	5310000	5101600	1169600	5936000	4018000	**29630400**
郑州市	4592000	1313600	5022000	4351200	969600	4345200	3110000	**23704000**
总计	**82152000**	**17922400**	**68145000**	**72870000**	**16632800**	**75902400**	**52958000**	**386582600**

图 5-17 矩阵设置结果

二、时间类

1. 折线图

折线图是显示随时间变化的连续数据。其类别数据沿水平轴的应用场景用于对比分析,通常显示多数项目之间的比较情况,折线图可以清晰地反映数据是递增还是递减、增减的速率、增减的规律、峰值等特征,可以对未来做简单的预测。折线图既可以做一个数据指标的分析,也可以做多个指标的分析。

【案例 5-4】 下面以虚拟的某公司销售数据为例,展示折线图的应用方法。

二维码 5-2
折线图

【操作步骤】

（1）在打开的"5.2 常用的可视化图表-原始.pbix"文件中，单击窗口左侧的"报表" 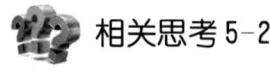 按钮，新建报表页，将其重命名为"折线图"。

（2）单击"可视化"窗格中的"折线图"按钮，按图 5-18 所示设置折线图的属性。

（3）调整美化折线图，结果如图 5-19 所示，在"格式"列表中进行如下操作：

① 执行"常规"|"标题"命令，将标题文本修改为"销售金额趋势分析"，加粗，对齐方式设为"居中"，文本大小设为"17"磅。

② 执行"视觉对象"|"X 轴""Y 轴"命令，将 X 轴、Y 轴标题关闭，值加粗。

③ 执行"常规"|"效果"命令，打开"视觉对象"对话框，设置圆角（像素）为"10"。

④ X 轴按照"月份"以升序排序。

图 5-18　设置折线图

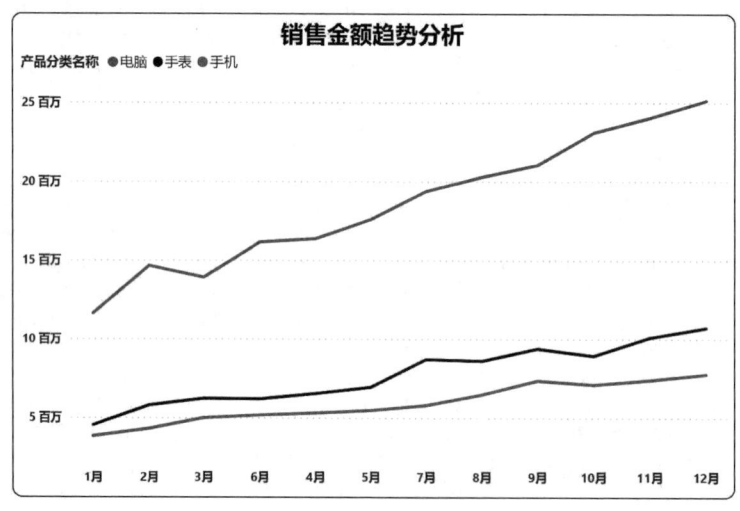

图 5-19　设置折线图结果

相关思考 5-2

预测的应用

时间序列预测就是利用过去一段时间内的数据来预测未来一段时间内该数据的走势，如根据过去 5 年的销售数据进行来年的收入增长预测、根据上个季度的股票走势推测未来一周的股价变化等。对于大部分人来说，这是个相对比较复杂的预测建模问题，在工具如此丰富的今天，通过 Power BI 如何实现这一功能？

（1）在 Power BI 中创建一个折线图，如图 5-20 所示。

（2）在分析面板中开启预测功能，进行参数设置，如图 5-21 所示。

预测长度：输入需要预测的时间长度，在本案例中是 3 个月。

图 5-20 销售额预测

忽略最后:是否需要忽略最后一个时间周期,只使用已经完成的数据进行预测。

置信区间:相当于选择一个可接受的预测准确性。置信区间越大,返回的预测范围越宽。

季节性:周期,也可以理解为取过去多长的周期进行预测。

(3) 我们使用数据预测 2023 年前 4~6 月的销售情况,如图 5-22 所示。后期还可以在实际完成销售额后将预测结果和实际销售数据进行对比。

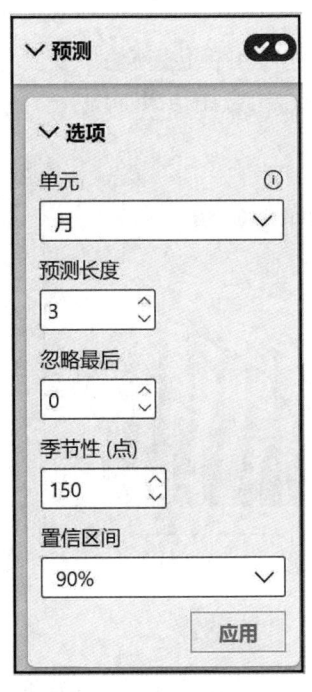

图 5-21 设置预测参数

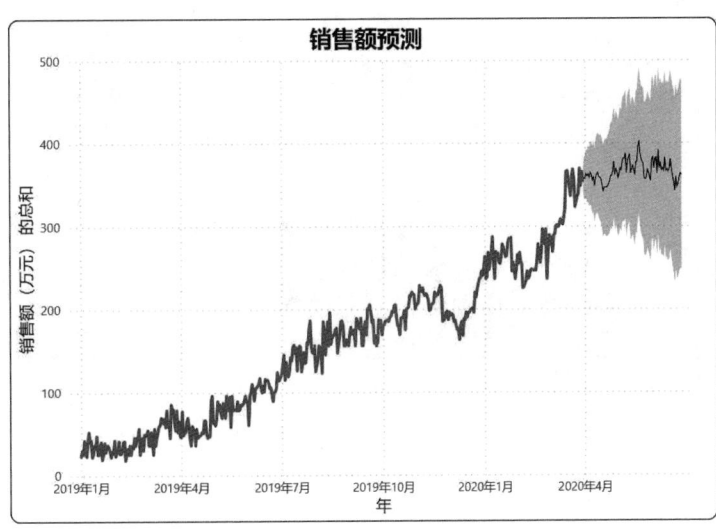

图 5-22 销售额预测结果

2. 组合图

组合图是将折线图和柱形图合并在一起的单个可视化效果。通过将两个图表合并为一个图表可以进行更快的数据比较。组合图支持双轴展示不同量级数据,可以展示不同项目间的变化趋势,特别适合变化范围较大的数据。在 Power BI 常用可视化对象中给出了"折线和堆积柱形图""折线和簇状柱形图"两种组合图表。

【案例 5-5】 下面以虚拟的某公司销售数据为例,展示组合图中"折线和堆积柱形图"的应用方法。

【操作步骤】

(1) 在打开的"5.2 常用的可视化图表-原始.pbix"文件中,单击窗口左侧的"报表" 按钮,新建报表页,将其重命名为"组合图"。

(2) 单击"可视化"窗格中的"折线和堆积柱形图"按钮,按图 5-23 所示设置组合图的属性。

(3) 调整美化组合图,在"格式"列表中进行如下操作:

① 执行"常规"|"标题"命令,打开标题,将标题文本修改为"销售额和销售数量分析",加粗,对齐方式设为"居中",文本大小设为"17"磅。

② 执行"视觉对象"|"X 轴"命令,关闭 X 轴标题。

③ 执行"常规"|"效果"命令,打开"视觉对象"对话框,设置圆角(像素)为"10"。

图 5-23 设置组合图

④ X 轴按照"月份排序依据"以升序排序。

(5) 在"组合图"报表页,复制粘贴折线堆积柱形图,选中该图后在"可视化"窗格中变更为"折线簇状柱形图",图表更新为相应视觉对象,并且格式设置一致,组合图结果如图 5-24 所示。

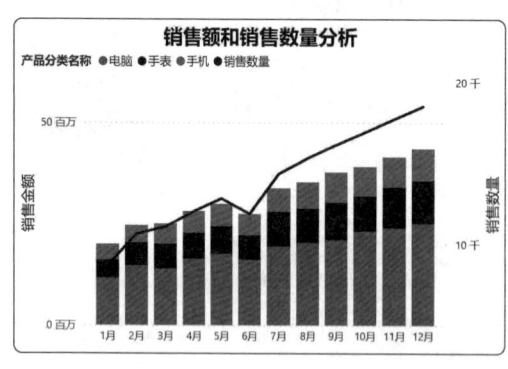
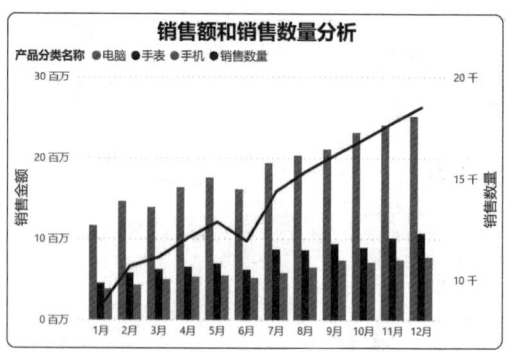

图 5-24 组合图结果

3. 面积图

分区图是一种标准的面积图,在图表中用折线把每个序列的数据点连接起来,这条折线和纵、横轴之间的区域用颜色或阴影填充,看上去就像层层叠叠的山脉,进一步增强了图表的易读性。分区图除了可以表达折线图的变化趋势外,通过没有重叠的阴影面积还能反映差距变化的情况。在堆积面积图中,每种颜色的阴影反映的是不同序列的数据,纵轴的数据对应的是总体的值,并不和单一序列的数据相对应,适合表达部分与整体的关系。

【案例 5-6】 下面以虚拟的某公司销售数据为例,展示分区图的应用方法。

【操作步骤】

(1) 在打开的"5.2 常用的可视化图表-原始.pbix"文件中,单击窗口左侧的"报表"按钮,新建报表页,将其重命名为"分区图"。

(2) 单击"可视化"窗格中的"分区图"按钮,按图 5-25 所示设置分区图。

(3) 调整美化分区图,在"格式"列表中进行如下操作:

① 执行"常规"|"标题"命令,打开标题,将标题文本修改为"销售金额分析(分区图)",加粗,对齐方式设为"居中",文本大小设为"17"磅。

② 执行"视觉对象"|"X 轴"命令,关闭 X 轴标题。

③ 执行"常规"|"效果"命令,打开"视觉对象"对话框,设置圆角(像素)为"10"。

(4) 在"分区图"报表页,复制粘贴上述分区图,选中该图后在"可视化"窗格中变更为"堆积面积图",图表更新为相应视觉对象,将标题的标题文本修改为"销售金额分析(面积图)",其他格式设置一致,分区图和面积图结果如图 5-26 所示。

图 5-25 设置分区图

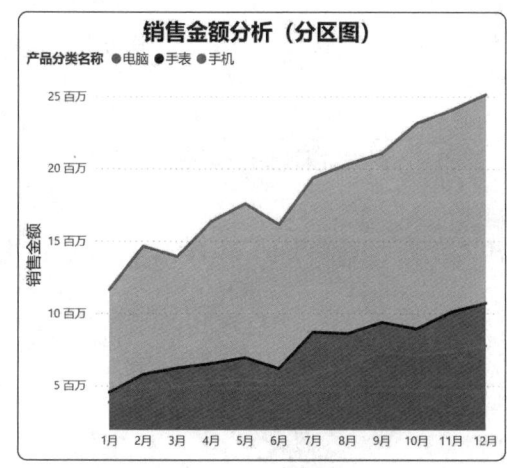
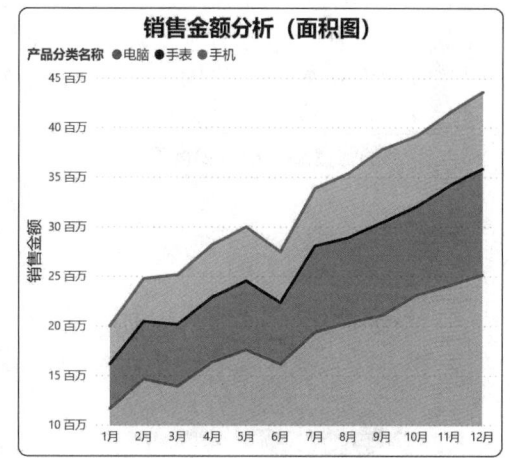

图 5-26 分区图与面积图

三、排名类

1. 饼图和环形图

饼图和环形图都可以显示部分与整体的关系,适合展示每一部分占全部的百分比。环形图与饼图唯一的区别是环形图中心为空,因而有空间来展示标签或图标。饼图和环形图

二维码 5-3
饼图和
环形图

应用在各个领域,通过弧度大小来对比各种分类。饼图和环形图只能展示一个数据系列,并且不能展示负数和零值。

【案例5-7】 下面以虚拟的某公司销售数据为例,展示饼图和环形图的应用方法。

【操作步骤】

(1) 在打开的"5.2 常用的可视化图表-原始.pbix"文件中,单击窗口左侧的"报表"按钮,新建报表页,将其重命名为"饼图和环形图"。

(2) 单击"可视化"窗格中的"饼图"按钮,按图5-27所示设置饼图的属性。

(3) 调整美化饼图,在"格式"列表中进行如下操作:

① 执行"常规"|"标题"命令,将标题文本修改为"销售金额分析(饼图)",加粗,对齐方式设为"居中",文本大小设为"17"磅。

② 执行"视觉对象"|"详细信息标签"命令,将详细信息标签设置为"类别,总百分比"。

③ 执行"常规"|"效果"命令,打开"视觉对象"对话框,设置圆角(像素)为"10"。

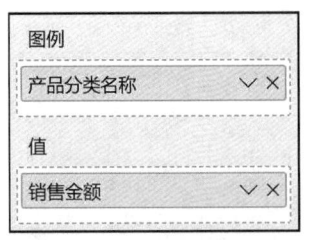

图 5-27 设置饼图

操作提示 5-1

饼图内的类别不应设置太多,3~5个为宜。一般从12点方向开始,按顺时针方向从大到小排列。如果要显示比例数据,应保证总和为100%。饼图展现的是比例关系,各数据之间占比的差异最好明显呈现,如果比例都差不多,如5个分类都是20%左右,那么从饼图上就很难区分,视觉对象的效果会不明显。

(4) 在"饼图和环形图"报表页,复制粘贴上述饼图,选中该图后在"可视化"窗格中变更为"环形图",图表更新为相应视觉对象,将标题的标题文本修改为"销售金额分析(环形图)",其他格式设置一致,饼图和环形图结果如图5-28所示。

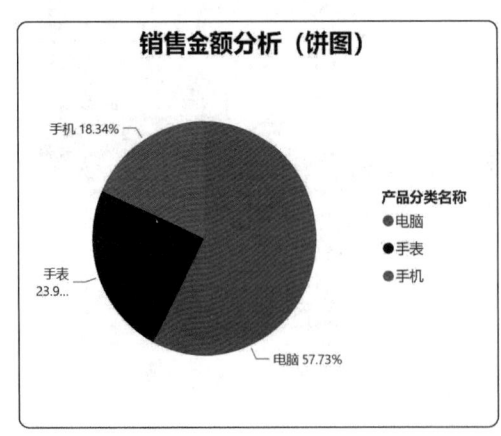
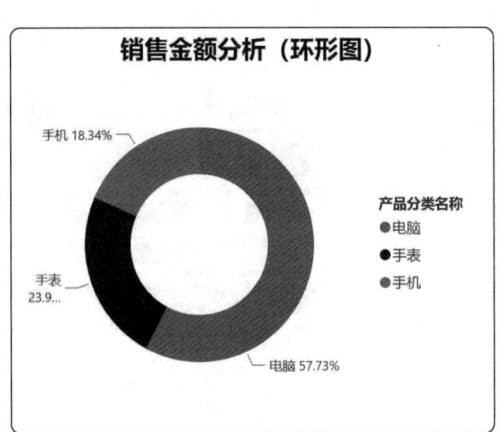

图 5-28 饼图和环形图

操作提示 5-2

环形图表示比例大小不再依靠扇形的角度,而是依靠环形的长度。如果比例很接近,用户也很难区分环形的长短,所以饼图的缺陷在环形图中依然存在。另外,由于饼图和环形图都只能表现一个数据系列,不同的饼图和环形图之间不适合比较。

2. 树状图

树状图是将分层数据显示为一组嵌套矩形,矩形大小按数据在整体中的比重显示,所有矩形从左上方(最大)到右下方(最小)排列。树状图通过每个矩形的大小、位置和颜色来区分各个数据的权重关系以及占总体的比重。用户可以一目了然整个数据集的状况及各个数据的占比,发现模式、离群值、最重要因素和异常等。

【案例5-8】 下面以虚拟的某公司销售数据为例,展示树状图的应用方法。

【操作步骤】

(1) 在打开的"5.2常用的可视化图表-原始.pbix"文件中,单击窗口左侧的"报表"按钮,新建报表页,将其重命名为"树状图"。

(2) 单击"可视化"窗格中的"树状图"按钮,按图5-29所示设置树状图的属性。

(3) 调整美化树状图,结果如图5-30所示,在"格式"列表中进行如下操作:

① 执行"常规"|"标题"命令,将标题文本修改为"销售金额分析",加粗,对齐方式设为"居中",文本大小设为"17"磅。

② 执行"视觉对象"|"数据标签"命令,将数据标签设置为"开"。

③ 执行"常规"|"效果"命令,打开"视觉对象"对话框,设置圆角(像素)为"10"。

图5-29 设置树状图

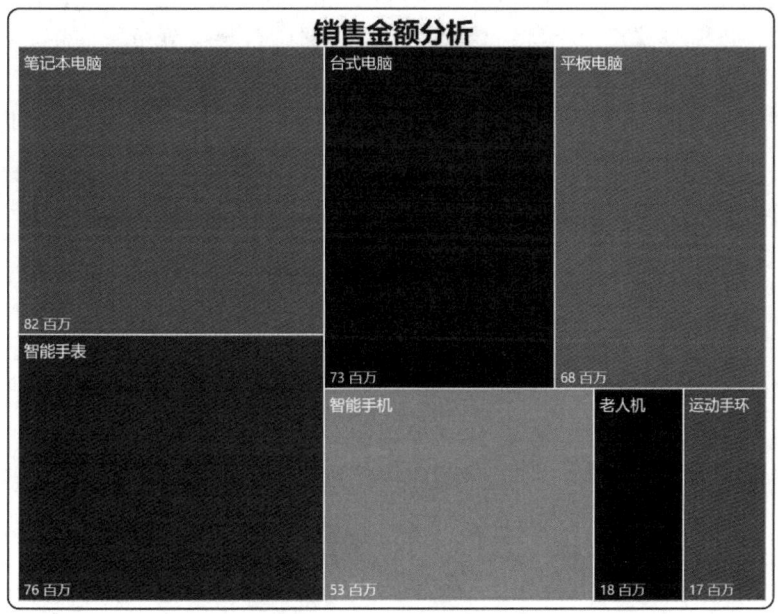

图5-30 设置树状图结果

四、流向类

1. 瀑布图

二维码 5-4
瀑布图

瀑布图主要用于财务分析、成本分析等场景,解释受增量或减量影响的实体数据值之间逐渐过渡的过程,中间增量和减量由浮动列表示,并通过不同的颜色区分正值和负值,采用绝对值和相对值结合的方式,表达多个特定数值之间的数量变化关系。

【案例 5-9】 下面以虚拟的某公司销售数据为例,展示瀑布图的应用方法。

【操作步骤】

(1) 在打开的"5.2 常用的可视化图表-原始.pbix"文件中,单击窗口左侧的"报表"按钮,新建报表页,将其重命名为"瀑布图"。

(2) 单击"可视化"窗格中的"瀑布图"按钮,按图 5-31 所示设置瀑布图的属性。

图 5-31 设置瀑布图

(3) 调整美化瀑布图,结果如图 5-32 所示,在"格式"列表中进行如下操作:

① 执行"常规"|"标题"命令,将标题文本修改为"销售金额分析",加粗,对齐方式设为"居中",文本大小设为"17"磅。

② 执行"常规"|"效果"命令,打开"视觉对象"对话框,设置圆角(像素)为"10"。

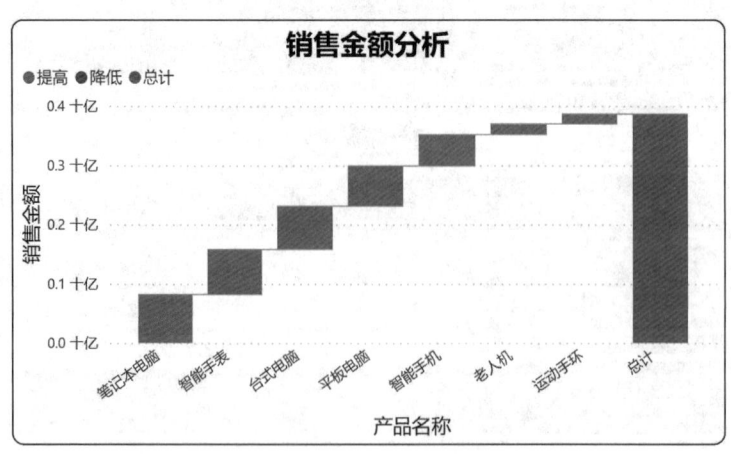

图 5-32 设置瀑布图结果

操作提示 5-3

瀑布图从左侧第一个柱状图表示基数,最后一个柱状图表示最终的结果。中间的柱状图表示变动数据,向上的柱状图表示增加,向下的柱状图表示减少。

相关思考 5-3

瀑布图的分类

瀑布图是由麦肯锡公司首创的,因其形似瀑布而得名。瀑布图也叫阶梯图,在企业经营分析和财务分析中经常使用。根据不同的数据类型和应用场景,我们常见的瀑布图有组成瀑布图和变化瀑布图两种,这两种类型的瀑布图有什么特点呢?

组成瀑布图用于表达构成整体的各个组成部分的比例关系。在组成瀑布图中,只有一个上升方向,总计的高度正好等于各个分类项柱子的高度之和,表现出总分结构关系。我们可以根据柱子的高低来判断每个分类所占比例的大小,同时也能快速找出对总值有影响的主要因素。

变化瀑布图用不同颜色的柱子来反映数据的上升和下降变化,通常上升用绿色表示,下降用红色表示。变化瀑布图可以清晰地表达过程数据的变化细节。例如,在利润表中,我们可以使用瀑布图来呈现影响净利润的因素有哪些,并且展示这些因素是如何影响的。

在 Power BI 中,若数据都为正数,则生成组成瀑布图;若数据有正有负,则生成变化瀑布图。

2. 漏斗图

漏斗图本质上是一个倒三角形的条形图,它适用于业务流程比较规范、周期长、环节多的流程分析,通过漏斗图对各环节业务数据进行比较,能够直观地分析各业务环节中哪里出了问题。漏斗图适合有逻辑顺序的分类对比数据,表现了随着业务流程的推进业务目标完成的情况,数据量太大的数据不适合用漏斗图,互联网行业和电商平台经常用漏斗图来分析流量的转化情况。

【案例 5-10】 下面以虚拟的某公司销售数据为例,展示漏斗图的应用方法。

【操作步骤】

(1) 在打开的"5.2 常用的可视化图表-原始.pbix"文件中,单击窗口左侧的"报表" 按钮,新建报表页,将其重命名为"漏斗图"。

(2) 单击"可视化"窗格中的"漏斗图"按钮,按图 5-33 所示设置漏斗图的属性。

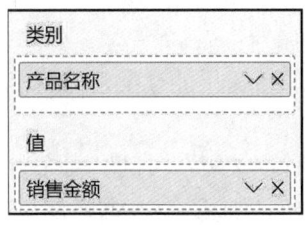

图 5-33 设置漏斗图

(3) 调整美化漏斗图,结果如图 5-34 所示,在"格式"列表中进行如下操作:

① 执行"常规"|"标题"命令,将标题文本修改为"销售金额分析",加粗,对齐方式设为"居中",文本大小设为"17"磅。

② 执行"常规"|"效果"命令,打开"视觉对象"对话框,设置圆角(像素)为"10"。

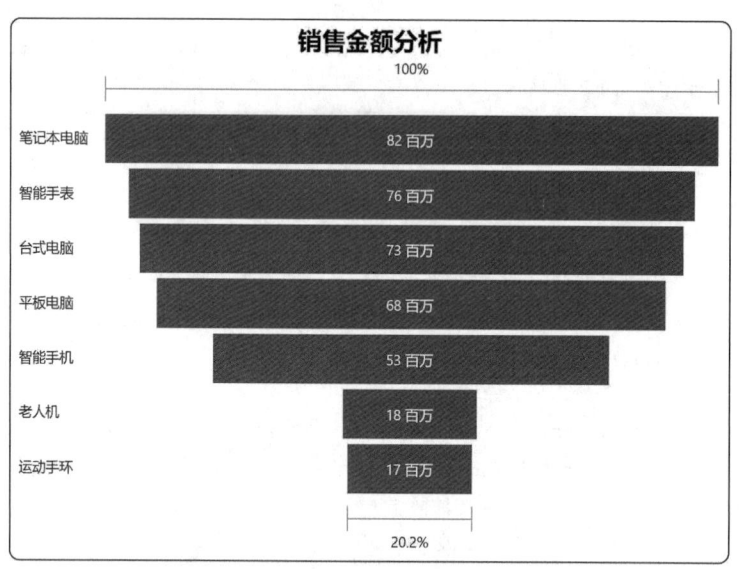

图 5-34　设置漏斗图结果

五、相关类

1. 散点图

在直角坐标系中,我们可以用两组数据构成多个坐标点,这些点的分布图就是散点图。根据点的分布及大致趋势,可以判断两个变量之间是否存在相关性。散点图可以让一堆看似散乱的数据变得通俗易懂,能从这些庞杂的数据中发现一些表面上看不到的关系。最重要的是,数据量对于散点图来说越多越好,数据量越大,从散点图的分布中越能看出规律。

【案例 5-11】　下面以虚拟的某公司销售数据为例,展示散点图的应用方法。

【操作步骤】

(1) 在打开的"5.2 常用的可视化图表-原始.pbix"文件中,单击窗口左侧的"报表" 按钮,新建报表页,将其重命名为"散点图"。

(2) 单击"可视化"窗格中的"散点图"按钮,按图 5-35 所示设置散点图的属性。

(3) 调整美化散点图,结果如图 5-36 所示,在"格式"列表中进行如下操作:

① 执行"常规"|"标题"命令,将标题文本修改为"销售金额和销售数量分析",加粗,对齐方式设为"居中",文本大小设为"17"磅。

② 执行"常规"|"效果"命令,打开"视觉对象"对话框,设置圆角(像素)为"10"。

图 5-35　设置散点图

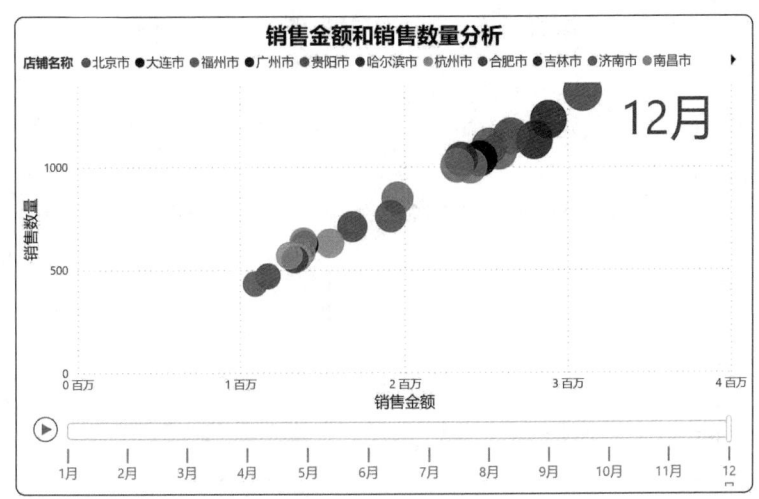

图 5-36　设置散点图结果

操作提示 5-4

散点图有 X 轴、Y 轴、气泡大小、三个坐标，如图 5-35 所示。
各字段属性说明如下：
（1）值（Value）：用于显示明细字段。
（2）图例（Legend）：用于显示具有颜色的分类字段。
（3）X 轴（X Axis）：需要放置于 X 轴的字段。
（4）Y 轴（Y Axis）：需要放置于 Y 轴的字段。
（5）大小（Size）：用于确定值大小的字段。
（6）播放轴（Play Axis）：用于确定值大小的字段。
在实际使用散点图的时候，应考察数据的计量单位和大小，显示出来的点或者气泡能够随着播放轴移动并且分散开效果更好。

相关思考 5-4

散点图和气泡图

散点图和气泡图都可以表达字段之间的相关关系，这两个图表有什么区别和联系呢？气泡图属于散点图的一种，它是将数据点替换为气泡，用气泡大小来表示数据的其他维度。例如，用气泡的颜色代表不同城市，用气泡的大小代表销售金额等。散点图和气泡图通过横、纵坐标值和气泡大小展示数据分布情况。这两种图表不仅展示数据维度多，而且图形美观。当给散点图和气泡图添加播放轴时，可将图表做成动态图表，大大提升图表的可视化效果。

六、单值类

1. 卡片图和多行卡

卡片图是以卡片形式来显示关键数据值，因此也被称为大数字磁贴。在企业数据大屏或数据看板中，关键指标通常会用又大又醒目的方式来呈现，卡片图就是最佳工具。多行卡即是多行卡片图，可以展示某分类下的多个值。

【案例 5-12】 下面以虚拟的某公司销售数据为例,展示卡片图的应用方法。

【操作步骤】

(1) 在打开的"5.2 常用的可视化图表-原始.pbix"文件中,单击窗口左侧的"报表"按钮,新建报表页,将其重命名为"卡片图和多行卡"。

(2) 单击"可视化"窗格中的"卡片图"按钮,按图 5-37 所示设置卡片图的属性。

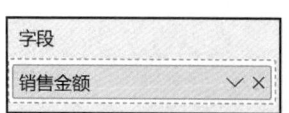
图 5-37 设置卡片图

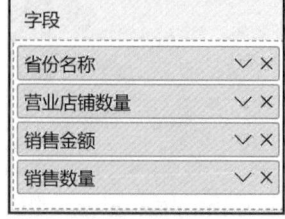
图 5-38 设置多行卡

(3) 调整美化卡片图,在"格式"列表中进行如下操作:

① 执行"视觉对象"|"标注值"命令,标注值显示单位设置为"百万",值的小数位设置为"2"。

② 执行"视觉对象"|"类别标签"命令,将类别标签设置为"开"。

③ 执行"常规"|"效果"命令,打开"视觉对象"对话框,设置圆角(像素)为"10",打开阴影。

 操作提示 5-5

卡片图用于展现某一个特定的重要的值,一般要新建度量值,然后将度量值拖拽到卡片图字段中。指标越受关注,越适合用卡片图来展现。卡片图一般不单独使用,而是在仪表板或报表的醒目位置展示数据。

(4) 在"卡片图和多行卡"报表页,单击"可视化"窗格中的"多行卡"按钮,按图 5-38 所示设置多行卡的属性。

(5) 调整美化多行卡,在"格式"列表中进行如下操作,卡片图和多行卡结果如图 5-39 所示:

图 5-39 卡片图和多行卡

① 执行"视觉对象"|"标注值"命令,标注值字号设置为"17"磅。
② 执行"视觉对象"|"类别标签"命令,将类别标签设置为"开"。
③ 执行"常规"|"效果"命令,打开"视觉对象"对话框,设置圆角(像素)为"10",打开阴影。

2. 仪表

仪表通常用来反映某一指标的目标完成进度或者表示关键绩效指标(key performance index,KPI)。仪表简单直观,广泛应用于经营数据分析、财务指标跟踪和绩效考核等方面。仪表的圆弧内显示一个值,线(或指针)表示目标或目标值,底纹表示在实现目标方面的进度,弧内的值表示进度值。仪表适合在量化的情况下显示单一的价值和衡量标准,不适合用于比较不同变量或者趋势的分析。

二维码5-6
仪表

【案例 5-13】 下面以虚拟的某公司销售数据为例,展示仪表的应用方法。

【操作步骤】

(1) 在打开的"5.2 常用的可视化图表-原始.pbix"文件中,单击窗口左侧的"报表"按钮,新建报表页,将其重命名为"仪表"。

(2) 单击"可视化"窗格中的"仪表"按钮,按图 5-40 所示设置仪表的属性。

(3) 调整美化仪表,结果如图 5-41 所示,在"格式"列表中进行如下操作:

① 执行"常规"|"标题"命令,将标题文本修改为"销售金额和销售任务额分析",加粗,对齐方式设为"居中",文本大小设为"17"磅。

② 执行"视觉对象"|"测量轴"命令,测量轴的最大值设为"500 百万"。

③ 执行"常规"|"效果"命令,打开"视觉对象"对话框,设置圆角(像素)为"10"。

图 5-40 设置仪表

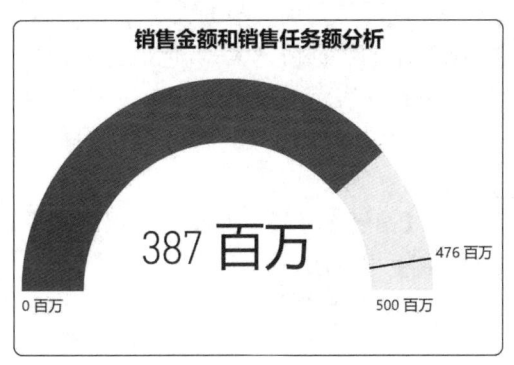

图 5-41 数值仪表图

操作提示 5-6

仪表的样式分为数值仪表和百分比仪表两种。数值仪表主要用于展示具体的数据,百分比仪表主要用于展示某个数据的完成情况,即完成度(百分比)。在实际应用中,通常可设置仪表的最大值和最小值,使得实际值出现在仪表盘的右侧,接近最大值的位置。

(4) 在打开的"5.2 常用的可视化图表-原始.pbix"文件中,单击窗口左侧的"报表"按钮,选择"仪表"报表页。

(5) 单击"可视化"窗格中的"仪表"按钮,按图 5-42 所示设置仪表的属性,百分比仪表图主要用于展示某个数据的完成情况,即完成度,这时将参数"测量轴最大值"设为"1"即可,生成的仪表如图 5-43 所示。

图 5-42 设置百分比仪表图

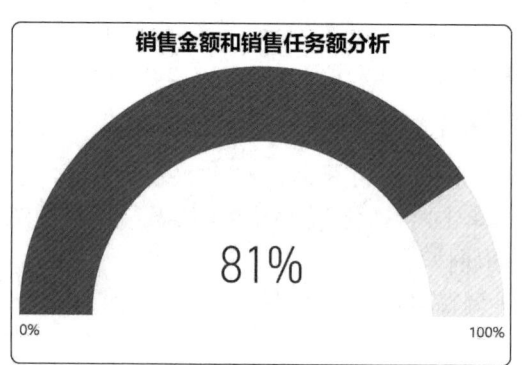

图 5-43 百分比仪表图

七、其他

1. 地图

地图可直观显示不同地理位置或区域之间的值在比例上有何不同。在 Power BI 默认的可视化对象中,有两种地图元素:地图和着色地图。

地图是利用气泡的大小来表示不同地区的数据,气泡越大,则表示的数据值越大;着色地图展现数据的方式是用颜色填充,颜色越深表示数值越大。在使用地图时,地名最好写全称,如果要确保位置精确,还需要设置地理位置数据,包括层级以及经纬度。

【案例 5-14】 下面以虚拟的某公司销售数据为例,展示地图的应用方法。

【操作步骤】

(1) 在打开的"5.2 常用的可视化图表-原始.pbix"文件中,单击窗口左侧的"报表"按钮,新建报表页,将其重命名为"地图与着色地图"。

(2) 单击"可视化"窗格中的"地图"按钮,按图 5-44 所示设置地图的属性。

图 5-44 设置地图

操作提示 5-7

Power BI也支持自定义地图,可以借助第三方工具自定义各个省份、区域的地图,导入可视化模型中进行可视化。

(3)在"地图"报表页,复制粘贴上述地图,选中该图后在"可视化"窗格中变更为"着色地图",图表更新为相应视觉对象,将标题的标题文本修改为"销售金额情况分析(着色地图)",其他格式设置一致,如图5-45所示。

2. 切片器

切片器是用图筛选其他视觉对象的独立图表。切片的作用本质上不是为了呈现数据,而是根据切片器的选择,控制其他可视化对象响应相应的数据。一般将维度表的数据放入切片器,同一页面中所有的图表可以同步响应,切片器无法跨页进行筛选,一般使用率最高的是文本维度的筛选和日期的筛选。

【案例5-15】 下面以虚拟的某公司销售数据为例,展示切片器的应用方法。

【操作步骤】

(1)在打开的"5.2常用的可视化图表-原始.pbix"文件中,单击窗口左侧的"报表" 按钮,选择"柱形图"报表页。

图 5-45 设置着色地图

(2)单击"可视化"窗格中的"切片器"按钮,按图5-46所示设置"年"切片器的属性。用同样的方法,分别设置"季度"和"月"切片器的属性。

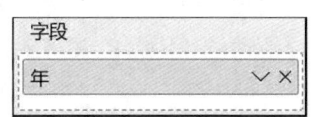

图 5-46 设置切片器

(3)调整美化切片器。

① 执行"视觉对象"|"滑块"命令,关闭"滑块"。

② 执行"常规"|"效果"命令,打开"视觉对象"对话框,设置圆角(像素)为"10",结果如图5-47所示。

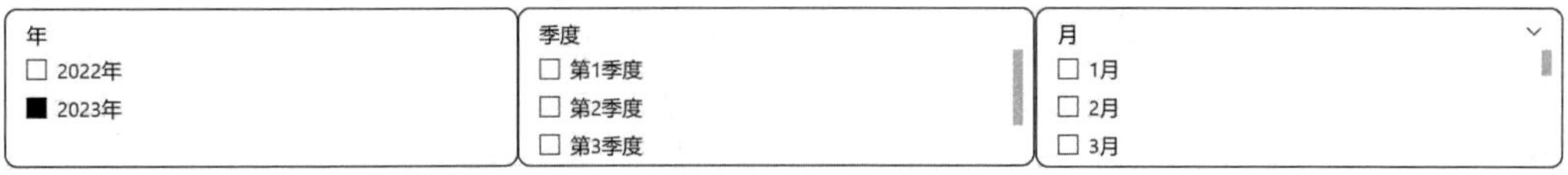

年	季度	月
☐ 2022年 ■ 2023年	☐ 第1季度 ☐ 第2季度 ☐ 第3季度	☐ 1月 ☐ 2月 ☐ 3月

图 5-47 切片器

(4)通过对切片器的控制,可以筛选出需要的报表数据,如图5-48所示。

财务数据可视化

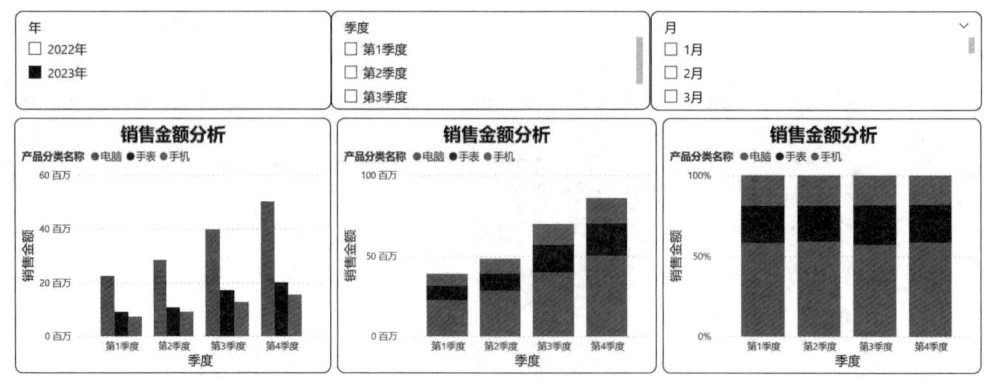

图 5-48　切片器应用

第三节　自定义可视化图表

除了预置的可视化图表外，Power BI 还提供了丰富、酷炫的自定义可视化图表库，而且会不定期更新，增加新的可视化对象。

一、添加自定义可视化对象

当默认的可视化对象不能满足可视化分析的需求时，我们可以加载自定义的可视化对象。加载的方法有两种：一种是直接在 Power BI 的"可视化"窗格中添加；另一种是登录 Power BI 官方网站，下载并安装自定义可视化对象，如图 5-49 所示。加载自定义的可视化对象需要注册账号登录 Power BI，本节将重点介绍使用较频繁的文字云、旋风图、子弹图和雷达图。

图 5-49　Power BI 视觉对象

二、文字云

文字云主要用来做文本内容关键词出现的频率分析,能让浏览者从一组数据中快速找到突出的关键词,适合文本内容挖掘的可视化。文字云中,出现频率较高的词会以较大的形式呈现出来,出现频率较低的词会以较小的形式呈现,这样可以使文本中出现频率较高的"关键词"更加突出,浏览者一眼扫过就可以领略文本的主旨。

二维码 5-7
文字云

【案例 5-16】 下面以虚拟的某公司销售数据为例,展示文字云的应用方法。

【操作步骤】

(1) 在 Power BI Desktop 中打开"5.3 自定义可视化图表-原始.pbix"文件,单击窗口左侧的"报表" 按钮,选择"第 1 页",重命名为"文字云"。

(2) 下载或从本地导入"文字云"可视化对象后,单击"可视化"窗格中的"文字云"按钮,按图 5-50 所示设置"文字云"的属性。

(3) 调整美化文字云,在"格式"列表中进行如下操作:

① 执行"常规"|"标题"命令,打开标题,将标题文本修改为"销售金额分析",加粗,对齐方式设为"居中",文本大小设为"17"磅。

② 执行"常规"|"效果"命令,打开"视觉对象"对话框,设置圆角(像素)为"10"。

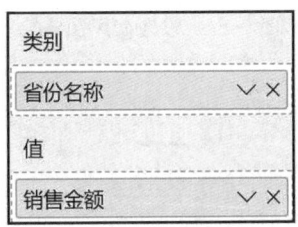

图 5-50 设置文字云属性

(4) 通过文字云可以反映出销售金额最大的省份情况,如图 5-51 所示。

图 5-51 文字云结果

三、旋风图

旋风图也叫龙卷风图,是一种特殊的条形图。在旋风图中,数据类别是垂直列出的,不是水平表示,并且类别是有序排列。旋风图主要用于两组数据的对比,通过左右方向的布局对比,数据对比更加直观形象。

【案例 5-17】 下面以虚拟的某公司销售数据为例,展示旋风图的应用方法。

【操作步骤】

(1) 在打开"5.3 自定义可视化图表-原始.pbix"文件中,单击窗口左侧的"报表" 按钮,新建报表页,将其重命名为"旋风图"。

(2) 下载或从本地导入"旋风图"可视化对象后,单击"可视化"窗格中的"旋风图"按钮,按图 5-52 所示设置"旋风图"的属性。

(3) 调整美化旋风图,结果如图 5-53 所示,在"格式"列表中进行如下操作:

① 执行"常规"|"标题"命令,将标题文本修改为"销售金额分析",加粗,对齐方式设为"居中",文本大小设为"17"磅。

② 执行"视觉对象"|"数据标签"命令,将数据标签设置为"开"。

③ 执行"常规"|"效果"命令,打开"视觉对象"对话框,设置圆角(像素)为"10"。

④ 按照"销售金额"以降序排序。

图 5-52　设置旋风图属性

(4) 通过对旋风图的设置,可以呈现出 2022 年和 2023 年各产品销售金额情况。

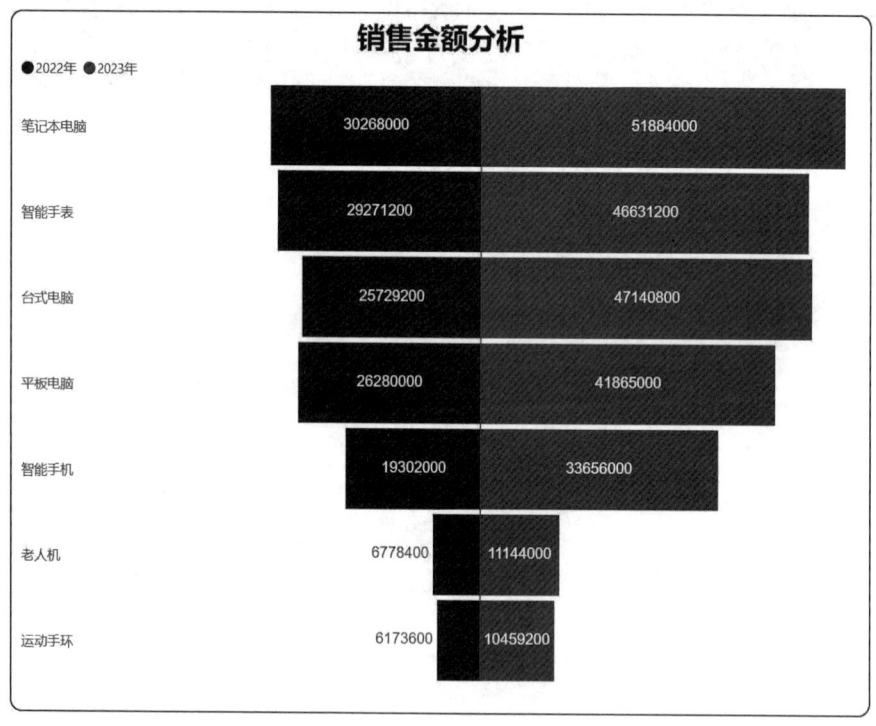

图 5-53　旋风图结果

四、子弹图

子弹图主要用于显示实际数字与目标数字的比较。在子弹图中,定义深红、红、黄、绿四种颜色分别呈现有待改善、一般、好和很好四种情况,可以根据数据的情况进行设置,自己定义衡量标准。

【案例 5-18】 下面以虚拟的某公司销售数据为例,展示子弹图的应用方法。

【操作步骤】

(1) 在打开"5.3 自定义可视化图表-原始.pbix"文件中,单击窗口左侧的"报表"按钮,新建报表页,将其重命名为"子弹图"。

(2) 下载或从本地导入"子弹图"可视化对象后,单击"可视化"窗格中的"子弹图"按钮,按图 5-54 和图 5-55 所示设置"子弹图"的属性。

按照图中设置衡量标准的具体含义:

0～25%:深红色区域,有待改善。

25%～60%:红色区域,一般。

60%～100%:黄色区域,好。

100%～120%:绿色区域,很好。

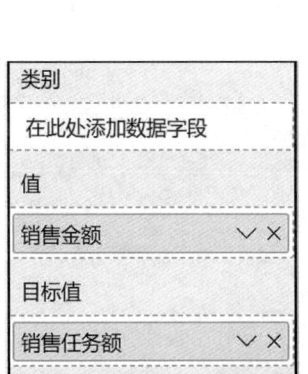

图 5-54　设置子弹图属性

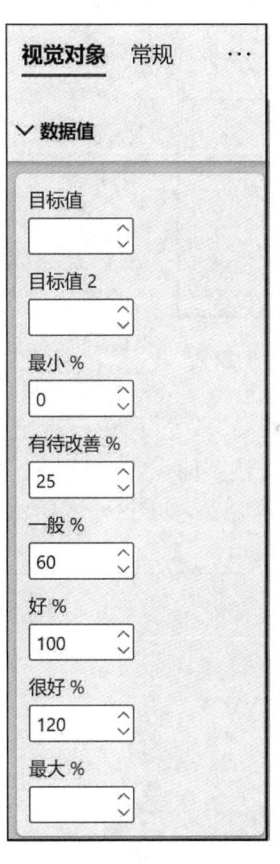

图 5-55　对衡量标准进行定义

(3) 调整美化子弹图,在"格式"列表中进行如下操作:

① 执行"常规"|"标题"命令,打开标题,将标题文本修改为"销售金额分析",加粗,对齐方式设为"居中",文本大小设为"17"磅。

② 执行"常规"|"效果"命令,打开"视觉对象"对话框,设置圆角(像素)为"10"。

通过对子弹图的设置,可以呈现出实际销售额和销售任务额之间的关系,如图 5-56 所示。

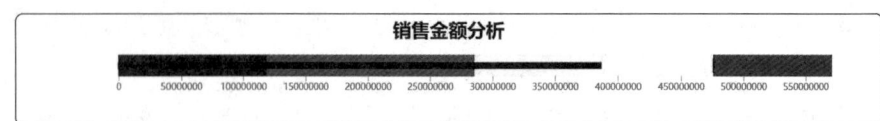

图 5-56　子弹图结果

五、雷达图

雷达图将多个维度的数据映射到坐标轴上,可以展示出各个变量的权重高低情况,非常适合展示性能数据比较(定性分析)。

【案例 5-19】　下面以虚拟的某公司销售数据为例,展示雷达图的应用方法。

【操作步骤】

(1) 在打开"5.3 自定义可视化图表-原始.pbix"文件中,单击窗口左侧的"报表" 按钮,新建报表页,将其重命名为"雷达图"。

(2) 下载或从本地导入"雷达图"可视化对象后,单击"可视化"窗格中的"雷达图"按钮,按图 5-57 所示设置"雷达图"的属性。

(3) 调整美化雷达图,在"格式"列表中进行如下操作:

① 执行"常规"|"标题"命令,打开标题,将标题文本修改为"销售金额分析",加粗,对齐方式设为"居中",文本大小设为"17"磅。

② 执行"视觉对象"|"图例"命令,关闭图例。

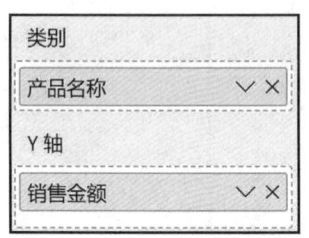

图 5-57　设置雷达图属性

③ 执行"常规"|"效果"命令,打开"视觉对象"对话框,设置圆角(像素)为"10"。

(4) 通过对雷达图的设置,可以呈现出笔记本电脑、智能手表、台式电脑和平板电脑贡献了大部分的销售金额,如图 5-58 所示。

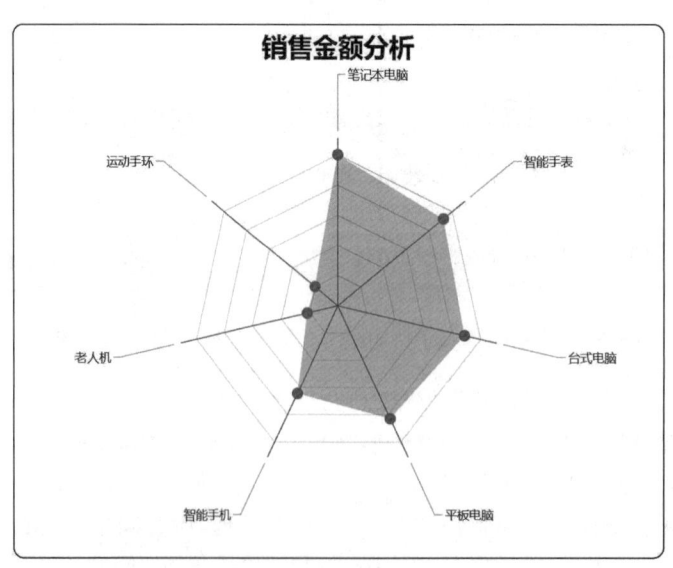

图 5-58　雷达图

第四节 图表美化

为了使生成的可视化图表更加美观大气,我们可以从切换主题、格式设置和布局三方面对图表进行布局美化。

一、切换主题

Power BI 中提供了默认、城市公园、教室、日落、黄昏等多个主题,每一个主题有不同的配色。进行可视化分析时,用户可以根据数据的特点以及企业文化选择合适的主题。除了系统提供的主题外,Power BI 还提供了导入主题功能和自定义主题功能。

【案例5-20】 下面以销售金额分析数据为例,介绍如何由系统默认的主题切换为"温度"主题。

二维码5-8 切换主题

【操作步骤】

(1) 在 Power BI Desktop 中打开"5.4 图表美化.pbix"文件,单击窗口左侧的"报表"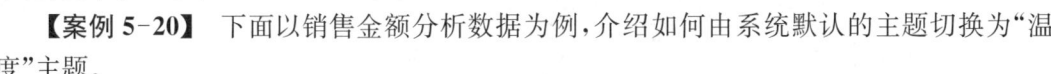 按钮,选择"柱形图"报表页,默认显示效果如图 5-59 所示。

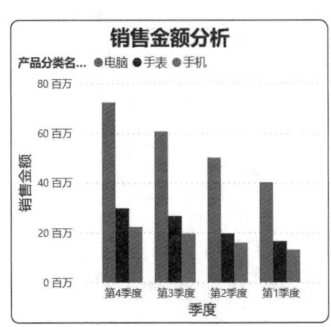
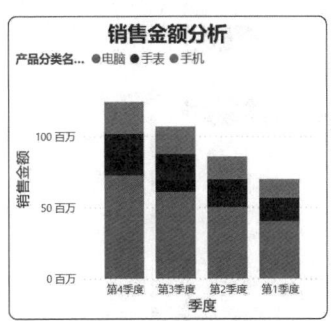
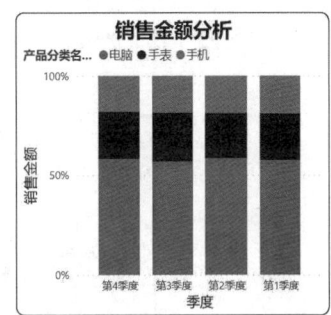

图 5-59 默认主题

(2) 执行"视图"|"主题"|"温度"命令后,报表页的显示效果如图 5-60 所示。

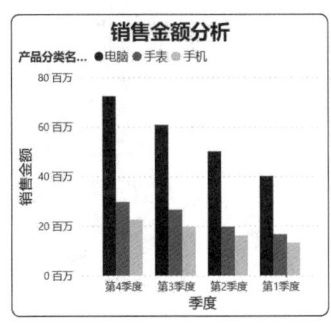
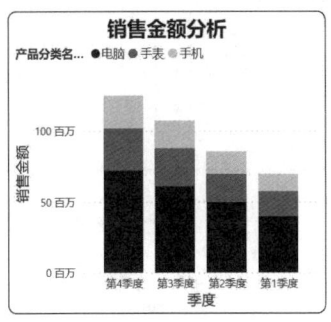
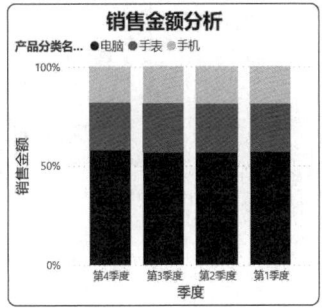

图 5-60 "温度"主题

二、设置图表格式

本章上一节内容中介绍了各种可视化图表的制作,我们可以看出大部分图表的格式常用操作有:常规、X轴、Y轴、数据颜色、数据标签、标题、背景、边框等,我们可以通过执行"可视化"|"设置视觉对象格式"|"视觉对象"或"常规"命令进行修改,如图 5-61 所示。对于自定义可视化组件,除了这些常规的格式设置内容,还有组件本身特有的格式内容。

图 5-61 设置图表格式

三、布局

如果报表是发布到网页或者给其他使用者浏览,就需要精心设计报表的布局,以便使用者更好地阅读和理解数据。报表的布局一般应该遵循以下几条原则。

(一) F 理论

F 理论是指人在阅读网页的时候,视觉轨迹会以 F 形排列,既符合从左向右,从上向下阅读的规律。依据此规律,需要把先看到的内容放在左边、上边,后看到的内容放在右边、下边。

(1) 一般先看到的标题、卡片会放在上边或者左边等显著位置。

(2) 切片器大部分是右手操作,可以放在右边区域。

(3) 各类图形需要先理解数字内部的逻辑关系,一般放在下方或右侧区域,常规布局样式如图 5-62 所示。

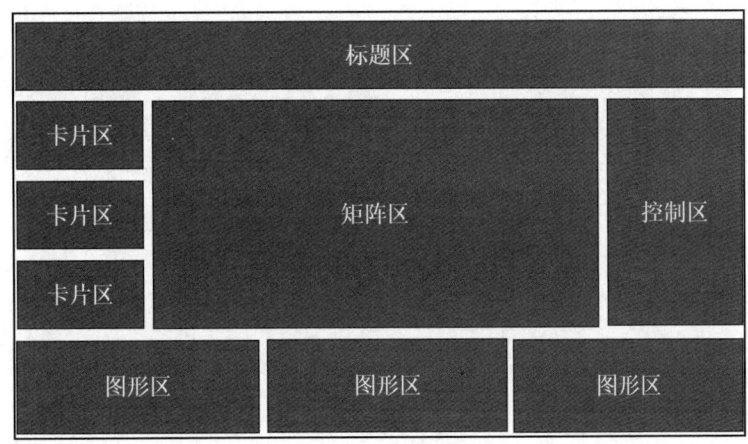

图 5-62　常规布局样式

(二) 信息容量

信息容量指的是人类在阅读内容时有容量上限,超过容量上限会导致信息过载,也就是说并不是信息放得越多,读者就能理解越多。在设计可视化看板时,应注意以下事项:

(1) 不同的内容应该尽量分页显示,每一页只显示单项内容。

(2) 不要因为页面空白就一定想方设法去填充,增加的内容可能会干扰用户阅读,分散注意力。

(3) 同样类型的内容应该尽量摆在一起,如切片器应该集中摆放在一个区域。

(4) 反映同样内容、同样性质的数据,应该尽可能采取同一种图形。

(三) 对齐、重复和亲密性

对齐是指单元格内容应该保持对齐,除非单一的主标题,否则应尽可能保持左对齐或者右对齐。重复是指同类型的事物应该尽可能采用一致的设计方案,如统一字体、字号、大小、颜色等。亲密性是指应将同类型的事物布局在一起,如图 5-63 所示。

(四) 设计规范

规范的排版布局可以快速提升报表的实用程度,Power BI 是一种动态图表,随着时间的推移数据会发生动态变化,在这种情况下,图表标题既要能够概括主要内容,又要防止出现反映片面的情况。另外,我们需要思考每一个视觉对象的每一项元素是否有存在的必要,如无必要,尽量不增加。

图 5-63 对齐、重复和亲密性

第五节 图表的交互式分析

在可视化图表中,通过对图表进行筛选、钻取和编辑交互,可以实现多角度的动态展示效果和更深入的数据洞察。

一、图表的筛选

筛选是指通过筛选器进行筛选,主要作用是去掉无关数据,保留需要关注的数据。根据筛选的影响范围可以分为视觉级筛选器、页面级筛选器和报告级筛选器,筛选器界面如图 5-64 所示。

视觉级筛选器的作用是对特定的可视化对象进行筛选后,其他可视化对象不受影响。

页面级筛选器的作用是对特定的可视化对象进行筛选后,本报表页的其他可视化对象页受到影响。

报告及筛选器的作用是对特定的可视化对象进行筛选后,所有报表页的所有可视化对象均受到影响。

根据字段类型,筛选器可以分为文本筛选器、数值筛选器、日期和时间筛选器三种。三种筛选器的筛选方式如表 5-2 所示。

二维码 5-9
图表的筛选

图 5-64 图表的筛选

表 5-2　　　　　　　　　　　　按字段类型分类的三种筛选方式

项目	维度表
文本筛选器	基本筛选:列表模式 高级筛选:设置复杂筛选条件(大于、小于、且、或等) 前 N 个:筛选该字段前 N 个数据
数值筛选器	基本筛选:列表模式 高级筛选:设置复杂筛选条件(大于、小于、且、或等)
日期和时间筛选器	

(一)新建视觉级筛选器

【**案例 5-21**】 下面具体介绍如何进行视觉级筛选器的设置(不影响本报表页折线图中数据的显示)。

【操作步骤】

(1) 在 Power BI Desktop 中打开"5.5 图表的交互式分析.pbix"文件,单击窗口左侧的"报表" 按钮,选择"图表的筛选"报表页。柱形图和折线图均显示三类产品的数据,如图 5-65 所示。

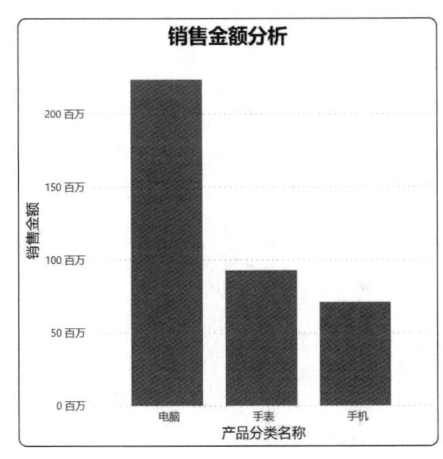 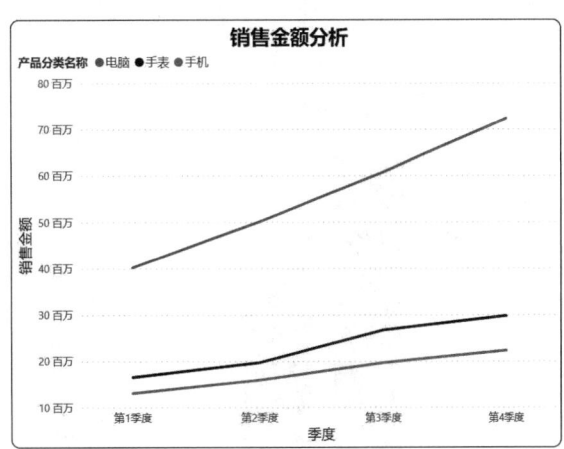

图 5-65　柱形图和折线图

(2) 单击"柱形图"按钮,在"筛选器"窗格的"此视觉对象上的筛选器"框中,取消勾选"产品分类名称"下的"电脑"复选框,其他产品分类保留,如图 5-66 所示。

(3) 筛选后的报表页显示效果如图 5-67 所示。可以看到,柱形图中没有"电脑"数据,而折线图中还有。

图 5-66 设置视觉对象上的筛选器

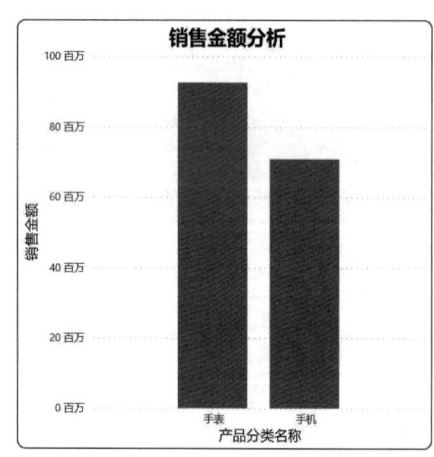
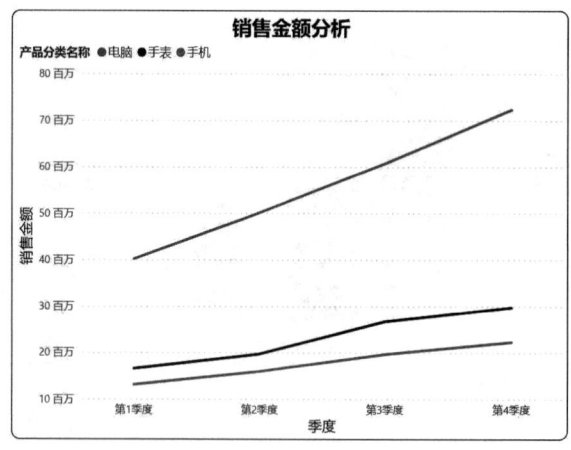

图 5-67 视觉级筛选结果

(二)新建页面级筛选器

【案例 5-22】 下面具体介绍如何进行页面级筛选器的设置(结果将影响本报表页折线图中数据的显示)。

【操作步骤】

(1) 在打开的"5.5 图表的交互式分析.pbix"文件中,单击窗口左侧的"报表" 按钮,选择"图表的筛选"报表页。柱形图和折线图均显示三类产品的数据,如图 5-65 所示。

（2）将"数据"窗格中的"产品分类名称"选项拖曳到"筛选器"窗格中"此页上的筛选器"框中，取消勾选"手表"复选框，其他产品分类保留，如图 5-68 所示。

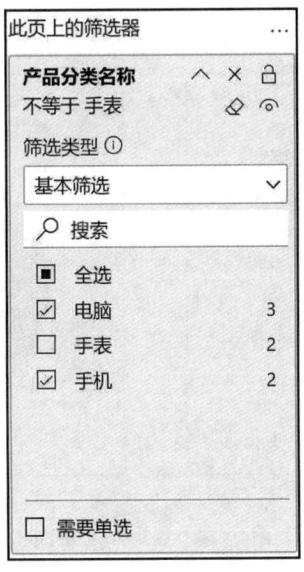

图 5-68　设置页面级筛选器

（3）筛选后的报表页显示效果如图 5-69 所示。可以看到，柱形图和折线图中均没有"手表"数据。

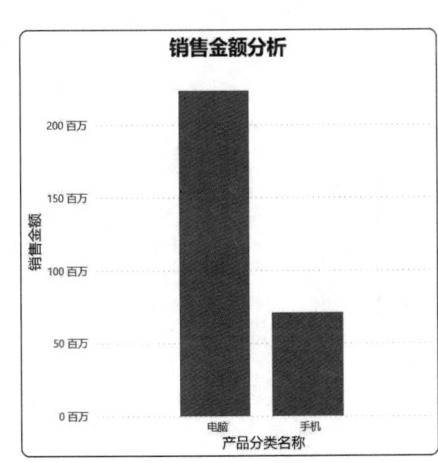
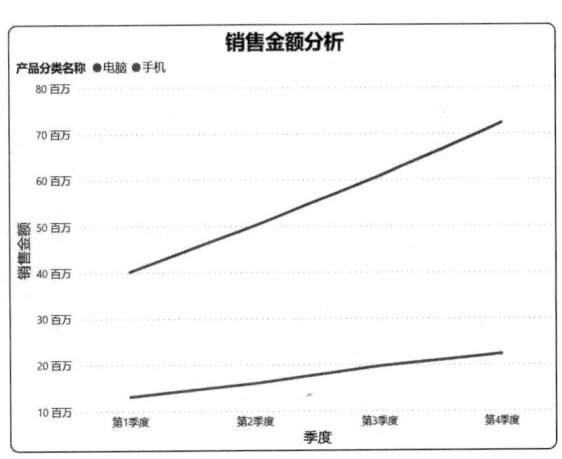

图 5-69　页面级筛选结果

（三）新建报告级筛选器

【案例 5-23】　下面具体介绍如何进行报告级筛选器的设置（结果将影响所有报表页所有可视化对象中的数据显示）。

【操作步骤】

（1）在打开"5.5 图表的交互式分析.pbix"文件中，单击窗口左侧的"报表" 按钮，选择"图表的筛选"报表页,柱形图和折线图均显示三类产品的数据,如图 5-65 所示。"图表的筛选 2"报表页的条形图和饼图显示如图 5-70 所示。可以看到,所有的报表页均显示三个产品分类的数据。

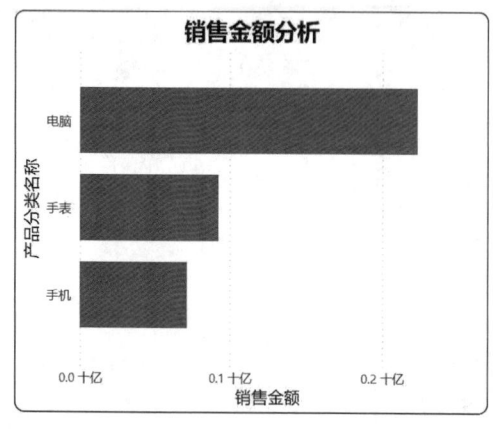 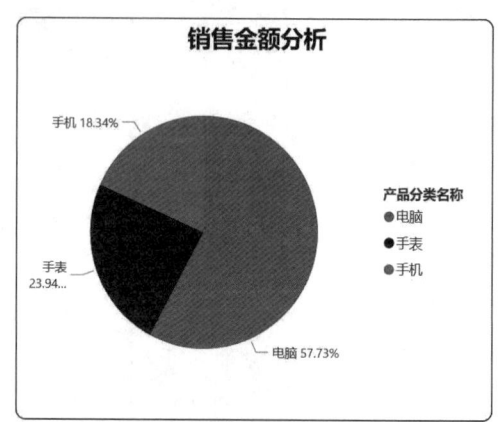

图 5-70　条形图与饼图

（2）将"数据"窗格中的"产品分类名称"选项拖曳到"筛选器"窗格中"所有页面上的筛选器"框中,取消勾选"手机"复选框,其他产品分类保留,如图 5-71 所示。

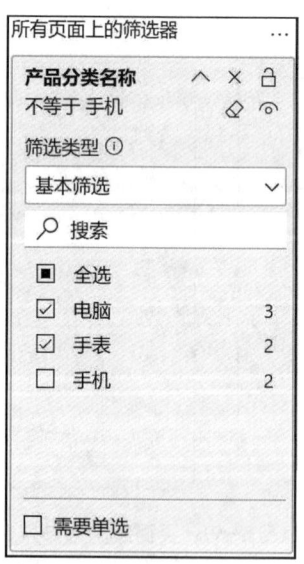

图 5-71　设置报告级筛选器

（3）筛选后的"图表的筛选"报表页显示效果如图 5-72 所示。筛选后的"图表的筛选 2"报表页显示效果如图 5-73 所示。可以看到,所有报表页可视化对象均已经没有"手机"数据。

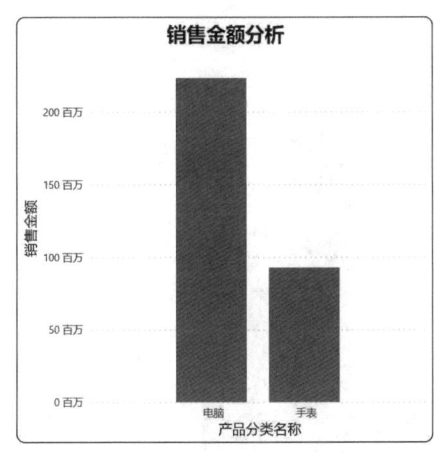
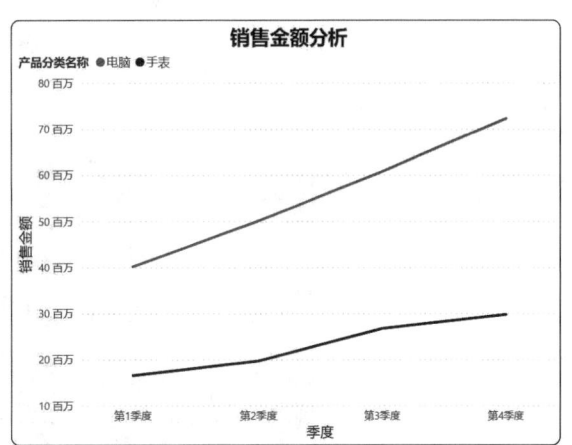

图 5-72 报告级筛选器结果(柱形图和折线图)

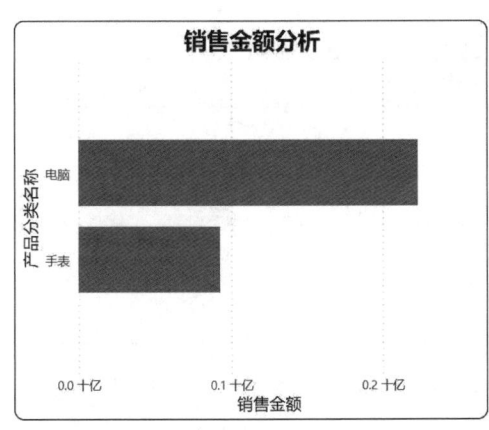
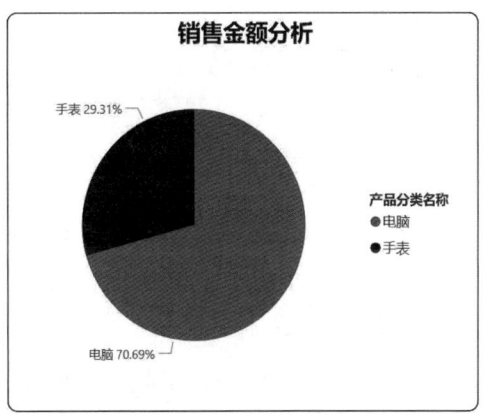

图 5-73 报告级筛选器结果(条形图和饼图)

二、图表的钻取

在进行可视化分析时,如果想深入了解某个视觉对象的信息,可以用到数据的钻取功能,例如,要查看所有大区的销量信息,又想知道大区下的客户类型信息,可使用数据的钻取功能。

特别需要注意的是,并非所有的数据都能钻取,对于有层级关系的数据才可以使用钻取功能。设置好钻取的层级后,在可视化对象上方会出现图标,如图 5-74 所示。

可视化各钻取按钮的含义如表 5-3 所示。

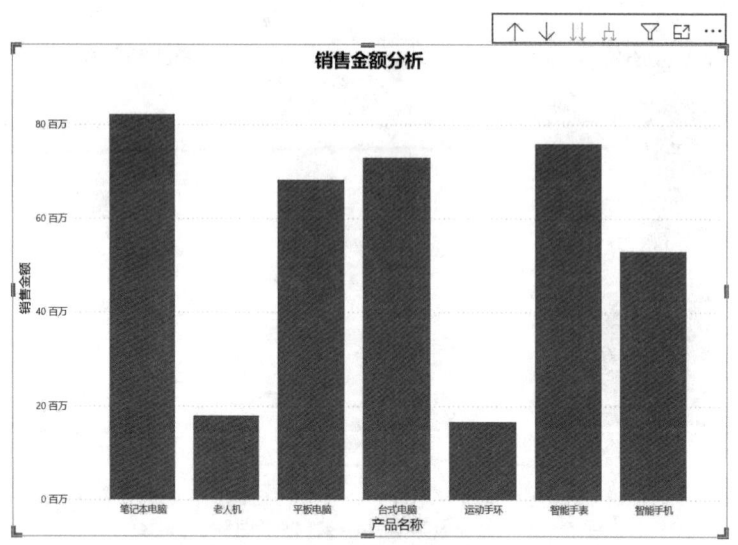

图 5-74 销售金额分析

表 5-3　　　　　　　　　　　各钻取按钮的含义

项目	维度表
↓	向下钻取
↑	向上钻取
↓↓	转至层级结构中的下一级别
⊥	转至层级结构中的所有下一级别

【案例 5-24】 下面介绍如何实现图表的钻取功能(对柱形图中的"手机"数据向下钻取,查看其具体产品名称的数据)。

【操作步骤】

(1) 在打开的"5.5 图表的交互式分析.pbix"文件中,单击窗口左侧的"报表" 📊 按钮,选择"图表的钻取"报表页。

(2) 选中柱形图,将"数据"窗格中的"产品名称"字段拖曳到"可视化"窗格的"X 轴"框中,并放至"产品分类名称"下,将"销售金额"字段拖曳到"Y 轴"框中,如图 5-75 所示。

(3) 单击柱形图上方的 ↑ 按钮,显示三种产品分类,如图 5-76 所示。单击柱形图上方的 ↓ 按钮,再单击柱形图中的"手机"数据,则此时展示"手机"下级所有产品数据信息,如图 5-77 所示。

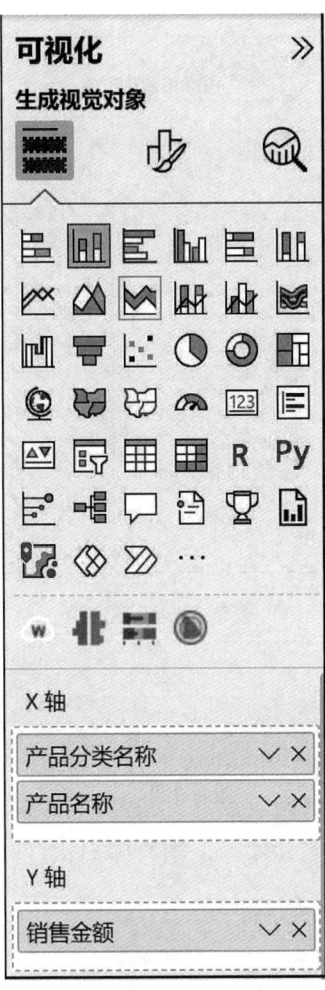

图 5-75　设置可视化对象

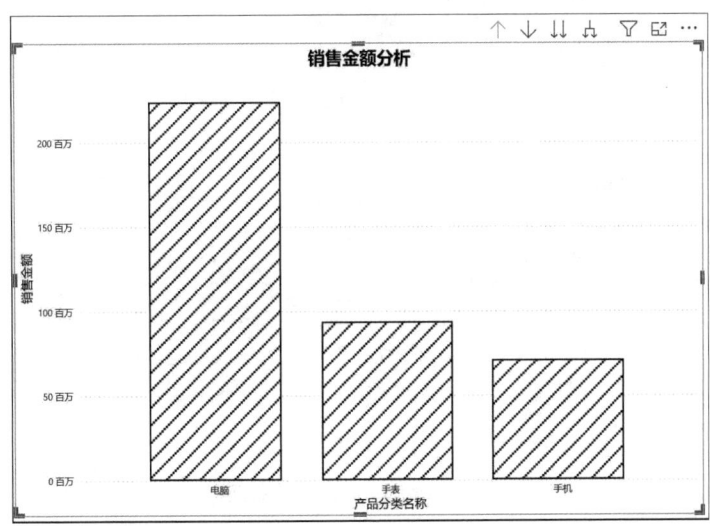

图 5-76　向上钻取

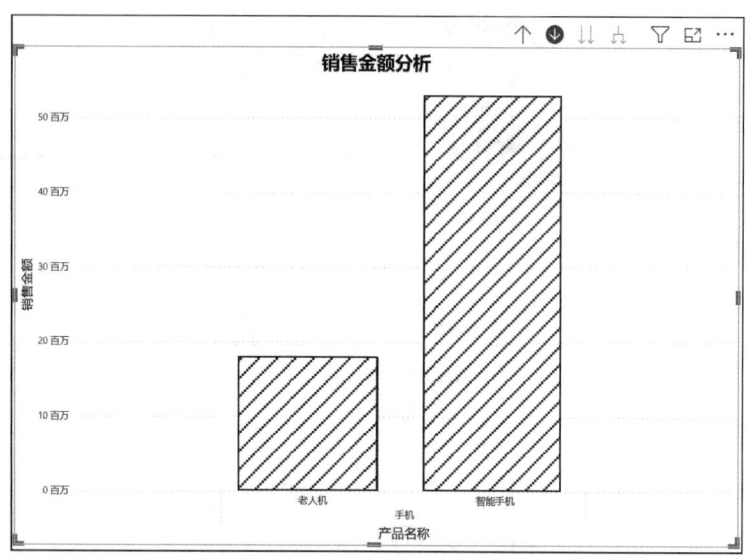

图 5-77 向下钻取

三、图表的编辑交互

图表的编辑交互功能是指单击某一图表的数据对象时,被单击的图表对象在本图表中突出显示,而在其他图表中只显示相应数据对象,无关数据对象不再显示,形成一种动态显示效果。可以简单理解为:只要图表设置了编辑交互,有的图表就相当于"冻结"了,不受切片器筛选的影响,如图 5-78 所示。

二维码 5-10
图表的编辑
交互

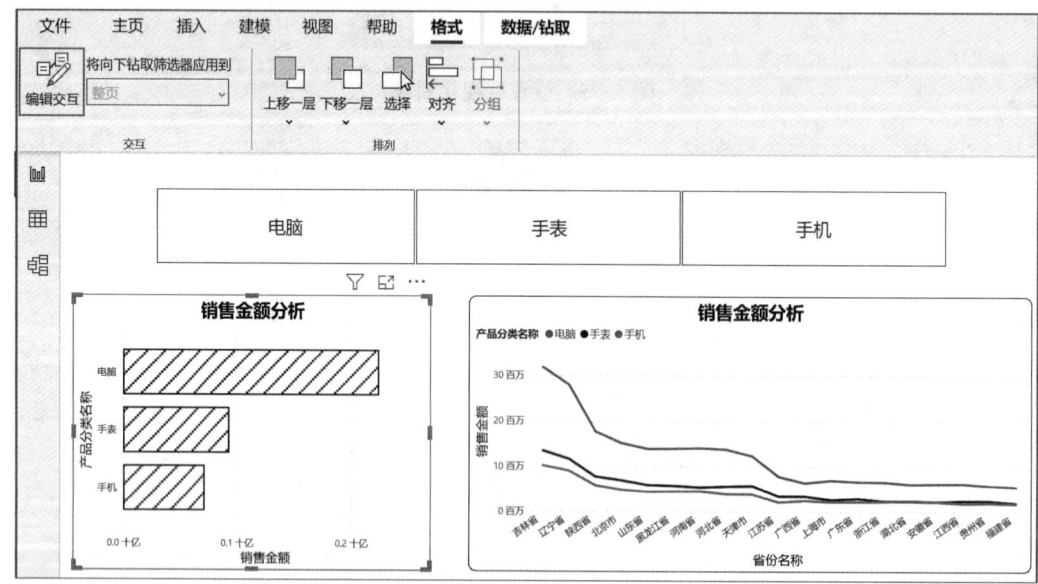

图 5-78 图表的编辑交互

可视化编辑交互按钮的含义如表 5-4 所示。

表 5-4　　　　　　　　　　　　　编辑交互按钮的含义

项目	维度表
⊘	单击此按钮,当前图表不受编辑交互控制
⬛	单击此按钮,当前图表恢复编辑交互控制

【**案例 5-25**】　下面介绍如何使用图表的编辑交互功能(对条形图中的"电脑"数据突出显示,而折线图中的数据显示不受影响)。

【*操作步骤*】

(1) 在打开的"5.5 图表的交互式分析.pbix"文件中,单击窗口左侧的"报表" 按钮,选择"图表的交互"报表页。

(2) 选中切片器中的"电脑"数据,可以看到条形图和折线图中的"电脑"数据同步突出显示,如图 5-79 所示。

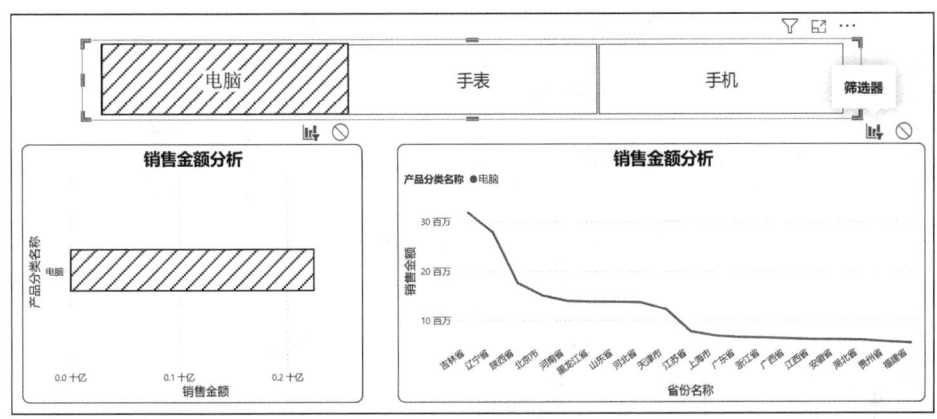

图 5-79　条形图和折线图同步筛选

(3) 选中条形图,执行"格式"|"交互"|"编辑交互"命令,单击折线图右上角的 ⊘ 按钮,则折线图不受编辑交互功能的控制,如图 5-80 所示。单击折线图右上角的 ⬛ 按钮,可恢复编辑交互功能。

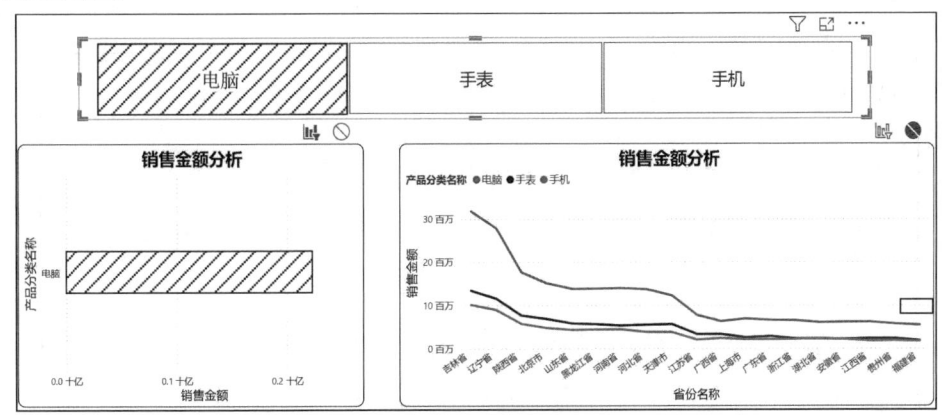

图 5-80　设置编辑交互

延伸阅读

在 PPT 中展示 Power BI 动态图表

在任何行业工作都免不了汇报工作,比如销售报告、工作总结报告等,汇报一般采用 PPT 形式。但是 PPT 有两个缺陷:第一,图表静态,以文字＋图片形式为主,互动性不强。第二,增加工作量。例如,我们需要表现 5 个地区的按年份数据变化趋势,就要做 5 页 PPT(每个地区一页)。借助 Microsoft Power BI 这个 PPT 插件可以轻松将 Power BI 的动态图表载入 PPT,在一页 PPT 中实现动态交互,展现更加丰富和生动的内容。

1. Microsoft Power BI 插件安装

(1) 打开任意 PPT,执行"开始"|"加载项"|"获取加载项"命令,在应用商店搜索"Microsoft Power BI",如图 5-81 所示。

图 5-81　获取加载项

(2) 找到 Microsoft Power BI,单击"添加"按钮,即可将插件加入 PPT 界面,如图 5-82、图 5-83 所示。

图 5-82　添加 Microsoft Power BI

图 5-83 来自 Power BI 的 URL

2. Microsoft Power BI 插件使用

使用 Microsoft Power BI 插件要确保拥有 Power BI 账号（账号可使用公司邮箱免费注册），使用账号登录 Power BI 主页中的我的工作区，如图 5-84 所示。

图 5-84 我的工作区

在工作区内打开需要嵌入的 Power BI 报表，复制地址栏中的 URL，粘贴到 Microsoft Power BI 插件"来自 Power BI 的 URL"界面中，如图 5-85、图 5-86 所示。

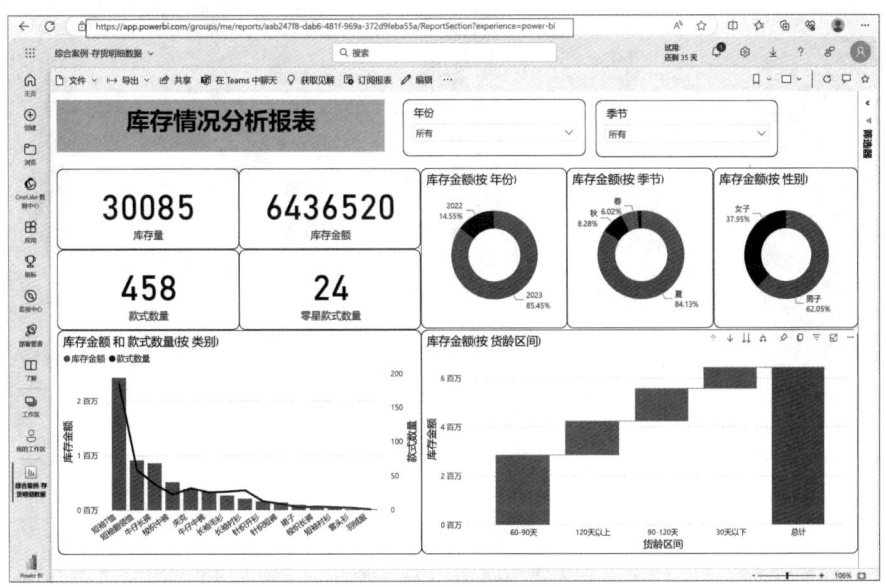

图 5-85 获取报表 URL

图 5-86 粘贴报表 URL

单击"插入"按钮,可以看到报告被顺利加载到 PPT 中,如图 5-87 所示。报告中的切片器等按钮在 Power BI 中一样都可以正常使用,互动展示。

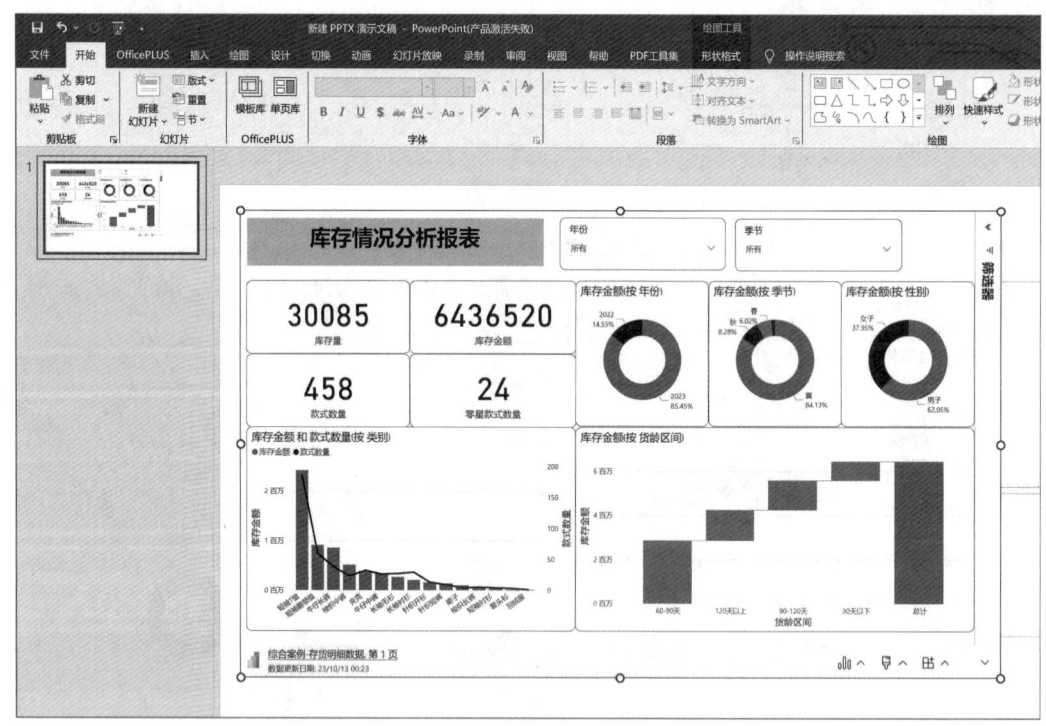

图 5-87 嵌入 PPT

3. Microsoft Power BI 细节调整

Microsoft Power BI 展示的报告大小、互动方式都可以进行调整。

(1) 报告的大小可以通过拖动四周进行调整,如图 5-88 所示。

(2) 如不想进行互动,则可点击右侧选项,将当前界面显示为已保存的图像,如图 5-89 所示。

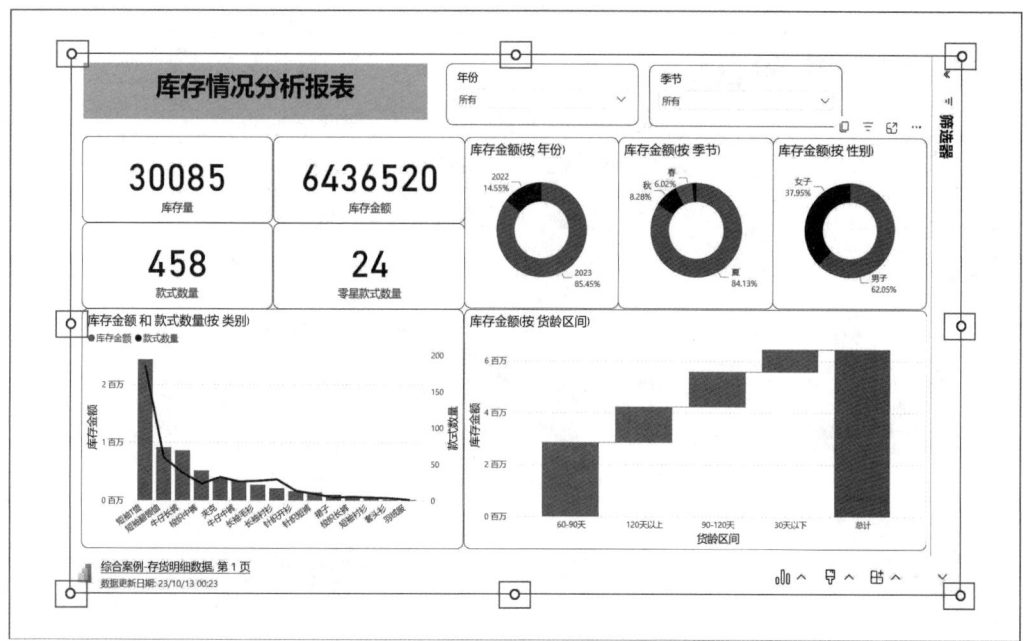

图 5-88 调整图像大小和位置

图 5-89 显示为已保存的图像

（3）图表下方的功能区，可将图表返回 Power BI 网页版显示，也可刷新数据，如图 5-90 所示。

财务数据可视化

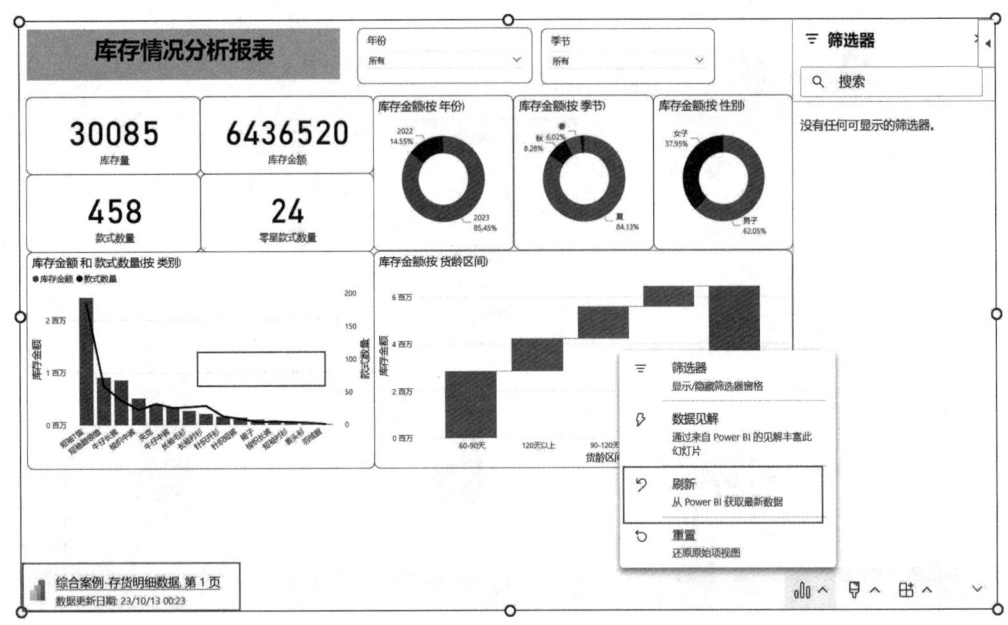

图 5-90　显示网页版图表

第六节　综合案例

为了展示 Power BI 数据可视化流程，本节以某知名服饰品牌——YY 品牌虚拟库存数据为例，讲解如何使用 Power BI 制作一份存货分析报告，帮助读者了解 Power BI 可视化操作。

一、案例概述

（一）案例背景

YY 是一家大型时尚服饰快消品牌，我们将从库存状况、销售状况、仓储状况三个角度对存货进行分析，了解整体库存情况，包括当年库存数量、库存金额、库存款式数量、零星款式数量等，另外从年份、季节、性别、类别、货龄等多个维度查看库存结构，通过货龄查看库存分布。

存货明细表包括"货号""年份""季节""性别""类别""上市日期""零售价""销量""销售额""库存数量"共 10 个字段和 583 条数据（记录），如图 5-91 所示。

假设你是 YY 品牌的数据分析师，现在利用 Power BI 的可视化分析功能，制作一份存货分析报告，实现：

（1）了解整体库存情况。

（2）多个维度查看库存结构。

二维码 5-11
综合案例

	A	B	C	D	E	F	G	H	I	J
1	货号	年份	季节	性别	类别	上市日期	零售价	销量	销售额	库存数量
2	YYT0120	2023	春	女子	夹克	2023-1-1	378	0	0	40
3	YYT0121	2023	春	男子	夹克	2023-1-1	498	0	0	2
4	YYT0122	2023	春	男子	牛仔长裤	2023-1-1	278	0	0	0
5	YYT0123	2023	春	男子	长袖衬衫	2023-1-1	108	6	587.7	37
6	YYT0124	2023	春	男子	长袖衬衫	2023-1-1	188	3	222.7	20
7	YYT0125	2023	春	男子	梭织长裤	2023-1-1	228	0	0	19
8	YYT0126	2023	春	女子	短袖翻领恤	2023-1-1	188	1	111.4	20
9	YYT0127	2023	春	男子	夹克	2023-1-1	348	0	0	20
10	YYT0128	2023	春	女子	针织开衫	2023-1-1	318	4	866.9	32
11	YYT0129	2023	春	男子	牛仔长裤	2023-1-1	348	0	0	23
12	YYT0130	2023	春	男子	针织开衫	2023-1-1	378	2	699.2	20
13	YYT0131	2023	春	女子	牛仔长裤	2023-1-1	188	1	185.7	0
14	YYT0132	2023	春	女子	针织开衫	2023-1-1	248	2	366	56
15	YYT0133	2023	春	女子	针织开衫	2023-1-1	248	0	0	0
16	YYT0134	2023	春	女子	针织开衫	2023-1-1	248	3	656.4	2
17	YYT0135	2023	春	女子	夹克	2023-1-1	318	1	247.8	0
18	YYT0136	2023	春	女子	牛仔长裤	2023-1-1	228	0	0	13

图 5-91　存货明细表(部分)

(3) 货龄分析。

(二) 分析思路

1. 建立度量值和辅助列

(1) 新建"销售数量""销售金额""库存量""库存金额""销售零售额""款式数量""零星款式数量"7个度量值。

(2) 新建"货龄""货龄区间"2个辅助列。

2. 制作可视化报告

(1) 新建标题、年份和季节切片器。

(2) 新建"库存数量""库存金额""款式数量""零星款式数量"卡片图。

(3) 新建"年份""季节""性别"环形图。

(4) 新建"产品类别"折线和簇状柱形图。

(5) 新建"货龄区间"瀑布图。

二、实现步骤

(一) 数据获取

(1) 打开 Power BI，从视图栏中单击"从 Excel 导入数据"链接，打开"存货明细"。

(2) 选中"存货明细"表，单击"加载"按钮，打开"Power BI"窗口，如图 5-92 所示。

(二) 数据整理

本综合案例数据已经整理完毕，不需要对数据进行整理和清洗。

(三) 数据建模

1. 创建度量值

为了分析存货情况，需要在存货明细表中新建度量值。新建度量值"销售数量""销售金额""库存量""库存金额""销售零售额""款式数量""零星款式数量"，本案例新建度量值的操作步骤如下：

(1) 单击 Power BI 窗口左侧的"数据视图"按钮，选择窗口右侧"数据"窗格中的"存货明

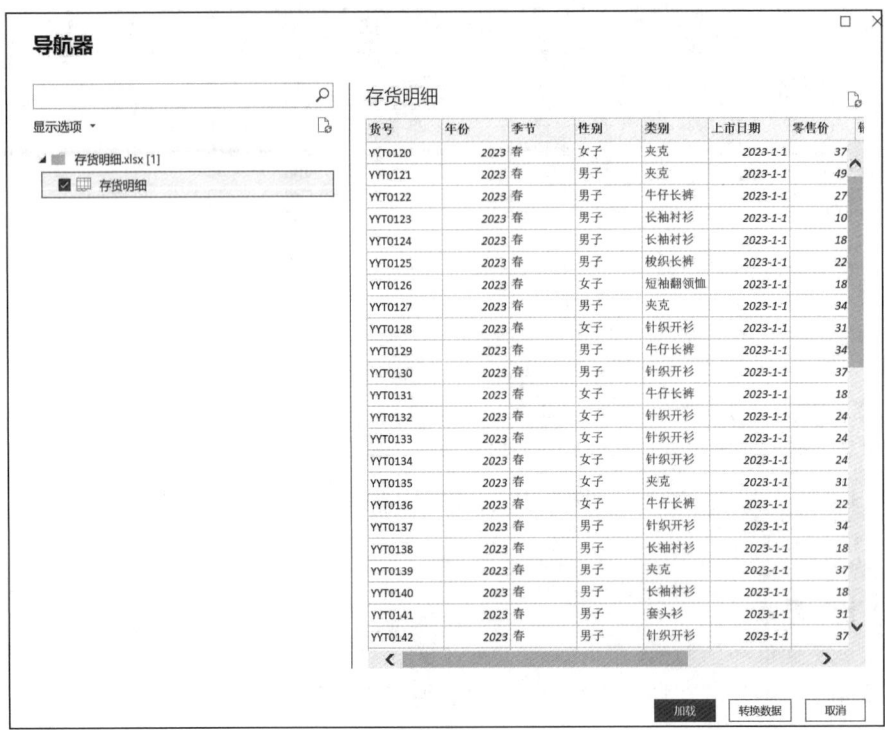

图 5-92 加载数据

细",执行"表工具"|"计算"|"新建度量值"命令,如图 5-93 所示。

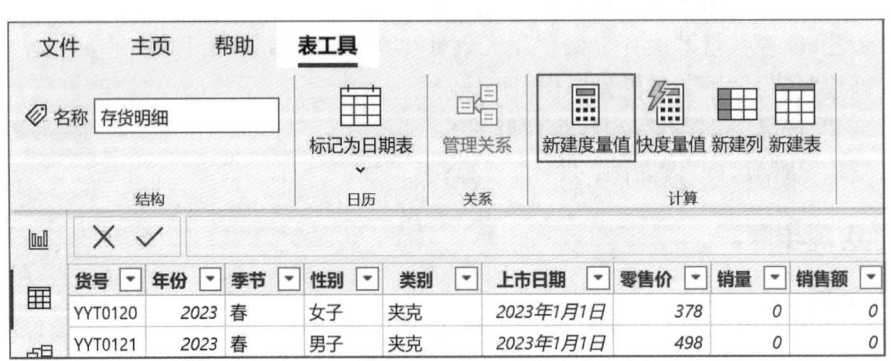

图 5-93 新建度量值

(2) 为了解存货的基本情况,在编辑栏中输入如下公式,按"Enter"键,如图 5-94 所示:
① 销售数量=sum('存货明细'[销量])
② 销售金额=sum('存货明细'[销售额])
③ 库存量=sum('存货明细'[库存数量])
(3) 为了解存货金额和销售零售额情况,在编辑栏中输入如下公式,按"Enter"键,如图 5-95 所示:
① 库存金额=SUMX('存货明细',[库存数量]*[零售价])

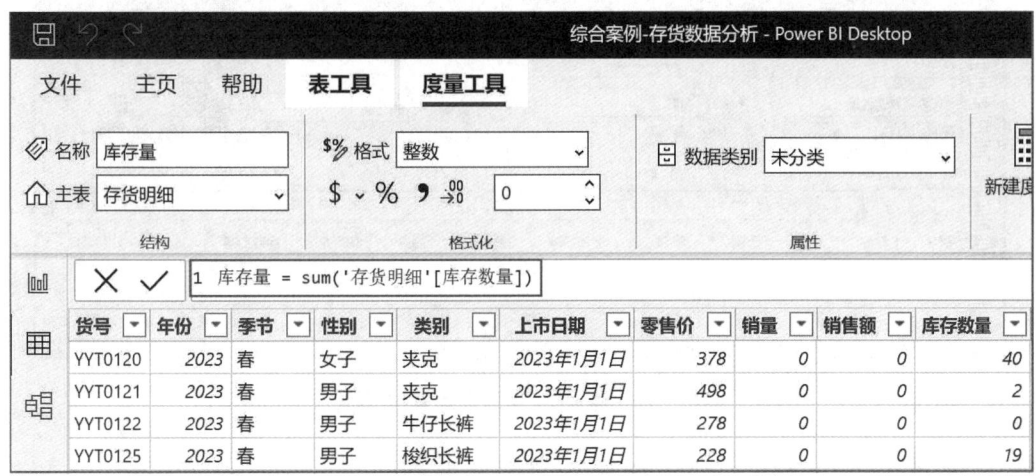

图 5-94 新建"库存量"度量值

② 销售零售额＝SUMX('存货明细',[销量]*[零售价])

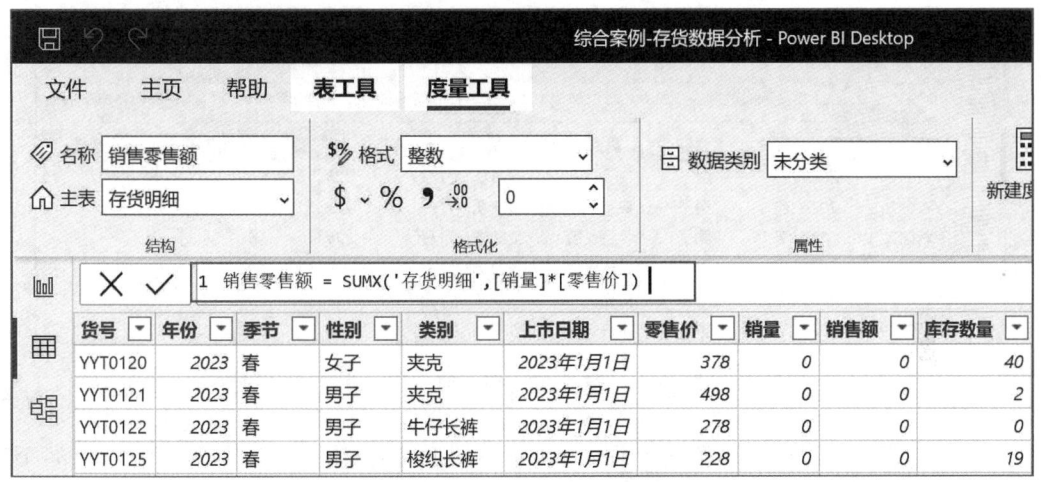

图 5-95 新建"销售零售额"度量值

(4) 为了解存货款式数量和零星款式数量情况,在编辑栏中输入如下公式,按"Enter"键,如图 5-96 所示:

① 款式数量＝CALCULATE(DISTINCTCOUNT('存货明细'[货号]),'存货明细'[库存数量]>0)

② 零星款式数量＝CALCULATE(DISTINCTCOUNT('存货明细'[货号]),'存货明细'[库存数量]>0&&'存货明细'[库存数量]<6)

2. 新建列

为了分析存货情况,需要在存货明细表中新建列。新建货龄列和货龄区间列,本案例新建列的操作步骤如下:

(1) 单击 Power BI 窗口左侧的"数据视图"按钮,选择窗口右侧"数据"窗格中的"存货明

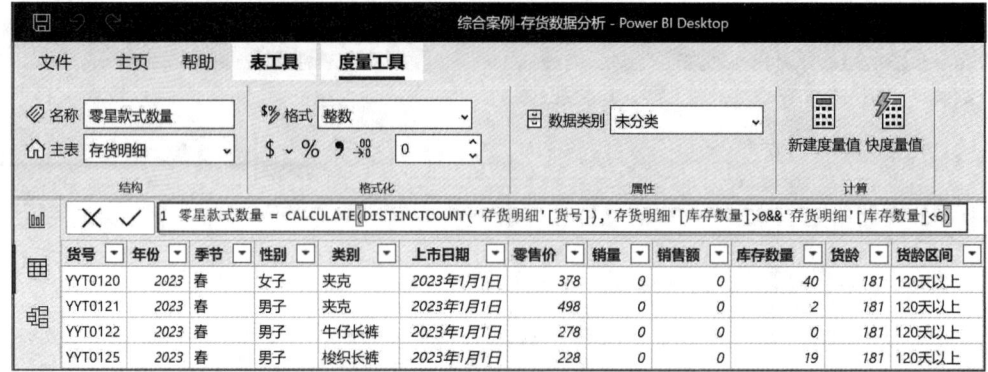

图 5-96 新建"零星款式数量"度量值

细",执行"表工具"|"计算"|"新建列"命令,如图 5-97 所示。

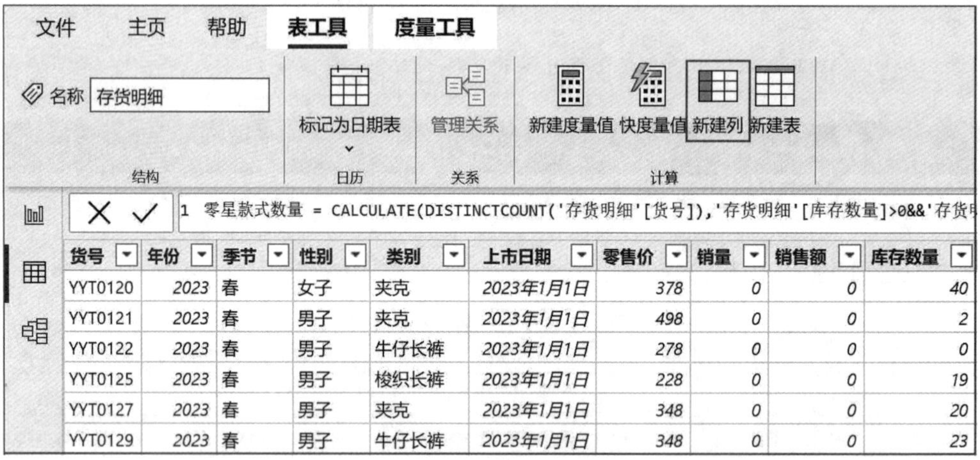

图 5-97 新建列

(2) 为了解存货的货龄情况,在编辑栏中输入如下公式,按"Enter"键,如图 5-98 所示:
货龄＝DATEDIFF([上市日期],DATE(2023,6,30),DAY)+1

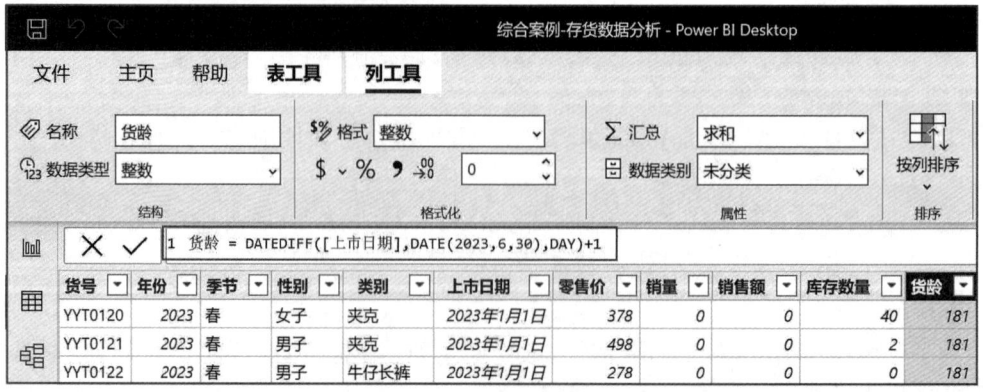

图 5-98 新建"货龄"列

(3) 为了解存货的货龄区间情况,在编辑栏中输入如下公式,按"Enter"键,如图 5-99 所示:

货龄区间＝SWITCH(
TRUE,
'存货明细'[货龄]<=30,"30 天以下",
'存货明细'[货龄]<=60,"30～60 天",
'存货明细'[货龄]<=90,"60～90 天",
'存货明细'[货龄]<=120,"90～120 天",
"120 天以上")

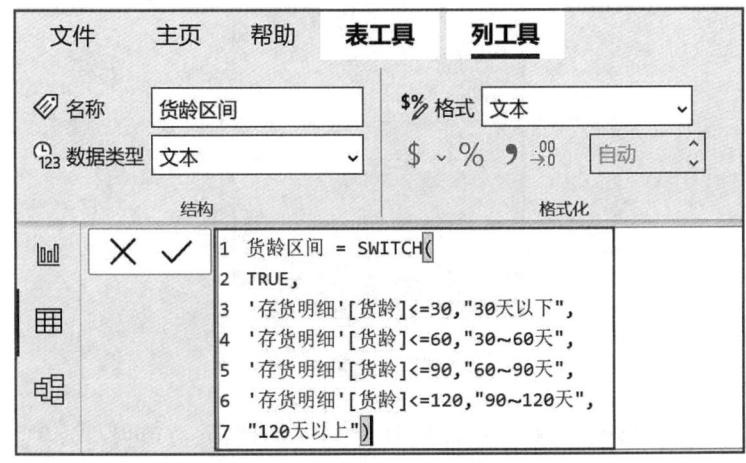

图 5-99 新建"货龄区间"列

(四)数据可视化

1. 了解整体库存情况

1) 插入标题

(1) 单击窗口左侧"报表"模式,进入 Power BI 可视化界面。

(2) 执行"插入"|"文本框"命令,在文本框中输入"库存情况分析报表",字体设置为"28"磅,加粗并居中,将文本框设置成合适的大小。

(3) 执行"常规"|"效果"|"背景"命令,将背景色设置为"白色,20%较深",如图 5-100 所示。

库存情况分析报表

图 5-100 插入文本框

2) 插入切片器

(1) 单击窗口右侧"可视化"窗格中的"切片器"按钮,在"数据"窗格中将"年份"拖曳到可视化"字段"中,执行"格式"|"视觉对象"|"切片器设置"|"选项"命令,选择样式为"下拉",如图 5-101 所示。

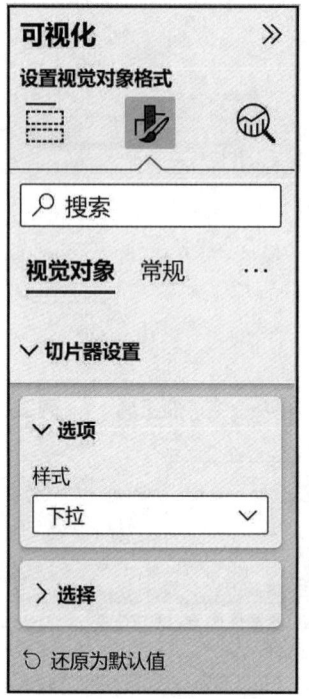

图 5-101　设置切片器

（2）在"可视化"窗格中"设置视觉对象格式"按钮，修改可视化效果。执行"常规"|"效果"命令，打开"视觉对象"对话框，将圆角（像素）设置为"10"。

（3）复制上述切片器，将"字段"替换为"季节"，将两个切片器调整至合适的大小，如图 5-102 所示。

图 5-102　插入切片器

3）插入卡片图

（1）单击窗口右侧"可视化"窗格中的"卡片图" 123 按钮，在"数据"窗格中将"库存量"拖曳到"字段"中。

（2）单击"可视化"窗格中"设置视觉对象格式"按钮，修改可视化效果：

① 执行"视觉对象"|"标注值"命令，将显示单位设置为"无"。

② 执行"常规"|"效果"命令，打开"视觉对象"对话框，将圆角（像素）设置为"10"。

（3）复制上述卡片图，将"字段"替换为"库存金额""款式数量""零星款式数量"，将四个卡片图调整至合适的大小和位置，如图 5-103 所示。

图 5-103　插入卡片图

2. 分析多维度库存结构

1）插入环形图

（1）单击窗口右侧"可视化"窗格中的"环形图" ⊙ 按钮，在"数据"窗格中将"年份"拖曳到"图例"中；将"库存金额"拖曳到"值"中，如图 5-104 所示。

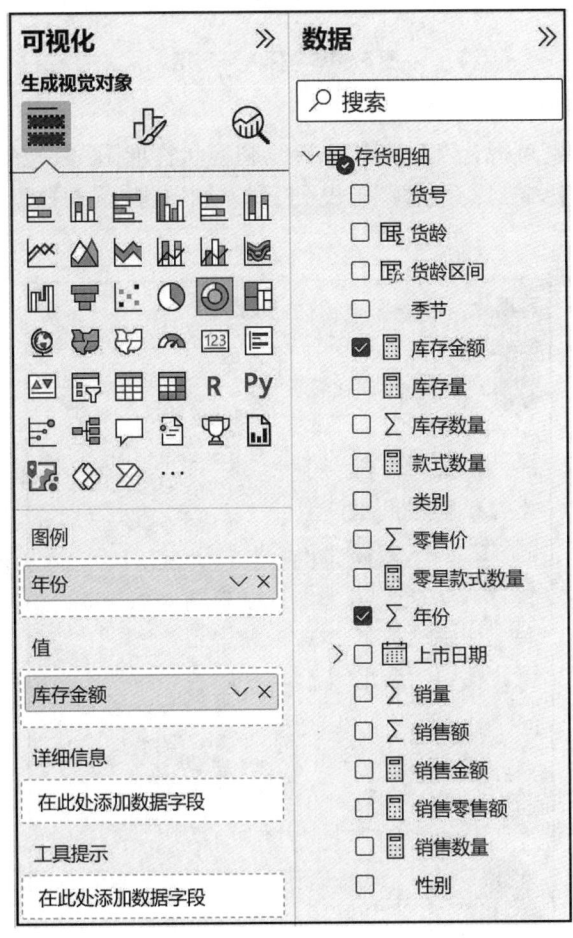

图 5-104　设置环形图

（2）设置"卡片图"格式，单击"可视化"窗格中"设置视觉对象格式"按钮，修改可视化效果：
① 执行"视觉对象"|"图例"命令，关闭图例。

② 执行"视觉对象"|"详细信息标签"命令,打开详细信息标签,并将标签内容设置为"类别-总百分比"。

③ 执行"常规"|"效果"命令,打开"视觉对象"对话框,将圆角(像素)设置为"10"。

复制上述卡片图,将"图例"替换为"季节""性别",将三个环形图调整至合适的大小和位置,如图 5-105 所示。

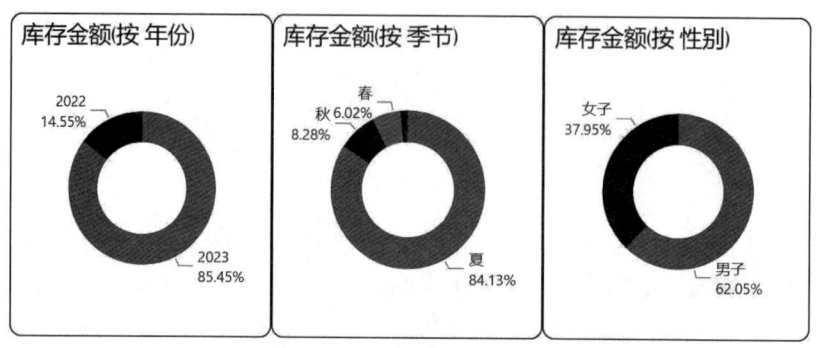

图 5-105　插入环形图

2)插入折线和簇状柱形图

(1)单击窗口右侧"可视化"窗格中的"折线和簇状柱形图" 按钮,在"数据"窗格中将"类别"拖曳到"X 轴"中;将"库存金额"拖曳到"列 y 轴";将"款式数量"拖曳到"行 y 轴"中,如图 5-106 所示。

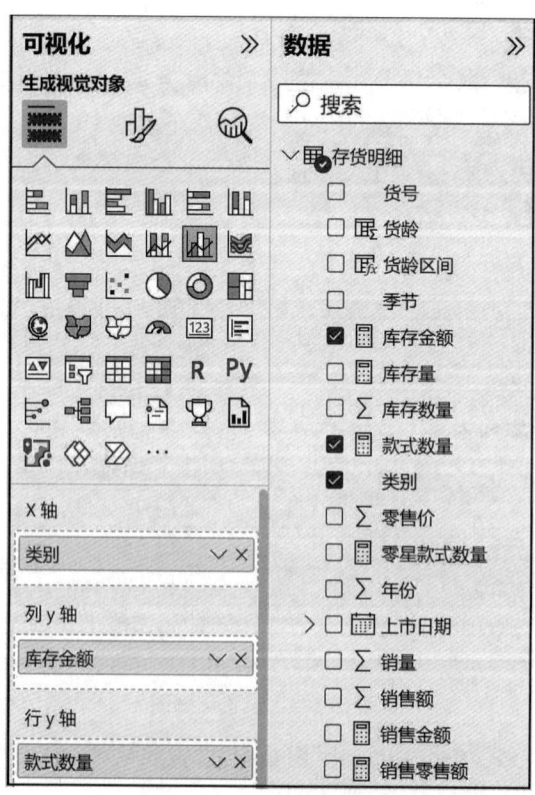

图 5-106　设置折线和簇状柱形图

（2）单击"可视化"窗格中"设置视觉对象格式"按钮，修改可视化效果：
① 执行"视觉对象"|"X 轴""Y 轴"命令，关闭标题。
② 执行"常规"|"效果"命令，打开"视觉对象"对话框，将圆角（像素）设置为"10"，如图 5-107 所示。

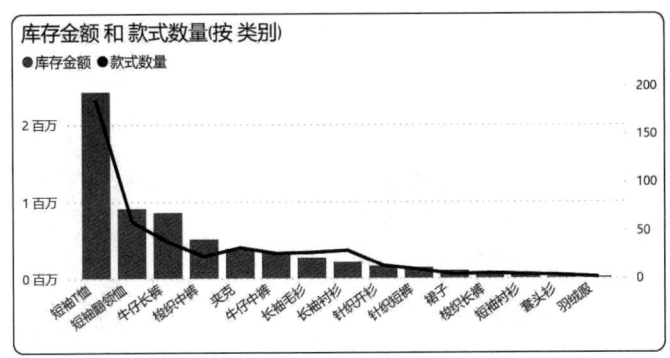

图 5-107　插入折线和簇状柱形图

3．货龄分析

（1）插入"瀑布图"，单击窗口右侧"可视化"窗格中的"瀑布图"按钮，在"数据"窗格中将"货龄区间"和"类别"拖曳到"类别"中；将"库存金额"拖曳到"Y 轴"中，如图 5-108 所示。

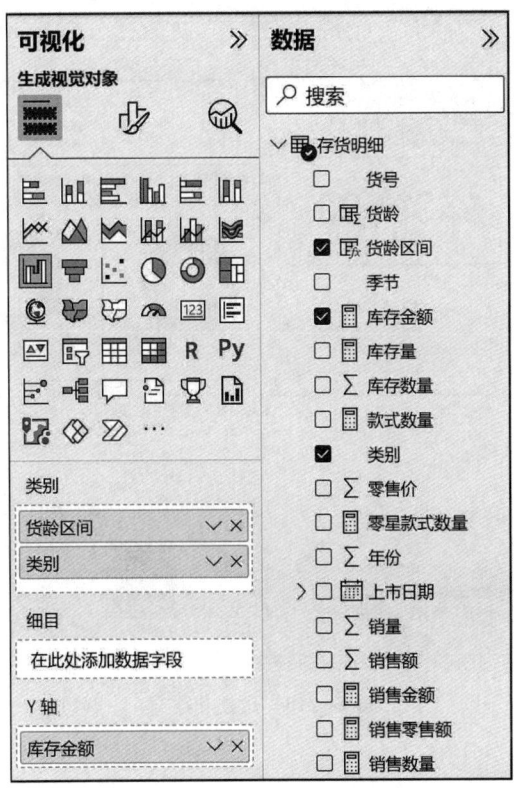

图 5-108　设置瀑布图

(2)单击"可视化"窗格中"设置视觉对象格式"按钮,修改可视化效果:
① 执行"视觉对象"|"图例"命令,关闭图例。
② 执行"常规"|"效果"命令,打开"视觉对象"对话框,将圆角(像素)设置为"10"如图 5-109 所示。

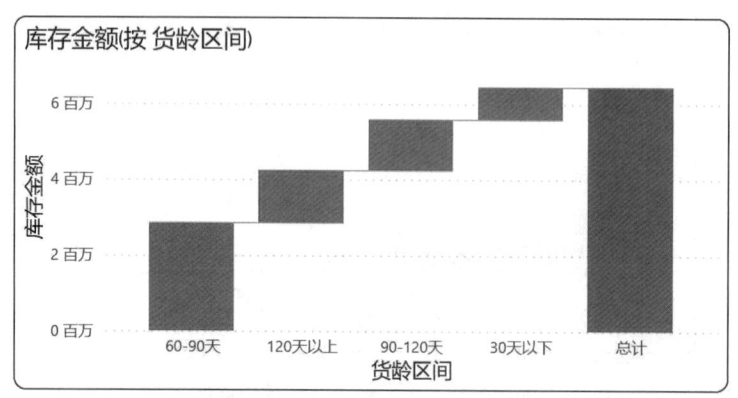

图 5-109　插入瀑布图

4. 报表美化

设置好报表中的各类可视化元素后,需调整各类可视化元素的位置、格式、主题风格等,使其更加美观、醒目。对本案例添加报表标题,并调整可视化元素位置后的最终效果如图 5-110 所示,将文件另存为"第 5 章 综合案例-存货数据分析.pbix"。

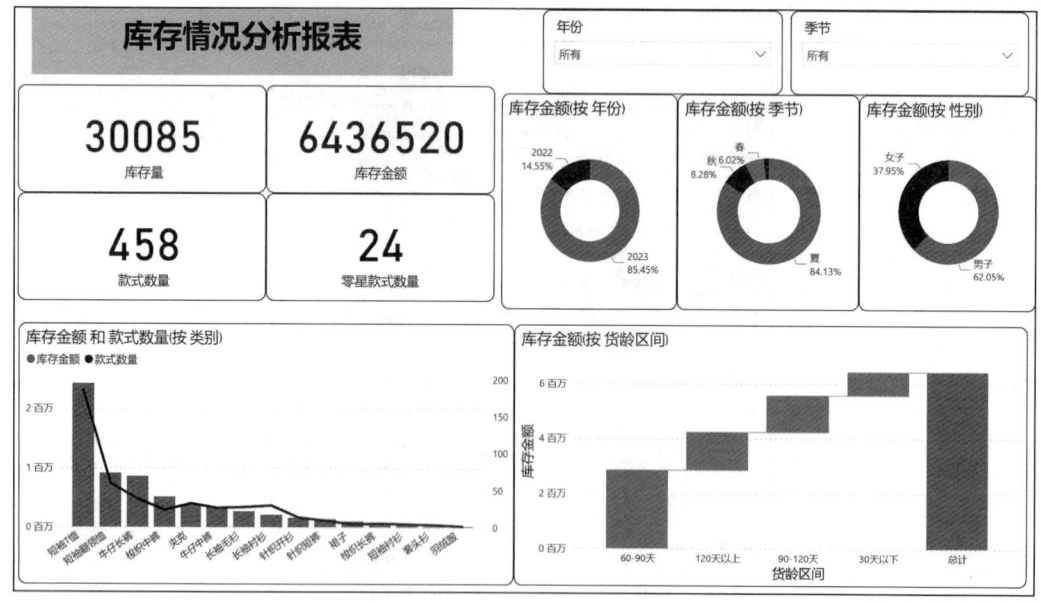

图 5-110　可视化结果

可视化看中国

赫赫中华,光被遐荒。越数千年,雄立东方。过去的几十年间,古老的中国在历经百年低谷之后的复兴中迸发出惊人的力量。中国社会在文化、经济、科技、环境等方面发生了巨大的变化。回顾过去,"沧海桑田""翻天覆地"这样的文字已经不足以描述这一波澜壮阔而悠长的历史。幸运的是我们可以超越模糊的文字概念,借助可视化科技的力量,看到这片热土上已经或正在发生的奇迹。

"可视化看中国"是一个通过可视化帮助大众全面了解中国历史文化、经济发展等方面的尝试,选取了北京大学可视化与可视分析实验室的系列科研中的相关工作,以及北京大学开设的研究生和本科生可视化课程中部分优秀学生课程设计作品,涵盖中国的文化历史,经济发展,科技进步等各方面。腾讯与阿里投资行业对比如图5-111所示。

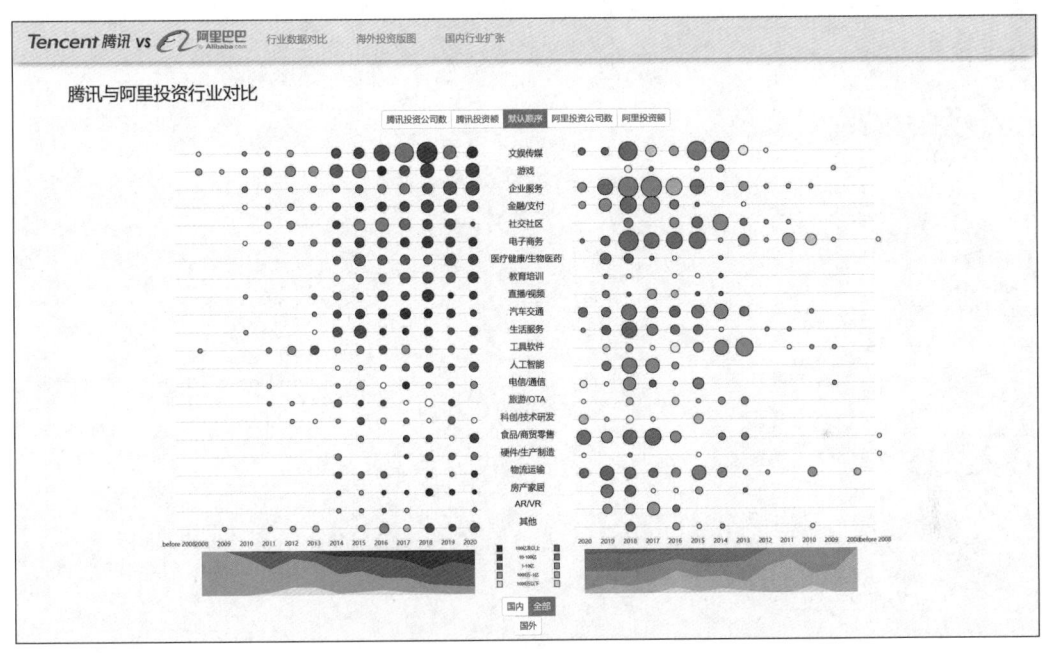

图 5-111　腾讯与阿里投资行业对比

思政寄语

数据可视化主要是借助于人眼快速的视觉感知和人脑的智能认知能力,可以起到清晰有效地传达、沟通并辅助数据分析的作用。当今流行的数据可视化技术综合运用计算机图形学、图像处理、人机交互等技术给用户传递更多有价值的信息,能够提高生产效率,节约生产时间,能够对经济的进步作出推动。可视分析通用基础方法与领域应用系统的研究,在可视分析方法、可视化数据管理、可视化的快速构建与自动化等方向作了一系列创新的工作,相关成果已经直接应用于财经、教育、科研、交通、安全等领域。数据可视化帮助人们从不同角度看中国发展,向社会普及可视化知识,提高大众数据素养。

资料来源:佚名.可视化看中国[EB/OL].(2022-12-31)[2023-10-25].http://vis.pku.edu.cn/vis4china/.

本章小结

本章主要学习了Power BI数据可视化的相关知识。通过本章的学习,我们对Power BI可视化有全面的认识,并对常用可视化图表的基本操作熟练掌握。了解了不同业务场景选择不同图表的原则;掌握了常规可视化图表和第三方图表的构建方法;了解了图表的布局美化原则和方法;可以熟练操作图表的筛选、钻取、交互。

本章重要概念

可视化 度量值 格式 图表布局 图表美化 常规可视化图表 自定义可视化图表 图表筛选 图表钻取 编辑交互 模型视图 主题 视觉级筛选器 页面级筛选器 报告级筛选器

本章练习

一、单项选择题

1. 下列选项中,( )不属于 Power BI 按照使用范围的分类。
   A. 视觉级筛选器　　　　　　　B. 报告级筛选器
   C. 页面级筛选器　　　　　　　D. 数值筛选器

2. 下列属于 Power BI 自定义可视化对象的是( )。
   A. 柱形图　　　　　　　　　　B. 树状图
   C. 散点图　　　　　　　　　　D. 子弹图

3. 下列( )图表可以展示整体与部分的关系。
   A. 折线图　　B. 柱形图　　C. 气泡图　　D. 饼图

4. ( )能够清晰地反映数据的变化趋势。
   A. 树状图　　B. 卡片图　　C. 矩阵　　　D. 折线图

5. 单击( )按钮,表示当前图表不受编辑交互控制。
   A. ⊘　　　　　　　　　　　　B. 📊
   C. ▽　　　　　　　　　　　　D. ↓

6. 在可视化视觉对象中,📊 代表的是( )。
   A. 切片器　　B. 筛选器　　C. 卡片图　　D. 漏斗图

7. 图 5-112 所示的可视化图表名称叫作( )。

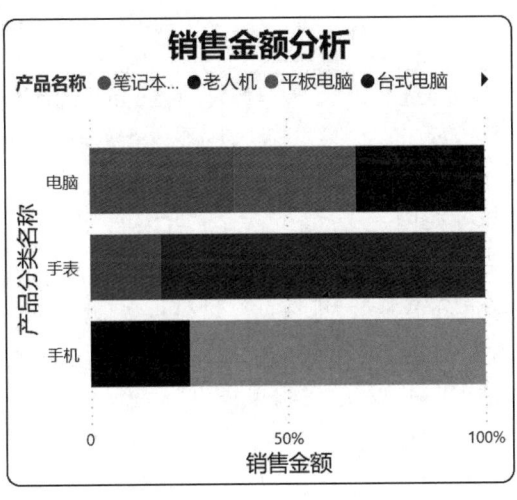

图 5-112　销售金额分析

A. 簇状条形图 B. 堆积条形图
C. 百分比条形图 D. 简单条形图
8. 图 5-113 中详细信息标签设置的选项是(　　)。

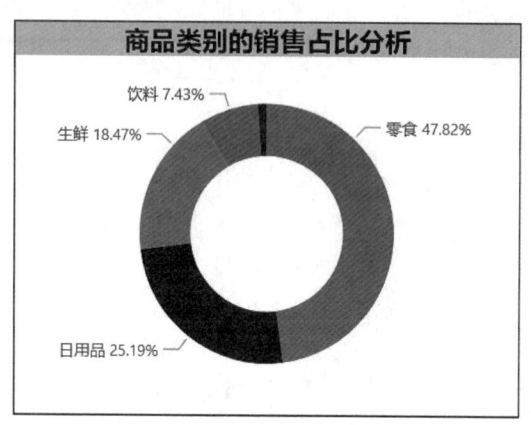

图 5-113　商品类别的销售占比分析

A. 类别,数据值 B. 类别,总百分比
C. 数据值,总百分比 D. 所有详细信息标签
9. 下列图表中,(　　)可以让出现频率高的词语以较大的形式呈现出来,让浏览者快速地找到"关键词"。
A. 文字云 B. 子弹图 C. 马表图 D. 旋风图
10. 下列图表中,(　　)本质上不是为了呈现数据,而是根据选择控制其他可视化对象的显示结果。
A. KPI B. 卡片图 C. 漏斗图 D. 切片器

二、多项选择题

1. 筛选器按照字段类型分类,可以分为(　　)。
A. 视觉级筛选器 B. 日期和时间筛选器
C. 文本筛选器 D. 数值筛选器
2. 可以展示部分和整理构成关系的可视化图表包括(　　)。
A. 树状图 B. 饼图 C. 环形图 D. 折线图
3. 下列说法中不正确的有(　　)。
A. 不同的内容应该尽量分页显示,每一页尽量显示多项内容。
B. 空白就一定要有内容去填充
C. 各类图形需要先理解数字内部的逻辑关系
D. 同样类型的内容应该尽量分散
4. 关于"树状图"下列说法正确的有(　　)。
A. 树状图中每个矩形的大小、位置和颜色可以区分数据的权重关系
B. 树状图适合显示大量的分层数据
C. 树状图可以显示部分和整体之间的比例

D. 可以利用树状图发现最重要因素和异常情况
5. 设置图表的编辑交互功能选择路径不正确的是(　　)。
A. "视图"|"编辑交互" B. "建模"|"编辑交互"
C. "格式"|"编辑交互" D. "数据"|"编辑交互"

三、判断题

1. 报告级筛选器的作用是对特定的可视化对象进行筛选后,所有报表页的其他可视化对象也受到影响。　　　　　　　　　　　　　　　　　　　　　　　　　　(　　)
2. 卡片图和多行卡都可以用来显示关键数据值。　　　　　　　　　　　　(　　)
3. 漏斗图用柱子的上升或下降来展示最终数据的生成过程。　　　　　　　(　　)
4. 组合图具有相同的 X 轴,可以有一个或两个 Y 轴。　　　　　　　　　　(　　)
5. 在设置图表的钻取前,应设置好钻取的层级。　　　　　　　　　　　　(　　)

四、思考题

1. Power BI 常用的可视化图表都有哪些?它们的应用场景分别是什么?
2. 从 Power BI 中怎么导入自定义的可视化图表?
3. 在进行可视化看板的制作时,在报表的布局上应注意什么?

五、实训题

1. 请自己寻找数据源,通过可视化的方式说明同比和环比的区别是什么?
2. 请自己寻找数据源,至少选用四个适当的可视化对象,设计数据可视化看板。

第六章　Power BI 服务

- ➢ 内容提要
- ➢ 重点难点
- ➢ 学习目标
- ➢ 知识框架
- ➢ 引例
- ➢ 第一节 Power BI 服务概述
- ➢ 第二节 报表发布
- ➢ 第三节 仪表板
- ➢ 第四节 分享与协作
- ➢ 第五节 移动应用
- ➢ 本章小结
- ➢ 本章重要概念
- ➢ 本章练习

内容提要

本章主要介绍了 Power BI 服务的概念、主页界面；报表的发布方法；仪表板的概念及仪表板的创建方法；分享报表和共享仪表板的方法；移动版报表的发布方法。

重点难点

本章重点为报表的发布，仪表板的创建；难点为分享报表和共享仪表板。

学习目标

通过本章的学习，学生应对 Power BI 服务有全面的认识；掌握报表的发布方法；熟悉仪表板与报表的区别，掌握仪表板的创建方法；熟悉分享报表与共享仪表板的方法；了解移动版报表的发布方法；能够结合具体案例，通过 Power BI 进行在线服务应用。

知识框架

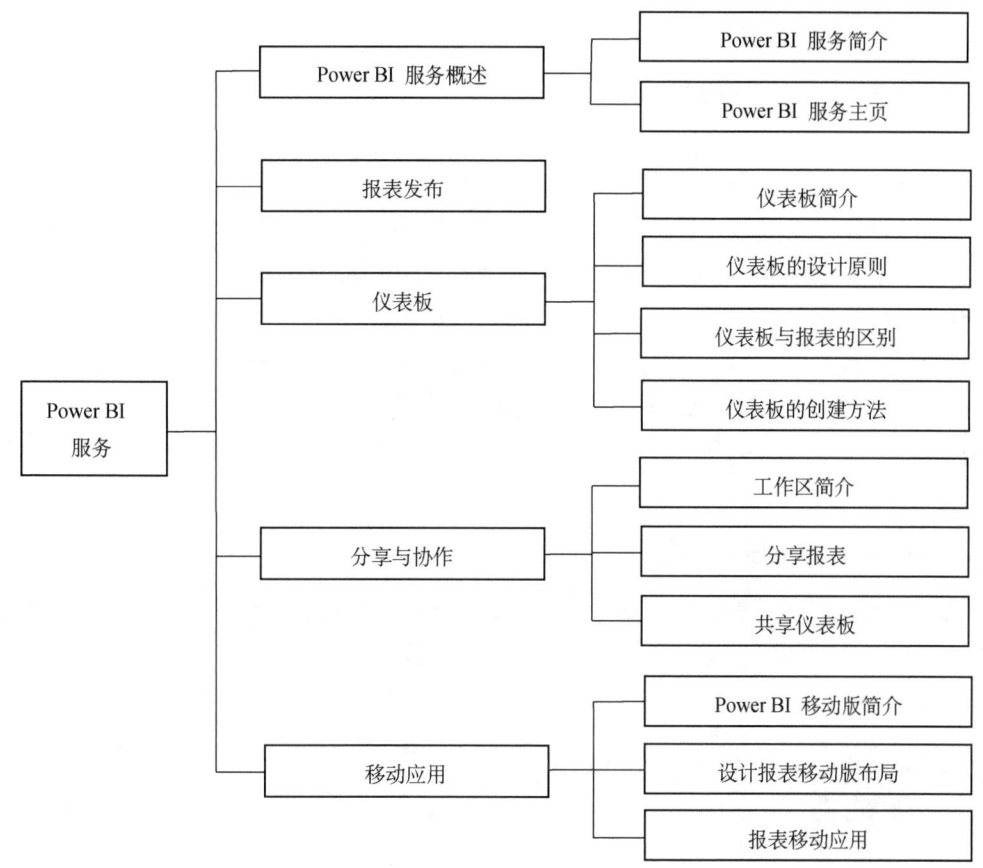

 引例　作为使用者,我可以使用 Power BI 服务做什么

我们生活在一种应根据事实(而不是观点)制定业务决策的数据文化中。需要使用数据来帮助我们制定这些决策。

同事每天都会向你发送各种类型的数据,包括报表、电子表格、含图表的电子邮件,甚至还有打印出来的讲义。随着数据累积,在需要时快速找到所需数据变得更加困难。数据太多会增加所使用信息非最新的风险。

Power BI 可以将所有此类数据都转换为图表,这样就能以有意义的方式直观呈现数据,有助于简化你的工作,并提高你的工作效率。你可通过丰富多彩且引人注目的视觉对象查看数据见解,而不仅仅是列表和表格。

可以在浏览器或移动设备上,打开 Power BI 服务,你和你的同事即可使用相同的可信仪表板和报表进行工作。因数据自动更新和刷新,因此始终在使用最新数据。

此外,由于内容不是静态的,你可以通过查找趋势、见解和其他商业智能来进一步探索数据,也可以对内容进行切片,甚至还能使用自己的语言提问。让 Power BI 服务为你监视数据,并在数据更改超过或低于你设置的阈值时向你发送警报。你可随时在任意设备中使用所有数据,无论数据是在云端,还是在本地。

第一节 Power BI 服务概述

一、Power BI 服务简介

Power BI 服务(Power BI Service)即 Power BI 的网页版,用户通过 Power BI 服务账号就可以在线创建报表和仪表板,并将报表和仪表板分享给他人,也可以用手机、平板电脑等移动设备浏览报表和仪表板。

具体来说,Power BI 服务是一种 SaaS 云服务,可以帮助用户实现无论何时、无论何地、无论何种数据类型、无论何种平台,都能轻松地管理、维护、探索数据。

假如用户已经拥有了一个 Power BI 服务账号(必须用企业邮箱注册,如果没有企业邮箱,则可以在一些提供试用功能的企业邮箱中申请免费试用),并且已经制作了报表或仪表板,那么登录 Power BI 服务的官方网站(https://app.powerbi.com),即可浏览 Power BI 服务的主页界面。

二、Power BI 服务主页

Power BI 服务主页界面左侧是导航栏,包括"创建""浏览""OneLake 数据中心""工作区""我的工作区"等栏目。除此之外,主页界面中间还有"推荐""最近""收藏夹""我的应用"等栏目,如图 6-1 所示。

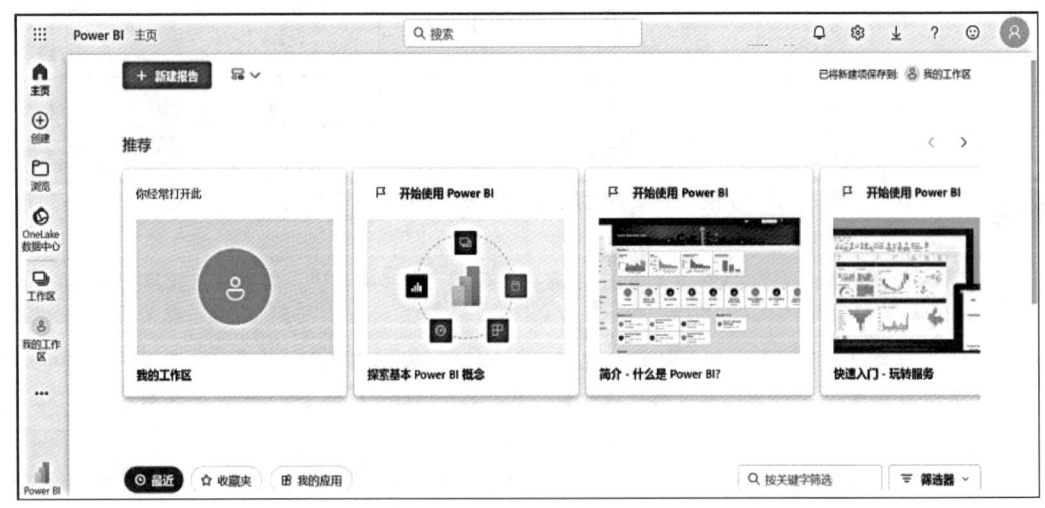

图 6-1 Power BI 服务主页

其中,"我的工作区"是使用最频繁的栏目,如图 6-2 所示。从 Power BI Desktop 发布到 Power BI 服务中的报表可以在"我的工作区"中查到。另外,在"我的工作区"中还可以创建仪表板,进行数据集管理等操作。

图 6-2 "我的工作区"页面

第二节 报表发布

和用 Power BI Desktop 制作报表一样,Power BI 服务同样可以利用数据集进行在线报表的制作,包括数据获取与整理、数据建模与数据可视化,但其应用体验相较于 Power BI Desktop 稍差,而且功能没有 Power BI Desktop 强大。

大部分情况下,建议用户在 Power BI Desktop 中将报表制作好后,再发布到 Power BI 服务中。

【案例 6-1】 在线发布"库存情况分析报表"。

【操作步骤】

(1) 在 Power BI Desktop 中打开"综合案例-存货明细数据.pbix"文件,切换到"报表视图"。

(2) 执行"主页"|"共享"|"发布"命令,进入"发布到 Power BI"页面,如图 6-3 所示。

二维码 6-1
报表发布

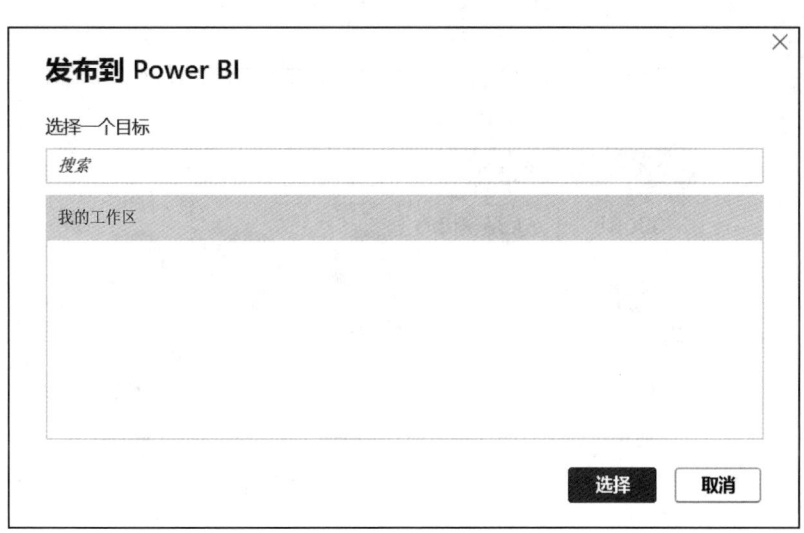

图 6-3 "发布到 Power BI"页面

(3) 选中"我的工作区",单击"选择"按钮,即可发布成功。发布成功后的页面如图6-4所示。

图6-4 发布成功

(4) 登录Power BI服务的官方网站(https://app.powerbi.com/),在"我的工作区"栏目中,查看已发布的可视化报表,如图6-5所示。

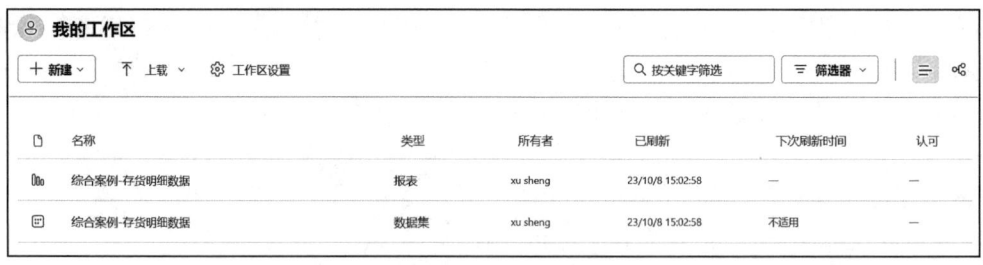

图6-5 查看已发布的报表

(5) 单击"综合案例-存货明细数据"报表,即可打开在Power BI Desktop中制作且已发布成功的报表,如图6-6所示。

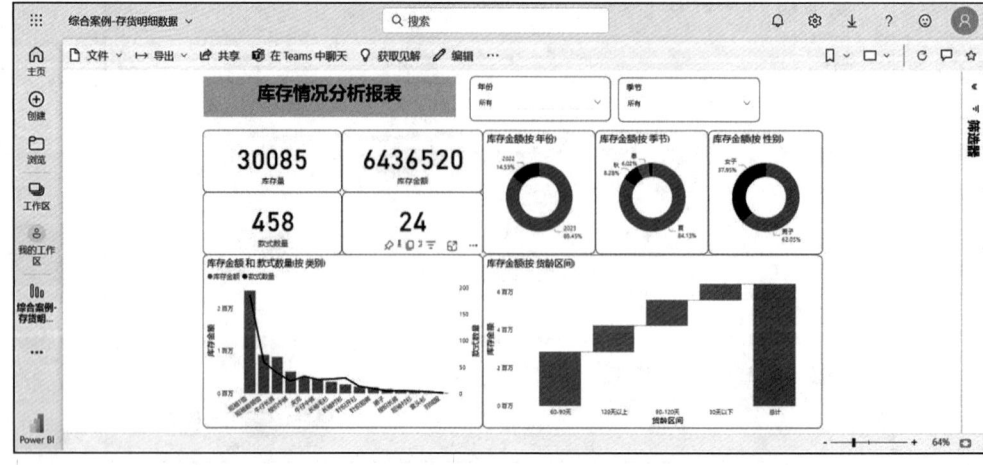

图6-6 打开发布的报表

操作提示 6-1

报表成功发布的前提是用户已经使用自己的 Power BI 服务账号登录了 Power BI Desktop。

第三节 仪 表 板

一、仪表板简介

仪表板是通过可视化效果讲述数据背后故事的单个页面,常被称为画布。仪表板是 Power BI 服务独有的一项功能,Power BI Desktop 中无此功能。因此,我们无法在移动设备上创建仪表板,但可以查看和共享仪表板。

仪表板上的可视化效果称为"磁贴"(即数据快照,具有溯源的功能)。仪表板是基础报表和数据集的入口,将磁贴从报表固定到仪表板,单击仪表板上的"磁贴"可以链接到其所基于的报表和数据集。仪表板不仅仅是美观的图片,它还具有高度互动性,并且磁贴随着基础数据的更改而更新。

仪表板是监控业务,以及查看所有最重要指标的重要工具。优质仪表板能捕获你想表述的主要信息及最关键的重点。仪表板的可视化效果可能来自一个或多个基础数据集,也可能来自一个或多个基础报表。仪表板将本地数据和云数据合并到一起,提供合并视图,并且可实现数据实时刷新。

二、仪表板的设计原则

什么是好的仪表板?好的仪表板可以在引人注目的同时保持视觉平衡,易于访问,用户友好,并根据目标和受众量身定制。

1. 考虑受众

受众是必须考虑的最重要因素之一。为受众优化仪表板布局时,应考虑受众如何使用仪表板,哪些关键指标可帮助受众做决定等。

仪表板是一个概览,一个用于监视数据当前状态的单一区域。仪表板以基础报表和数据集为基础,而这两者通常包含大量详细信息即用户可从你的仪表板深入了解报表。因此,不要在仪表板上放置详细信息,除非你的用户需要监视该详细信息。

另外,将在什么位置显示仪表板?如果用户在大型监视器上查看仪表板,则仪表板可以包含更多内容。但如果用户在平板电脑或手机上查看,则磁贴更少的仪表板可读性更强。

2. 在一个屏幕上展示信息

由于仪表板旨在一目了然地显示重要信息,最好在一个屏幕上显示所有磁贴;应尽量避免在仪表板上使用滚动条;删除非必要信息以防仪表板太杂乱;仪表板一般包含 3 到 5 个关键的 KPI,图表或图形不宜过多。

3. 突出显示最重要的信息

如果仪表板上的文本和可视化效果大小相同,用户会难以关注最重要的信息。因此,要突出显示信息,卡片可视化效果是一种突出显示重要数字的好方法。

4. 最上面放置最重要的信息

大多数人习惯从上到下阅读。因此，应将最重要的数据置于仪表板左上角，并随受众阅读方向的移动显示更多详细信息（从左到右、从上到下），并且最好放置关键的 KPI 图表和细节信息图表。

5. 对数据使用适当的可视化效果

为避免出于多样性的目的而使可视化效果多样，仪表板可视化效果应对图片润色，且应易于阅读和解释。对于某些数据和可视化效果，简单的图形可视化就足够了，不要为了效果多样而选择没必要的图表。

另外，要确保数字易读性，避免出现一长串数字。比如，与"5 600 000 元"相比，用户更容易读出"560 万元"这个值。

三、仪表板与报表的区别

在实际操作中，仪表板与报表经常被混淆，虽然两者的表现形式都是填充可视化效果的画布，但是两者存在很大的区别。

报表是在 Power BI Desktop 中制作的可视化图表，每张报表有不同的表页，每张表页含有不同的可视化图形。而仪表板是将报表中的关键可视化图表选择性地放入其中，即将选择好的图表作为磁贴固定到仪表板中，便于用户快速浏览最重要的数据。由于磁贴具有溯源功能，单击仪表板中的某个可视化对象，即可快速切换到可视化对象来源报表。

仪表板、报表和数据集的关系如图 6-7 所示。

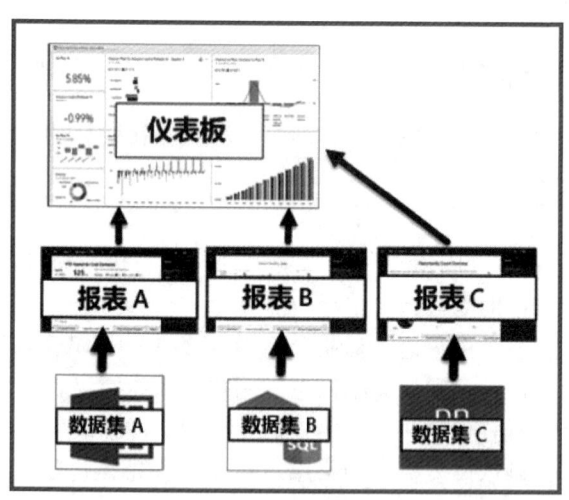

图 6-7 仪表板、报表和数据集的关系

仪表板和报表在功能上具体的区别如表 6-1 所示。

表 6-1　　　　　　　　　　　仪表板与报表的区别

功能	仪表板	报表
页面	一个页面	一个或多个页面
数据源	一个或多个报表或数据集	一个数据集

(续表)

功能	仪表板	报表
用于 Power BI Desktop	不可以	可以
固定	只能将现有的可视化效果(磁贴)从当前仪表板固定到其他仪表板	可以将可视化效果作为磁贴固定到任何仪表板中,也可以将整个报表页固定到任何仪表板中
筛选	无法筛选或切片	可通过许多方式来筛选、突出显示和切片
自然语言查询("问答")	可以	可以,前提是有权编辑报表及基础数据集
设置警报	可以在满足某些条件时向通知中心发出警报(可选择以电子邮件形式发送)	无法设置警报
更改可视化效果类型	不可以(可删除)	可以
基础数据集和字段	不可以查看,但可以导出数据	可以查看
创建可视化效果	只能通过"添加磁贴"添加小部件	可以创建不同类型的可视化视觉对象

四、仪表板的创建方法

在 Power BI Desktop 中制作的报表发布到 Power BI 服务后,或直接在 Power BI 服务中创建报表后,就可以创建仪表板。将报表中关键的可视化对象以磁贴的形式固定到仪表板中,也可以将整个报表固定为磁贴。在仪表板中添加磁贴后,可以对磁贴进行简单的编辑:移动磁贴、重设磁贴大小、重命名磁贴、删除磁贴等。

【案例 6-2】 将已发布的第五章综合案例的"库存情况分析报表"中的库存量卡片图、库存金额卡片图、库存金额和款式数量(按类别)柱形图及库存金额(按货龄区间)瀑布图放入仪表板中。

【操作步骤】

(1) 在"我的工作区"界面,单击"新建"|"仪表板"按钮,如图 6-8 所示。

二维码 6-2
创建仪表板

图 6-8 新建仪表板

（2）在弹出的"创建仪表板"窗口中，输入仪表板名称"库存情况仪表板"，单击"创建"按钮，如图 6-9 所示。

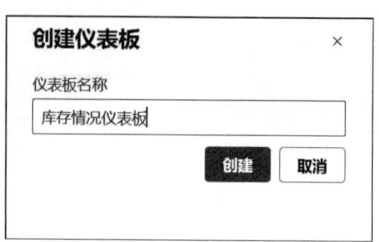

图 6-9　输入仪表板名称

（3）在"我的工作区"界面中，打开"综合案例-存货明细数据"报表，将鼠标移至可视化对象库存量卡片图上，单击右上角"固定视觉对象"按钮，如图 6-10 所示。

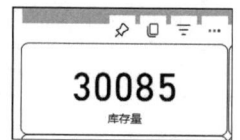

图 6-10　选择条形图

（4）在弹出的"固定到仪表板"对话框中，默认勾选"现有仪表板"复选框，在"选择现有仪表板"的下拉列表框中选择"库存情况仪表板"，单击"固定"按钮，即可将库存量卡片图固定到仪表板中，如图 6-11 所示。

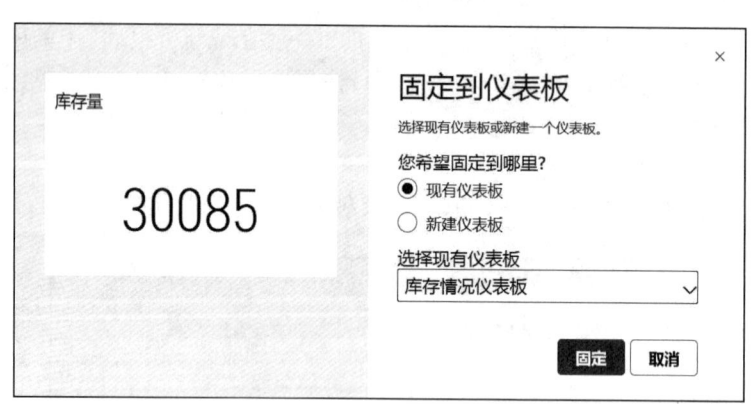

图 6-11　将库存量卡片图固定到仪表板

（5）用同样的方法，将库存金额卡片图、库存金额和款式数量（按类别）柱形图及库存金额（按货龄区间）瀑布图固定到仪表板中。

（6）在"我的工作区"界面中打开"库存情况仪表板"，将各个图形拖曳到合适位置，并调整到合适大小，如图 6-12 所示。单击仪表板中的任一可视化对象，即可快速链接到可视化对象所在的报表。

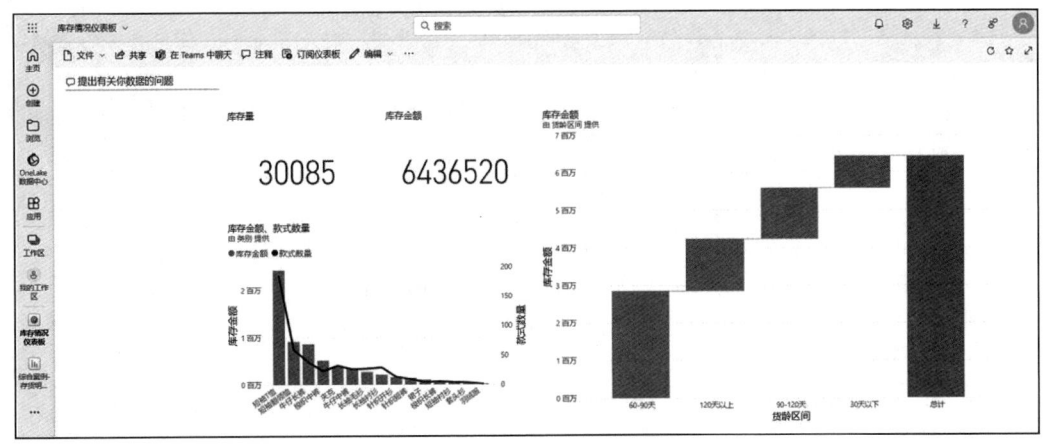

图 6-12　创建后的仪表板

相关思考

将整个报表固定为磁贴

除了将单个视觉对象固定为磁贴，用户还可以将整个报表页固定为磁贴，那么如何操作呢？

在"我的工作区"界面中，打开相应的报表，单击菜单栏右侧的"更多选项"按钮，从下拉列表中选择"固定到仪表板"；在"固定到仪表板"对话框中，选中"新建仪表板"，在"仪表板名称"文本框中输入仪表板的名称，单击"固定活动页"按钮；操作完成后，打开相应的仪表板，可以看到整个报表页固定到仪表板中的效果。

 延伸阅读 6-1

创建仪表板副本

创建仪表板副本的原因众多。你可能想要对原始版本进行更改并测试其性能；或创建由同事、区域或团队分发的略微不同的版本；也许是因为某个同事喜欢你的仪表板设计，并想要使用它向经理汇报；还可能是你具有包含相同数据结构和数据类型的新数据库，并且想要重用已创建的仪表板。

需要注意的是，必须是仪表板创建者才能复制仪表板，不能复制已作为应用与你共享的仪表板。

打开想要创建副本的仪表板，然后单击左上角"文件"|"保存复制"按钮，为仪表板命名并选择"重复"即可创建成功仪表板副本。新仪表板将与原始仪表板保存在同一工作区中，打开新仪表板，并根据需要进行编辑即可。

资料来源：佚名. 在 Power BI 服务中创建仪表板副本[EB/OL]. (2023-03-23)[2023-10-22]. https://learn.micro-soft.com/zh-cn/power-bi/create-reports/service-dashboard-copy.

 延伸阅读 6-2

使用仪表板主题

借助仪表板主题，可以将颜色主题应用于整个仪表板，如企业品牌颜色、流行色或可能要应用的其他任何颜色主题。在应用仪表板主题后，仪表板上的所有视觉对象都会使用选定主题中的颜色。

更改仪表板上报表视觉对象的颜色，不会影响关联报表中的视觉对象。此外，固定应用报表主题的磁贴时，可以选择保留当前主题或使用仪表板主题。

打开创建的仪表板或打开可编辑的仪表板,选择"编辑"|"仪表板主题",在显示的仪表板窗格中,选择某个预构建的主题。Power BI 仪表板的默认主题是"浅色"。如果想要自定义颜色或创建自己的主题,在下拉列表中选择"自定义"进行自定义即可。

资料来源:佚名. 在 Power BI 服务中使用仪表板主题[EB/OL]. (2023-03-23)[2023-10-22]. https://learn.microsoft.com/zh-cn/power-bi/create-reports/service-dashboard-themes.

第四节 分享与协作

一、工作区简介

当团队协同工作时,通常需要访问相同的文档,以便轻松协作。在 Power BI 服务工作区中,团队能够共享仪表板、报表、数据集和工作簿的所有权及管理权。

创建好工作区后,从 Power BI Desktop 创建的报表可以发布到 Power BI 在线服务的相应工作区中,有权限的用户可以访问发布后的报表;每个工作区内都能管理相应的仪表板、报表、工作簿、数据集。相应的用户具备查看权限或编辑权限,从而可以很好地进行多用户的共享与协作,如可以按照销售、财务、IT 等部门创建工作区。

需要注意的是,用户如果要创建工作区,需要具有 Power BI Pro 许可证。

二、分享报表

报表的分享有公开链接和生成 QR 码两种方式。

(一) 公开链接

公开链接,即将报表发布到 Web,直接登录网址即可浏览报表,没有权限限制,任何人都可以打开链接查看。

【案例 6-3】 将已发布的第五章综合案例的"库存情况分析报表"发布到 Web 上,以便与他人分享与协作。

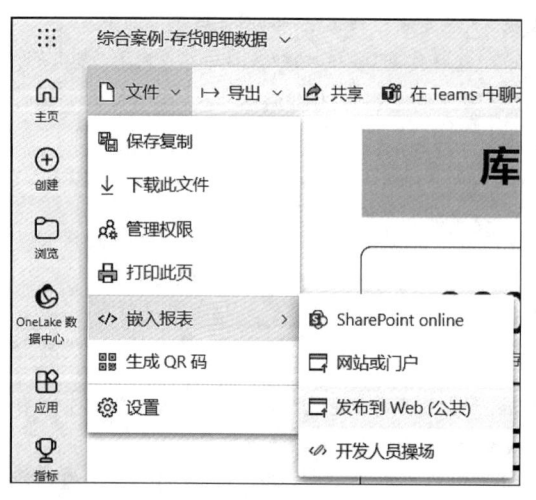

图 6-13 报表发布到 Web(公共)

【操作步骤】

(1) 在"我的工作区"界面中,打开"综合案例-存货明细数据"报表,执行"文件"|"嵌入报表"|"发布到 Web(公共)"命令,如图 6-13 所示。

(2) 在打开的"嵌入公共网站"对话框中,单击"创建嵌入代码"按钮。

(3) 单击"复制"按钮,再单击"关闭"按钮。

(4) 将复制的链接地址粘贴到浏览器地址栏中,即可在 Web 上查看报表。

(二) 生成 QR 码

第二种分享报表的方式是生成 QR 码

（二维码）。用户可以把生成的 QR 码打印出来，也可以放在电子邮件中分享。用户通过移动端扫描 QR 码，即可访问报表。用户需要有访问权限才可以浏览此方式分享的报表。

【案例 6-4】 将已发布的第五章综合案例的"库存情况分析报表"生成 QR 码，以便他人访问报表。

【操作步骤】

（1）在"我的工作区"界面中，打开"综合案例-存货明细数据"报表，单击"文件"|"生成 QR 码"按钮，如图 6-14 所示。

图 6-14 生成 QR 码

（2）自动生成的 QR 码如图 6-15 所示，可以单击"下载"按钮将其保存到本地。

图 6-15 生成的 QR 码

三、共享仪表板

仪表板的共享适合共享给组织内的用户，因为用户具有相同的访问权限。与组织外的人员共享时,用户会收到带有共享仪表板链接的电子邮件,且必须登录 Power BI 才能查看仪表板。此功能需要用户具有 Power BI Pro 许可证,如果没有,则可以在单击链接后进行注册。

共享仪表板主要有两种方式:①在"我的工作区"界面中单击仪表板标题右侧的"共享"按钮,如图 6-16 所示;②在"我的工作区"界面中打开需要共享的仪表板,单击菜单中的"共享"按钮,如图 6-17 所示。

图 6-16 共享仪表板的第一种方式

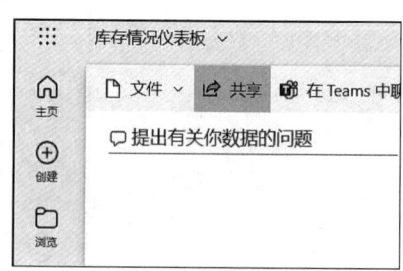

图 6-17 共享仪表板的第二种方式

弹出"共享仪表板"对话框后,需要输入共享用户的姓名或电子邮件地址,单击"授予访问权限"按钮即可完成仪表板的共享,如图 6-18 所示。

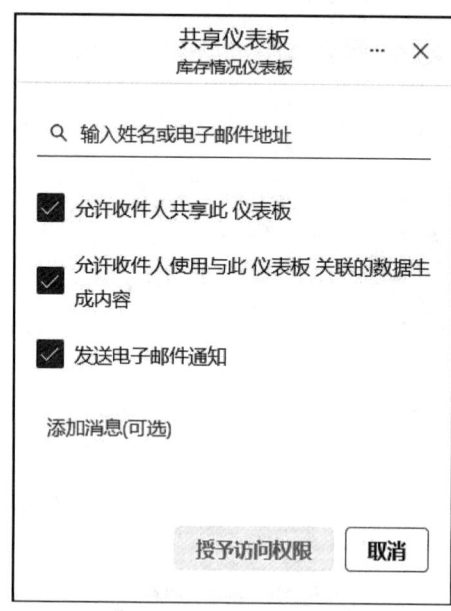

图 6-18 共享仪表板授予访问权限

延伸阅读 6-3

分享与协作

分享(sharing)是指在一定的场景和条件下,将自己的知识、经验、资源、技能等拿出来与他人共同使用或分享的行为。分享可以是有意识的自愿行为,也可以是组织或团队中的合作行为。例如,一个人可以将自己的知识和经验分享给其他人,以帮助他们完成任务或提高工作效率;一个团队可以共享资源、知识和技能,以共同完成一个项目或任务。

协作(collaboration)是指两个或多个个体或组织之间为了共同的目标而进行的一系列的合作活动。协作通常涉及一个或多个成员共同工作,以实现一个共同的目标或任务。这种合作可能是由一个公司内部的团队完成的,如一个项目团队;也可能是由来自不同公司或机构的组织完成的,如一个行业联盟。协作的主要目标是提高效率、协调行动、增强创新能力、提高质量并实现共同的目标。

在分享与协作的过程中,个体或组织能够借助各自的优势和资源,共同实现目标或完成特定的任务。这可以提高效率、降低成本、增强创新能力,并且可以创造更好的成果。同时,分享与协作也有助于建立信任、增强团队凝聚力,并促进个人和组织的共同成长和发展。

第五节 移动应用

一、Power BI 移动版简介

用户可以在 Power BI 移动版中查看 Power BI 服务中存在的报表和仪表板,并与之进行交互。

使用 Power BI 移动版,需要在移动设备上安装 Power BI App。这些移动设备可以是:iOS(iPad、iPhone、iPod Touch 或 Apple Watch)、Android(手机或平板电脑)、Windows 设备等。用户可以在应用商店里获得 Power BI App,进行安装即可使用。

二、设计报表移动版布局

由于移动版无法呈现太多的信息,可以从已经制作好的报表对象中选择关键的、主要的报表对象放入移动端显示,方便在移动端查看。

【案例 6-5】 在 Power BI Desktop 中打开第五章的"综合案例-存货明细数据.pbix"文件,设计报表手机端布局,将其中关键的可视化对象库存量卡片图、库存金额卡片图、库存金额和款式数量(按类别)柱形图及库存金额(按货龄区间)瀑布图放入移动版布局中。

【操作步骤】

(1) 在 Power BI Desktop 中打开第五章的"综合案例-存货明细数据.pbix"文件,切换到报表视图,执行"视图"|"移动设备"|"移动布局"命令,如图 6-19 所示。

(2) 在打开的画布上,将库存量卡片图、库存金额卡片图、库存金额和款式数量(按类别)柱形图及库存金额(按货龄区间)瀑布图及切片器拖曳到左侧画布中,并调整到合适的位置和大小,如图 6-20 所示。

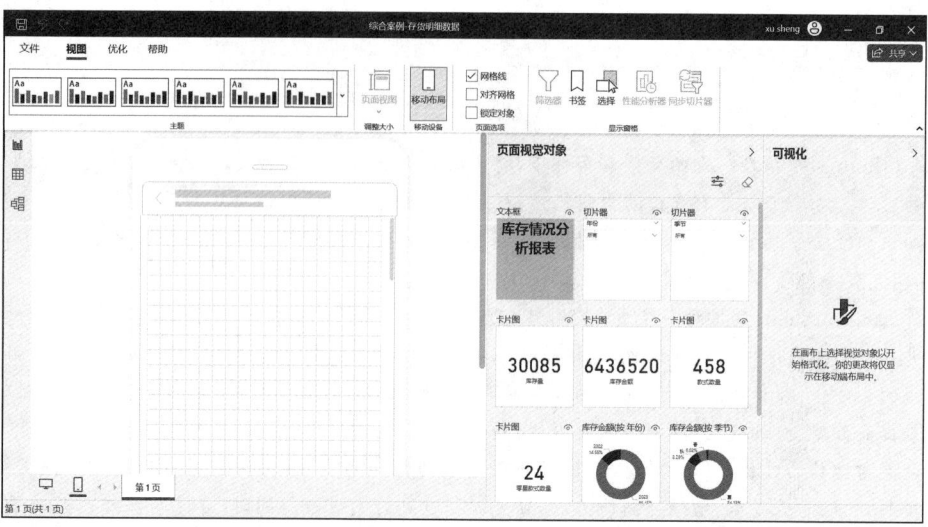

图 6-19　Power BI Desktop 中移动布局设置

图 6-20　手机端布局效果

（3）将制作的可视化报表文件"综合案例-存货明细数据.pbix"再次保存，并重新发布到 Power BI 服务中。

三、报表移动应用

Power BI 账号登录 Power BI App 即可查看移动端（手机或平板电脑等）可视化分析报表。移动端报表同样可以进行编辑交互。

【案例 6-6】 在手机端查看"综合案例-存货明细数据.pbix"报表数据。

【操作步骤】

（1）在手机上打开 Power BI App，单击"工作区"页签，如图 6-21 所示。

图 6-21 Power BI App 工作区

（2）单击"综合案例-存货明细数据"，即可打开手机端报表界面，如图 6-22 所示。

财务数据可视化

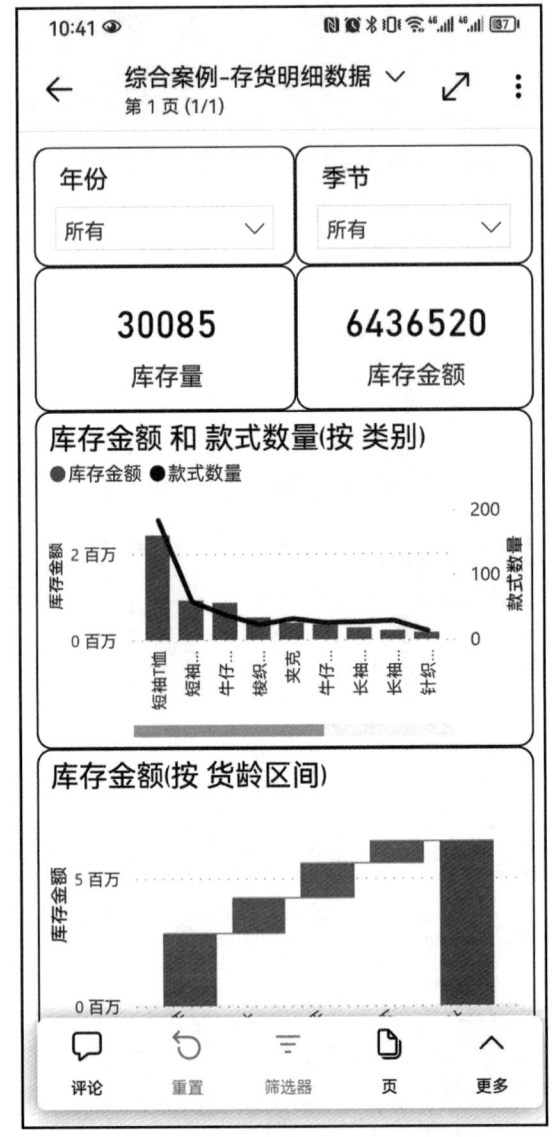

图 6-22 手机端报表

 思政育人

打造高效团队

1994年,斯蒂芬·罗宾斯首次提出了"团队"的概念:为了实现某一目标而由相互协作的个体所组成的正式群体。在随后的十年里,关于"团队合作"的理念风靡全球。团队是组织为了完成某项重大任务或解决某个问题而迅速从不同部门或岗位抽调对完成任务有不同优势的人员组成的工作小组,在这个小组中,每个成员对完成任务都发挥着重要作用,只有当相互依赖程度很高,成员协同工作,个体的活动和行为必须同其他人密切配合时,群体才会成为工作团队。

团队作为现代组织的一种有效的工作形式,已经受到越来越多的人的重视。如果要真正发挥团队的优势,应创建高效的团队,只有高效的团队,才能达成组织的共同愿景,成为组织的发展动力。现在很多企业都提倡打造"狼性团队",主要看重的是狼性文化中的"敏锐的嗅觉,不屈不挠、奋不顾身的进攻精神,协同作战的团队精神"。一旦攻击目标确定,头狼发号施令,群狼各就各位,互为呼应,有序而不乱,待头狼昂首一呼,主攻者奋勇向前,伴攻者避实击虚,助攻者嗥叫助阵,这种高效的团队协作性,使它们在攻击目标时往往无往而不胜。

在动物的世界里,这些团队合作带来的绩效是惊人的,在人类的世界里,我们也要大力提倡团队精神,享受高效团队给我们带来的精彩。高效的团队能够使公司的生产水平和利润增加,使任务完成更快、更彻底、更有效率。

21世纪的企业面临着前所未有的竞争,企业与企业之间的竞争更多比的是团队之间的竞争,没有完美的个人,只有完美的团队,只有建立起优势互补,专业能力完美搭配的"异质性"团队才能使得企业灵活快速地应对市场变化,企业才能可持续发展。

思政寄语

党的二十大报告指出:"团结就是力量,团结才能胜利。全面建设社会主义现代化国家,必须充分发挥亿万人民的创造伟力。"团结是一种强大的力量,它可以激发人们的凝聚力和向心力。在团队中,当成员们团结一心、共同奋斗时,他们可以共同克服困难、攻克难关,实现个人和组织的目标。团结还可以增强人们的归属感和荣誉感,激发人们的积极性和创造力。因此,我们应该积极倡导团结协作的精神,共同创造更加美好的未来。

资料来源:文秘帮.高效的团队协作[EB/OL].(2023-05-04)[2023-10-22].https://www.wenmi.com/jinpin/ru4nju003rk7.html.

本 章 小 结

本章主要学习了Power BI服务的基础知识。通过本章的学习,我们了解了Power BI服务的内容;掌握了报表发布的方法;熟悉了仪表板与报表的区别,掌握了仪表板的创建方法;熟悉了分享报表和共享仪表板的方法;了解了移动版报表的发布方法。

本章重要概念

Power BI服务　报表发布　仪表板　工作区　分享与协作　移动应用

本 章 练 习

一、单项选择题

1. 从 Power BI Desktop 发布到在线服务中的报表可以在( )中查到。
   A. 应用　　　　　　　　　　　B. 监视中心
   C. 我的工作区　　　　　　　　D. OneLake 数据中心
2. 仪表板上的可视化效果被称为( )。
   A. 磁贴　　　　B. 图表　　　　C. 元素　　　　D. 对象
3. 关于 Power BI 移动版，以下说法错误的是( )。
   A. 移动版查看报表，需要安装 Power BI App
   B. 在 Power BI Desktop 中可以设计移动版报表元素布局
   C. 若不设计移动版报表元素布局，则移动版显示的报表效果与 Power BI 服务上的报表效果一样
   D. 移动版报表不可以进行编辑交互

二、多项选择题

1. 关于仪表板与报表的区别，以下说法正确的有( )。
   A. 仪表板不可以更改可视化效果类型，而报表可以更改
   B. 仪表板的数据源只能是一个数据集，而报表的数据源可以是一个或多个数据集
   C. 仪表板无法筛选或设置切片器，而报表可以
   D. 仪表板仅限于使用"添加磁贴"向仪表板添加小部件，而报表可以创建不同类型的视觉对象
2. 分享报表的主要方式包括( )。
   A. 公开链接即将报表发布到 Web　　　B. 将报表发布到 Power BI 服务
   C. 生成 QR 码　　　　　　　　　　　D. 生成条码

三、判断题

1. 用户只能在 Power BI Desktop 中创建报表，在 Power BI 服务中无法创建。　( )
2. 磁贴与可视化图表一样，可以随意调整大小和位置。　( )
3. 仪表板的共享是指将仪表板发布到 Web 上。　( )
4. 创建到仪表板中的可视化对象是以"磁贴"形式存在的，通过鼠标拖曳可以改变其显示的大小及位置。　( )

四、思考题

1. 简述报表与仪表板的区别。

2. 简述仪表板的主要作用。
3. 如何创建仪表板?

五、实训题

登录 Power BI 服务,将"综合案例-存货明细数据.pbix"整个报表固定为磁贴。

第七章 Power BI 财务数据可视化实战

- ➢ 内容提要
- ➢ 重点难点
- ➢ 学习目标
- ➢ 知识框架
- ➢ 引例
- ➢ 第一节 资产负债表分析与可视化
- ➢ 第二节 利润表分析与可视化
- ➢ 第三节 现金流量表分析与可视化
- ➢ 第四节 主要财务指标分析与可视化
- ➢ 第五节 杜邦分析与可视化
- ➢ 本章小结
- ➢ 本章重要概念
- ➢ 本章练习

内容提要

本章主要介绍了 Power BI 财务报表分析与可视化,通过下载并获取某家上市公司财务报表数据,进行数据整理和数据建模,创建了资产负债表可视化、利润表可视化、现金流量表可视化、主要财务指标可视化及杜邦分析与可视化五张报表。

重点难点

本章重点为资产负债表、利润表、现金流量表、主要财务指标分析及杜邦分析五张可视化报表所需的度量值、辅助表的创建及可视化图表的设置;难点为创建资产负债表、利润表、现金流量表、主要财务指标分析及杜邦分析五张可视化报表所需的度量值。

学习目标

通过本章的学习,学生应对使用 Power BI 进行财务报表分析与可视化有全面的认识;熟悉 Power BI 财务报表分析与可视化的一般流程;掌握 Power BI 财务数据分析与可视化所需的度量值、辅助表的创建及可视化图表的设置。

知识框架

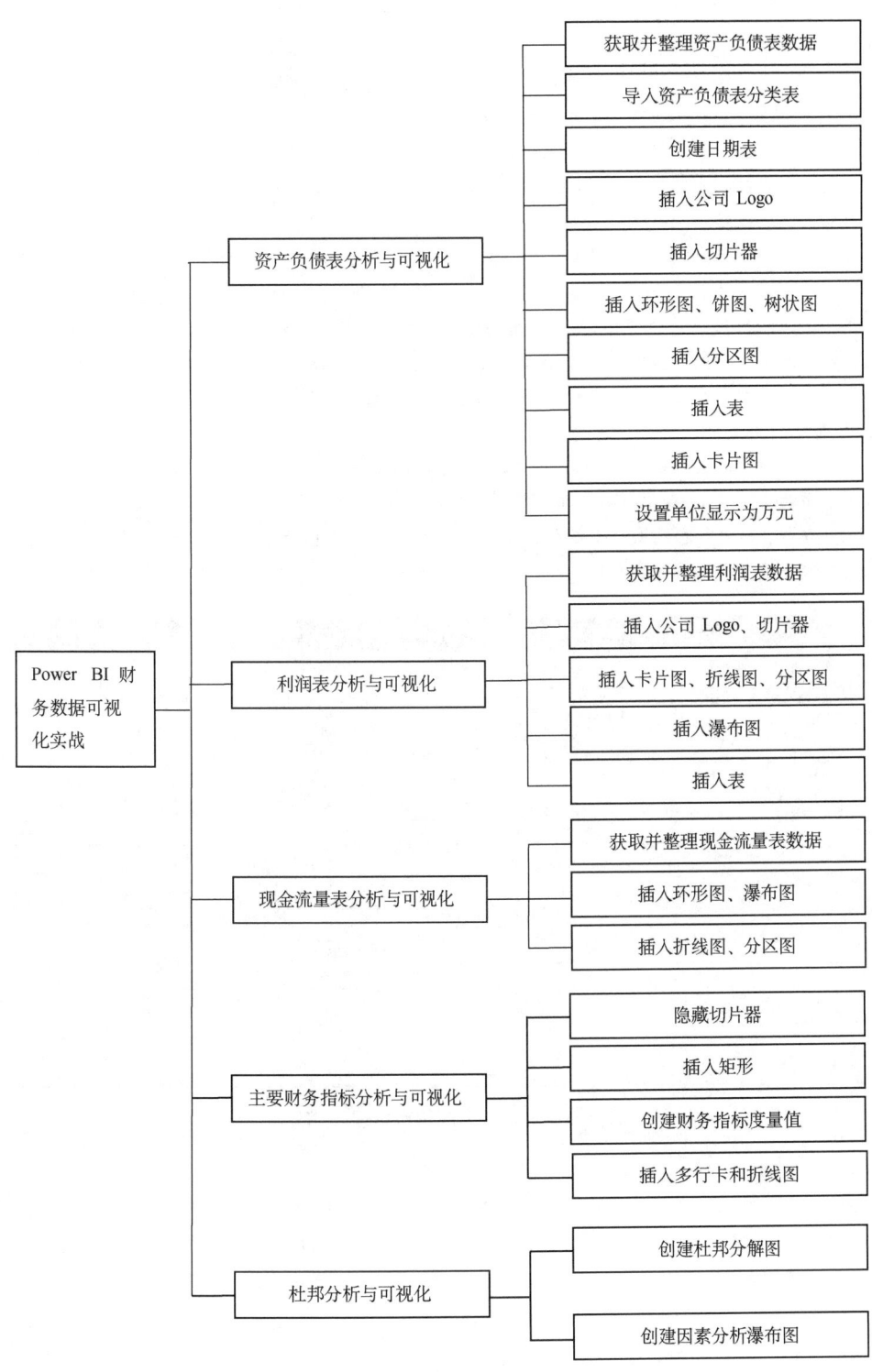

引例　海尔智家财务报表

1. 公司简介

海尔智家成立于1984年，是一家全球领先的美好生活和数字化转型解决方案服务商。海尔智家于1993年在上海证券交易所A股上市、于2018年在德国法兰克福中欧国际交易所D股上市、于2020年在香港联交所H股上市，实现“A+D+H”全球资本市场布局。

聚焦用户第一体验，海尔智家坚持“三级品牌”战略落地，实现全球引领。在高端品牌中形成了海尔、卡萨帝、Leader、Fisher&Paykel、GE Appliances、AQUA、Candy七大高端家电品牌集群；同时发布全球首个智慧家庭场景品牌三翼鸟，引领智慧成套方案体验升级；在生态品牌方面落地衣联网、食联网，为用户定制衣、食、住、娱全流程解决方案，开创物联网生态品牌新范式。在全球创牌中形成了“研发+智造+营销”三位一体的全球化运营体系。迄今，海尔智家在全球拥有10个研发中心、35个工业园、138个制造中心、126个营销中心和23万个销售网络，业务覆盖全球200多个国家和地区，服务全球10亿+用户家庭。

面对物联网时代的挑战和机遇，海尔智家践行智慧家庭生态品牌战略，推进企业物联网生态转型，致力于为全球用户提供智慧家庭解决方案，创全场景智慧生活的最佳体验。

2. 下载财务报表

打开“新浪财经”网页，注册并登录“新浪财经”账号。搜索“海尔智家”股票，点击“sh600690 海尔智家”，进入页面后从页面左侧的“财务数据”栏目中选择“资产负债表”，页面如图7-1所示。页面拉到最下方，单击“下载全部历史数据到Excel文件中”，即可下载资产负债表数据，下载的资产负债表如图7-2所示。用同样的方法分别下载海尔智家的利润表和现金流量表。

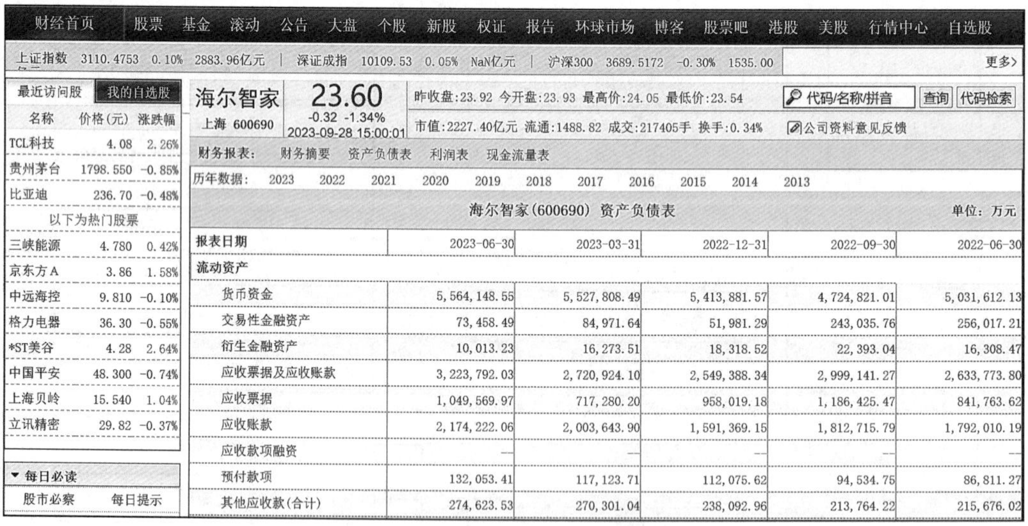

报表日期	2023-06-30	2023-03-31	2022-12-31	2022-09-30	2022-06-30
流动资产					
货币资金	5,564,148.55	5,527,808.49	5,413,881.57	4,724,821.01	5,031,612.13
交易性金融资产	73,458.49	84,971.64	51,981.29	243,035.76	256,017.21
衍生金融资产	10,013.23	16,273.51	18,318.52	22,393.04	16,308.47
应收票据及应收账款	3,223,792.03	2,720,924.10	2,549,388.34	2,999,141.27	2,633,773.80
应收票据	1,049,569.97	717,280.20	958,019.18	1,186,425.47	841,763.62
应收账款	2,174,222.06	2,003,643.90	1,591,369.15	1,812,715.79	1,792,010.19
应收款项融资	—	—	—	—	—
预付款项	132,053.41	117,123.71	112,075.62	94,534.75	86,811.27
其他应收款(合计)	274,623.53	270,301.04	238,092.96	213,764.22	215,676.02

图7-1　海尔智家的资产负债表(部分)

3. 创建维度表

在Power BI分析中，下载资产负债表、利润表和现金流量表，这三大报表属于事实表，还需要建立资产负债表分类表、现金流量表分类表等维度表，这些维度表可以在Excel中创建，也可以在Power BI的编辑查询中添加。本案例在Excel中创建的资产负债表分类表、现金流量表分类表如图7-3、图7-4所示。

	A	B	C	D	E	F	G	H	I	J	K
1	报表日期	20230630	20230331	20221231	20220930	20220630	20220331	20211231	20210930	20210630	20210331
2	单位	元	元	元	元	元	元	元	元	元	元
3	流动资产										
4	货币资金	5.564E+10	5.528E+10	5.414E+10	4.725E+10	5.032E+10	4.624E+10	4.586E+10	4.142E+10	4.184E+10	4.434E+10
5	交易性金融资产	734584930	849716364	519812881	2.43E+09	2.56E+09	2.657E+09	2.786E+09	2.888E+09	2.249E+09	1.415E+09
6	衍生金融资产	100132281	162735088	183185161	223930356	163084726	39153864	79819974	136885409	121975628	160544940
7	应收票据及应收账款	3.224E+10	2.721E+10	2.549E+10	2.999E+10	2.634E+10	2.54E+10	2.799E+10	3.27E+10	3.211E+10	3.226E+10
8	应收票据	1.05E+10	7.173E+09	9.58E+09	1.186E+10	8.418E+09	9.329E+09	1.335E+10	1.458E+10	1.191E+10	1.2E+10
9	应收账款	2.174E+10	2.004E+10	1.591E+10	1.813E+10	1.792E+10	1.607E+10	1.463E+10	1.812E+10	2.02E+10	2.026E+10
10	应收款项融资	0	0	0	0	0	0	0	0	0	0
11	预付款项	1.321E+09	1.171E+09	1.121E+09	945347514	868112660	655957477	857233123	1.146E+09	866997982	706732751
12	其他应收款(合计)	2.746E+09	2.703E+09	2.381E+09	2.138E+09	2.157E+09	1.972E+09	1.955E+09	2.465E+09	2.266E+09	2.005E+09
13	应收利息	706805734	638967204	513320377	0	400015260	0	294379439	0	284404268	0
14	应收股利										
15	其他应收款	2.039E+09	0	1.868E+09	0	1.757E+09	0	1.661E+09	0	1.981E+09	0
16	买入返售金融资产	0	0	0	0	0	0	0	0	0	0
17	存货	3.903E+10	4.051E+10	4.154E+10	3.925E+10	4.101E+10	3.985E+10	3.986E+10	3.607E+10	3.351E+10	3.233E+10

图 7-2 下载的海尔智家资产负债表(部分)

	A	B	C	D
1	BS类别1	BS类别2	报表项目	报表项目索引
2	资产	其他	流动资产	1
3	资产	流动资产	货币资金	2
4	资产	流动资产	交易性金融资产	3
5	资产	流动资产	衍生金融资产	4
6	资产	流动资产	应收票据及应收账款	5
7	资产	流动资产	应收票据	6
8	资产	流动资产	应收账款	7
9	资产	流动资产	应收款项融资	8
10	资产	流动资产	预付款项	9
11	资产	流动资产	其他应收款(合计)	10
12	资产	流动资产	应收利息	11
13	资产	流动资产	应收股利	12
14	资产	流动资产	其他应收款	13
15	资产	流动资产	买入返售金融资产	14
16	资产	流动资产	存货	15

图 7-3 资产负债表分类表(部分)

	A	B	C	D
1	CF类别1	CF类别2	报表项目	报表项目索引
2	经营活动	其他	一、经营活动产生的现金流量	1
3	经营活动	现金流入	销售商品、提供劳务收到的现金	2
4	经营活动	现金流入	收到的税费返还	3
5	经营活动	现金流入	收到的其他与经营活动有关的现金	4
6	经营活动	现金流入小计	经营活动现金流入小计	5
7	经营活动	现金流出	购买商品、接受劳务支付的现金	6
8	经营活动	现金流出	支付给职工以及为职工支付的现金	7
9	经营活动	现金流出	支付的各项税费	8
10	经营活动	现金流出	支付的其他与经营活动有关的现金	9
11	经营活动	现金流出小计	经营活动现金流出小计	10
12	经营活动净额	现金流量净额	经营活动产生的现金流量净额	11
13	投资活动	其他	二、投资活动产生的现金流量	12

图 7-4 现金流量表分类表(部分)

资产负债表、利润表和现金流量表三大财务报表分析是财务分析中最基础的,也是财务人员经常面临的分析,分析频次较高。本章将使用 Power BI 创建交互式财务分析报表,实现动态响应用户的分析需求。

资料来源:新浪财经.

第一节 资产负债表分析与可视化

资产负债表可以反映企业在某一特定时点的财务状况,表明企业在某一特定日期所拥有并控制的经济资源、所承担的现有义务和所有者对净资产的要求权。本节以海尔智家 2018 年第一季度至 2023 年第二季度的数据为基础,进行资产负债表分析与可视化,效果如图 7-5 所示。

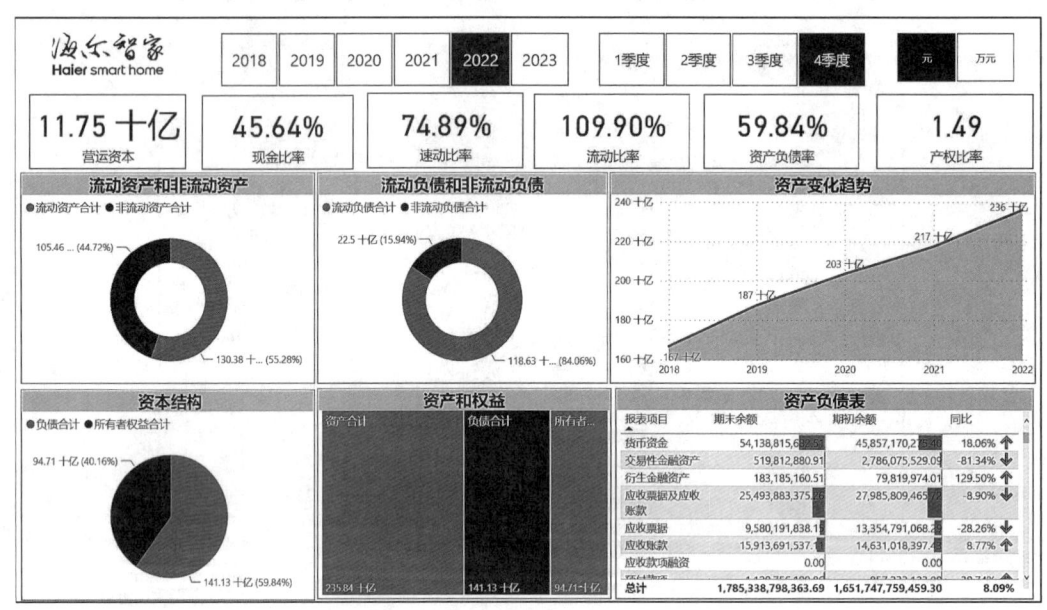

图 7-5 资产负债表可视化效果总览

一、获取并整理资产负债表数据

二维码 7-1
获取并整理
资产负债表
数据

1. 获取数据

启动 Power BI Desktop,单击"从 Excel 导入数据",打开"海尔智家(600690)_资产负债表.xls",在"导航器"窗口选中"资产负债表"并单击"转换数据"按钮,将数据加载至 Power Query。

2. 整理数据

依次执行将第一行用作标题、删除第一行、删除 2018 年第一季度前的列、逆透视其他列(选中"报表项目"列)、更改列名称、更改数据类型等操作,整理后的资产负债表如图 7-6 所示。将整理后的数据加载到 Power BI Desktop 中。

图 7-6 整理后的资产负债表

二、导入资产负债表分类表

将在 Excel 中创建的"资产负债表分类表"导入 Power BI 中,导入后的"资产负债表分类表"与"资产负债表"自动创建一对多的关系,如图 7-7 所示。

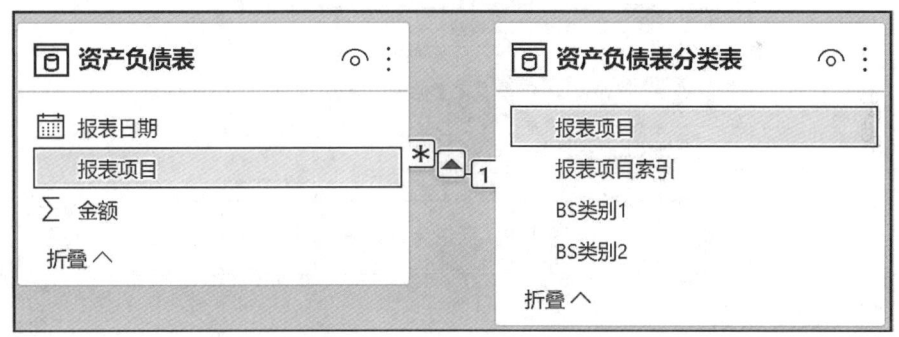

图 7-7 资产负债表与资产负债表分类表自动创建关系

三、创建日期表

如果模型中存在日期时间维度,创建日期表往往是十分必要的,这样既可以基于日期表控制筛选多张事实表,也可以使用时间智能函数简化 DAX 表达式。

创建日期表的方法很多,既可以在 Excel 中创建好后再导入到 Power BI,也可以在 Power Query 中创建,还可以直接用 DAX 表达式创建。下面采用 DAX 表达式创建一张日期表。操作步骤如下:

(1) 执行"建模"|"计算"|"新建表"命令。

(2) 在编辑栏中输入 DAX 表达式,如图 7-8 所示。

二维码 7-2
创建日期表

财务数据可视化

```
1  日期表 =
2      ADDCOLUMNS(
3          CALENDAR("2018/1/1","2023/12/31"),
4          "年",YEAR([Date]),
5          "季度",QUARTER([Date])&"季度"
6      )
```

图 7-8　输入 DAX 表达式

（3）要使系统后期有效使用时间智能函数，需要对创建的日期表进行标记。单击"数据"窗格中"日期表"的"更多选项"，在菜单栏中选择"标记为日期表"选项，如图 7-9 所示；在打开的"标记为日期表"对话框中选择"日期列"为"Date"，如图 7-10 所示。

图 7-9　标记为日期表

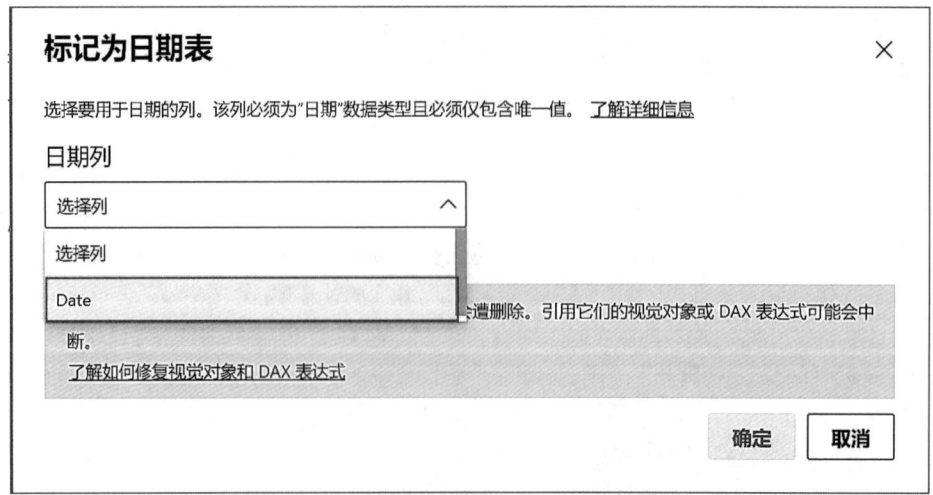

图 7-10　将"日期列"设置为"Date"

（4）创建关系。切换至"模型视图"，为"日期表"与"资产负债表"创建一对多的关系，如图 7-11 所示。

图 7-11　创建关系后的"日期表"与"资产负债表"

四、插入公司 Logo

公司 Logo 通常代表公司的品牌形象。下面在报表左上角插入海尔智家的 Logo，以增加可视化图表的辨识度。操作步骤如下：

（1）单击窗口左侧的"报表视图"按钮。

（2）执行"插入"|"元素"|"图像"命令，选择海尔智家 Logo 图片，结果如图 7-12 所示。

图 7-12　插入公司 Logo

五、插入切片器

呈现资产负债表数据离不开时间点的选择，下面创建"年"切片器和"季度"切片器，供报表使用者选取不同时间点的资产负债表数据。操作步骤如下：

（1）单击"可视化"窗格中的"切片器"按钮。

（2）按图 7-13 所示设置切片器的字段；按图 7-14 所示设置切片器的显示方式，并将"值"的字体设置为"15"磅，调整切片器的宽度和长度，使其在一行内显示。设置完成的"年"切片器如图 7-15 所示。

（3）按上述步骤，再插入一个"季度"切片器，如图 7-16 所示。

图 7-13 设置切片器的字段

图 7-14 设置切片器的显示方式

图 7-15 "年"切片器

图 7-16 "季度"切片器

六、插入环形图、饼图、树状图

二维码 7-3
资产负债表
相关度量值

下面通过"环形图"反映海尔智家不同年度、不同季度流动资产与非流动资产、流动负债与非流动负债的比例关系;通过"饼图"反映海尔智家资本结构中负债和所有者权益的比例关系;通过"树状图"反映海尔智家不同年度、不同季度资产、负债与所有者权益的平衡关系。操作步骤如下:

(1) 执行"主页"|"数据"|"输入数据"命令,在"创建表"对话框中,将表的"名称"设置为"财务报表度量值",单击"加载"按钮,如图 7-17 所示。

(2) 在"财务报表度量值"中依次创建以下度量值:

BS 金额=SUM('资产负债表'[金额])

资产合计=CALCULATE([BS 金额],'资产负债表'[报表项目]="资产总计")

负债合计=CALCULATE([BS 金额],'资产负债表'[报表项目]="负债合计")

图7-17 创建度量值表

所有者权益合计＝CALCULATE([BS金额],'资产负债表'[报表项目]="所有者权益(或股东权益)合计")

流动资产合计＝CALCULATE([BS金额],'资产负债表'[报表项目]="流动资产合计")

非流动资产合计＝CALCULATE([BS金额],'资产负债表'[报表项目]="非流动资产合计")

流动负债合计＝CALCULATE([BS金额],'资产负债表'[报表项目]="流动负债合计")

非流动负债合计＝CALCULATE([BS金额],'资产负债表'[报表项目]="非流动负债合计")

 操作提示7-1

(1) 本案例中创建的度量值非常多，因此单独新建一张财务报表度量值表，以存放所有的度量值，创建表在"数据"窗格最上方显示。

(2) 创建度量值时，DAX表达式中的报表项目名称必须与"'资产负债表'[报表项目]"完全一致(包括括号中英状态的区别)，特别注意"资产总计""所有者权益(或股东权益)合计"两个项目名称。设置公式时名称可以从Power Query中直接复制，以避免出错，如图7-18所示。

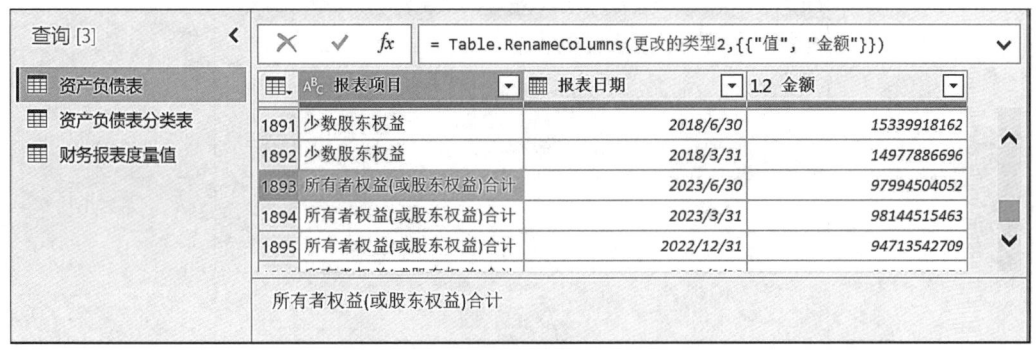

图7-18 复制Power Query中的数据

(3) 上述度量值公式设置时，报表项目也可以采用"资产负债表分类表"中的报表项目。

（3）单击"可视化"窗格中的"环形图" ⊙ 按钮，按图 7-19 所示设置环形图的字段；按图 7-20 所示设置环形图的图例位置，并设置环形图的其他格式（标题文本、文本大小、边框等）。生成的环形图如图 7-21 所示。

图 7-19 设置环形图的字段

图 7-20 设置环形图图例的位置

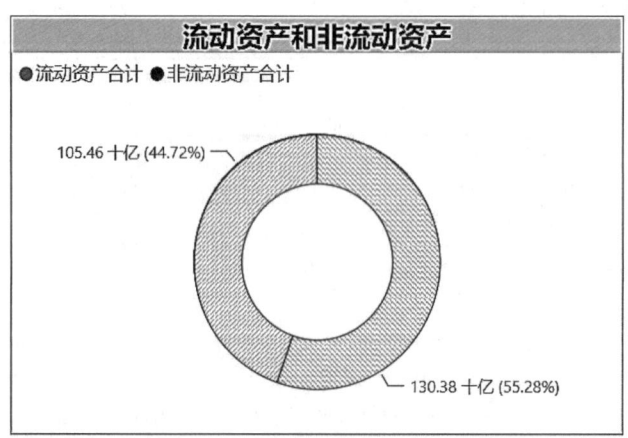

图 7-21 流动资产和非流动资产环形图

(4) 用同样的方法,设置流动负债和非流动负债环形图,生成的环形图如图 7-22 所示。

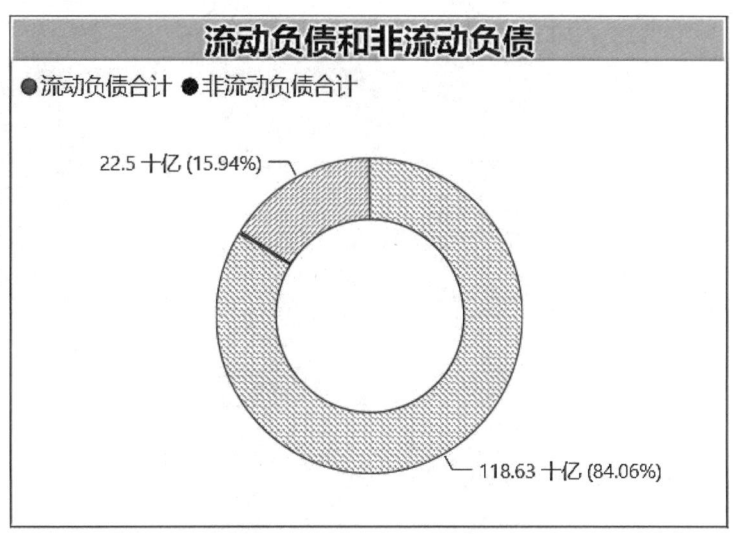

图 7-22　流动负债和非流动负债环形图

(5) 用同样的方法,设置资本结构饼图,生成的饼图如图 7-23 所示。

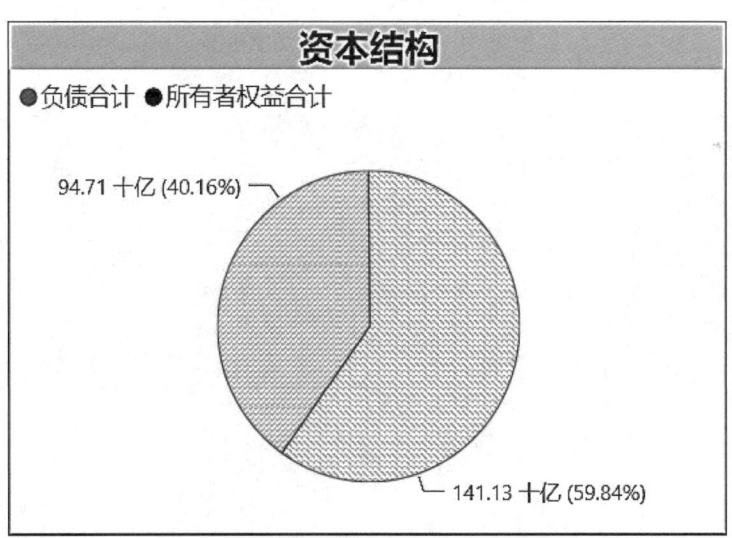

图 7-23　资本结构饼图

(6) 用同样的方法,设置"资产和权益"树状图,并将树状图的"数据标签"打开,如图 7-24 所示,生成的树状图如图 7-25 所示。

财务数据可视化

图 7-24　打开树状图的数据标签

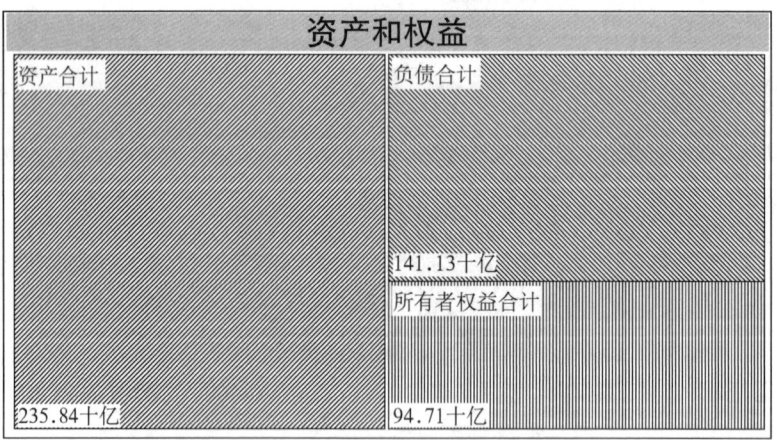

图 7-25　"资产和权益"树状图

操作提示 7-2

以上创建的环形图、饼图和树状图,可在第一个环形图设置完成后,直接复制进行修改字段、标题或可视化对象等,这样就可以避免一些可视化对象格式的重复设置。

七、插入分区图

下面通过"分区图"反映海尔智家不同年度总资产的变化趋势。操作步骤如下：

（1）单击"可视化"窗格中的"分区图" 按钮，按图 7-26 所示设置分区图的字段。

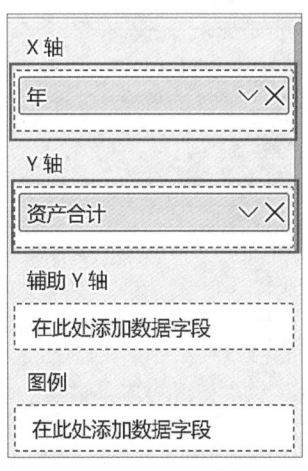

图 7-26　设置分区图的字段

（2）选中"年"切片器，执行"格式"|"交互"|"编辑交互"命令，再单击"分区图"右上角的"关闭" 按钮，使分区图不随"年"切片器的变化而变化，如图 7-27 所示。用同样的方法设置"季度"切片器，使分区图不随"季度"切片器的变化而变化。

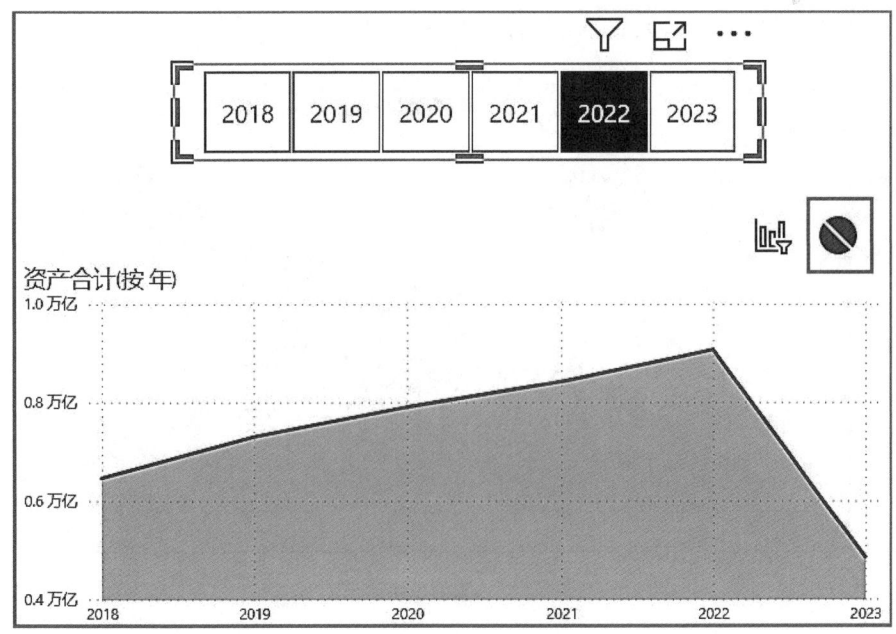

图 7-27　关闭筛选按钮

(3) 选中分区图,将"数据"窗格中"日期表"的"季度"字段拖曳到分区图的筛选器中,筛选出"4季度",如图7-28所示。

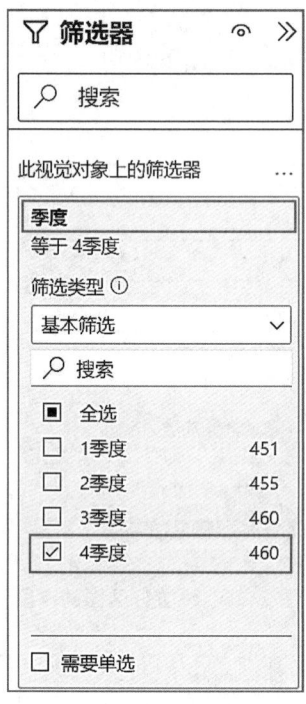

图7-28 增加"季度"筛选器

(4) 打开分区图的"数据标签",关闭X轴和Y轴的标题,并设置分区图的其他格式(标题文本、文本大小、边框等),生成的分区图如图7-29所示。

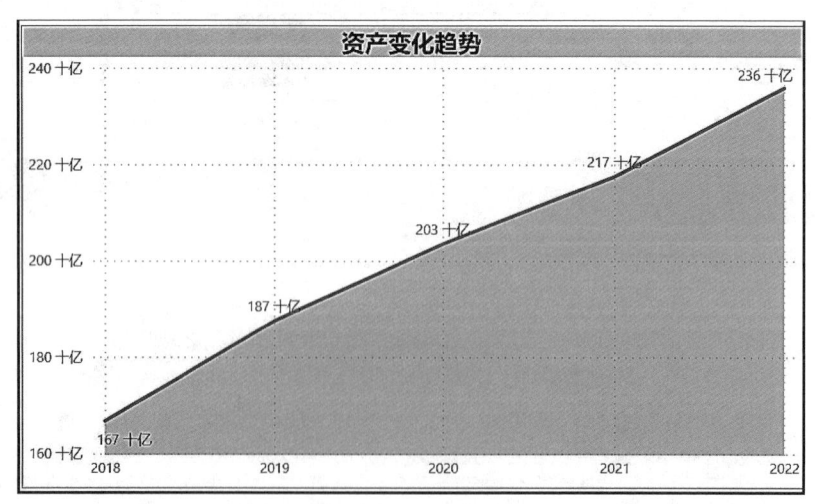

图7-29 生成的分区图

操作提示7-3

(1) 执行"格式"|"交互"|"编辑交互"命令时,须选中"年"切片器,然后单击分区图右上角的"关闭" 按钮。

(2) 本案例的分区图是为了展示资产每年年末的变化情况,由于资产负债表是时点报表,需要在"筛选器"窗格中添加"季度"字段,并筛选出"4 季度",即表示资产年末数据。否则,分区图显示的是资产当年四个季度的合计数。

八、插入表

下面通过"表"这种最直观的可视化对象来展示海尔智家不同年度资产负债表的期末余额、期初余额、期初与期末的变动率(即同比),通过这些信息,可以发现资产、负债、所有者权益的变动情况。操作步骤如下:

二维码 7-4
插入表

(1) 依次创建以下度量值:

BS 期末余额=
    VAR YearSelected=SELECTEDVALUE('日期表'[年])
    RETURN
    CALCULATE([BS 金额],'日期表'[年]=YearSelected,'日期表'[季度]="4 季度")

BS 期初余额=
    VAR YearSelected=SELECTEDVALUE('日期表'[年])
    RETURN
    CALCULATE([BS 金额],'日期表'[年]=YearSelected-1,'日期表'[季度]="4 季度")

BS 同比=DIVIDE([BS 期末余额]-[BS 期初余额],[BS 期初余额])

(2) 单击"可视化"窗格中的"表" ⊞ 按钮,将"资产负债表分类表"中的"报表名称"及"财务报表度量值"中的"BS 期末余额""BS 期初余额""BS 同比"拖曳到"列"处,在"列"处双击字段名称,如图 7-30 所示,将字段名称修改为如图 7-31 所示名称。

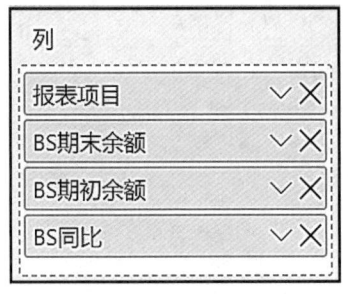

图 7-30 设置表的字段   图 7-31 修改表的字段名称

(3) 将"表"按"报表项目"列升序排列,选中"数据"窗格中"资产负债表分类表"的"报表项目"选项,执行"列工具"|"排序"|"按列排序"|"报表项目索引"命令,如图 7-32 所示。

(4) 选中"数据"窗格中"财务报表度量值"的"BS 同比",执行"度量工具"|"格式化"|"%"命令,将"BS 同比"的数据类型设置为"百分比",如图 7-33 所示。

(5) 按图 7-34 所示打开"期末余额"的数据条,单击"数据条"下的 fx 按钮;按图 7-35 所示设置条形图方向;同样的方法打开"期初余额"的数据条,并设置数据条的格式;同样的方法打开"同比"的图标,并按图 7-36 所示设置图标的格式。

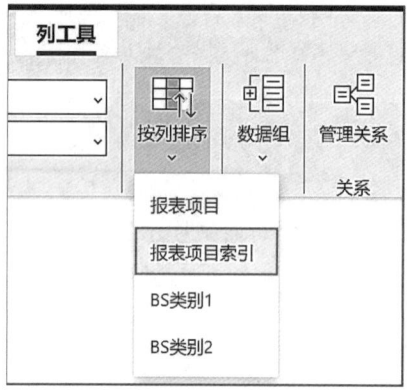

图 7-32 设置表的排序

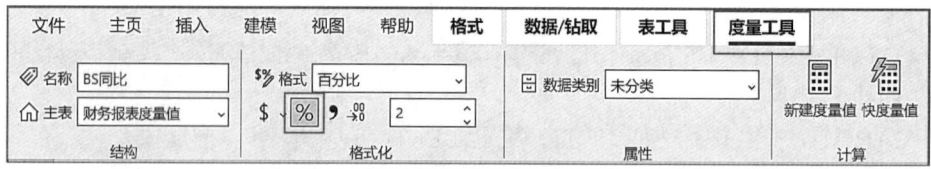

图 7-33 设置"BS 同比"的数据类型

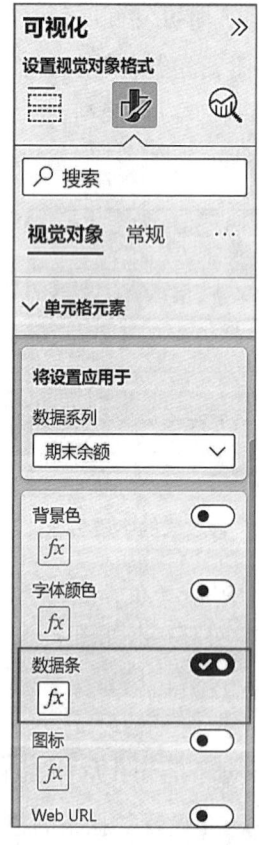

图 7-34 打开数据条

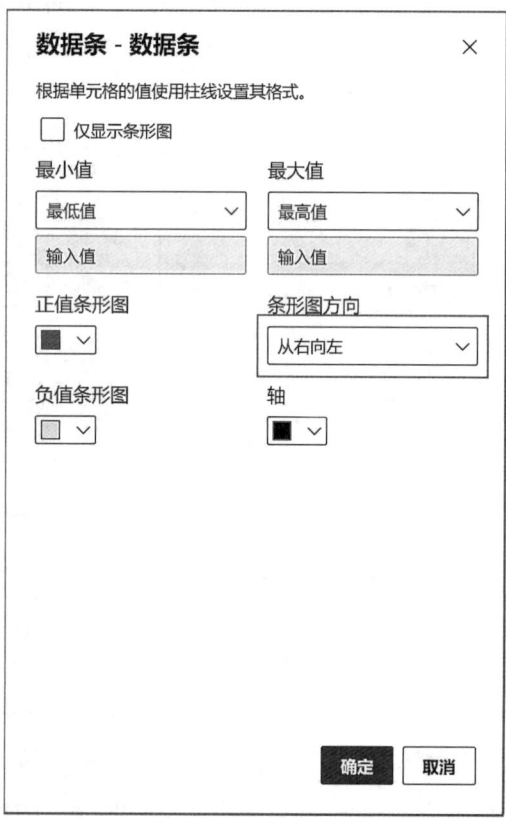

图 7-35 设置数据条的格式

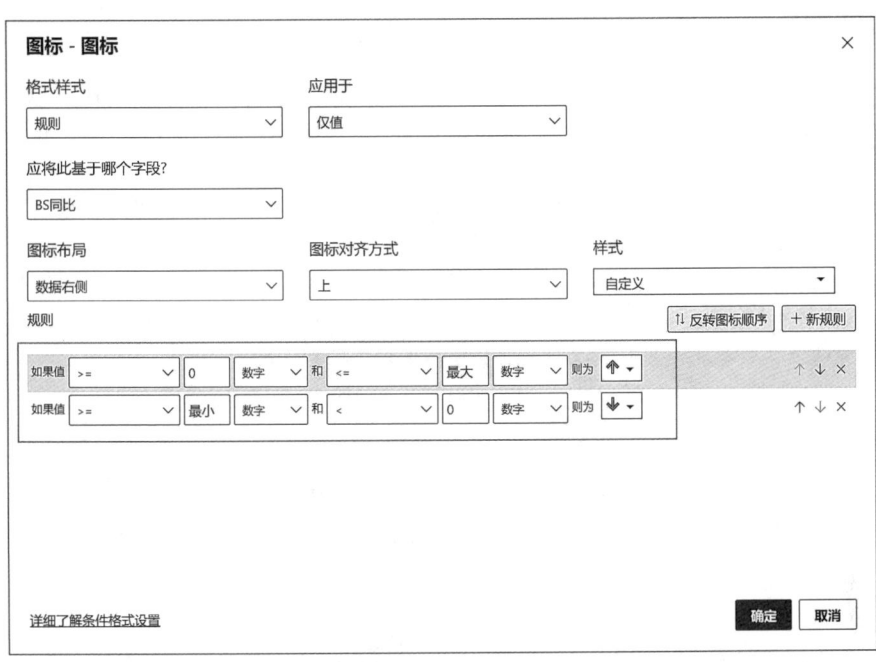

图 7-36 设置图标的格式

（6）调整表的列宽，并设置表的其他格式（打开标题，设置标题文本、文本大小、边框等），生成的资产负债表如图 7-37 所示。

资产负债表			
报表项目	期末余额	期初余额	同比
货币资金	54,138,815,632.51	45,857,170,275.40	18.06% ↑
交易性金融资产	519,812,880.91	2,786,075,529.09	-81.34% ↓
衍生金融资产	183,185,160.51	79,819,974.01	129.50% ↑
应收票据及应收账款	25,493,883,375.26	27,985,809,465.72	-8.90% ↓
应收票据	9,580,191,838.15	13,354,791,068.29	-28.26% ↓
应收账款	15,913,691,537.11	14,631,018,397.43	8.77% ↑
应收款项融资	0.00	0.00	
预付款项	1,120,756,199.86	857,233,123.00	30.74% ↑
其他应收款(合计)	2,380,929,623.19	1,955,082,163.25	21.78% ↑
应收利息	513,320,376.79	294,379,438.82	74.37% ↑
应收股利	0.00	0.00	
其他应收款	1,867,609,246.40	1,660,702,724.43	12.46% ↑
买入返售金融资产	0.00	0.00	
存货	41,542,713,111.82	39,863,171,040.31	4.21% ↑
总计	**1,785,338,798,363.69**	**1,651,747,759,459.30**	**8.09%**

图 7-37 生成的资产负债表

操作提示7-4

(1) SELECTEDVALUE函数用于在指定列中只有一个值时返回该值,否则返回替代结果,省略替代结果时返回空值。SELECTEDVALUE函数的语法为:SELECTEDVALUE(<columnName>,[<alternateresult>])。

(2) 创建表时,"报表项目"须拖曳"资产负债表分类表"中的"报表项目",不能拖曳"资产负债表"中的"报表项目",否则无法实现按"报表项目索引"排序。

(3) 由于期末余额和期初余额公式设置时已设定"季度"为第4季度,不需要关闭"表"与"季度"切片器的编辑交互,生成的表都不会随"季度"切片器的变化而变化。表中显示的数据为所选年份第四季度的金额和所选年份前一年第四季度的金额,即为资产负债表年末余额和年初余额。

九、插入卡片图

下面通过"卡片图"将海尔智家的关键指标(如资产负债率、流动比率、现金比率等)呈现出来,通过这些关键指标可以从整体上对公司的财务状况有所了解。操作步骤如下:

(1) 依次创建以下度量值:

营运资本=[流动资产合计]−[流动负债合计]

货币资金=CALCULATE([BS金额],'资产负债表'[报表项目]="货币资金")

现金比率=DIVIDE([货币资金],[流动负债合计])

存货=CALCULATE([BS金额],'资产负债表'[报表项目]="存货")

速动比率=DIVIDE([流动资产合计]−[存货],[流动负债合计])

流动比率=DIVIDE([流动资产合计],[流动负债合计])

资产负债率=DIVIDE([负债合计],[资产合计])

产权比率=DIVIDE([负债合计],[所有者权益合计])

(2) 单击"可视化"窗格中的"卡片图" 123 按钮,将"数据"窗格中的"财务报表度量值"中的"营运资本"拖曳至"字段"中,并设置卡片图的格式,同样的方法设置"现金比率""速动比率""流动比率""资产负债率""产权比率"卡片图,并将度量值"现金比率""速动比率""流动比率""资产负债率"的数据类型设置为"百分比",生成的卡片图如图7-38所示。

11.75 十亿	45.64%	74.89%	109.90%	59.84%	1.49
营运资本	现金比率	速动比率	流动比率	资产负债率	产权比率

图7-38 生成的卡片图

十、设置单位显示为万元

二维码7-5
插入单位
切片器

当报表金额比较大时,通常需要在不同单位量级之间进行切换,虽然Power BI的视觉对象都支持自动单位功能,但目前只支持千级、百万级、十亿级、万亿级的显示方式,不太符合传统习惯。因此,可以通过DAX公式设置单位显示为万元。操作步骤如下:

(1) 创建金额单位辅助表。执行"主页"|"数据"|"输入数据"命令,在打开的"创建表"对话框中手动输入如图7-39所示的内容,输入完成后单击"加载"按钮。

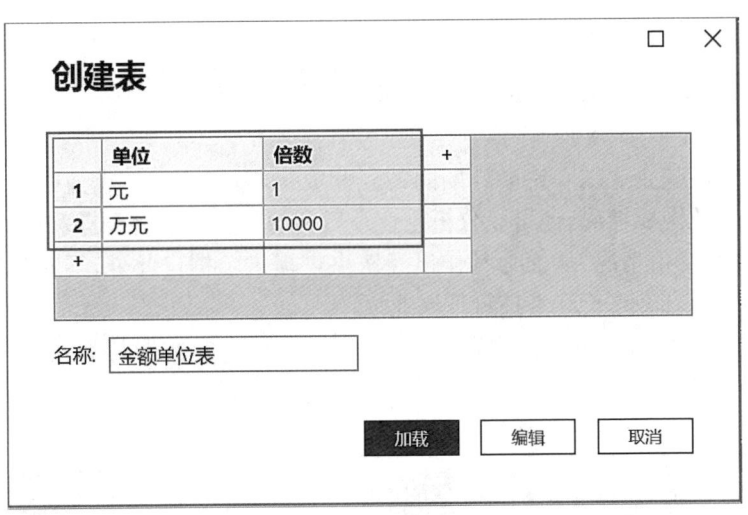

图 7-39　创建金额单位表

（2）插入一个切片器，将"金额单位表"中的"单位"拖曳到"字段"切片器中，并设置切片器的样式为"磁贴"，打开"单项选择"窗口，关闭"切片器标头"，设置切片器的字体、调整切片器大小。

（3）选中"数据"窗格中"金额单位表"的"单位"，执行"列工具"｜"排序"｜"按列排序"｜"倍数"命令，实现切片器按"元""万元"顺序显示，生成的切片器如图 7-40 所示。

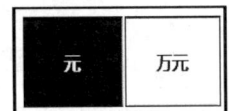

图 7-40　单位切片器

（4）将原度量值"BS 金额＝SUM('资产负债表'[金额])"改为"BS 金额＝DIVIDE(SUM('资产负债表'[金额]),SELECTEDVALUE('金额单位表'[倍数]))"。实现单位"元"与"万元"的切换，如图 7-41 所示。

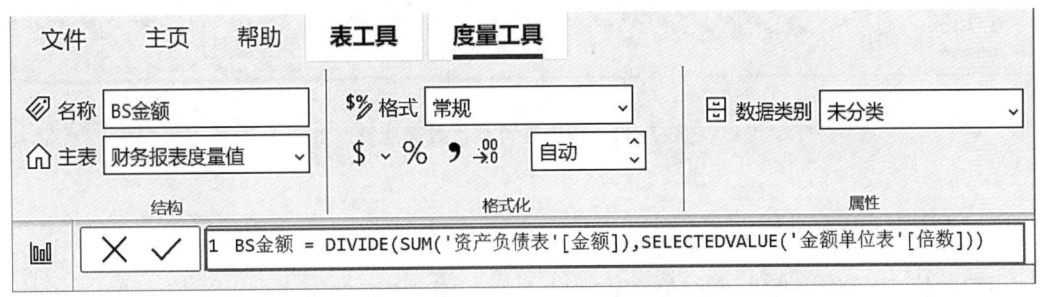

图 7-41　设置 BS 金额公式

 操作提示 7-5

由于其他度量值都是引用 BS 金额这个度量值生成的，修改公式后，其他度量值也会受到"单位"切片器的影响。

设置好报表中的各类可视化对象后，调整各类可视化对象的位置和大小，并将该报表页重命名为"资产负债表分析"，将文件另存为"第 7 章 财务数据可视化实战.pbix"文件。

第二节 利润表分析与可视化

利润表可以反映企业在一定会计期间的经营成果,有助于了解企业的收入、费用、利润(或亏损)的数额及构成情况,还可以分析企业今后利润的变动趋势和获利能力,了解投资者投入资本的保值、增值情况,从而为其作出经济决策提供依据。此外,不同时期利润表的对比可以帮助企业所有者评价和考核管理层业绩。

本节以海尔智家2018年第一季度至2023年第二季度的数据为基础,创建利润表可视化效果如图7-42所示。

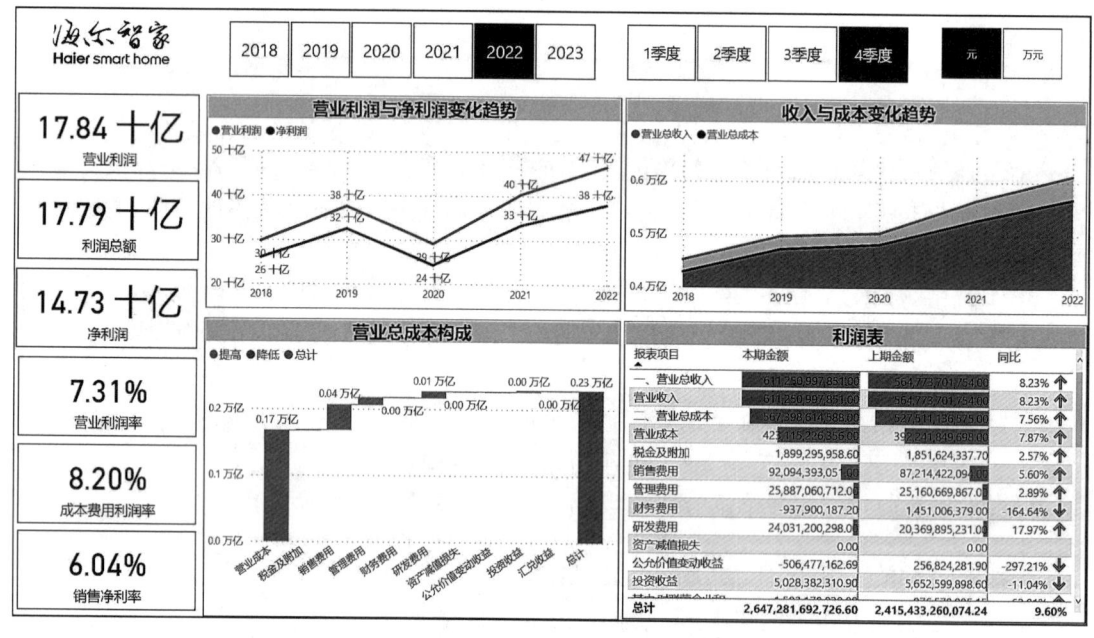

图7-42 利润表可视化效果总览

一、获取并整理利润表数据

打开"第7章 财务数据可视化实战.pbix"文件,获取"海尔智家(600690)_利润表.xls",将数据加载至Power Query,依次执行将第一行用作标题、删除第一行、删除2018年第一季度以前的列、添加索引列、移动列、逆透视其他列(选中"索引"和"报表项目"列)、更改列名称、更改数据类型等操作,整理后的利润表如图7-43所示。将整理后的数据加载到Power BI Desktop中。

	1²₃ 索引	ABC 报表项目	报表日期	1.2 金额
1	1	一、营业总收入	2023/6/30	1.32E+11
2	1	一、营业总收入	2023/3/31	65066477649
3	1	一、营业总收入	2022/12/31	2.44E+11
4	1	一、营业总收入	2022/9/30	1.85E+11
5	1	一、营业总收入	2022/6/30	1.22E+11
6	1	一、营业总收入	2022/3/31	60250997851
7	1	一、营业总收入	2021/12/31	2.28E+11
8	1	一、营业总收入	2021/9/30	1.7E+11
9	1	一、营业总收入	2021/6/30	1.12E+11
10	1	一、营业总收入	2021/3/31	54773701754
11	1	一、营业总收入	2020/12/31	2.1E+11
12	1	一、营业总收入	2020/9/30	1.54E+11
13	1	一、营业总收入	2020/6/30	95728097107
14	1	一、营业总收入	2020/3/31	43141448203
15	1	一、营业总收入	2019/12/31	2.01E+11
16	1	一、营业总收入	2019/9/30	1.49E+11
17	1	一、营业总收入	2019/6/30	98979793121
18	1	一、营业总收入	2019/3/31	48043265870
19	1	一、营业总收入	2018/12/31	1.83E+11
20	1	一、营业总收入	2018/9/30	1.38E+11
21	1	一、营业总收入	2018/6/30	88591626626
22	1	一、营业总收入	2018/3/31	42655164567

图 7-43　整理后的利润表

二、插入公司 Logo、切片器

与资产负债表分析报表相同，在创建利润表分析报表时，也需要插入公司 Logo、"年"切片器、"季度"切片器及"单位"切片器。此处可直接复制资产负债表分析报表中的这四项内容，粘贴时会出现如图 7-44 所示对话框，单击"不同步"按钮即可。

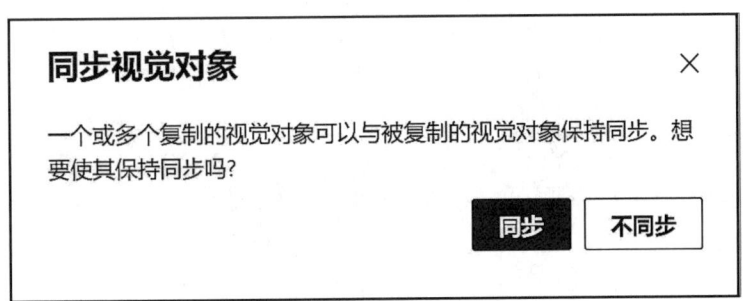

图 7-44　同步视觉对象对话框

切换至"模型视图"，创建"日期表"与"利润表"一对多的关系，如图 7-45 所示。

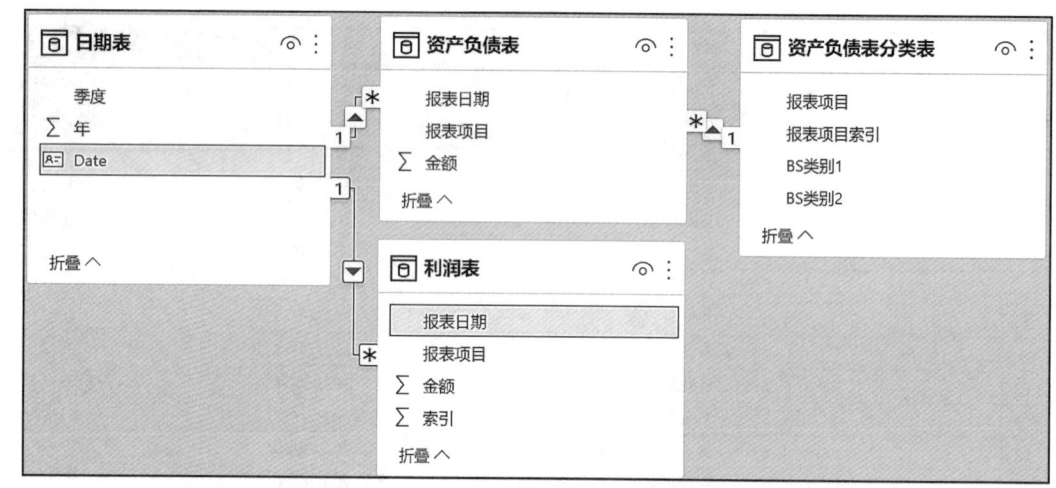

图7-45 创建日期表与利润表的关系

 操作提示7-6

为了减少重复,也可以直接复制一份资产负债表分析,将复制后的报表重命名为"利润表分析"。保留公司Logo、"年"切片器、"季度"切片器、"单位"切片器,删除本节用不到的可视化视觉对象。

三、插入卡片图、折线图、分区图

二维码7-6
利润表相关
度量值

下面通过"卡片图"将海尔智家的关键指标(包括营业利润、利润总额、净利润、营业利润率、成本费用利润率、销售净利率)呈现出来,通过"折线图"反映海尔智家不同年度的营业利润和净利润的变化趋势,通过"分区图"反映营业总收入与营业总成本的变化趋势。

创建以下度量值:

IS金额=DIVIDE(SUM('利润表'[金额]),SELECTEDVALUE('金额单位表'[倍数]))

营业利润=CALCULATE([IS金额],'利润表'[报表项目]="三、营业利润")

利润总额=CALCULATE([IS金额],'利润表'[报表项目]="四、利润总额")

净利润=CALCULATE([IS金额],'利润表'[报表项目]="五、净利润")

营业总收入=CALCULATE([IS金额],'利润表'[报表项目]="一、营业总收入")

营业收入=CALCULATE([IS金额],'利润表'[报表项目]="营业收入")

营业利润率=DIVIDE([营业利润],[营业收入])

营业总成本=CALCULATE([IS金额],'利润表'[报表项目]="二、营业总成本")

营业成本=CALCULATE([IS金额],'利润表'[报表项目]="营业成本")

税金及附加=CALCULATE([IS金额],'利润表'[报表项目]="税金及附加")

销售费用=CALCULATE([IS金额],'利润表'[报表项目]="销售费用")

管理费用=CALCULATE([IS金额],'利润表'[报表项目]="管理费用")

财务费用=CALCULATE([IS金额],'利润表'[报表项目]="财务费用")

成本费用利润率=DIVIDE([利润总额],[营业成本]+[税金及附加]+[销售费用]+[管理费用]+[财务费用])

销售净利率＝DIVIDE([净利润],[营业收入])

插入卡片图、折线图、分区图的操作与前面类似,此处不再重复。生成的卡片图如图 7-46 所示,生成的折线图如图 7-47 所示,生成的分区图如图 7-48 所示。

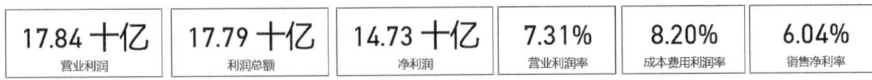

图 7-46　生成的卡片图

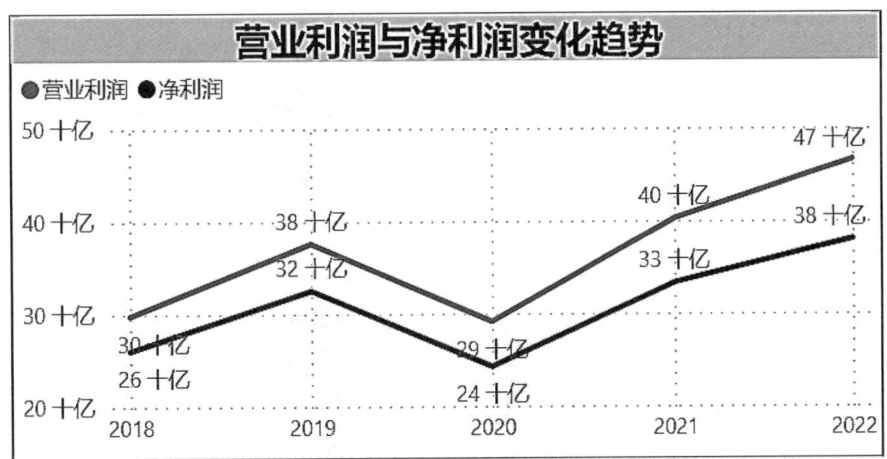

图 7-47　生成的折线图

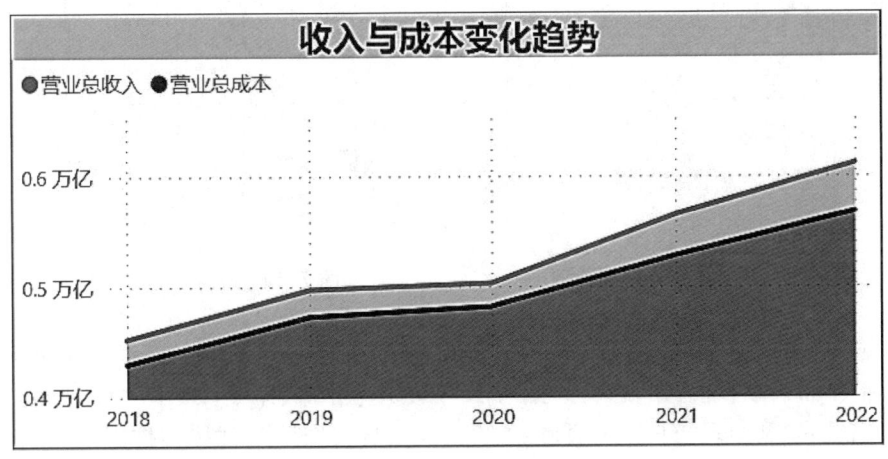

图 7-48　生成的分区图

操作提示 7-7

(1) 创建卡片图可复制资产负债表中的卡片图,创建折线图和分区图可复制资产负债表中的分区图,然后修改可视化对象或进行可视化对象的字段设置即可。但折线图、分区图与切片器的编辑交互,仍需要执行"关闭"操作,才能使折线图、分区图不随切片器的变化而变化。

(2)由于利润表是时期报表,每年营业总收入和营业总成本的金额为四个季度的合计数。在图 7-49 生成的分区图中,只须关闭筛选按钮,即为全年发生额合计数,不能在"筛选器"窗格中筛选第四季度数据。

四、插入瀑布图

二维码 7-7
插入瀑布图

下面通过"瀑布图"反映海尔智家不同年度、不同季度的营业总成本的构成。操作步骤如下:

(1)插入"瀑布图"视觉对象,按图 7-49 所示设置瀑布图的字段,按图 7-50 所示设置瀑布图的筛选器(即勾选营业总成本的所有项目)。

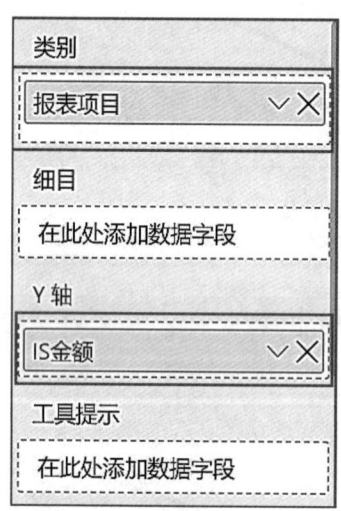

图 7-49 设置瀑布图的字段

图 7-50 设置筛选器

(2)选中"瀑布图"选项,单击"瀑布图"右上角的"更多选项"图标,在展开的菜单栏中执行"排列轴"|"报表项目"命令和执行"排列轴"|"以升序排序"命令,如图 7-51 所示。然后选中"数据"窗格中"利润表"的"报表项目",执行"列工具"|"排序"|"按列排序"|"索引"命令,使"瀑布图"的 X 轴按索引排列。

(3)关闭"瀑布图"的 X 轴、Y 轴标题,并打开"数据标签",设置"瀑布图"标题的格式,生成的瀑布图如图 7-52 所示。

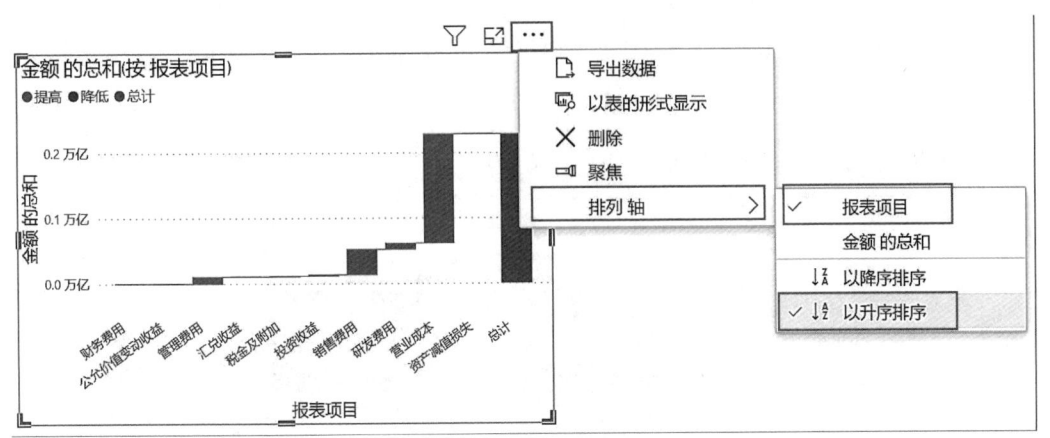

图 7-51　设置瀑布图 X 轴的排序

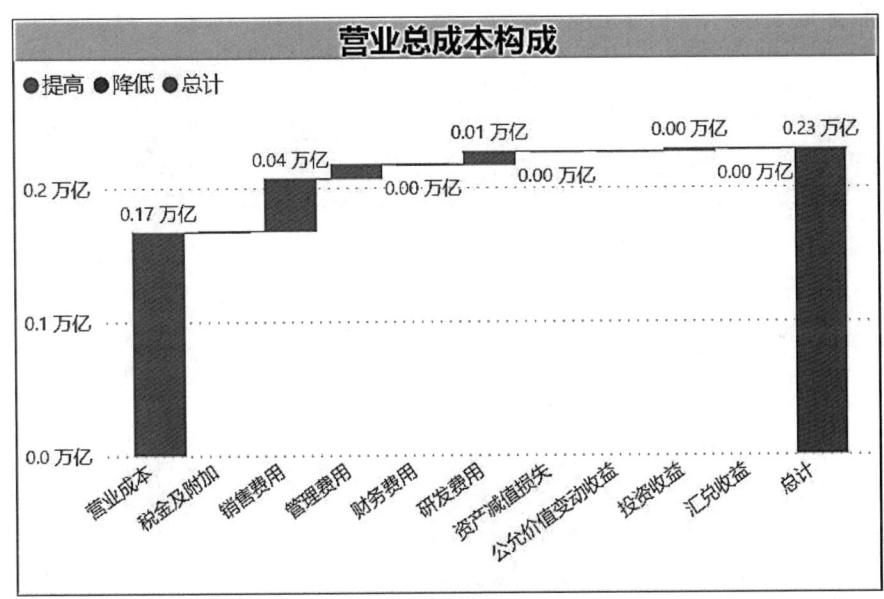

图 7-52　生成的瀑布图

五、插入表

下面通过"表"反映海尔智家利润表各报表项目的本期金额、上期金额及变动率（即同比），创建以下度量值：

IS 本期金额＝［IS 金额］

IS 上期金额＝
　　VAR YearSelected＝SELECTEDVALUE('日期表'[年])
　　RETURN
　　CALCULATE([IS 本期金额],'日期表'[年]＝YearSelected－1)

IS 同比＝DIVIDE([IS 本期金额]－[IS 上期金额],[IS 上期金额])

插入"表"的操作可参照资产负债表分析报表中"表"的操作,此处不再重复,生成的"表"如图 7-53 所示。

报表项目	本期金额	上期金额	同比
一、营业总收入	611,250,997,851.00	564,773,701,754.00	8.23% ↑
营业收入	611,250,997,851.00	564,773,701,754.00	8.23% ↑
二、营业总成本	567,398,614,588.00	527,511,136,575.00	7.56% ↑
营业成本	423,115,226,356.00	392,241,849,698.00	7.87% ↑
税金及附加	1,899,295,958.60	1,851,624,337.70	2.57% ↑
销售费用	92,094,393,051.00	87,214,422,094.00	5.60% ↑
管理费用	25,887,060,712.00	25,160,669,867.00	2.89% ↑
财务费用	-937,900,187.20	1,451,006,379.00	-164.64% ↓
研发费用	24,031,200,298.00	20,369,895,231.00	17.97% ↑
资产减值损失	0.00	0.00	
公允价值变动收益	-506,577,162.69	256,824,281.90	-297.21% ↓
投资收益	5,028,382,310.90	5,652,599,898.60	-11.04% ↓
总计	2,647,281,692,726.60	2,415,433,260,074.24	9.60%

图 7-53 生成的表

中美上市公司对比

截至 2023 年 8 月 23 日,包含 A 股、港股、中概股(除港澳台地区的公司外)在内的全部中国上市公司共有 6 750 家,总市值为 133.6 万亿元;全部美国资本市场上市的公司(不含 OTC)共有 6 156 家。其中,注册地在美国本土的上市公司共有 4 582 家,总市值达到 346.8 万亿元。

以下以全部中国上市公司(简称"中国上市公司")和注册在美国本土的上市公司(简称"美国上市公司")作为样本进行比对。中美上市公司的市值、营收、净利润指标对比详见表 7-1。

表 7-1　　　　　　　中美上市公司的市值、营收、净利润指标对比　　　　　　　单位:亿元

指标	中国上市公司	美国上市公司	中国与美国的比值
上市公司数量(家)	6 750	4 582	147.3%
总市值	1 336 356.6	3 468 130	38.5%
总营收	1 175 562.5	1 475 699.4	79.7%
净利润	86 816.6	123 686.2	70.2%
研发费用	12 368.2	44 118.9	28.0%
员工总数(人)	49 482 843	43 204 618	114.5%

数据来源:Wind。

总体来看,中国上市公司的数量约为美国上市公司的 1.5 倍,但总市值约为后者的 38.5%。

2022年,中国的GDP为121万亿元人民币,美国则达到25.46万亿美元,若以上市公司总市值与GDP的比值来计算资产证券化率,中国资产的证券化率为110％,美国为190％。虽然中国上市公司数量多,但资产证券化率仍不及美国。

再来对比营收水平。2022年,中国上市公司的营业收入总计为117.6万亿元,美国上市公司合计为147.6万亿元,前者约为后者的80％。

从净利润指标上来看,中国上市公司合计为8.7万亿元,美国上市公司为12.4万亿元,中国公司为美国的70.2％。

从员工数量看,中国上市公司的员工合计达到4 948.3万人,美国上市公司的员工总计为4 320.5万人,中国公司是美国公司的1.1倍。

若以营收/员工数来计算人均产值,则中国上市公司的人均产值为237.6万元,美国上市公司为341.6万元,美国公司是中国公司的1.4倍。

从经济学理论看,经济增长的本质是人均收入水平不断提高、物质不断丰富;而人均收入提高的前提,是劳动生产率不断提高;劳动生产率的提高,又依靠技术创新和产业升级。

1952年,美国全员劳动生产率曾是中国的66.5倍;1953至2018年,美国全员劳动生产率年平均增长1.58％,中国这一指标年平均增长5.97％;到了2018年,中美之间全员劳动生产率的差距已经被缩小到4.03倍。

从时间轴纵向看,中国劳动生产率不断提高,无疑得益于技术投入的增长;而从国别比较的横向看,中国公司的技术投入仍有提升空间。

2022年,全部中国上市公司的研发费用总计为1.2万亿元,美国上市公司合计为4.4万亿元,中国公司为美国公司的28％。

若以研发费用/总营收来计算研发强度,则中国上市公司的研发强度为1％,而美国上市公司达到了3％。

思政寄语

可以看到,中美上市公司的营收差距已经低于GDP总量的差距,中国上市公司的营收、净利润和人均产值指标已达到美国的七八成。以上市公司为代表的现代化产业实力,正是中国总体经济竞争力的有力支撑。

与此同时,中国上市公司的市值仅为美国公司的38.5％,研发费用更不足美国公司的1/3。研发费用影响企业的科创竞争力,是关系企业中长期增长的重要指标,这显示,国内上市公司仍有待提升研发投入力度,向更高的产业链条升级。

产业是经济之本,加快建设以实体经济为支撑的现代化产业体系,关系国家未来。上市公司是产业的优秀代表,也是经济的支柱力量。美国和中国分别拥有全球第一和第二大资本市场,从两国上市公司的数量、质量和结构等维度进行比较,或可管中窥豹,一定程度上透视两国不同产业的发展水平,为追赶与超越提供参照。

资料来源:刘鲜花.11大行业、6000＋公司,中美上市公司对比!工业规模完胜,但净利润不足美国七成?信息技术研发仅为美国1/7[EB/OL].(2023-10-12)[2023-10-13].新财富杂志公众号。

第三节 现金流量表分析与可视化

现金流量表是反映一定时期内企业经营活动、投资活动、筹资活动对其现金及现金等价物所产生影响的财务报表。本节以海尔智家 2018 年第一季度至 2023 年第二季度的数据为基础，创建现金流量表可视化效果如图 7-54 所示。

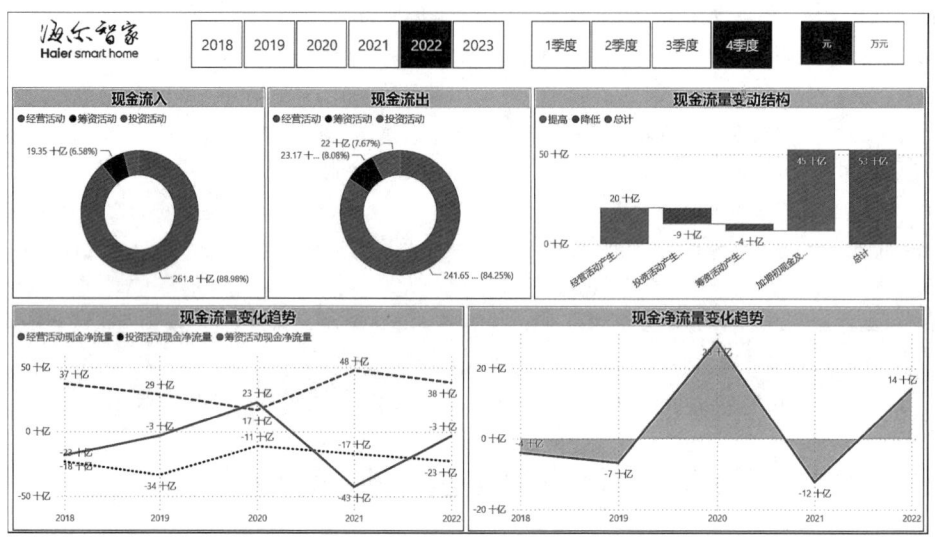

图 7-54　现金流量表可视化效果总览

一、获取并整理现金流量表数据

获取并整理现金流量表、现金流量表分类表的操作与资产负债表类似，此处不再重复。获取并整理后的现金流量表如图 7-55 所示。

	ABC 报表项目	报表日期	1.2 金额
1	销售商品、提供劳务收到的…	2023/6/30	1.31285E+11
2	销售商品、提供劳务收到的…	2023/3/31	63100240082
3	销售商品、提供劳务收到的…	2022/12/31	2.58086E+11
4	销售商品、提供劳务收到的…	2022/9/30	1.93015E+11
5	销售商品、提供劳务收到的…	2022/6/30	1.25785E+11
6	销售商品、提供劳务收到的…	2022/3/31	60025158217
7	销售商品、提供劳务收到的…	2021/12/31	2.59628E+11
8	销售商品、提供劳务收到的…	2021/9/30	1.73651E+11
9	销售商品、提供劳务收到的…	2021/6/30	1.17816E+11
10	销售商品、提供劳务收到的…	2021/3/31	58804416711
11	销售商品、提供劳务收到的…	2020/12/31	2.07934E+11
12	销售商品、提供劳务收到的…	2020/9/30	1.47291E+11
13	销售商品、提供劳务收到的…	2020/6/30	89745966043
14	销售商品、提供劳务收到的…	2020/3/31	42136232276

图 7-55　获取并整理后的现金流量表

二、插入环形图、瀑布图

下面通过"环形图"展示海尔智家不同年度、不同季度不同活动的现金流入和现金流出状况;通过"瀑布图"展示海尔智家现金流量结构的变动情况。

创建以下度量值:

CF 金额＝DIVIDE(SUM('现金流量表'[金额]),SELECTEDVALUE('金额单位表'[倍数]))

现金流入＝CALCULATE([CF 金额],'现金流量表分类表'[CF 类别 2]="现金流入")

现金流出＝CALCULATE([CF 金额],'现金流量表分类表'[CF 类别 2]="现金流出")

插入环形图、瀑布图的操作与前面类似,此处不再重复。生成的环形图如图 7-56、图 7-57 所示,生成的瀑布图如图 7-58 所示。

二维码 7-8 现金流量表相关度量值

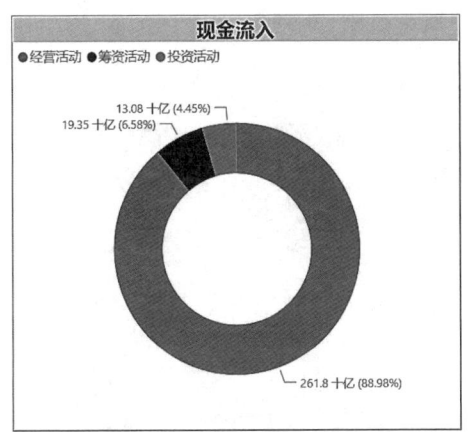

图 7-56　现金流入的构成

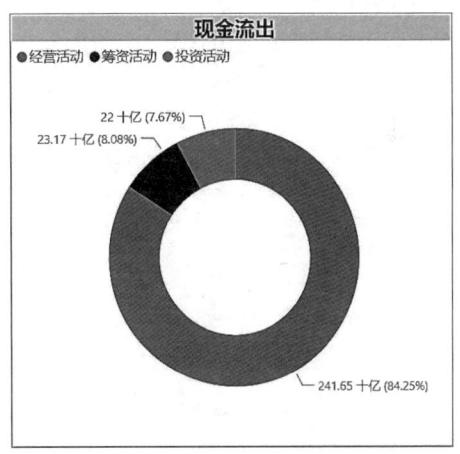

图 7-57　现金流出的构成

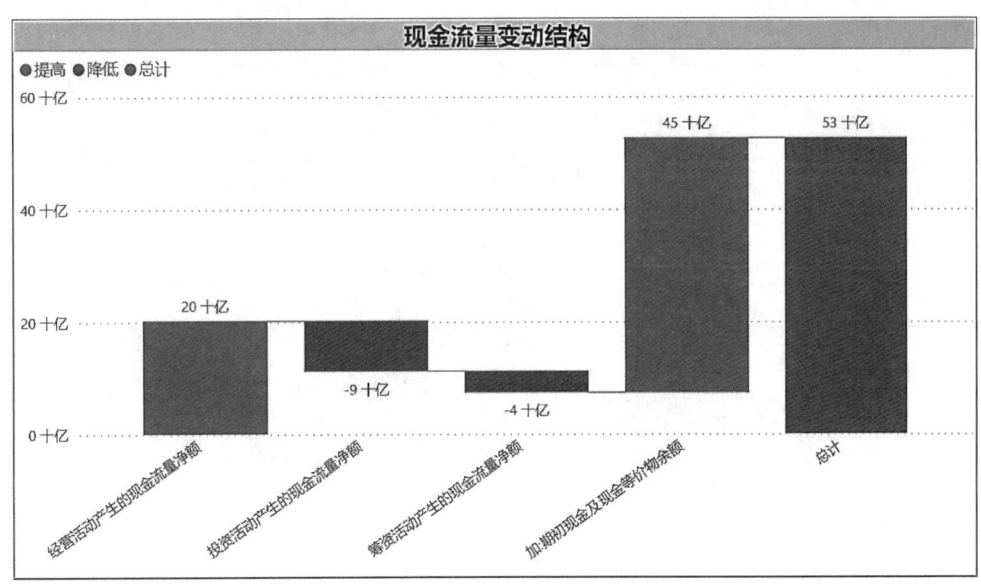

图 7-58　生成的瀑布图

三、插入折线图、分区图

下面通过"折线图"展示海尔智家经营活动、投资活动、筹资活动现金净流量的增减变化趋势,通过"分区图"展示现金净流量的增减变化趋势。创建以下度量值:

经营活动现金净流量=CALCULATE([CF 金额],'现金流量表分类表'[报表项目]="经营活动产生的现金流量净额")

投资活动现金净流量=CALCULATE([CF 金额],'现金流量表分类表'[报表项目]="投资活动产生的现金流量净额")

筹资活动现金净流量=CALCULATE([CF 金额],'现金流量表分类表'[报表项目]="筹资活动产生的现金流量净额")

现金净流量=CALCULATE([CF 金额],'现金流量表分类表'[报表项目]="五、现金及现金等价物净增加额")

插入折线图、分区图的操作与前面类似,此处不再重复,生成的折线图如图 7-59 所示,生成的分区图如图 7-60 所示。

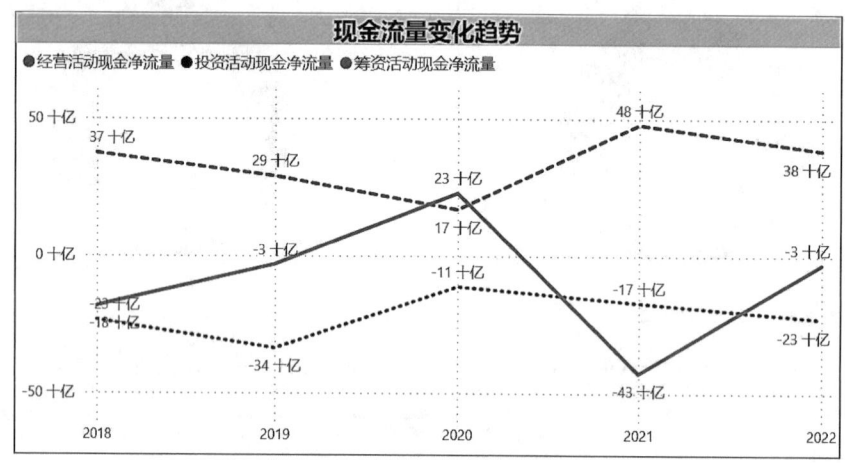

图 7-59 生成的折线图

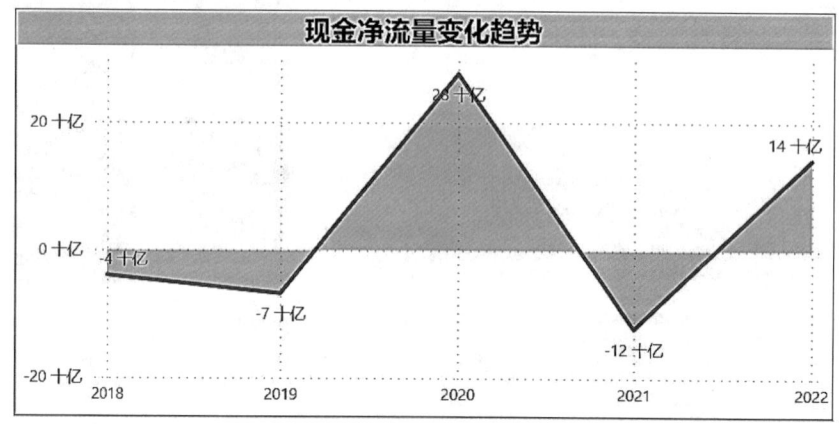

图 7-60 生成的分区图

第四节 主要财务指标分析与可视化

财务报表分析往往离不开对财务指标的分析。本节以海尔智家 2018 年第一季度至 2023 年第二季度的数据为基础,从反映盈利能力、偿债能力、营运能力、发展能力的财务指标中分别选取 4 个指标,创建主要财务指标可视化效果如图 7-61 所示。

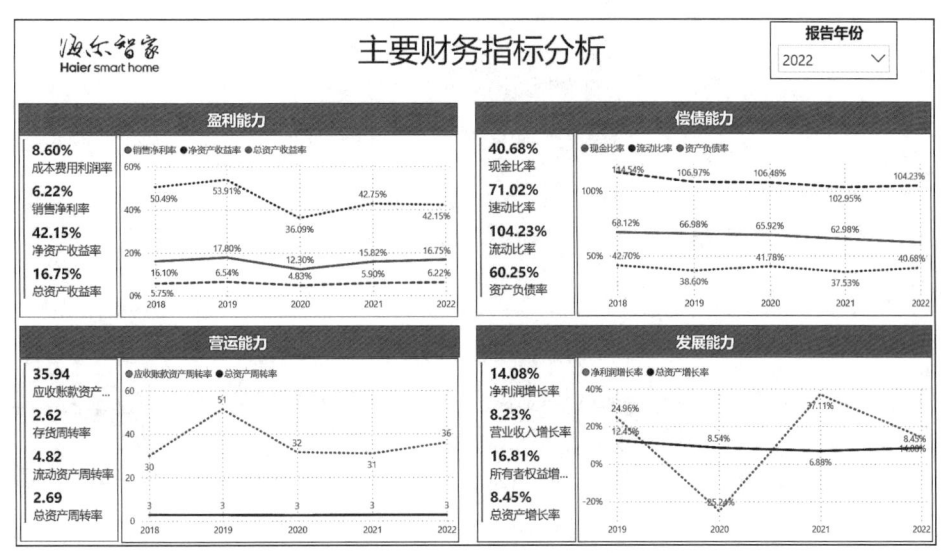

图 7-61 主要财务指标可视化效果总览

一、隐藏切片器

新建一个名为"主要财务指标分析"的页面,将上一页面中的公司 Logo、"年"切片器和"单位"切片器复制到本页面。

1. 设置"年"切片器

将"年"切片器改为下拉样式,点击切片器标题,将标题设置为"报告年份",设置字体大小、加粗、边框等,设置完成的"报告年份"切片器如图 7-62 所示。

2. 隐藏"单位"切片器

由于本页面中不需要根据"单位"进行筛选,可以将"单位"切片器隐藏。操作步骤为:

(1) 执行"视图"|"显示窗格"|"选择"命令,如图 7-63 所示。

图 7-62 设置"年"切片器

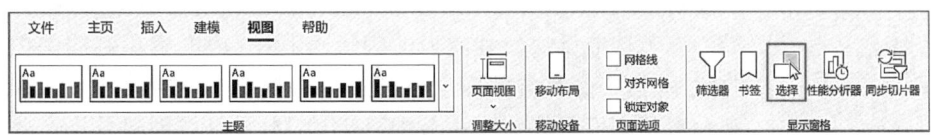

图 7-63 打开"选择"窗格

（2）在打开的"选择"窗格中单击"单位"切片器右侧的显示 按钮，隐藏"单位"切片器，如图 7-64 所示。

图 7-64　隐藏"单位"切片器

 相关思考

隐藏"单位"切片器

主要财务指标可视化页面中，不需要进行"单位"切片器的筛选，那么是否可以不设置"单位"切片器？

主要财务指标可视化页面中，虽然不需要进行"单位"切片器的筛选，但不能不设置"单位"切片器，因为三个基础金额度量值[BS 金额][IS 金额][CF 金额]都与"单位"切片器相关，而其他度量值是在此基础上进行设置的。

二、插入矩形

（1）执行"插入"|"元素"|"形状"命令，在展开的对话框中选择矩形 形状。

（2）在打开的"格式"窗格中，按如图 7-65 所示设置文本，生成的矩形如图 7-66 所示。

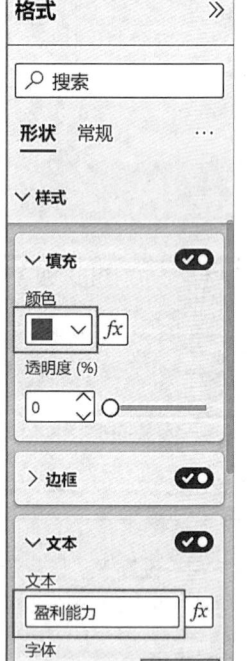

图 7-65　设置矩形的文本

盈利能力

图 7-66　生成的矩形

三、创建财务指标度量值

1. 盈利能力

盈利能力是指企业获取利润的能力，也称为企业的资金或资本增值能力，通常表现为一定时期内企业收益数额的多少及其水平的高低。本节选取反映盈利能力的销售净利率、成本费用利润率、总资产收益率、净资产收益率四项指标进行可视化。销售净利率、成本费用利润率两个度量值前面章节中已创建，本节只需创建总资产收益率、净资产收益率两个度量值即可。创建的度量值公式为：

二维码 7-10　主要财务指标相关度量值

(1) 总资产收益率＝DIVIDE([净利润],[资产合计]/4)

(2) 净资产收益率＝DIVIDE([净利润],[所有者权益合计]/4)

2. 营运能力

营运能力是指企业的经营运行能力,即企业运用各项资产以赚取利润的能力。本节选取反映营运能力的应收账款周转率、存货周转率、流动资产周转率和总资产周转率四项指标进行可视化。创建的度量值公式为：

(1) 应收账款＝CALCULATE([BS金额],'资产负债表'[报表项目]="应收账款")

(2) 应收账款周转率＝DIVIDE([营业收入],[应收账款]/4)

(3) 存货周转率＝DIVIDE([营业成本],[存货]/4)

(4) 流动资产周转率＝DIVIDE([营业收入],[流动资产合计]/4)

(5) 总资产周转率＝DIVIDE([营业收入],[资产合计]/4)

操作提示 7-8

由于利润表是时期报表,而资产负债表是时点报表,而本案例的数据是季报数据,当通过"年"切片器筛选出某年后,总资产收益率、净资产收益率、应收账款周转率、存货周转率、流动资产周转率、总资产周转率这些公式中涉及利润表项目计算出来的数值是该年的发生额合计数,而资产负债表项目计算出来的数值是该年四个季度的合计数,需要将合计数除以4取全年的平均值。

3. 发展能力

发展能力是指企业扩大规模、壮大实力的潜在能力,又称成长能力。本节选取反映发展能力的营业收入增长率、净利润增长率、净资产增长率、总资产增长率四项指标进行可视化。创建的度量值公式为：

(1) 上期营业收入＝

VAR YearSelected＝SELECTEDVALUE('日期表'[年])

RETURN

CALCULATE([营业收入],'日期表'[年]＝YearSelected－1)

(2) 营业收入增长率＝DIVIDE([营业收入]－[上期营业收入],[上期营业收入])

(3) 上期净利润＝

VAR YearSelected＝SELECTEDVALUE('日期表'[年])

RETURN

CALCULATE([净利润],'日期表'[年]＝YearSelected－1)

(4) 净利润增长率＝DIVIDE([净利润]－[上期净利润],[上期净利润])

(5) 期末所有者权益合计＝

VAR YearSelected＝SELECTEDVALUE('日期表'[年])

RETURN

CALCULATE([所有者权益合计],'日期表'[年]＝YearSelected,'日期表'[季度]="4季度")

(6) 期初所有者权益合计＝

VAR YearSelected＝SELECTEDVALUE('日期表'[年])

RETURN

CALCULATE([所有者权益合计],'日期表'[年]=YearSelected-1,'日期表'[季度]="4季度")

(7) 所有者权益增长率=DIVIDE([期末所有者权益合计]-[期初所有者权益合计],[期初所有者权益合计])

(8) 期末资产合计=
VAR YearSelected=SELECTEDVALUE('日期表'[年])
RETURN
CALCULATE([资产合计],'日期表'[年]=YearSelected,'日期表'[季度]="4季度")

(9) 期初资产合计=
VAR YearSelected=SELECTEDVALUE('日期表'[年])
RETURN
CALCULATE([资产合计],'日期表'[年]=YearSelected-1,'日期表'[季度]="4季度")

(10) 总资产增长率=DIVIDE([期末资产合计]-[期初资产合计],[期初资产合计])

四、插入多行卡和折线图

下面通过多行卡和折线图分别展示海尔智家主要财务指标及主要财指标的变化趋势。插入"多行卡"的操作类似于"卡片图",此处不再重复。创建完成的盈利能力可视化效果图如图7-67所示。同样的方法设置偿债能力、营运能力、发展能力可视化。

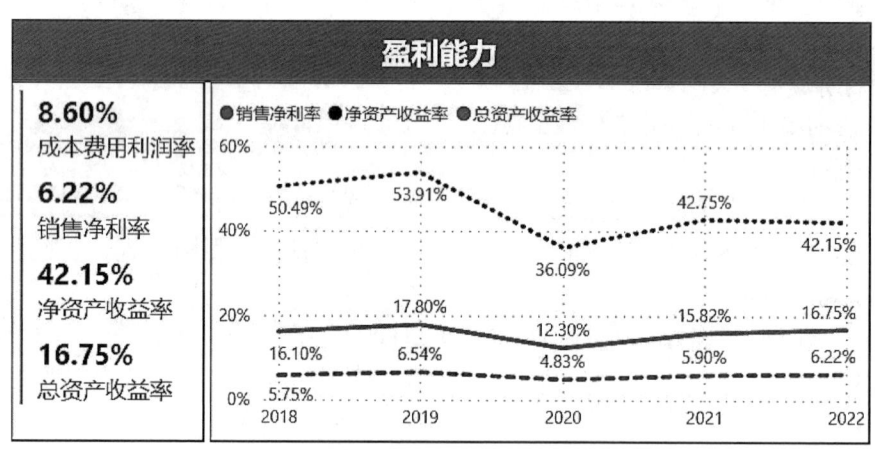

图7-67 盈利能力可视化效果

 操作提示 7-9

本操作中,须关闭"年"切片器与四个折线图的筛选,使折线图不随"年"切片器的变化而变化。

延伸阅读

财务分析的常用方法

财务分析的常用方法主要有比较分析法、比率分析法、因素分析法三种。

1. 比较分析法

比较分析法是通过对比两期或连续数期财务报告的相同指标,确定其增减变动的方向、数额和幅度,说明企业财务状况或经营成果变动趋势的一种方法。比较分析法可以分析引起变化的主要原因,变动的性质并预测企业未来的发展趋势。主要比较方式包括重要财务指标的比较和会计报表的比较。其中,重要财务指标的比较是指将不同时期财务报告中的相同指标或比率进行纵向比较,与同行业平均水平或先进企业进行横向比较,直接观察其增减变动情况及变动幅度,考察其发展前景。会计报表的比较是指将连续数期的会计报表的金额并列起来,比较各指标不同期间的增减变动金额和幅度,据以判断企业财务状况和经营成果发展变化的一种方法。

2. 比率分析法

比率分析法是通过计算各种比率指标来确定财务活动程度的方法,主要有结构比率、相关比率、效率比率三种类型。结构比率是指某项财务指标的各组成部分数值占总体数值的百分比,反映部分与总体的关系。相关比率是指同一时期财务报表及有关资料中的两项比率,反映有关经济活动的相互关系。效率比率是指某财务活动所费与所得的比率,反映投入与产出的比率。

3. 因素分析法

因素分析法也称因素替代法,是指对某项综合指标的变动按其内在的因素,计算和确定各个因素对这一综合指标发生变化的影响程度,具体包括连环替代法和差额分析法两种。连环替代法的计算思路为当有若干因素对某项综合指标产生影响时,假定其他各个因素暂无变化,按顺序依次进行替代,逐项计算各因素单独的影响程度。差额分析法是连环替代法的一种简化形式,使用实际数和计划数的差额直接计算各因素对指标变动影响程度的分析方法。

资料来源:耿菲.财务管理(第三版)[M].上海:立信会计出版社,2024.

第五节 杜邦分析与可视化

杜邦分析是利用几种主要财务比率之间的关系来综合分析企业的财务状况的一种分析方法。其基本思想是将企业净资产收益率逐级分解为多项财务比率的乘积,这样有助于深入分析、比较企业的经营业绩。

净资产收益率也叫权益净利率,是综合性最强的一个财务分析指标,是杜邦分析体系的核心。净资产收益率的计算公式为:

$$\text{净资产收益率} = \text{总资产收益率} \times \text{权益乘数}$$
$$= \text{销售净利率} \times \text{总资产周转率} \times \text{权益乘数}$$

可以看出,企业净资产赚取利润的能力是企业的盈利能力、营运能力、偿债能力综合作用的结果。

本节以海尔智家2018年第一季度至2023年第二季度的数据为基础,创建杜邦分析可视化效果如图7-68所示。

财务数据可视化

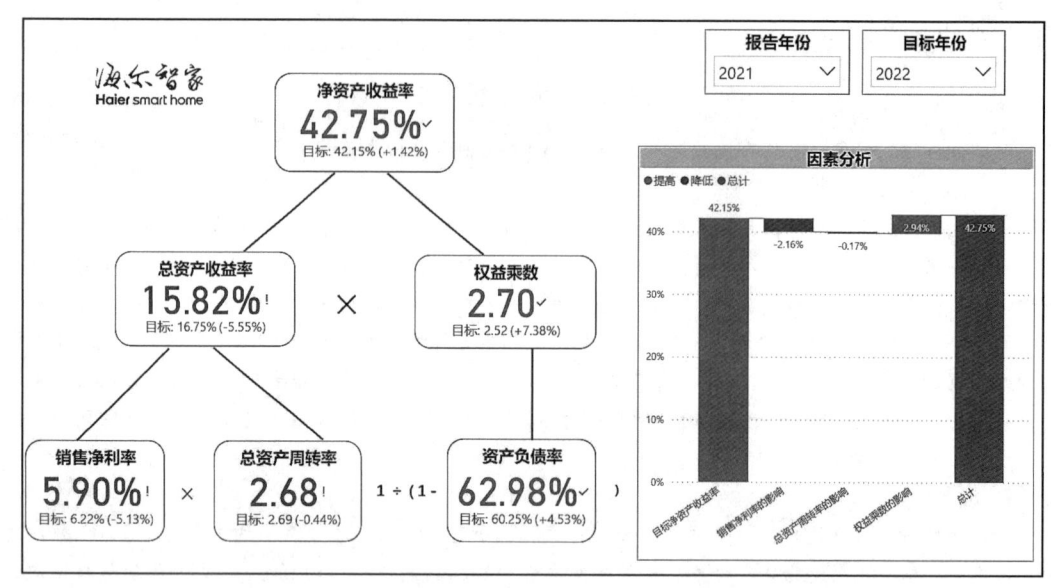

图 7-68　杜邦分析可视化效果总览

一、创建杜邦分解图

（一）插入切片器

1. 新建页面

新建一个名为"杜邦分析"的页面，将前面页面中的公司 Logo、"年"切片器、"单位"切片器复制至本页面，执行"视图"|"显示窗格"|"选择"命令，在选择窗格中将"单位"切片器设置为隐藏。

2. 创建"目标年份"切片器

为了实现不同年份财务指标的对比切换功能，需要创建另一个用于切换年份的切片器。操作步骤如下：

（1）执行"建模"|"计算"|"新建表"命令，在编辑栏中输入如下 DAX 表达式：

$$目标年份＝VALUES('日期表'[年])$$

（2）复制"报告年份"切片器，删除字段区域中的"年"字段，并将"目标年份"表中的"年"字段拖曳至切片器的字段区域，将切片器的名称重命名为"目标年份"，生成的切片器如图 7-69 所示。

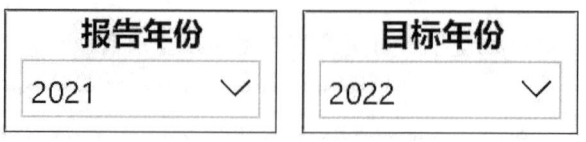

图 7-69　报告年份和目标年份切片器

操作提示 7-10

(1) VALUES 函数是 DAX 最常用的表函数之一,可以用列名或表名作为参数。

(2) VALUES 函数返回参数在当前筛选上下文中的所有可见值(其中包含为不匹配值生成的空白行)。VALUES 函数的语法为:VALUES(<表名或列名>)。当使用列参数时,返回指定列非重复值组成的表;当使用表作为参数时,返回指定表中的行(保留重复行)。

(二) 创建度量值

除了前面创建的有关杜邦分析的度量值,本节需要创建目标年份有关的杜邦分析度量值作为对比,创建的度量值如下:

(1) 目标年份净资产收益率=
VAR YearSelected=SELECTEDVALUE('目标年份'[年])
RETURN
CALCULATE([净资产收益率],'日期表'[年]=YearSelected)

(2) 目标年份总资产收益率=
VAR YearSelected=SELECTEDVALUE('目标年份'[年])
RETURN
CALCULATE([总资产收益率],'日期表'[年]=YearSelected)

(3) 目标年份销售净利率=
VAR YearSelected=SELECTEDVALUE('目标年份'[年])
RETURN
CALCULATE([销售净利率],'日期表'[年]=YearSelected)

(4) 目标年份总资产周转率=
VAR YearSelected=SELECTEDVALUE('目标年份'[年])
RETURN
CALCULATE([总资产周转率],'日期表'[年]=YearSelected)

(5) 目标年份资产负债率=
VAR YearSelected=SELECTEDVALUE('目标年份'[年])
RETURN
CALCULATE([资产负债率],'日期表'[年]=YearSelected)

(6) 权益乘数=DIVIDE([资产合计],[所有者权益合计])

(7) 目标年份权益乘数=
VAR YearSelected=SELECTEDVALUE('目标年份'[年])
RETURN
CALCULATE([权益乘数],'日期表'[年]=YearSelected)

二维码 7-11
杜邦分析
相关度量值

(三) 插入 KPI 图

本节通过 KPI 图创建杜邦分析图,实现报告年份与目标年份的对比。操作步骤如下:

(1) 单击"可视化"窗格中的"KPI" 按钮,将度量值"净资产收益率""目标年份净资产收益率"分别拖曳至 KPI 的"值"字段和"目标"字段,将"日期表"中的"年"拖曳至"走向轴"字段,如图 7-70 所示。设置 KPI 图的标题、字体、边框等,生成的 KPI 图如图 7-71 所示。

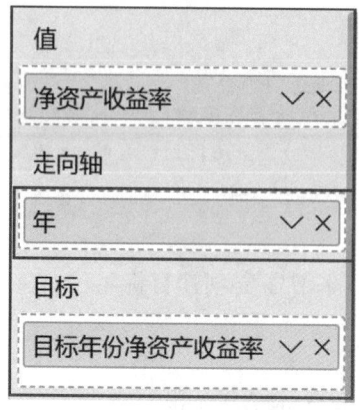

图 7-70　设置 KPI 图的字段　　图 7-71　生成的 KPI 图

（2）将生成的 KPI 图复制 5 份，标题分别设置为：总资产收益率、权益乘数、销售净利率、总资产周转率、资产负债率；"值"字段分别设置为：总资产收益率、权益乘数、销售净利率、总资产周转率、资产负债率；"目标"字段分别设置为：目标总资产收益率、目标权益乘数、目标销售净利率、目标总资产周转率、目标资产负债率。

（3）将 KPI 图适当排列，并用线条相连，插入×等图片，生成的杜邦分析图如图 7-72 所示。

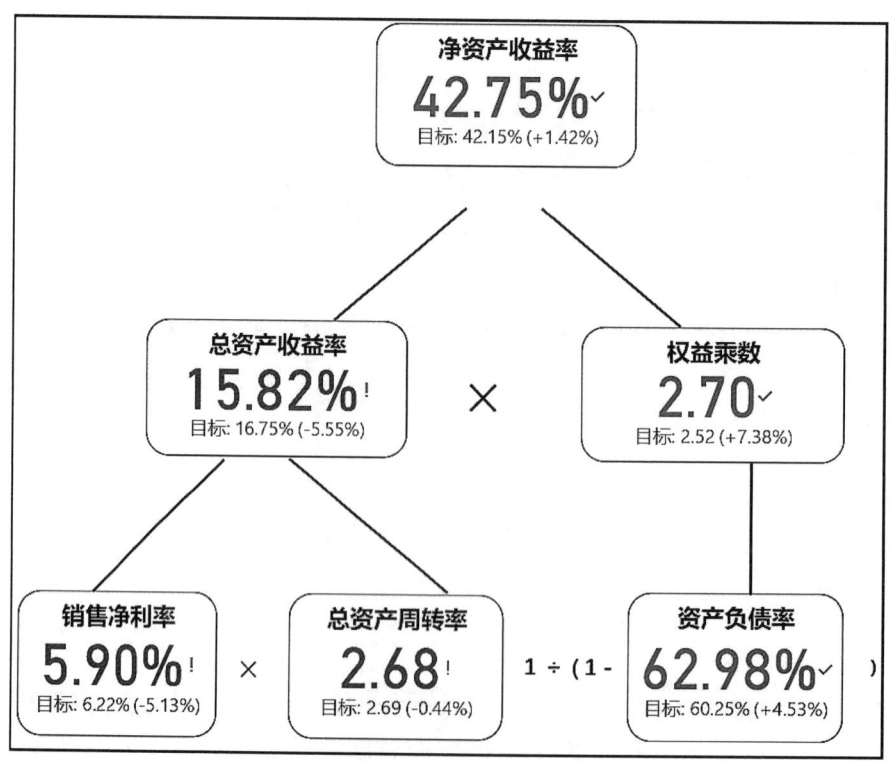

图 7-72　杜邦分析图

二、创建因素分析瀑布图

杜邦分析法往往与因素分析法相结合,以净资产收益率为例,假定报告年份指标分解表示为:净资产收益率$_1$=销售净利率$_1$×总资产周转率$_1$×权益乘数$_1$,目标年份指标分解表示为:净资产收益率$_0$=销售净利率$_0$×总资产周转率$_0$×权益乘数$_0$,如果要使用因素分析法分析销售净利率、总资产周转率、权益乘数这3个指标对净资产收益率的影响,则计算过程为:

A=销售净利率$_0$×总资产周转率$_0$×权益乘数$_0$
B=销售净利率$_1$×总资产周转率$_0$×权益乘数$_0$
C=销售净利率$_1$×总资产周转率$_1$×权益乘数$_0$
D=销售净利率$_1$×总资产周转率$_1$×权益乘数$_1$

其中:B－A 表示销售净利率对净资产收益率的影响。
　　　C－B 表示总资产周转率对净资产收益率的影响。
　　　D－C 表示权益乘数对净资产收益率的影响。

可以看出,因素分析法实际上是将因素的影响数进行拆解,比较适合用瀑布图呈现。

(一) 创建因素分析辅助表

执行"主页"|"数据"|"输入数据"命令,在弹出的窗口输入如图 7-73 所示的内容,将该表重命名为"ROE因素分析辅助表",点击"加载"按钮。

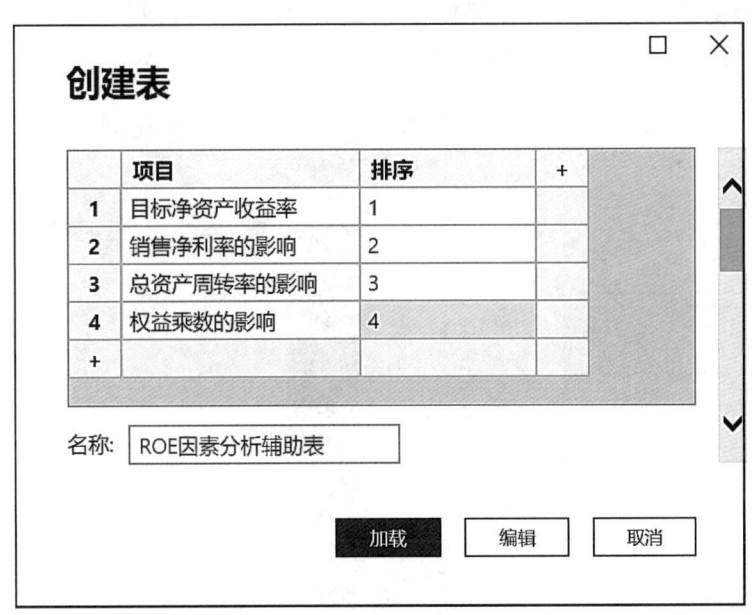

图 7-73　创建因素分析辅助表

(二) 创建度量值

首先,根据计算原理,替代后净资产收益率只需要再创建如下 2 个度量值:

(1) 净资产收益率 1=[销售净利率]*[目标年份总资产周转率]*[目标年份权益乘数]

(2) 净资产收益率 2=[销售净利率]*[总资产周转率]*[目标年份权益乘数]

二维码 7-12
因素分析
相关度量值

其次,创建各因素的差异影响数度量值如下:

(1) 净资产收益率因素 1 差异＝[净资产收益率 1]－[目标年份净资产收益率]
(2) 净资产收益率因素 2 差异＝[净资产收益率 2]－[净资产收益率 1]
(3) 净资产收益率因素 3 差异＝[净资产收益率]－[净资产收益率 2]

最后,将上述 3 个差异影响数度量值与辅助表的项目关联起来:

杜邦因素分析影响数＝
VAR x＝SELECTEDVALUE('ROE 因素分析辅助表'[项目])
RETURN
SWITCH(
　True,
　　x＝"目标净资产收益率",[目标年份净资产收益率],
　　x＝"销售净利率的影响",[净资产收益率因素 1 差异],
　　x＝"总资产周转率的影响",[净资产收益率因素 2 差异],
　　x＝"权益乘数的影响",[净资产收益率因素 3 差异]
)

(三) 插入瀑布图

先插入"瀑布图"视觉对象,然后将"ROE 因素分析辅助表"中的"项目"拖曳至瀑布图的"类别"字段,将度量值"杜邦因素分析影响数"拖曳至瀑布图的"值"字段,如图 7-74 所示。执行排列轴、设置瀑布图格式等操作,生成的瀑布图如图 7-75 所示。

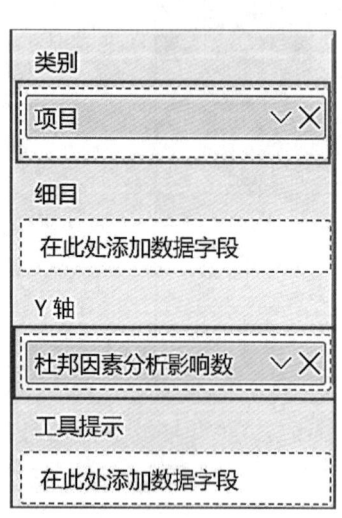

图 7-74　设置瀑布图的字段

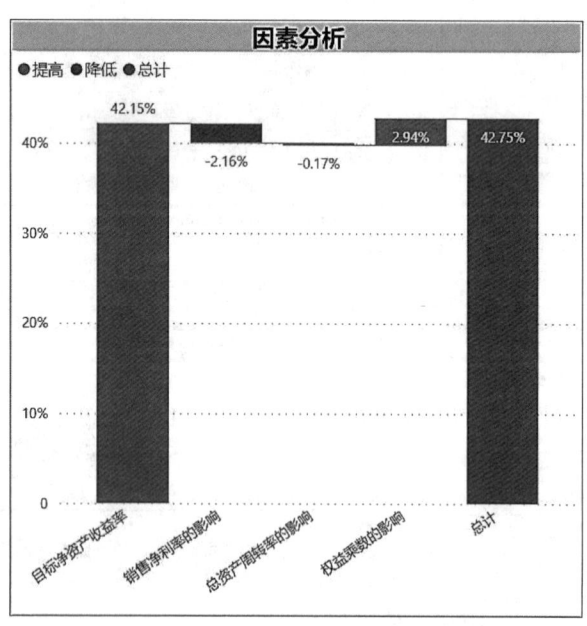

图 7-75　生成的瀑布图

本章小结

本章主要学习了 Power BI 财务报表分析与可视化。通过本章的学习,我们熟悉了 Power BI 财务报表分析与可视化的一般流程;掌握了 Power BI 财务报表分析与可视化所需的度量值、辅助表的创建及可视化图表的设置。在这基础上,能够结合所分析的上市公司财务报表数据,创建合适的可视化报表进行分析,从而辅助决策。

本章重要概念

资产负债表 利润表 现金流量表 杜邦分析 盈利能力 偿债能力 营运能力 发展能力 净资产收益率 总资产收益率 权益乘数 销售净利率 总资产周转率 因素分析法 标记为日期表 SELECTEDVALUE VALUES

本 章 练 习

一、单项选择题

1. 以下是"存货周转率"这一度量值公式的是(　　)。
   A. 存货周转率＝DIVIDE([营业成本],[存货]/4)
   B. 存货周转率＝DIVIDE([营业收入],[存货]/4)
   C. 存货周转率＝DIVIDE([存货]/4,[营业收入])
   D. 存货周转率＝DIVIDE([存货]/4,[营业成本])

2. 图 7-76 是使用(　　)可视化对象创建的。

   图 7-76　净资产收益率

   A. 卡片图　　　　B. KPI 图　　　　C. 多行卡　　　　D. 切片器

3. 执行(　　)命令,可以打开"表"的"数据条"。
   A. 设置视觉对象格式|值　　　　　　B. 设置视觉对象格式|数据标签
   C. 设置视觉对象格式|单元格元素　　D. 设置视觉对象格式|特定列

4. 杜邦分析体系涉及的指标中能够反映企业营运能力的是(　　)。
   A. 总资产收益率　　　　　　　　　B. 销售净利率
   C. 总资产周转率　　　　　　　　　D. 权益乘数

5. 下列公式与"销售净利率＝DIVIDE([净利润],[营业收入])"公式等价的是(　　)。
   A. 销售净利率＝[净利润]/[营业收入]
   B. 销售净利率＝[营业收入]/[净利润]
   C. 销售净利率＝
      VAR A＝[净利润]
      VAR B＝[营业收入]
      RETURN
      DIVIDE(A,B)
   D. 销售净利率＝
      VAR A＝[净利润]
      VAR B＝[营业收入]
      RETURN
      DIVIDE(B,A)

二、多项选择题

1. 以下（   ）指标能够反映企业的发展能力。
   A. 销售净利率   B. 净利润增长率
   C. 净资产收益率   D. 净资产增长率
2. 以下（   ）指标能够反映企业的短期偿债能力。
   A. 流动比率   B. 速动比率
   C. 现金比率   D. 资产负债率
3. 图 7-77 的盈利能力可视化效果中，使用了（   ）可视化对象。

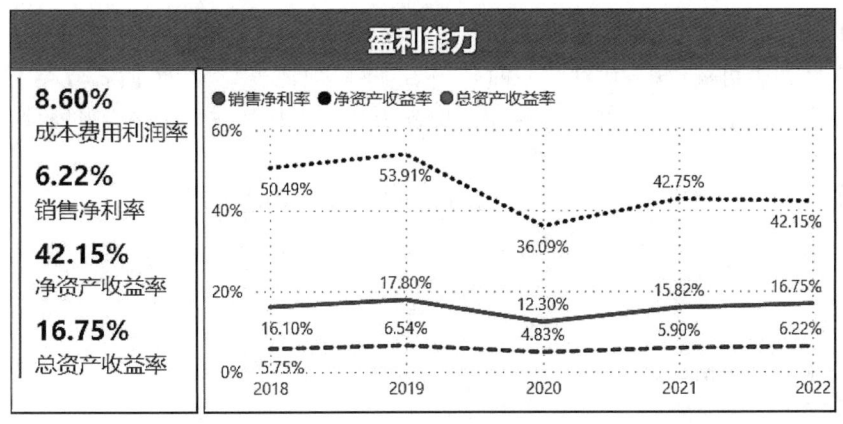

图 7-77　盈利能力可视化效果

   A. 卡片图   B. 多行卡   C. 折线图   D. 分区图
4. 图 7-78 的利润表可视化效果总览中，使用了（   ）可视化对象。

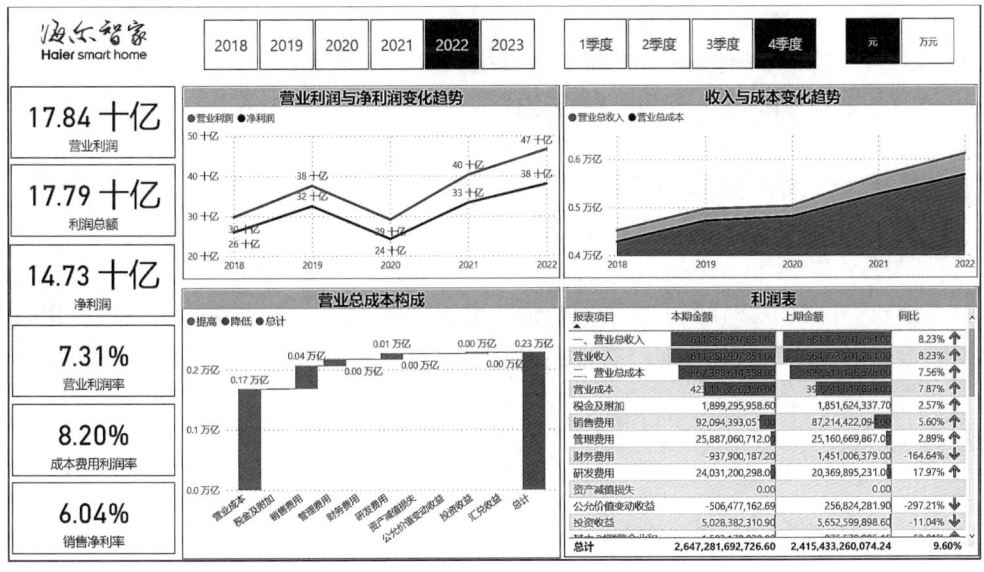

图 7-78　利润表可视化效果总览

    A. 瀑布图　　　　B. 折线图　　　　C. 表　　　　　　D. 分区图
 5. 图7-78的"营业总成本构成"瀑布图中,进行(　　)格式化操作。
    A. 添加"数据标签"　　　　　　　B. X轴按"报表项目"升序排序
    C. 关闭X轴和Y轴的标题　　　　　D. 添加"边框"

三、判断题

1. 如果模型中存在日期时间维度,创建日期表往往是十分必要的,日期表只能用DAX表达式创建。（　　）
2. 主要财务指标可视化报表中,由于不需要进行"单位"切片器的筛选,可以不设置"单位"切片器。（　　）
3. 要顺利使用时间智能函数,需要将创建的日期表设置为"标记为日期表"。（　　）
4. 在资产负债表可视化中,在创建表时,"报表项目"须拖曳"资产负债表分类表"中的"报表项目",不能拖曳"资产负债表"中的"报表项目",否则无法实现按"报表项目索引"排序。（　　）
5. 选中分区图,执行"格式"|"交互"|"编辑交互"命令,单击"年"切片器右上角的"关闭"按钮,就能实现分区图不随"年"切片器的变化而变化。（　　）

四、思考题

1. 请解释下列度量值的含义:
   杜邦因素分析影响数＝
   VAR x＝SELECTEDVALUE('ROE因素分析辅助表'[项目])
   RETURN
   SWITCH(True,
   x＝"目标净资产收益率",[目标年份净资产收益率],
   x＝"销售净利率的影响",[净资产收益率因素1差异],
   x＝"总资产周转率的影响",[净资产收益率因素2差异],
   x＝"权益乘数的影响",[净资产收益率因素3差异]
)
2. 请简述杜邦分解图的创建思路。

五、实训题

1. 从新浪财经网站下载一家上市公司的财务报表数据,进行财务数据分析与可视化展示。
2. 从新浪财经网站下载五家同一行业有代表性的企业财务报表数据,进行财务数据对比分析与可视化展示。

参 考 文 献

[1] 汪刚,金春华.企业经营与财务智能分析可视化[M].北京:清华大学出版社,2022.

[2] 汪刚.财务大数据分析与可视化[M].北京:人民邮电出版社,2022.

[3] 牛永芹,喻竹,钭志斌,周阅.智能数据分析基础与应用[M].北京:高等教育出版社,2020.

[4] 张煜.数据分析从Excel到Power BI Power BI商业数据分析思维、技术与实践[M].北京:北京大学出版社,2021.

[5] 谷小城.大数据技术在财务中的应用(Power BI版)[M].北京:高等教育出版社,2022.

[6] 祝泽文,熊丽华,廖县生.数智财务Power BI业财融合实战[M].北京:中国铁道出版社,2022.

[7] 武俊敏.Power BI商业数据分析项目实战[M].北京:电子工业出版社,2022.

[8] 孟庆娟,李刚.Power BI商业数据分析与可视化[M].北京:人民邮电出版社,2023.

[9] 黄达明,张萍.Power BI数据处理与分析[M].北京:人民邮电出版社,2022.

[10] 尚西.Power BI数据分析从入门到进阶[M].北京:机械工业出版社,2022.

[11] 袁佳林.Power BI数据可视化[M].北京:电子工业出版社,2023.

[12] 张震.智能管理会计从Excel到Power BI的业务与财务分析[M].北京:电子工业出版社,2021.

[13] 恒盛杰资讯.商业智能Power BI数据分析[M].北京:机械工业出版社,2019.

[14] 聂瑞芳,胡玉姣.财务大数据分析[M].北京:人民邮电出版社,2022.

[15] 陈剑.Power BI数据清洗与可视化交互分析[M].北京:电子工业出版社,2020.

[16] 高翠莲,安玉琴,陈强兵.财务大数据分析[M].北京:高等教育出版社,2022.

[17] 张立军,李琼,侯小坤.财务大数据分析[M].北京:人民邮电出版社,2023.

[18] 耿菲.财务管理(第三版)[M].上海:立信会计出版社,2024.

[19] 官方Power BI学习教程.https://learn.microsoft.com/zh-cn/training/powerplatform/power-bi.

[20] Power BI极客网站.https://www.powerbigeek.com/.

[21] PowerBI中国社区.http://www.chinapowerbi.com/.